Zu diesem Buch

Die Geschichte einer Demokratie ist immer auch die Geschichte ihrer Skandale. Doch im politischen Alltag der Bundesrepublik kann man den Eindruck gewinnen, daß Skandale und Affären zum Regelfall werden, manche mit hohem Unterhaltungswert. Es ist allerdings gar nicht so einfach, noch den Überblick zu behalten. Deshalb haben die Herausgeber – Georg M. Hafner und Edmund Jacoby – die fortgesetzten und nicht abreißenden Skandale der neuen Republik seit dem Fall der Mauer 1989 protokolliert. Sie haben bereits eine Skandalchronik der alten Republik seit ihrer Gründung 1949 vorgelegt: *Die Skandale der Republik* (rororo 9654)

Edmund Jacoby ist Verlagslektor in Frankfurt am Main, er gab das «Lexikon Linker Leitfiguren» heraus. Georg M. Hafner ist Fernsehjournalist beim Hessischen Rundfunk und Autor mehrerer Bücher. Angaben zu den Autorinnen und Autoren siehe Seite 323.

Neue Skandale der Republik

Herausgegeben von Georg M. Hafner
und Edmund Jacoby

rororo
Rowohlt

Originalausgabe
Veröffentlicht im Rowohlt Taschenbuch Verlag GmbH,
Reinbek bei Hamburg, September 1994

Lektorat Barbara Wenner
Umschlaggestaltung Büro Hamburg
(Fotos: dpa; Thomas Vormelker/Fotex Medien Agentur;
Third Coast/Fotex Medien Agentur;
Rainer Unkel/action press)
Gesetzt aus der Sabon und Frutiger, QuarkXPress 3.11
Gesamtherstellung Clausen & Bosse, Leck
Printed in Germany
1490-ISBN 3 499 19690 5

Inhalt

Vorwort

Der Skandal gehört zur Demokratie wie die Sünde zum Christenmenschen. Da weder Menschen noch Institutionen vollkommen sind, muß sich das demokratische Gemeinwesen seine Fehler immer wieder vor Augen führen, wenn es sich nicht immer tiefer darin verstricken will: die Verfehlungen seiner Repräsentanten, die Knüpffehler im institutionellen Geflecht, die Fehlentwicklungen des Staats und der Gesellschaft als Ganzes. Und was für den Christen das Gewissen, ist für die Demokratie die kritische Öffentlichkeit. Nur was auf öffentlichen Versammlungen, in den Parlamenten, von der – hoffentlich – unabhängigen Justiz und in den Medien für alle sichtbar gemacht wird, kann der Mehrheit der Bürgerinnen und Bürger als «Sündenfall» bewußt und dann auch korrigiert werden.

Nun ist ein Gemeinwesen wie die Bundesrepublik Deutschland auch im Umgang mit seinen Affären keineswegs perfekt. Im Rückblick schier bodenlose Skandale werden erst im nachhinein vom öffentlichen Bewußtsein als solche erkannt – denken wir nur an die Tatsache, daß die Hinterlassenschaft der NS-Zeit jahrzehntelang so gut wie unbearbeitet geblieben ist. Auch werden verhängnisvolle Entwicklungen der jeweiligen Gegenwart – wie neuerdings der zunehmend fremdenfeindliche Nationalismus – allzuleicht von vergleichsweise banalen Korruptions- und Sittenskandalen verdeckt.

Deshalb ist es für die demokratische Öffentlichkeit wichtig, ein historisches Bewußtsein für die Skandale der Republik zu entwickeln. Nur mit etwas größerem Abstand von der Tagespolitik können wir die wirklich bedeutsamen Fehlentwicklungen in Staat und Gesellschaft erkennen und exemplarisch an skandalösen Ereignissen festmachen. In dem Vorläuferband zu diesem Buch, *Die Skandale der Republik,* haben die Herausgeber versucht, so etwas wie eine Geschichte der – «alten» – Bundesrepublik seit ihrer Gründung 1949 bis 1989 im Spiegel ihrer Skandale zusammenzustellen. Das hier vorliegende Buch beschäftigt sich mit den Skandalen der ersten Jahre des sich wiedervereinigenden und wiedervereinigten Deutschland seit dem Fall der Berliner Mauer.

Die Politik der Wiedervereinigungsjahre wird von einer oft geleugneten, praktisch aber vollzogenen Koalition der Bonner Altparteien getragen, die sich auch in Ostdeutschland erfolgreich etablierten. Die Regierungsparteien CDU/CSU und FDP feiern das epochale Ereignis der Wiedervereinigung als ihren Erfolg, zumal als den des CDU-Bundeskanzlers Helmut Kohl und als den des FDP-Außenministers Hans-Dietrich Genscher. Die SPD will nicht im Abseits und nicht wieder einmal als Verein vaterlandsloser Gesellen dastehen und rückt nach der verlorenen ersten gesamtdeutschen Bundestagswahl 1990 von ihrem seinerzeitigen Kanzlerkandidaten Oskar Lafontaine ab, der die wirtschaftliche Konzeptionslosigkeit der Kohlschen Wiedervereinigungspolitik gegeißelt hatte – übrigens nicht ohne einen populistischen Seitenblick auf die Unwilligkeit vieler Altbundesbürger, finanzielle Opfer für ihre «Brüder und Schwestern» im Osten zu bringen.

Dabei hatte Lafontaine in einem Punkt recht gehabt: Die Arbeitslosenzahlen schnellten im Osten und, nach einem kurzatmigen Wiedervereinigungsboom, auch im Westen empor, und der allgemeine Wohlstand sank. Die «Abwicklung» der DDR-Unternehmer ging oft unter dubiosen Umständen vonstatten, und zuweilen wurden die Karten bei der Neuverteilung der ostdeutschen Vermögenswerte auf undurchsichtige Weise gemischt.

Das Personal, das die Bonner Parteien im Osten meist aus den ehemaligen «Blockflöten», den von der SED an der kurzen Leine gehaltenen Feigenblattgruppierungen, rekrutiert hatten, erwies sich als äußerst skandalanfällig: Entweder entpuppten sich Personen, die sich ihres Widerstands gegen das DDR-Regime gerühmt hatten, als Mitarbeiter der ehemaligen Staatssicherheit, oder sie waren so wendig, daß sie in ihrer neukapitalistischen Begeisterung nicht so recht zwischen privatem und öffentlichem Geldbeutel unterscheiden konnten.

Gleichzeitig häuften sich die Affären auch im Westen der Republik, Skandale um Bezüge von Abgeordneten und Regierungsmitgliedern, um Vettern- und «Amigo»-Wirtschaft, um die alltägliche Bestechung in der Provinz, um unerlaubte Schnüffelaktionen oder die gerade in ihrer Unerheblichkeit peinlichen Lügen in der Nachfolge des Barschel-Skandals von 1987. Vielleicht war es auch einfach nur so, daß die Medien diesen Skandälchen besondere Aufmerksamkeit zollen konnten, weil es keine grundsätzliche Debatte über die Zukunft des wiedervereinigten Deutschland gab – die fiel nämlich mangels Opposition zu der konzeptionslos vor sich hin wurschtelnden Regierung aus.

Bürgerinnen und Bürger konnten so bis zum Überdruß verfolgen, wie sich die Politikerkaste an ihren steigenden Steuerabgaben schadlos hielt, ohne eine erkennbare Gegenleistung zu erbringen. Die Wähler hatten jedoch keine Alternative. Was blieb ihnen da anderes, als die Politiker gleich welcher Couleur für Lügner, Betrüger oder bestenfalls für unfähig zu erklären? «Politikverdrossenheit» war das Wort des Jahres 1992, und es beschreibt auch für die nächsten Jahre zutreffend das politische Klima in der Republik.

Unter diesen Umständen konnten die Rattenfänger nicht ausbleiben, die den allgemeinen Mißmut nutzten, um sich selbst als Heilsbringer anzupreisen. Sie versuchten den Deutschen zu suggerieren, sie dürften sich jetzt wieder als Angehörige einer mächtigen Nation mit ruhmreicher Vergangenheit fühlen und auf alle weniger Deutschen herabgucken, sie schikanieren und vertreiben – oder gar nicht erst hereinlassen.

Der größte Skandal der Jahre nach der Wiedervereinigung besteht darin, daß die etablierten politischen Kräfte dieser nationalistischen und fremdenfeindlichen Agitation so gut wie nichts entgegengesetzt haben. Im Gegenteil – immer wieder griffen Vertreter der etablierten Parteien Parolen der neuen Braunen auf, um am rechten Rand die Wähler für sich zu gewinnen. Im Sommer 1993 einigte sich die SPD-Opposition mit der Koalitionsregierung im sogenannten Asylkompromiß darauf, die Grenzen für Flüchtlinge fast vollständig zu schließen. Das Grundrecht auf politisches Asyl wurde so weitgehend eingeschränkt.

Interessanterweise taucht dort, wo rechte Populisten den Ruhm der deutschen Nation preisen und mehr oder weniger unverblümt den Haß auf alle Fremden und Randgruppen predigen, fast regelmäßig ein weiteres Thema auf: die «Auswüchse der Frauenemanzipation». Was beides miteinander zu tun hat? – Wer es nötig hat, sein vom rapiden wirtschaftlichen und gesellschaftlichen Wandel angeschlagenes Selbstbewußtsein mit nationalistischen Krücken zu stützen, der hat in der Regel auch Angst vor dem größer gewordenen Selbstbewußtsein und dem wachsenden gesellschaftlichen Einfluß der Frauen. Die Frau gehört an den heimischen Herd und hat ihre Gebärfähigkeit in den Dienst der «Gemeinschaft» zu stellen. «Lebensschützer» bis hin zu Mitgliedern des Bundesverfassungsgerichts sprechen Föten im Mutterleib vom ersten Tag an ein «Recht auf Leben» zu, das in Wahrheit eher ein demokratisch bedenkliches Recht des Staats auf die Selbstaufopferung von Frauen und auf den ungeborenen Staatsbürger darstellt. Wer die Frauen wieder zurück hinter den Kochtopf wünscht, ist auch bereit, die nur unter dem Mikroskop außerhalb des Mutterleibs sichtbare befruchtete Eizelle zum Rechtsobjekt zu erklären.

Ein weiteres Lieblingsthema des Rechtspopulismus ist das Auto: «Freie Fahrt für freie Bürger.» In der Ikone Auto verdichten sich die Ressentiments gegen den überfälligen ökologischen Modernisierungsprozeß. Wer Angst hat, dabei auf der Strecke zu bleiben, klammert sich verzweifelt an das Wohlstandssymbol der längst vergangenen letzten Vollbeschäftigungsphase, eben das Auto. Er mag eifrig seinen Müll getrennt sammeln, aber die großen Umweltsauereien will er nicht wahrhaben, weil er Angst hat um seinen Arbeitsplatz und weil Angst blind macht vor den wirklichen Gefahren und rücksichtslos gegenüber Menschen und Umwelt. Rücksichtslos fährt der Autofanatiker über die eigene Zukunftsangst hinweg.

Aggressive Deutschtümelei, Frauenfeindlichkeit und die angsterfüllte Abwehr ökologischer Argumente sind nicht nur moralisch zu verurteilen; sie sind auch gefährlich für den sozialen und technologisch-wirtschaftlichen Erneuerungsprozeß, den unsere Gesellschaft braucht, um lebensfähig zu bleiben.

Aus diesem Grund sind auch die skandalösen Vorgänge von besonderer Bedeutung, anhand deren sich die Öffentlichkeit mit diesen Themen auseinandersetzt. Wem aber angesichts der täglichen Skandalnachrichten politikverdrossen zumute ist, dem möchte dieses Buch helfen, die wichtigeren Skandale im Kopf zu behalten. Und es möchte ihm nahelegen, sich auf dieser Grundlage einzumischen in die Politik der Republik. Diese Einmischung beginnt damit, daß man einen Skandal einen Skandal nennt.

I. Wiedervereinigungskater

Kaum daß die DDR am 7. Oktober 1989 ihren vierzigsten Geburtstag gefeiert hat, zerfällt sie implosionsartig. Eine unkontrollierbar gewordene Abwanderungsbewegung und Massendemonstrationen erzwingen am 18. Oktober mit der Absetzung des bis dahin unangefochten herrschenden Erich Honecker die «Wende». Am 9. November wird die Mauer in Berlin, unmittelbar darauf die gesamte innerdeutsche Grenze geöffnet. Die DDR-Bürger genießen rauschartig die Segnungen der freien Marktwirtschaft, West-Bundeskanzler Kohl verspricht ihnen während des erstmals demokratischen Volkskammer-Wahlkampfs 1990 «blühende Landschaften». Am 3. Oktober 1990 erfüllt sich der Wunsch der überwältigenden Mehrheit der DDR-Bürger und der nicht ganz so dringliche politische Wille auch der Westdeutschen: Deutschland ist wiedervereinigt.

Die Selbstauflösung der DDR wäre sicher nicht so reibungslos vonstatten gegangen, wenn sich nicht auch die Angehörigen der vordem staatstragenden Schichten bis hin zum Rückgrat der SED-Diktatur, der Staatssicherheit, im wiedervereinigten kapitalistischen Deutschland ein schöneres Leben als im tristen Realsozialismus hätten ausrechnen können. Tatsächlich finden wir unter den Gewinnern der Wiedervereinigung nicht wenige der alten DDR-Kader. Und es ist gerade die von der «alten» Bundesrepublik gegen alle ökonomische Vernunft betriebene forcierte Einführung des Privateigentums und der Marktwirtschaft, die den Mitgliedern von «Seilschaften» aus der alten DDR-Führungskaste die Chance ihres Lebens gibt. Schon vor der offiziellen Wiedervereinigung bahnen diese Wendeprofiteure allerhand windige Geschäfte mit West-«Experten» an, die die Hoffnung auf eine schnelle Mark in den «wilden Osten» gezogen hat; die bald geschaffenen legalen Institutionen der wirtschaftlichen Vereinigung wie die Berliner Treuhandanstalt legen es nicht gerade darauf an, solche Machenschaften zu erschweren. In der allgemeinen Laszivität des Wiedervereinigungsbooms vergessen am Ende auch demokratisch legitimierte Politiker aus Ostdeutschland, daß sogar im Kapitalismus und in einer wirtschaftsliberalen Demokratie gewisse Spielregeln gelten.

Einer, der diese Spielregeln gewiß kannte, aber seine Kenntnis nutzte, um sie zu umgehen, war der Stasi-Oberst Alexander Schalck-Golodkowski, Chef der «Koko», der Koordinierungsstelle für die Undercover-Geschäfte der DDR. Schalck wurde schon früh zur Symbolfigur dafür, daß gewisse Leute nicht untergehen. Der Mann, der mit F. J. Strauß einen Milliardenkredit der Bundesrepublik für die marode DDR einfädelte, der Mann, der ebenso für tausendfachen staatlichen Kunstraub an DDR-Bürgern verantwortlich war, der alle Rüstungs- und High-Tech-Embargos gegen die DDR zu unterlaufen wußte und die Geldzuwendungen an der SED zugetane Institutionen im Westen organisierte, sitzt immer noch weitgehend unbehelligt in einer Villa am schönen Tegernsee. Offenbar weiß er zuviel.

■ Die Akten des ehemaligen Ministeriums für Staatssicherheit der DDR belaufen sich nach neuesten Schätzungen auf etwa 178 000 laufende Archivmeter, zusammengetragen von zeitweise über 260 000 Mitarbeitern. Die Gauck-Behörde, Erbin eines Teils des unseligen Spitzelnachlasses der DDR, versucht Ordnung in das Chaos zu bringen, gerät aber gleichzeitig immer wieder in die Schußlinie derer, die mit Hilfe undurchsichtiger Stasi-Quellen und gezielter Halbinformation ihr eigenes politisches Süppchen kochen wollen. Interessierte Medien, aber auch Regierungskreise konnten sich überdies rechtzeitig in den Besitz brisanter Akten bringen, die sie dann immer wieder auf den Markt werfen. So geht das Schnüffeln der Stasi mit anderen Mitteln weiter. Ob Brandenburgs Ministerpräsident Manfred Stolpe (SPD) oder der unbequeme Publizist Günter Wallraff, ob die Schriftstellerin Christa Wolf oder der Rektor der Humboldt-Universität Heinrich Fink, sie alle stehen nicht nur wegen ihrer vermeintlichen oder tatsächlichen Stasi-Verstrickung am Pranger, sondern auch, weil sich mit der Stasi-Munition so trefflich schießen läßt. Willkommenes Waffenarsenal gegen den politischen Gegner. Während allerdings die Westdeutschen langsam nicht abgeneigt scheinen, die Stasi-Akten allesamt zu vernichten, um wieder Ruhe einkehren zu lassen im deutschen Vaterland, damit aber eher an die unsägliche Verjährungsdebatte über Naziverbrechen erinnern, glauben die Ostdeutschen, daß die Schnüffelakten einen wichtigen Beitrag zur Aufarbeitung der DDR-Geschichte leisten können. Akten: auf oder zu? ■

Stefan Wolle

«Die Stasi lebt»

Die mühsame Bewältigung der Stasi-Vergangenheit

In den Wohnvierteln im Nordosten von Berlin hat sich seit der Wende 1989 wenig geändert. Bröckelnde Fassaden im einheitlichen Grauputz der Nachkriegszeit, tote Schaufensterscheiben, Autowracks und überquellende Müllcontainer bestimmen das Bild. Gelegentlich sieht man sogar noch die alten Stuckfassaden mit den Splittereinschlägen der Bombenangriffe. Immerhin hat hier und da ein China-Restaurant oder ein türkisches Bistro eröffnet. Die Schilder an der Eckkneipe werben jetzt für westliche Biersorten. Doch die grellbunten Reklameschilder und die wenigen hell beleuchteten Geschäftsauslagen lassen den Verfallszustand nur noch schärfer hervortreten. Den Rest besorgte an diesem dämmrigen Januartag ein seit Stunden niedergehender eiskalter Nieselregen.

Ein dubioser Telefonanruf führte mich in diese Gegend der Stadt. Einige Wochen zuvor hatte mich am Rande einer Diskussionsrunde über «Stasi-Aufarbeitung» ein korrekt gekleideter Herr in gepflegtem Sächsisch angesprochen. Er hätte mir einiges Wichtige zu erzählen. Zerstreut gab ich ihm meine Visitenkarte und meinte höflich, das würde mich sehr interessieren. Unerwarteterweise rief er tatsächlich an, und aus irgendeinem Grund hatte ich zugesagt.

Immerhin war die Beschreibung des Weges exakt. Ohne Schwierigkeiten fand ich die angegebene Hausnummer. In der Hofeinfahrt stank es nach Urin. Offenbar benutzten die Besucher der benachbarten Kneipe die Einfahrt als Pissoir. Die Torflügel mit ausgeschlagenen Fensterscheiben hingen windschief in den Angeln. Ohne durch ein Treppenhaus gehen zu müssen, gelangte ich durch einen nur mit einer funzligen Glühbirne beleuchteten Gang in die angegebene Parterrewohnung. «Die ideale Lage für eine konspirative Wohnung», schoß es mir durch den Kopf. Nur wenige Schritte von der verkehrsreichen Prenzlauer Allee entfernt, und doch herrscht hier eine fast gespenstische Stille. Kein Mensch kontrolliert, wer ein- und ausgeht, auch nachts schließt hier sicher niemand die Haustür zu.

Der korrekte Herr hatte mich bereits erwartet und führte mich in sein Zimmer. Die Wohnung war klein und ungemütlich. Ob sie wirklich bewohnt war oder nur als Treffpunkt diente, ließ sich schwer ausmachen. Das Mobiliar hatte offenbar schon bessere Tage gesehen. Über allem lag eine unglaubliche Schäbigkeit und Armseligkeit. In der Küche stand ein Topf Gulasch auf dem Herd und verbreitete einen penetranten Essensgeruch. Der Blick ging durch ein vergittertes Fenster auf den menschenleeren, dämmrigen Hinterhof.

Mein Gastgeber steuerte direkt auf sein Ziel los. Er sei fünfundzwanzig Jahre Mitarbeiter der Staatssicherheit gewesen. In der Hauptabteilung XIX sei er für Information und Auswertung zuständig gewesen und habe also «alles gewußt, was sich so abspielte». Mit achtzehn Jahren, im Jahre 1957, habe er sich für das MfS verpflichtet. Aber schon seit dem 13. August 1961 sei er «innerlich dagegen gewesen». Um sich auf «galante Weise» – wie er mehrmals sagte – der Stasi zu entziehen, habe er an der Humboldt-Universität Kriminalistik studiert. Doch die Hoffnung auf einen Ausstieg bei der Staatssicherheit blieben unerfüllt. Trotz seiner inneren Abneigung gegen die Methoden des MfS sei er fast bis zum Schluß dabeigeblieben. Jetzt sei er arbeitslos und wolle sich literarisch betätigen. Er sei Hobbylyriker, aber damit sei ja «kein Geld zu verdienen», deswegen würde er jetzt «Mini-Essays» schreiben. Er fragte mich nach Möglichkeiten, solche Sachen zu veröffentlichen, wartete aber die Anwort kaum ab und schnitt ein anderes Thema an.

«Die Stasi lebt», flüsterte er mit gesenkter Stimme. Ständig besuche ihn sein ehemaliger Vorgesetzter. Was er wolle, wisse er nicht genau. Er sei aber sicher, daß die alten Strukturen weiterexistieren. «Die warten auf ihre Chance. Die jetzige Gesellschaft existiert nicht mehr lange. Die Menschen sind enttäuscht und unzufrieden.» Auf Nachfrage räumte er ein, die imaginäre «Untergrund-Stasi» habe keine einheitliche Konzeption. Teilweise hoffe sie auf eine rechtsradikale Entwicklung, «um auf diesem Ticket wieder nach oben zu kommen». Teilweise sei sie aktiv in der PDS, vor allem aber in der Wirtschaft. Sie suche Verbindung zur Mafia, um so die Demokratie zu destabilisieren. Auch bei uns würde es zu italienischen Zuständen kommen. Die Demokratie sei nicht fähig, die Probleme zu lösen. Im übrigen verberge sich hinter der pseudodemokratischen Fassade nur die Herrschaft des Monopolkapitals, welche die DDR wirtschaftlich kolonisiert habe. In seinen politischen Ansichten mischten sich auf merkwürdige Weise alte Denk- und Sprachmuster mit neuen Einsichten. Immer noch war er davon überzeugt, daß die Stasi notwendig gewesen sei, um mit den Rechtsradikalen fertig zu werden. Im übrigen habe ja auch der Westen seine Geheimdienste gehabt, gegen die man die DDR schützen mußte. Die Bürgerbewegung der DDR sei «geheimdienstlich gelenkt» gewesen, meinte er. Davon war der Stasi-Mann auch heute noch nicht abzubringen. Er konnte sich Geschichte nicht anders vorstellen als in

Form von Geheimdienstoperationen. Aber auch auf «unserer» Seite habe man vorgesorgt. Schon im Vorfeld der Ereignisse von 1989 habe es Pläne zum zeitweisen Untertauchen der Stasi-Strukturen gegeben. Er selbst habe an derartigen Stabsübungen teilgenommen. In einer Datschensiedlung bei Woltersdorf sei die unterirdische Kommandozentrale gewesen. Auch für die Aktenverbringung und -vernichtung habe es Pläne gegeben. Die Listen der zu vernichtenden Akten seien allerdings nur den allerhöchsten Offizieren bekannt gewesen. Er wisse nur, daß es diese Vernichtungsbefehle gegeben habe.

Was wollte der Mann? Ein Verrückter im herkömmlichen Sinne war er sicher nicht. So konfus seine politischen Ansichten waren, so präzise waren die Einzelangaben. Handelte er im Auftrag? Wollen die abgetakelten Stasi-Leute das Gerücht verbreiten, sie hätten noch irgendeine Macht? Wollen sie so erreichen, daß man sie besser behandelt? Oder erzählte der Mann die Wahrheit?

Im Januar 1990, einige Tage nach der Besetzung der Stasi-Zentrale, hatte mich ein kanadischer Fernsehreporter gefragt: «Lebt die Stasi?» Ich grinste optimistisch in die Kamera und antwortete: «Die Stasi ist tot, mausetot, toter geht es gar nicht. Seit einer Woche bin ich davon überzeugt, daß es niemals ein Orwellsches 1984 geben wird. Der Freiheitsdrang der Menschen ist stärker als jeder noch so perfekte Überwachungsapparat.» Dem Journalisten gefiel das, und möglicherweise ist das Statement in Kanada über die Bildschirme geflimmert. Heute wissen wir, daß es nur die halbe Wahrheit war. Natürlich ist die Stasi tot – als Machtapparat, als Institution, als Struktur. Trotzdem lebt sie weiter. Ihr Leichengift verpestet die Gesellschaft der wiedervereinigten Bundesrepublik.

Seit Anfang 1990 jagt ein Stasi-Skandal den nächsten. Das Thema Stasi will aus der öffentlichen Diskussion nicht verschwinden. Die Demoskopen signalisieren gelegentlich Überdruß. Und doch bringt jede Aufarbeitungsdiskussion noch immer volle Säle und aufwallende Emotionen. Ein Ende der Debatte ist immer noch nicht in Sicht.

Es begann im Januar 1990 mit einer Serie von anonymen Briefen an den Runden Tisch und an verschiedene Zeitungen. In diesen Briefen wurden die Decknamen und die Registriernummern von Wolfgang Schnur, Lothar de Maizière und Ibrahim Böhme genannt. Im Klartext hieß das, die führenden Persönlichkeiten der neuen politischen Parteien, deren Namen ganz oben in der öffentlichen Gunst standen, sollten Stasi-Agenten sein. Das klang selbst für hartgesottene Sensationsreporter zu abenteuerlich, und zunächst gelangte nichts an die Öffentlichkeit. Doch wie bösartige Insekten schwirrten die Gerüchte durch Redaktionsstuben und Parteibüros. Einige Tage vor der Volkskammerwahl platzte die erste Bombe. Über Rechtsanwalt Wolfgang Schnur, hieß es in Presseberichten, gebe es in der Rostocker Bezirksverwaltung des MfS meterweise IM-Akten. Schnur war in der DDR als Verteidiger von Oppositionellen bekannt geworden. Er war Vizepräses der Synode der Evangelischen Kirche, Mitbegründer und seit dem 17. Dezember 1989 Vorsitzender des Demokratischen Aufbruchs. An der Seite Helmut Kohls trat er bei Wahlveranstaltungen auf, und manche sahen in ihm den künftigen Ministerpräsidenten der DDR. Auf die Vorwürfe reagierten der Angegriffene und seine Freunde mit Dementis und Drohungen gegen die Presse. Pfarrer Rainer Eppelmann stellte sich schützend vor seinen Mitstreiter. Einige Tage später wurde eingeräumt, daß es notwendigerweise berufsbedingte Kontakte zur Stasi gab, dann wurde die Stasi-Mitarbeit zugegeben, jedoch darauf beharrt, daß Schnur immer das beste für seine Mandanten und die Kirche bewirkt habe. «Ich betone verbindlich», ließ Schnur erklären, «mein Wirken und Dienst galt stets den Verfolgten, Unterdrückten, den Bedrängten und Hilflosen. Durch mein Wirken ist kein Schaden für die von mir begleiteten und verteidigten Personen eingetreten. Für mich waren diese Menschen wichtiger als der eigene politische Weg.» Unterdessen war bekanntgeworden, daß über Schnur alias IM «Dr. Schirmer» dreißig Aktenordner mit Material vorlagen, daß er jahrelang über Kirchengruppen berichtet, das Vertrauen seiner Mandanten mißbraucht und Geld und Auszeichnungen vom MfS empfangen hatte. Wolfgang Schnur brach nun körperlich zusammen und verschwand für einige Zeit im Krankenhaus. Dann tauchte er als Mitinhaber einer lukrativen Rechtsanwaltspraxis wieder auf. Das Szenario für künftige Fälle war vorgegeben.

Denn längst hieß es in «wohlinformierten Kreisen», über de Maizière und Böhme lägen beim *Spiegel* Berge von Unterlagen. Man warte nur die Volkskammerwahl ab. Wieder folgte das gleiche Schauspiel von Ehrenerklärungen, Dementis und Angriffen gegen die Presse. Pfarrer Eppelmann sprach von «Hysterie und Lynch-Atmosphäre».

Eine Woche nach der Wahl im März 1990 veröffentlichte der *Spiegel* das Material über Ibrahim Böhme. Auch der Sprecher der Ost-Sozialdemokratie sollte Inoffizieller Mitarbeiter des MfS gewesen sein. Wieder die quälende Folge von Dementis, halben Geständnissen, Beteuerungen, man habe nichts Böses getan und schließlich der Abtritt von der Bühne. Böhme verschwand spurlos, und im SPD-Hauptquartier herrschte Ratlosigkeit. Man sprach von einem Nervenzusammenbruch und von einem Selbstmordversuch. Alte Bekannte sind der Meinung, Böhme sei hochgradig schizophren. Jedenfalls beteuert er bis heute entgegen den eindeutigen Aussagen der Akten, kein Spitzel der MfS gewesen zu sein.

Doch längst ging es nicht mehr um Böhme allein. Die Überprüfung der neugewählten Volkskammerabgeordneten trat eine Lawine los. Zum ersten Mal stellten sich auch die rechtlichen Fragen. Wer darf wen überprüfen? In welcher Form sollen die Untersuchungsergebnisse öffentlich gemacht werden? Die Stasi-Überprüfung wurde zum eigentlichen Thema der letzten Volkskammer der DDR. Zunächst ging es nur um Abgeordnete und Minister, schließlich geriet auch der Ministerpräsident selbst ins Schußfeld.

Wieder war es der *Spiegel*, der kurz nach der Bundestagswahl vom 2. Dezember 1990 Einzelheiten über de Maizières Stasi-Tätigkeit veröffentlichte. Die eigentliche IM-Akte war zwar vernichtet, es fanden sich aber noch die vier leeren Aktenordner mit dem Decknamen «Czerny» und der Registriernummer, die laut Kartei eindeutig auf de Maizière verwies. Hinzu kamen einige allerdings sehr eindeutige Aussagen in übergreifenden Aktenvorgängen. De Maizière bestritt nicht, sich regelmäßig in sogenannten konspirativen Wohnungen mit Offizieren des MfS getroffen zu haben. Er behauptet aber, nichts von seiner Klassifizierung als IM gewußt zu haben. So wurde eine neue Verteidigungsstrategie geboren. Sie ist allerdings nur in jenen Fällen brauchbar, in denen aufgrund der Wichtigkeit des IM die Akten während der Wende verschwunden sind.

Parallel begann der Dauerskandal um Manfred Stolpe. In keinem Fall kennen wir inzwischen mehr Einzelheiten. Stolpes Zusammenarbeit mit dem MfS ist lückenlos rekonstruiert. Der Untersuchungsausschuß des Brandenburger Landtages hat einen Berg Material zusammengetragen. Über die Thematik wurden bereits mehrere Bücher veröffentlicht. Niemand kann bestreiten, daß Manfred Stolpe als IM geführt wurde, daß er sich jahrelang in kurzen Abständen in konspirativen Dienstobjekten mit wichtigen Stasi-Offizieren getroffen hat, daß er ausführlich die Politik der Kirche interpretierte und über seine Kontakte mit westlichen Politikern berichtete. Offen ist allerdings die Bewertung dieser Kontakte. Die Grenzen zwischen banalen Spitzeldiensten und Geheimdiplomatie sind fließend. Es ging hier nicht primär um Berichterstattung, sondern um Politik.

Sowohl die Mitarbeiter der für die Kirche zuständigen Abteilung XX/4 des MfS als auch Stolpe machten Politik. Das Ziel dieser Kontakte bestand in der Stabilisierung der politischen Situation. Das Unruhepotential der Kirche sollte unter Kontrolle bleiben und potentielle Störenfriede in den Westen verschafft werden. Dafür sollte die Kirche mehr Spielraum in ihrem Überlebenskampf im atheistischen Staat erhalten. Man mag diese Haltung aus heutiger Sicht verurteilen, sie entsprach der praktischen Politik der Kirchenleitungen. Auch wenn Stolpe kein formales Mandat seiner kirchlichen Vorgesetzten hatte, mit dem MfS zu unterhandeln, so gibt es doch keinen Zweifel darüber, daß er grundsätzlich in ihrem Sinne vorging. Es gab in den Jahren vor 1989 scheinbar keine vernünftige Alternative zu dieser Art von Beschwichtigungspolitik. Sie entsprach ja auch der praktischen Politik aller Bundesregierungen dieser Jahre. Die oberste Devise hieß: Stabilisierung des Status quo. Dazu brauchte man Leute wie Stolpe, die zwischen den Fronten agierten, Problemfälle bereinigten, Härten ausglichen und gegenüber den unruhigen Geistern in den eigenen Reihen zu Vernunft und Mäßigung aufriefen. Ob dadurch das Ende des Sozialismus verzögert wurde oder ob der friedliche Zusammenbruch des Ostblocks durch diese Politik erst möglich gemacht wurde, ist eine rein spekulative Frage.

Praktisch führte die Auseinandersetzung um Stolpe jedoch zu einer Blockade bei der Bewältigung der Stasi-Vergangenheit. Denn jeder andere frühere IM kann nun mit dem gleichen Recht wie der IM «Sekretär» behaupten, im Dienste der Menschen gehandelt zu haben.

Dies tat auch der Theologe Heinrich Fink. Für die einen war der 1990 ins Amt gewählte Rektor der Humboldt-Universität das Symbol der sittlichen Erneuerung, für die anderen der Beschützer der alten SED-Seilschaften. Deswegen erschütterte der Skandal um Heinrich

Fink die Humboldt-Universität. Als das Volk im Herbst 1989 auf die Straße gegangen war, hatte an der Universität verwirrtes Schweigen geherrscht. Mit zwei Jahren Verspätung gingen dann die Studenten doch noch auf die Straße – um für den enttarnten Stasi-Spitzel Fink zu demonstrieren. Im Solidaritätskomitee für Heinrich Fink saßen Persönlichkeiten wie Stefan Heym, Walter Romberger, Christoph Hein und Christa Wolf. Insbesondere Christa Wolf fand bewegende Worte zur Verteidigung von Heinrich Fink. Nachdem aufgrund neuer Aktenfunde die Berechtigung der Kündigung Finks durch den Wissenschaftssenator höchstrichterlich bestätigt worden war, hat sich keine dieser Persönlichkeiten von ihrer Solidarisierung distanziert. Keiner von ihnen ist es in den Sinn gekommen, daß sie mit ihrem aus der DDR-Zeit stammenden moralischen Gewicht den Erneuerungskräften an der Universität in den Rücken gefallen waren.

Als Christa Wolf der Veröffentlichung ihrer IM-Akte zuvorkam und öffentlich bekannte, sie sei unter dem Decknamen «Margarete» für das MfS tätig gewesen, gab es fast nur noch Mitleid und Verständnis. In ihren Augen wurde eine erbarmungslose Hetzjagd gegen die Repräsentantin der DDR-Kultur durch die westlichen Medien angezettelt. Natürlich läßt sich weder die Biographie noch das literarische Werk von Christa Wolf auf jene zweieinhalb Jahre IM-Tätigkeit reduzieren. Doch es bleibt die Frage zu beantworten, ob sie wirklich vergessen hatte, daß sie selbst eine Verpflichtungserklärung unterschrieben hatte, als sie Heinrich Fink in Schutz nahm. Zuviel und zu unverschämt ist in den letzten Jahren gelogen worden, als daß man reinen Herzens den Worten der Dichterin glauben könnte.

Im Dezember 1993 erfolgte anläßlich der Brandenburger Kommunalwahl für alle sichtbar der endgültige Umschlag. Als der PDS-Kandidat für das Potsdamer Oberbürgermeisteramt, Jürgen Kutzmutz, als IM enttarnt wurde, schien ihm das eher zu nutzen als zu schaden. Der ehemalige SED-Funktionär räkelte sich selbstzufrieden in Talk-Shows und erklärte, nichts Böses getan zu haben, niemandem geschadet und kein Geld genommen zu haben – und im übrigen sei alles lange her. Der Bösewicht war der Potsdamer Parlamentspräsident, der den Skandal kurz vor der Wahl öffentlich gemacht hat. Im übrigen wurde süffisant darauf verwiesen, daß für Jürgen Kutzmutz keine anderen Maßstäbe gelten könnten als für Manfred Stolpe.

Nach vier Jahren Stasi-Aufarbeitung gewinnt man den Eindruck, daß alle Stasi-Mitarbeiter im Dienste ihrer Mitmenschen tätig waren. Die konspirativen Gespräche mit den Führungsoffizieren waren vertrauensvolle Diskussionen, eine Art demokratischer Dialog aus Mangel an sonstigen Möglichkeiten der Meinungsbildung. Immerhin erfuhr die Führung ja dadurch, was das Volk dachte. Was wir früher nicht wußten, wird allmählich bekannt, das Ministerium für Staatssicherheit war eine sozial-therapeutische Einrichtung, die sich mit Liebe und Sorgfalt um den Menschen kümmerte.

Die Akten reden in der Regel eine andere Sprache. Sie sind voller kleinlicher, schmutziger Denunziationen und Anschwärzungen. Voller Hingabe an den Großen Bruder Stasi wurden Kollegen, Nachbarn, Familienmitglieder, selbst der Ehepartner ausspioniert. Es wurden Schriftproben besorgt, Beweismaterial für künftige Prozesse gesammelt, in fremden Briefen und Tagebüchern geschnüffelt. Im Stasi-Auftrag sollten Ehen zerstört werden, berufliche Karrieren wurden unterbrochen, Leute hinter Gitter gebracht. Aber niemand ist es gewesen. Alle bisher enttarnten Spitzel sind vollkommen unschuldig.

Das Schauspiel ist kläglich und langweilig. Die Stasi-Leute und ihre Spitzel verstecken sich heute hinter der Banalität und der Alltäglichkeit ihres Tuns. Dabei liegt gerade in dieser Normalität das eigentliche Wesen des Apparates. Die DDR wurde von Büroangestellten terrorisiert. Sie waren ordentlich und gewissenhaft. Wenn es für den IM zum Geburtstag einen Blumenstrauß und eine Buchprämie gab, wurden die Summen bestätigt und die Quittung abgeheftet. Mit Sorgfalt wurden Statistiken geführt, langatmige Dienstvorschriften verfaßt, Jahres-, Quartals- und Monatsberichte verfaßt. Nichts ging hier verloren.

Immerhin hat die Staatssicherheit auf diese Weise einen gigantischen Berg Papier angehäuft. Nach neuesten Schätzungen handelt es sich um 178 000 laufende Archivmeter. Obwohl im Herbst 1989 die Reißwölfe heißliefen, und obwohl große Bestände verschwunden sind, handelt es sich dabei um eine Masse, die alles übertrifft, was man im Archivwesen bisher zu bewältigen hatte. Zum Vergleich sei angeführt, daß die Akten aller anderen Ministerien der DDR, die heute beim Bundesarchiv in Potsdam lagern, lediglich 40 000 Meter umfassen.

Die oft gestellte und heftig diskutierte «Gretchenfrage», ob die Akten lügen oder ob in ihnen die Wahrheit steht, soll nicht von neuem aufgerollt werden. Grundsätzlich ist davon auszugehen, daß auf der einen Seite die politische Realität von den Mitarbeitern des MfS durch die verzerrende Brille ihrer Sicherheitsneurose wahrgenommen wurde. Dies führte oft zu einer maßlosen Überschätzung der finsteren Absichten des «Gegners» und dessen praktischer Wirkungsmöglichkeiten. Es ist nicht zu vergessen, daß sich der aufwendige Apparat durch die Gefährlichkeit und Wichtigkeit des «Feindes» ständig selbst zu legitimieren hatte. Im Umgang mit den Stasi-Akten ist also Vorsicht geboten. Der Historiker muß sich davor hüten, die Aussagen der Akten für eine ungebrochene Widerspiegelung der Realität zu halten. Er liefe sonst Gefahr, die Welt aus der Perspektive eines Sicherheitsapparates wahrzunehmen. Auf der anderen Seite handelt es sich dem Wesen nach um Polizeiakten, in denen es auf Zuverlässigkeit, Präzision und Genauigkeit ankam. Die Akten wurden für den internen Gebrauch angefertigt, nicht für Propagandazwecke oder um Personen später zu belasten. Es gab also keinen rationalen Grund, Unrichtiges zu Papier zu bringen. Was die Fakten anbetrifft, ist also in der Regel von der sachlichen Richtigkeit der Angaben auszugehen.

Vor 1989 wußte man in der DDR fast nichts über das Ministerium für Staatssicherheit. Bekannt war, daß es diesen Apparat gab, und jeder versuchte, auf seine Weise damit fertig zu werden. Es wurde viel gemunkelt und geflüstert. Die gegenseitige Verdächtigung, daß dieser oder jener «Stasi» sei – so der Sprachgebrauch – war ein beliebtes Gesellschaftsspiel. Aber selbst die phantastischsten Gerüchte über das Ausmaß des Spitzelsystems wurden von der Realität bei weitem übertroffen.

Ursprünglich kursierten Schätzungen, die von 100 000 IMs bis zu zwei Millionen reichten. Inzwischen wissen wir es aufgrund interner Statistiken genau: 1988 verfügte das MfS über einen IM-Bestand von ca. 173 000 Personen. Diese Zahl umfaßt auch die ca. 32 000 Gesellschaftlichen Mitarbeiter Sicherheit (GMS). Berücksichtigt man eine jährliche Fluktuationsrate von rund zehn Prozent, so dürften im Zeitraum von Januar 1985 bis Oktober 1989 etwa 260 000 Personen wenigstens zeitweise für das MfS gearbeitet haben. Ob die gleiche Hochrechnung für die vorhergehenden Jahre möglich ist, muß offenbleiben. Für diese Zeit existiert kein exaktes Zahlenmaterial. Aufgrund der Fluktuationsrate müßte man jedoch zu den 260 000 IM eine unbekannte Größe hinzurechnen. Nicht enthalten sind bei all diesen Zahlen die Inoffiziellen Mitarbeiter der Auslandsspionage HVA. Laut hauseigener Statistik des MfS kam in den Jahren 1985 und 1986 im DDR-Maßstab auf 186 Einwohner ein Inoffizieller Mitarbeiter. Rechnet man die Inoffiziellen Mitarbeiter Konspiration (IMK) und die Gesellschaftlichen Mitarbeiter Sicherheit (GMS) hinzu, kam auf 120 Einwohner ein Stasi-Mitarbeiter. Damit hielt die DDR mit Sicherheit einen Weltrekord.

Ein perfides Kapitel der Stasi-Tätigkeit ist die Anwerbung von Kindern und Jugendlichen. Es klingt unwahrscheinlich, aber es ist eine Tatsache, daß in beträchtlichem Umfang Minderjährige geworben und zur Mitarbeit verpflichtet wurden. Auch hierüber gibt die interne Statistik des MfS präzise Auskunft. Beispielsweise waren von den 1989 geworbenen IM der Bezirksverwaltung Rostock rund 6 Prozent unter 18 Jahren. Rechnet man diesen Prozentsatz auf die absoluten Zahlen des IM-Bestandes hoch, kommt man auf über 10 000 Jugendliche unter achzehn Jahren, die 1989 für das MfS spitzelten.

Das Mielke-Imperium trug ausgesprochen männerbündische Züge. Im hauptamtlichen Apparat gab es zwar Frauen, gelegentlich sogar mit Offiziersrang. Im allgemeinen aber waren sie als Schreibkräfte, Sekretärinnen oder Küchenfrauen tätig. In den höheren Offizierschargen oder gar in der Generalität gab es grundsätzlich keine Frauen. Auch als IM konnte man sich Frauen offenbar nur als Bettgenossin für ausländische Geschäftsleute und Diplomaten vorstellen. Es gibt keine übergreifenden Zahlen in bezug auf den Prozentsatz weiblicher IMs. Vorliegende Zahlen aus dem Bereich der Bezirksverwaltung Rostock und Karl-Marx-Stadt lassen auf einen Prozentsatz zwischen 10 und 15 Prozent schließen.

Zu den IMs aller Kategorien muß man noch die hauptamtlichen Mitarbeiter hinzurechnen. Ihre Zahl wurde in der Phase der Auflösung des Apparates übereinstimmend mit etwa 85 000 angegeben. Sie haben weit größere Schwierigkeiten, sich zu tarnen oder in der freien Wirtschaft abzutauchen. In der Regel dürfte es für sie schwierig sein, für mehrere Jahre einer weniger kompromittierenden Berufstätigkeit glaubwürdige Belege zu erbringen.

Wie geht man mit den Leuten um? Was sie ihr Leben lang getrieben haben, ist heute nichts mehr wert. Ihre Dienstgrade und Auszeichnungen gelten eher als Makel. Sie können in der Regel nicht einmal davon erzählen. Deswegen dürsten sie nach Bewältigung und Aufarbeitung. Da können sie wenigstens darüber sprechen. Das ist gut so. Doch wenn es ernst wird, möchten sie hören, daß alles nicht so schlimm war. Sie sind bedauernswert, und doch sind sie gefährlich, weil sie voller Haß auf die neue Ordnung sind. Alte ideologische Denkmuster verbinden sich nahtlos mit neuen Alltagserfahrungen wie Arbeitslosigkeit, steigenden Mieten, sozialer Deklassierung, Vereinsamung. Und selbst wenn es ihnen wirtschaftlich gutgeht, sind sie sozial tief gedemütigt. Sie waren die Herren im Lande, hatten die besten Gehälter, wurden bei der Vergabe von Telefonanschlüssen und Autos bevorzugt. Ihre Datschen standen an den hübschesten Flecken der Republik, sie waren umgeben vom Zauber geheimnisvoller Macht, und ihre Klappkarten öffneten alle Türen. Die Stasi ist lebendig in diesen Menschen. Selbst wenn sie sich rational davon distanziert haben, es war ihre Zeit und ihre Welt, die 1989 untergegangen ist.

Und doch läßt sich auch ein anderer Eindruck nicht wegwischen. Die Verantwortlichen sind keine monströsen Ausgeburten des Bösen. Begegnet man ihnen heute, machen sie keinen besseren oder schlechteren Eindruck als Angehörige anderer Berufsgruppen. Bei den hauptamtlichen Mitarbeitern der älteren Generation dominiert der gütig-verständnisvolle Menschenschlag, wie man ihn bei Lehrern und Polizisten findet. In der jüngeren Generation überwiegen die «netten, ehrlichen Jungs»: sportlich, adrett gekleidet, mit korrektem Haarschnitt und höflichem Auftreten. Die Charaktere sind meist ohne dämonische Abgründe, eher ein bißchen flach. Man traut ihnen wohl zu, daß sie eine elektronische Anlage montieren können. Und wenn es eine Abhöranlage war, so war es eben ihr Job. Warum sollen sie heute nicht beim Wachschutz arbeiten oder ein Taxi chauffieren? Sie sind anpassungsfähig, bereit, sich unterzuordnen, diszipliniert und korrekt. In einem Einstellungsgespräch bei einer Immobilienfirma oder einer Bank haben sie mit Sicherheit Chancen.

Und doch fragt man sich, ist dies der einzige Grund für manche Merkwürdigkeit im Bereich von Immobilien, Liegenschaften und Finanzwesen? Immer wieder hört man, überall sitzen die Stasi-Leute an entscheidenden Punkten. In der freien Wirtschaft gibt es keine Möglichkeit der Überprüfung durch eine Anfrage bei der Gauck-Behörde.

Von Seilschaften wird gemunkelt, alten Beziehungen, Erpreßbarkeiten. Und nie ist etwas nachweisbar. Tatsache ist lediglich, daß alte Stasi-Leute in der Zeit des Ministerpräsidenten Modrow in den Besitz wertvoller Immobilien gelangt sind, die ihnen heute nur schwer wegzunehmen sind. Es gibt zwar eine Zentrale Ermittlungsstelle für Regierungskriminalität, es gibt in den meisten «neuen Ländern» Stasi-Beauftragte, es gibt den Untersuchungsausschuß des Bundestages über Schalck-Golodkowski – aber alle scheinen nur im Nebel zu stochern. Wenn es ernst wird, passiert nichts.

Die ständigen Stasi-Skandale sind kein Produkt der Sensationspresse, schon gar nicht eine Inszenierung, um die Ostdeutschen kollektiv zu demütigen. Als Wahlkampfmunition sind sie denkbar ungeeignet, zumal alle Parteien gemeinsam im Glashaus sitzen. Die Stasi-Skandale sind Ausdruck einer historischen Verstrickung, in der sich in der ehemaligen DDR hunderttausende Menschen mehr oder weniger hoffnungslos verfangen haben. Es gibt das historische Faktum «Überwachungsstaat DDR», dessen integraler Teil der MfS-Apparat war. Die hauptamtlichen und inoffiziellen Mitarbeiter des MfS haben dem SED-System auf ihre Weise gedient. Andere haben dies auf andere Weise getan. Die DDR aber war ein international anerkannter Staat, dessen oberstem Repräsentanten in aller Welt die roten Teppiche ausgerollt wurden.

Nun stehen die Stasi-Leute im Regen und werden allein verantwortlich gemacht. Sie fühlen sich ungerecht behandelt, deklassiert und gedemütigt. Dies macht ihr Wissen gefährlich. Es bildet sich eine Art Subkultur, es entstehen informelle Vernetzungen, möglicherweise auch unsichtbare Strukturen mafioser Art. Doch ist das auch ein fabelhaftes Argument dafür, endlich Schluß zu machen mit der Zurücksetzung alter Stasi-Kader. Und dennoch sträubt sich bei einer großen Mehrheit der Menschen alles dagegen, diese Leute wieder in irgendeiner Verantwortung oder gar Machtposition zu sehen. Die Gesellschaft ist unterminiert mit «unbewältigter Vergangenheit» wie durch ein unterirdisches Labyrinth. Wenn es hier oder da einstürzt, hat die Presse wieder einen «Stasi-Skandal».

Da saß ich nun vor einer dieser zerstörten Existenzen. Ich empfand die würgende Mischung aus Ekel und Mitleid, die ich aus früheren derartigen Gesprächen kannte. Fast mit Gewalt entzog ich mich dem Ansinnen, mit ihm das Gulasch zu essen, das die ganze Zeit im Topf geschmort und die Wohnung mit durchdringenden Gerüchen erfüllt hatte. Ich murmelte, daß das Gespräch sehr aufschlußreich gewesen sei und daß man es unbedingt fortsetzen sollte. Dann ging ich. Mit einem leichten Übelkeitsgefühl im Magen strebte ich durch den stärker gewordenen Regen dem S-Bahnhof Prenzlauer Allee zu. Es war kalt und dunkel geworden.

■ Schon bevor die Wiedervereinigung am 3. Oktober 1990 amtlich wurde, war das Schicksal der DDR-Staatswirtschaft besiegelt: Die vordem «volkseigenen» Betriebe sollten samt und sonders privatisiert werden und hinfort «marktwirtschaftlich» mit der überlegenen Westkonkurrenz wetteifern.
Der Etablierung des Kapitalismus als allgemein anerkannter Wirtschaftsform aber geht, das wußte schon Karl Marx, die Herrschaft des «Raub- und Wucherkapitals» voraus – moderner ausgedrückt: die von Glücksrittern, Spekulanten und mafiosen Vereinigungen. Und der von der Bonner Regierung an die Berliner Treuhandanstalt und ihre Dependancen in den «neuen Ländern» ergangene Auftrag, die Staatsbetriebe der DDR so schnell wie möglich und ohne Rücksicht auf volkswirtschaftliche Verluste zu privatisieren, wäre hervorragend geeignet, den zwischenzeitlich arg in Mißkredit geratenen Karl Marx in punkto Raub- und Wucherkapital zu rehabilitieren. Es bleibt nur zu hoffen, daß Marx auch mit der These recht behält, dem kapitalistischen Straßenräubertum müsse eine Phase gediegeneren kapitalistischen Aufbaus folgen. ■

Ralf Neubauer

Wie treu ist die Treuhand?

Als Sanjay Dalmia im Herbst 1991 die Thüringische Faser AG in Schwarza übernahm, feierte ihn die Belegschaft als den langersehnten Retter. «Manchmal kommt über Nacht ein Glücksfall», freute sich der Vorstandschef des Exkombinats, Gunter Schmidt.

Ein Grund zur Freude war der Einstieg des indischen Großindustriellen tatsächlich, galt doch die Faser AG noch wenige Wochen zuvor als hoffnungsloser Fall. Vor allem die Krise der europäischen Chemiefaserindustrie ließ Investoren vor einem Engagement zurückschrecken. Sanjay Dalmia und sein Bruder Anurag schienen da aus einem anderen Holz geschnitzt. Sie waren offenbar fest entschlossen, von Thüringen aus den schwierigen EG-Markt zu erobern.

Soviel unternehmerischer Wagemut imponierte selbst Helmut Kohl. Die Investition der Dalmias stelle einen «Markstein der neuen deutsch-indischen Wirtschaftsbeziehungen» dar, erklärte der Bundeskanzler anläßlich eines Staatsbesuches in Neu-Delhi noch im Februar 1993. Zwischenzeitlich hatten die Inder einen weiteren Treuhand-Betrieb, die Sächsische Kunstseiden GmbH in Pirna, gekauft. Und der Erwerb des dritten Ex-VEB, der Zellstoff- und Papierfabrik Rosenthal, schien so gut wie perfekt.

Nur vier Monate später war die Begeisterung in maßlose Enttäuschung umgeschlagen. Die vermeintlichen Glücksbringer entpuppten sich als eher windige Geschäftemacher. Ende Juni 1993 schlug sogar die Berliner Polizei zu. Sie zog die Inder wegen des «dringenden Tatverdachts» der Untreue und des Betruges kurzerhand aus dem Verkehr. Der Hintergrund: Aus Investitionshilfen, die die Treuhandanstalt der Faser AG gewährte, hatten die Dalmias neun Millionen Mark auf ein Festgeldkonto im malaysischen Kuala Lumpur transferiert.

Schon nach 24 Stunden waren die Brüder wieder auf freiem Fuß. Die Polizei hatte sie ohne Haftbefehl festgesetzt. Und für den Staatsanwalt war der Fall nach kurzer Prüfung sehr viel weniger dramatisch. Es könne allenfalls von einem «vagen Anfangsverdacht» die Rede sein, hieß es nunmehr.

Indes war die Festnahme der prominenten Inder in jenen Junitagen 1993 kein besonders spektakulärer Einzelfall. Binnen kürzester Frist zogen die Strafverfolger drei weitere Großinvestoren aus dem Verkehr. Der Göppinger Unternehmer Wolfgang Greiner und der Münchener Rechtsanwalt Norbert Hoess sitzen bis heute in Untersuchungshaft. Beide hatten sich bei der Treuhand-Niederlassung Halle im großen Stil mit Firmen eingedeckt und mußten sich wegen «Untreue und Betrug» (Greiner) beziehungsweise «Betrug und Erpressung» (Hoess) verantworten. Aufgrund ähnlicher Verdachtsmomente war auch der Mannheimer Unternehmer Peter Hartmann verhaftet worden, der von der Treuhand-Niederlassung Neubrandenburg drei Betriebe gekauft hatte.

Die Verhaftungswelle war der vorläufige Höhepunkt in der kurzen und bewegten Geschichte der Treuhandanstalt. Skandale hatten die Arbeit der einst weltgrößten Firmenholding von Anfang an begleitet. Doch niemals zuvor waren die Fälle derart gehäuft ans Tageslicht gekommen. In einem Leitartikel («Die Treuhand und ihre Kriminellen») schlug selbst die *Frankfurter Allgemeine Zeitung* kritische Töne an. Nunmehr müsse die «Anstalt ihrem hohen Privatisierungstempo Tribut zollen», schrieb Kerstin Schwenn. Und: «Unerfahrenheit und Schlamperei oder gar Böswilligkeit von Treuhandmitarbeitern, die den Versprechungen unseriöser Investoren oder betrügerischer Berater erlagen, haben Privatisierungen zu ‹Vorgängen› gemacht.»

Für das konservative Blatt, das bis dahin nicht gerade durch eine kritische Treuhand-Berichterstattung aufgefallen war, waren dies ungewöhnlich deutliche Worte. Wie sehr mußten sich da erst diejenigen Kritiker bestätigt fühlen, die es schon immer gewußt hatten: Die Ex-DDR ist ein Tummelplatz für Schieber und Betrüger, die weitgehend unbehelligt von Treuhand und Strafverfolgungsbehörden die ostdeutschen Unternehmen ausplündern können.

Das Bild ist nicht allzuweit von der Realität entfernt: «Zumindest 1990 in der Umbruchzeit war das so», sagt Hans Richter, ein Stuttgarter Wirtschaftsstaatsanwalt, der bis Juni 1992 als oberster Ermittler der Treuhandanstalt kriminellen Machenschaften im Firmenimperium von Birgit Breuel nachgegangen ist. Kriminal-Oberrat Uwe Schmidt von der Zentralen Ermittlungsstelle für Regierungs- und Vereinigungskriminalität (ZERV) in Berlin sieht es ähnlich: «Die Treuhandanstalt wurde für eine große Zahl von Straftätern zum lukrativen Angriffsobjekt.» Den Fahnder überrascht es nicht, daß viele Fälle erst mit erheblicher Zeitverzögerung und dann geballt offenbar wurden. Unternehmen, die 1991 privatisiert und in den folgenden Jahren von betrügerischen Investoren ausgenommen worden seien, gerieten danach in wirtschaftliche Schwierigkeiten. Schmidt: «Das stellt sich oftmals erst heraus, wenn die Beschäftigten vor der Treuhand demonstrieren.»

Tatsächlich spricht viel dafür, daß vor allem Fehler aus der Aufbauphase der Treuhandanstalt bis Ende 1991 die Privatisierungsbilanz der Breuel-Behörde trüben. Organisatorische und personelle Defizite paarten sich damals mit einem ohnehin hohen Anreiz für kriminelle Investoren, Treuhand-Unternehmen auszuschlachten.

Das Dilemma der Anstalt war und ist beträchtlich: Sie kann ihre Firmen häufig nur dann an den Privatmann bringen, wenn sie sie weit unter Substanzwert verkauft. Dieser Wert kann im Einzelfall – vor allem wegen wertvoller Betriebsgrundstücke – recht hoch sein. Als Richtgröße für den Verkaufspreis taugt er aber nicht. Schließlich sollen die Investoren die Unternehmen fortführen und nicht ausschlachten, indem sie etwa betriebsnotwendige Grundstücke gewinnbringend verkaufen. Als wichtigster Anhaltspunkt bei der Ermittlung des Kaufpreises gilt vielmehr die Ertragskraft der Firmen und damit ihr sogenannter Ertragswert. Der ist aber wegen massiver Absatz- und Kostenprobleme fast regelmäßig negativ. Für die Treuhandanstalt hat das unangenehme Folgen: Häufig muß sie den Investoren noch Geld draufzahlen, damit sich diese für einen der verlustreichen Betriebe erwärmen.

Für potentielle Betrüger, die es von vornherein allein auf die wertvolle Substanz abgesehen haben, sind dies geradezu paradiesische Bedingungen: «Je weiter sich der Verkaufspreis vom Substanzwert entfernt, desto strenger müssen Bonitätsprüfung und vertragliche Auflagen sein», erklärt Wirtschaftsstaatsanwalt Hans Richter. Im Geburtsjahr der Anstalt hat sich aber kaum ein Unternehmensverkäufer über solche Zusammenhänge Gedanken gemacht. «Bei den Verkäufen im Jahr 1990 gab es», so Hans Richter, «nicht genügend Sperren gegen unseriöse Käufer.» In dieser chaotischen Anfangszeit der Treuhandanstalt galt es, den Verkauf des ehemals volkseigenen Produktivitätsvermögens überhaupt erst einmal auf Touren zu bringen. Und kein leitender Treuhand-Mitarbeiter mußte wegen möglicher Fehler rechtliche Konsequenzen befürchten. Die Privatisierer waren von der persönlichen Haftung bis Mitte 1991 fast völlig freigestellt.

Auch in der Zeit danach konnten die Unternehmensverkäufer der Treuhand noch weitgehend schalten und walten, wie sie wollten. Selbst im Vorstand der Anstalt gab es unterschiedliche Auffassungen über den Sinn von vertraglichen Auflagen, die es den Investoren zumindest erschwert hätten, die Betriebe ohne Rücksicht auf die Arbeitsplätze auszuschlachten. Bei Preisverhandlungen blieben den Verkäufern der Treuhand weitreichende Ermessensspielräume erhalten. Ein Grund: Objektive Kriterien zur Bewertung der durchweg ertragsschwachen Treuhand-Firmen gibt es kaum. Die Anstalt konnte ihren Privatisierern nur sehr grobe Richtlinien für die Preisermittlung an die Hand geben, was so mancher Mitarbeiter weidlich ausnutzte. Zwar wurde bis Ende 1993 nur gegen sieben ehemalige Treuhand-Mitarbeiter Anklage erhoben. Doch stehen zum einen viele Ermittlungsverfahren erst am Anfang, zum anderen dürfte die Dunkelziffer nicht gerade gering sein. Für die Strafverfolger ist es schon schwierig genug, den Unternehmenskäufern Untreue oder Betrug nachzuweisen. Noch komplizierter wird die Beweisführung, wenn Privatisierer und Investor Hand in Hand arbeiten.

Das Klima, in dem schwache Charaktere schnell auf Abwege geraten, stimmte jedenfalls. Da zügig privatisiert werden sollte, war für die Kontrolle der Firmenverkäufer kaum Platz. Helden waren die schnellen Privatisierer. Sie wurden durch ein ausgeklügeltes Bonussystem zu immer neuen «Höchstleistungen» angespornt. Treuhand-Manager, die sich Zeit ließen und sorgfältig arbeiteten, konnten dagegen keine Meriten ernten. Sie mußten nicht nur auf die lukrativen Bonuszahlungen (im Extremfall bis zu 74 Prozent der ohnehin fürstlichen Grundgehälter) verzichten, sondern standen im Kollegenkreis auch noch als Versager da. Erst als sich die Privatisierungspleiten häuften, geriet das Bonussystem unter Beschuß. Was einige Kritiker schon immer prophezeit hatten, bewahrheitete sich: Das Bonussystem hat nicht nur den schnellen, sondern vor allem den sorglosen Verkauf noch einmal beschleunigt. Wenn ein Kaufinteressent nicht den nötigen Bonitätsnachweis beibrachte, wurde schon mal ein Auge zugedrückt. Einige Privatisierer ließen sich ihre Kulanz auch vom Käufer honorieren. Ein Job als Geschäftsführer im privatisierten Unternehmen oder ein gefüllter Briefumschlag – der Phantasie unseriöser Investoren war keine Grenzen gesetzt. Und der Übergang zwischen systembedingter Laxheit und Bestechlichkeit war fließend. «Bei immer mehr Treuhand-Mitarbeitern muß der Eindruck geherrscht haben, sie können dies ungestraft tun, weil sich niemand für ihre krummen Nebengeschäfte eines Privatisierungsdeals interessierte», schreibt Dieter Kampe, Wirtschaftskorrespondent des *Spiegel* in Berlin.

Von allen Skandalen, die die Treuhand im Laufe der Jahre erschüttert haben, ragen die Ereignisse in der Hallenser Niederlassung der Anstalt eindeutig heraus. Sie sind keinesfalls repräsentativ für die gesamte Treuhand-Arbeit, vermitteln aber einen guten Eindruck, welche Folgen unzureichende Kontrollmechanismen haben können. Dabei stand am Anfang eine Erfolgsmeldung, die Niederlassungschef Michael Dickerhof Ende September 1992 stolz verkündete: Als zweite der fünfzehn regionalen Treuhand-Dependancen habe man die Privatisierungsarbeit abgeschlossen. «Schnell privatisiert, entschlossen saniert und behutsam saniert» – so skizzierte Dickerhof sein Erfolgsrezept, das ihm die Beförderung zum Direktor in der Berliner Treuhand-Zentrale einbrachte.

Ein Jahr später war seine Erfolgsbilanz bis zur Unkenntlichkeit entstellt. Gegen sechs ehemalige Manager der Außenstelle und fünf Investoren liefen Ermittlungsverfahren. Bereits privatisierte Betriebe mußte die Anstalt gleich dutzendweise zurücknehmen. Anfang Oktober 1993 hatte Karl-Heinz Rüsberg, von der Berliner Zentrale als Saubermann nach Halle geschickt, wieder 85 Firmen und Unternehmensteile im Angebot. Die Verhältnisse in der sachsen-anhaltinischen Metropole verblüfften selbst den kampferprobten Treuhand-Mann, der einst Niederlassungsleiter in Schwerin war und als erster Regionalfürst das operative Geschäft, also den Firmenverkauf, beendet hatte. Das Zusammenspiel von Investoren und leitenden Mitarbeitern der Hallenser Dependance sei, urteilt Rüsberg rückschauend, «schon atemberaubend».

Tatsächlich sind die Vorfälle mehr als haarsträubend, wie insbesondere das Beispiel des Mittelständlers Wolfgang Greiner zeigt. Der Schwabe schloß in der Zeit von Mitte 1991 bis Ende 1992 insgesamt 23 Kaufverträge ab. Von der Hallenser Außenstelle erwarb er acht Firmen sowie vier Betriebsteile und neun Immobilien. Darüber hinaus erhielt er den Zuschlag für zwei Unternehmen, die im Portfolio der Chemnitzer Treuhand-Filiale und der Berliner Anstaltszentrale waren. In den Kaufverträgen garantierte Greiner insgesamt 1843 Arbeitsplätze und Investitionen in Höhe von gut 160 Millionen Mark. Zum Vergleich: Greiners Stammbetrieb in Göppingen, die als Zulieferer für die Automobilindustrie tätige Bellino GmbH & Co., beschäftigte zuletzt etwa 360 Mitarbeiter.

Die Frage, wie ein Mittelständler den Zuschlag für derart viele Unternehmen erhalten konnte, beschäftigt nicht nur den Staatsanwalt. Auch ein von der SPD-Opposition im Bundestag initiierter Treuhand-Untersuchungsausschuß versucht, den Fall Greiner aufzuarbeiten. Den parlamentarischen Rechercheuren bietet sich ein katastrophales Bild. Wie eine von der Treuhandanstalt eingesetzte «task force» herausfand, hat die Hallenser Niederlassung die Unternehmen ohne die ansonsten üblichen Bieterverfahren an den Schwaben verkauft. In den Unterlagen der Filiale finden sich zum Teil nicht einmal Kaufverträge von Wolfgang Greiner. Skandalös sind nicht nur die Vorgänge im Vorfeld der Privatisierungen, sondern vor allem die Finanztransaktionen danach.

So ließ Greiner laut «task force» bei den erworbenen Firmen und Grundstücken rund 34 Millionen Mark «Grundschulden und andere dingliche Sicherheiten bestellen oder vormerken, die nicht der Finanzierung der jeweiligen Unternehmen dienten». Mit dem Geld bezahlte der Unternehmer die Kaufpreise für einige seiner neuen Ost-Töchter. Zum Teil flossen die Mittel aber auch in andere Greiner-Firmen. Allein an das Stammhaus in Göppingen wurden sieben Millionen Mark überwiesen. Nach Angaben der Treuhand entzog der Schwabe insbesondere der Stamag Stahl- und Maschinen AG in Regis-Breitingen bei Leipzig «vertragswidrig» 10,35 Millionen Mark – Geld, das ausschließlich für die Sanierung des Unternehmens bestimmt war. Die Stamag durfte Greiner im November 1992 erwerben, obwohl er schon damals mit 6,4 Millionen Mark fälligen Kaufpreisen bei der Berliner Anstalt in der Kreide stand. Treuhand-Vorstand und -Verwaltungsrat genehmigten den Deal reibungslos. Kaufpreis: eine Mark.

Selbst als Greiners Praktiken weitgehend aufgedeckt waren, hielt die Treuhandanstalt noch zu ihrem Großkunden. In einer «angespannten wirtschaftlichen Situation» habe der Göppinger Unternehmer möglicherweise Handlungen begangen, die zwar kritisch zu würdigen seien. Von betrügerischen Aktivitäten könne aber keinesfalls die Rede sein, erklärte ein Treuhand-Manager noch im Mai 1993. An eine Rücknahme der von Greiner erworbenen Unternehmen sei daher nicht zu denken.

Dabei hätten schon viel früher alle Alarmglocken in der Berliner Treuhand-Zentrale läuten müssen. Bereits im November 1992 hatte die Breuel-Behörde drei leitenden Mitarbeitern in Halle fristlos gekündigt und Strafanzeige erstattet. Ihnen wurde «gemeinschaftliche Untreue» im Zusammenhang mit der Privatisierung eines anderen Unternehmens vorgeworfen. Für den Fall Greiner war das insofern von Belang, als die gefeuerten Direktoren Klaus Kamroth und Wilfried Glock auch bei den Käufen des Göppinger Mittelständlers federführend waren. Mit dem ehemaligen Privatisierungsdirektor

Glock war Greiner aus gemeinsamen Zeiten im Schwabenland sogar persönlich gut bekannt.

Dennoch verlegte sich Treuhand-Sprecher Wolf Schöde im Mai 1993 darauf, die Vorfälle um Greiner zu verharmlosen und bei dem Investor auf Vertragstreue zu pochen. Erst als dieser kurz darauf mit seiner Göppinger Bellino GmbH & Co. Vergleich anmelden mußte, ließ die Privatisierungsbehörde von ihrer Vertuschungsstrategie ab und ging in die Offensive: «Treuhandanstalt schottet Greiner-Unternehmen ab», lautete nunmehr die Überschrift einer Pressemitteilung von Wolf Schöde. Die Anstalt werde, so der Sprecher, für die Unternehmen neue Eigentümer suchen und die Firmen in der Zwischenzeit finanziell begleiten. Die Strafverfolgungsbehörden könnten mit der vollen Unterstützung der Treuhand rechnen.

Zwar sind die Fälle Halle beziehungsweise Greiner in ihrer Dimension nicht unbedingt repräsentativ für die zahlreichen Pannen der Treuhandanstalt. Für den üblichen Ablauf der Ereignisse sind sie aber durchaus typisch. In aller Regel beginnt es damit, daß Betriebsräte und Gewerkschaft Alarm schlagen, weil in den Unternehmen Entlassungen anstehen oder undurchsichtige Vermögenstransaktionen an die Öffentlichkeit dringen. Die Treuhandanstalt versucht dann meist zu beschwichtigen, indem sie vorsorglich Ehrenerklärungen abgibt. Wenn das Kind schließlich in den Brunnen gefallen ist, deckt die Behörde die Hintergründe selbst auf. Sie nimmt dann – falls kriminelle Machenschaften im Spiel waren – die Unternehmen zurück und schreibt diese erneut aus. Selbst wenn es gelingt, einen neuen Käufer zu finden, ist ein weiterer personeller Kahlschlag meist unumgänglich. Unter Umständen ist der ursprüngliche Investor mit den erschlichenen Millionensummen längst über alle Berge. Nach eigenen Angaben ist der Treuhandanstalt bislang durch kriminelle Geschäftemacher ein Schaden von immerhin 300 Millionen Mark entstanden. Kritiker, wie zum Beispiel der SPD-Bundestagsabgeordnete Hinrich Kuessner, gehen von viel höheren Beträgen aus.

Das fast zwangsläufige Skandalmuster ist nicht zuletzt eine Folge fehlender interner und externer Kontrollen: «Die von der Treuhand immer wieder gern aufgezählten Kontrollinstanzen wurden entweder gar nicht aktiv oder waren schlichtweg überfordert», urteilt Dieter Kampe. Und: «Die Treuhand operierte außerhalb des Rechtsstaates, sie war nicht eingebunden in die traditionellen Kontrollsysteme der parlamentarischen Demokratie.»

Tatsächlich war der Berliner Privatisierungsapparat lange Zeit fast allein Bundesfinanzminister Theo Waigel rechenschaftspflichtig, und der überließ die Mammutbehörde weitgehend sich selbst. So fällt der Bundesrechnungshof über das Haus Waigel ein geradezu vernichtendes Urteil: «Das Bundesministerium hat für die Wahrnehmung der Rechts- und Fachaufsicht auf wichtigen Feldern erforderliche eigene Erhebungen nicht durchgeführt, notwendige Zustimmungsvorbehalte nicht rechtzeitig und nicht in ausreichendem Umfang erlassen und die Beachtung seiner Weisungen nicht überwacht.» Ernst Heuer, Vizepräsident des Rechnungshofes, brachte es vor dem Treuhand-Untersuchungsausschuß auf den Punkt: «Wir haben leider keinen Partner gehabt, der aufgeschlossen war, sich kritisch mit den Dingen auseinanderzusetzen.»

Dieses Vakuum konnte auch der «Unterausschuß Treuhandanstalt» des Bundestages, ein Anhängsel des Haushaltsausschusses, nicht ausfüllen. Er war im September 1990 gegründet worden. Erst viel später, im Januar 1993, wurde aus dem Gremium ein parlamentarischer Vollausschuß. An der unzureichenden Kontrolle der Breuel-Behörde änderte das freilich nichts. Die Oppositionsvertreter wurden mit ihren Auskunftsbegehren regelmäßig abgeblockt. «Wir fühlen uns als Abgeordnete veralbert», erklärte Manfred Hampel, SPD-Abgeordneter aus Sachsen-Anhalt, im Mai 1993 voller Frust. Immer wieder hatten ihn Repräsentanten von Finanzministerium und Treuhandanstalt mit äußerst lückenhaften Angaben zum Fall Greiner abgespeist, was Folgen haben sollte. Im Sommer 1993 fuhren die Sozialdemokraten das wohl schwerste Geschütz der Opposition auf und setzten einen parlamentarischen Untersuchungsausschuß durch.

Die mangelhafte externe Kontrolle wäre indes nur halb so fatal gewesen, wenn zumindest die interne Kontrolle der Treuhandanstalt gegriffen hätte. Das Gegenteil war der Fall. Die Innenrevision der Treuhand blieb stets ein zahnloser Tiger. Noch Ende 1991, als längst zahlreiche Skandale die Treuhandanstalt erschüttert hatten, bestand dieses Direktorat aus lediglich 23 Mitarbeitern. Noch dürftiger war die Personalausstattung der von Wirtschaftsstaatsanwalt Hans Richter geleiteten Stabstelle Recht, die gezielt kriminellen Aktivitäten im weitverzweigten Treuhand-Imperium nachgehen sollte. Erst spät stockte die Breuel-Behörde die Innenrevision und das sogenannte Vertragsmanagement personell deutlich auf.

Offenbar sollten keine unliebsamen Frager das Geschäft mit den ehemals volkseigenen Betrieben behindern. Dem Primat der schnellen Privatisierung hatte sich alles andere unterzuordnen. Dabei fällt die Erfolgsbilanz keinesfalls so imposant aus, wie die Treuhand immer glauben machen will. Zwar hat die Anstalt laut Präsidentin Birgit Breuel bis Ende 1993 «durch Privatisierung mehr als 1,5 Millionen Arbeitsplätze und über 184 Millionen DM Investitionen für die neuen Länder eingeworben». Die Kehrseite der Medaille schildert sie indes nicht. Rund zwei Millionen Industriebeschäftigte haben in Ostdeutschland ihren Arbeitsplatz verloren. Die Produktion des verarbeitenden Gewerbes beträgt nur noch etwa ein Drittel des Vorwendeniveaus. Lutz Hoffmann, der Präsident des Deutschen Instituts für Wirtschaftsforschung (DIW) in Berlin, hat angesichts dieses Kahlschlages ein plastisches Bild parat: strukturell befänden sich, so Hoffmann, die neuen Bundesländer heute auf dem Niveau von Staaten wie Tunesien, Honduras oder Sri Lanka.

Keineswegs ausgemacht ist zudem, daß auch die von Birgit Breuel aufgemachte Bilanz Bestand haben wird. Sorgen bereiten der Treuhand-Chefin gar nicht mal so sehr Investoren, die sich schlicht als Betrüger entpuppen. Viel gefährlicher ist ein ganz anderer Negativtrend. Fast täglich werden neue «seriöse» Unternehmenskäufer bekannt, die ihre Investitions- und Arbeitsplatzzusagen nicht einhalten wollen oder können. Gut möglich, daß die vermeintliche Erfolgsstory in ein oder zwei Jahren endgültig zu einer Geschichte des Mißmanagements umgeschrieben werden muß.

■ Der Fall der Berliner Mauer war ein Fanal. Ein Fanal der Freiheit schlechthin für die meisten, ein Fanal unbegrenzter Bereicherungsfreiheit für die Immobilienspekulanten.
Die ganz großen unter ihnen, Weltfirmen, sicherten sich zu «politischen» Preisen «Tortenstücke» im neuentstehenden Zentrum der Metropole Berlin, die übrigen legten ihre Hand auf die Liegenschaften der untergehenden DDR oder betrieben einen lukrativen Handel mit den Optionen auf Immobilien, die den Altbesitzern oder deren Rechtsnachfolgern zurückerstattet werden sollten.
Berlin und die ehemalige DDR wurden zum Eldorado für mafiose Gruppen, unter denen sich einerseits die schon aus den vorausgegangenen Berliner Immobilienskandalen bekannten Vereinigungen hervortaten und andererseits Seilschaften aus dem Parteibonzen- und Stasi-Milieu der alten DDR. ■

Eva Schweitzer

Berliner Tortenstücke

Eine Stadt wird verkauft

Ende 1989 fiel die Mauer zwischen Ost- und Westberlin. Damit hatte die DDR praktisch aufgehört zu existieren. Schon in den nächsten Monaten ergoß sich ein Strom von Glücksrittern und Spekulanten in den östlichen Teil der Stadt, um den bis dahin volkseigenen Grund und Boden unter sich aufzuteilen. Gleichzeitig begann der damals rotgrüne Senat mit dem Ausverkauf des Westteils der Stadt: 1990 wurde ein riesiges Gelände am Potsdamer Platz weit unter Preis an den Daimler-Benz-Konzern veräußert.

Als die Bürger der DDR gegen das SED-Regime auf die Straße gingen, war ihnen in keiner Weise klar, daß sich die Eigentumsverhältnisse so schnell und grundlegend ändern würden. Über die volkseigenen Grundstücke verfügten vor der Wende entweder die Kommunalen

Wohnungsverwaltungen (KWV) oder Institutionen wie die staatliche Baudirektion Berlin, die «Hofbaumeisterin» des Politbüros, die zuständig für die Prachtbauten an der Friedrichstraße und Unter den Linden war.

In dieser rechtlosen Übergangszeit versuchten sich Westberliner Spekulanten zumeist im Verein mit SED- und Stasi-Seilschaften zu bereichern. Nach dem klassischen Muster wandelte sich eine Stasi-Dienststelle oder eine vergleichbare Institution in eine GmbH um, beanspruchte ihren vormaligen Dienstsitz als Privateigentum und verkaufte denselben an eine westliche Firma, die die Immobilie verwertete. «In der Partei und der Stasi gab es Leute, die schon Mitte 1990 begriffen hatten, daß man aus Volkseigentum richtiges Eigentum machen konnte», sagt ein Kenner der Szene.

Ein Beispiel ist der Versuch der Wiederaufbau-GmbH, einer Tochtergesellschaft der CDU-Kreisen nahestehenden Westberliner Klingbeil-Gruppe, im Februar 1990 ein zwölfstöckiges Bürohochhaus am Hackeschen Markt in Berlin-Mitte zu errichten. Der Geschäftsführer der Wiederaufbau-GmbH war Thomas Kröning, ein Ostdeutscher. An das Grundstück versuchte er durch die Vermittlung des damaligen Direktors der KWV-Mitte, Peters, und des damaligen Bezirksbürgermeisters von Mitte, Kroschwald, (beide SED) zu kommen. Kroschwald und Peters wurden im Gegenzug in der Wiederaufbau-GmbH untergebracht und wechselten später zusammen mit Kröning zu einer Firma des CDU-Abgeordneten Diethard Schütze, die ganz nebenbei preiswert in einem ehemaligen Parteihaus der Block-CDU unterkam, das noch etwas später von der Treuhand an die Frankfurter Allgemeine Zeitung verkauft wurde. Schütze war übrigens während des Antes-Skandals 1987 Berliner Vertreter der CDU im Untersuchungsausschuß gewesen.

Auch andere streckten ihre Finger nach dem Osten aus: Die übel beleumundete Data Domizil, eine Baufirma, deren Geschäftsführer rechtskräftig wegen Steuerhinterziehung und Beschäftigung von Schwarzarbeitern verurteilt wurden, versuchte, sich in den gesamten Wohnungsbestand der Kommunalen Wohnungsverwaltung vom Prenzlauer Berg einzukaufen. Und die Westberliner Baufirma Groth und Graalfs erwarb von der SED-Grundstücksholding Fundament ein Parteigebäude in der Friedrichstraße 165. Die Rechte daran wurden der SED-Nachfolgerin PDS allerdings später wieder aberkannt: Wem das Haus letztlich gehören wird, ist noch offen.

Etwas stärker beaufsichtigt wurden die wilden Grundstücksspekulationen nach den Wahlen in der DDR im Mai 1990. Auch in Ostberlin wurde eine neue Stadtregierung installiert, die von Anfang an von dem Westberliner Senat kontrolliert wurde. Wolfgang Nagel (SPD), Bausenator der rot-grünen Koalition, schickte seinen Ost-Kollegen mit Clemens Thurmann (Wohnungswesen) und Eckhard Kraft (Stadtplanung) zwei hochrangige Beamte als Berater.

Ein Mitarbeiter von Kraft war Hanno Klein, der wegen seines selbstbewußten Auftretens auf viele Ostberliner wie der eigentliche Drahtzieher wirkte und schon bald den Senatsausschuß KOAI, den Koordinierungsausschuß für innerstädtische Investitionen, leiten sollte. Das war ein unter Ausschluß von Öffentlichkeit und Parlament tagendes Gremium aus Vertretern von Senat, Treuhand und IHK (Industrie- und Handelskammer), in dem der Verkauf wichtiger, größerer Grundstücke im Ostteil der Stadt vorbereitet wurde. Klein versuchte nach Möglichkeit, Stasi-Seilschaften solche Geschäfte zu erschweren und den Berliner Markt für westdeutsche und ausländische Baufirmen zu öffnen. Beides machte ihn nicht beliebt.

So wollte etwa der Ministerrat der DDR noch wenige Wochen vor der Wiedervereinigung die Baudirektion Berlin in eine GmbH umwandeln, deren einzige Eigentümerin die damals noch von SED-Bonzen durchsetzte Treuhandanstalt werden sollte. Diese GmbH sollte das eigentlich zum Gutteil kommunale Eigentum an sämtlichen Prachtbauten zugeschanzt bekommen, die die Baudirektion im Auftrag des Staates betreut hatte. Das waren 200 000 Quadratmeter Filetgrundstücke in Mitte, darunter die halbe Friedrichstraße, mehrere Wohnblocks an der Wilhelmstraße, das große Krankenhaus Charité und der Deutsche und der Französische Dom. Der Coup scheiterte jedoch.

Kein Wunder, daß andere Westberliner Bauunternehmer ihr Glück lieber in weiter entfernt gelegenen Städten der DDR versuchten. So wollte etwa der in Westberlin wegen Bestechung verurteilte Baubetreuer Bernd Bertram der Dessauer Stadtverwaltung ein Bürohochhaus aufschwatzen. Gustav Sommer, ein übelbeleumdeter Verkäufer und Verwalter von Eigentumswohnungen, kaufte halb Stralsund auf. Der ehemalige Westberliner Bausenator Klaus Franke, der 1987 zurücktreten mußte, weil er inmitten des damaligen Bauskandals nicht hinreichend erklären konnte, woher eine hohe Bareinzahlung auf seinem Konto stammte, wurde Wirtschaftsstadtrat in Frankfurt an der Oder. Unter seiner Ägide konnte Helmuth Penz preiswert ein ganzes Erholungsgebiet am Stadtrand von Frankfurt erwerben. Penz kooperiert mit Claudia Garski, der Gattin des verurteilten Bankrotteurs Dietrich Garski, für den sie die Geschäfte führt. Und die Westberliner Klingbeil-Gruppe, die im ganzen Osten äußerst aktiv war, kaufte für 2,50 Mark pro Quadratmeter ein 380 Hektar großes Gelände bei Potsdam. Offiziell war es als Freizeitpark ausgewiesen, vermutlich dürfte aus einem Teil des Geländes früher oder später Wohnbauland werden.

Mit der Wiedervereinigung im Oktober 1990 wurde die DDR-Geschichte rückabgewickelt. Die Macht- und Besitzverhältnisse verschoben sich erneut: Enteignete Grundstücke, darunter so gut wie alle Altbauten der Stadt, sollten nunmehr an die früheren Eigentümer zurückgegeben werden. Dies ergab sich aus dem Einigungsvertrag. Bald stapelten sich weit über 100 000 Anträge auf Rückübertragung in den neu geschaffenen Vermögensämtern der Länder. Selbst Rüstungsfirmen oder preußische Kohlebarone, von den Sowjets als Kriegsverbrecher enteignet, verlangten ihren Grundbesitz zurück.

Da aber die Enteignungen bis auf das Jahr 1933 zurückgingen, waren viele der eigentlichen Alteigentümer schon verstorben. Mehrere Erben kamen in Frage, viele davon hatten mehr Interesse daran, schnell Bargeld in die Hand zu bekommen, als einen jahrelangen Klärungsprozeß abzuwarten. Nun orientierten sich die Spekulanten um: Nicht mehr Stasi-Seilschaften mit Grundbesitz waren gefragt, sondern die Ansprüche von Alteigentümern wurden nun aufgekauft. Ein grauer Markt entstand, fern von den Gesetzgebern in Bonn.

Nach dem Strickmuster, das sich nun etablierte, kaufte ein interessierter Spekulant von einem Alteigentümer die Rechte an seinem früheren Grundstück und betrieb das Rückgabeverfahren weiter. Dafür zahlte er zunächst nur ein Handgeld von einigen hunderttausend Mark, oft sogar weniger. Der Rest des Kaufpreises wurde erst dann fällig, wenn der Antrag auf Rückübertragung tatsächlich genehmigt wurde – was nicht immer der Fall war. Das alles konnte Jahre dauern, zumal andere Erben oder aber jüdische Vorbesitzer womöglich an andere Spekulanten verkauft hatten, die ebenfalls versuchten, sich durchzusetzen.

Die Interessen der Stadt und der Treuhand waren aber entgegengesetzt: Es sollte möglichst rasch verkauft beziehungsweise gebaut werden. Auf das Drängen der ostdeutschen Gemeinden und Länder hin führte die Bundesregierung eine Gesetzesänderung nach der nächsten herbei. Alle hatten mehr oder weniger erfolgreich zum Ziel, den Handel mit Alteigentümeransprüchen zu unterbinden. Außerdem sollte Investoren, die ein restitutionsbelastetes Grundstück kaufen wollten, ermöglicht werden, sich über die Rechte von Alteigentümern hinwegzusetzen: Diese sollten dann später ausgezahlt werden.

Auch einem Gremium wie dem KOAI-Ausschuß kamen diese Investitionsvorrang-Gesetze gelegen, sonst wäre es kaum möglich gewesen, den Verkauf von so vielen millionenschweren Grundstücken zu organisieren. Durch Vermittlung des KOAI erwarb etwa die Münchener Firma Doblinger – bekannt durch den Kauf von 33 000 Neue-Heimat-Häusern – einen ganzen Block in der Frankfurter Allee. Die Firma ECE aus Hamburg wird für 500 Millionen Mark ein Dienstleistungszentrum am Frankfurter Tor bauen. Auch die Firma des Strauß-Spezis Josef Schörghuber, als Bayerische Hausbau bekannt, kaufte sich an der Frankfurter Allee ein.

Mittlerweile waren die Grundstückspreise in der Berliner Innenstadt bis auf 20 000 Mark pro Quadratmeter gestiegen. Die größten Brocken, über den der KOAI verfügen konnte, waren die drei Blöcke der Friedrichstadtpassagen, im oberen Teil der Friedrichstraße, ein 1,5-Milliarden-Projekt. An dieser Stelle hatte die staatliche Baudirektion der DDR einen Rohbau errichtet, der aber westlichen Ansprüchen nicht mehr genügte und zum Abriß freigegeben wurde.

22 große Konzerne kamen in die engere Wahl, darunter sieben deutsche Branchenriesen, keiner davon aus Berlin. Noch nie habe er es erlebt, beklagte sich Nagel später, daß Firmen während eines Investoren-Auswahlwettbewerbs versucht hätten, auf ihn, seine Mitarbeiter und selbst auf den Regierenden Bürgermeister derartigen Druck auszuüben. Im April 1991 entschieden sich Senat und Treuhand für drei Investoren für die drei Blöcke: Tishman und Speyer aus New York, Bouyques Immobilien aus Paris und den französischen Kaufhauskonzern Galeries Lafayette.

Am 3. Juni 1991 ließ der Berliner Rechtsanwalt Karl-Heinz Knauthe, der der FDP nahesteht, dem Regierenden Bürgermeister Eberhard Diepgen einen Vorschlag für ein neues Verfahren der Grundstücksvergabe übermitteln. Nach Knauthe sollten auch Alteigentümer, die noch nicht in ihre Rechte eingesetzt worden waren, aber schon einen Antrag auf Rückübertragung gestellt hatten, bei der Vergabe des Grundstücks gegenüber anderen Investoren bevorzugt werden. Dies sollte auch dann gelten, wenn der Senat über Investorenwettbewerbe bereits andere Bauherren ausgesucht hatte, falls sie ein überzeugendes Investitionskonzept vorlegen.

Diepgen brachte prompt diesen Vorschlag als Vorlage in den Senat ein. Das Pikante daran: Knauthe vertrat anwaltlich selbst eine Reihe von Alteigentümern, die ihr Grundstück wiederhaben wollten. Die fortan als «Lex Knauthe» betitelte Regelung brachte auch den Wettbewerb für die Friedrichstadtpassage zu Fall: Unter Berufung darauf gelang es dem Heidelberger Unternehmer Roland Ernst, der die Erbbaurechte an einem Schlüsselgrundstück an der Friedrichstraße erworben hatte, bei dem Projekt selbst einzusteigen und die Galeries Lafayette auszubooten.

Am 12. Juni 1991 wurde der KOAI-Geschäftsführer Hanno Klein ermordet. Er starb, weil eine Briefbombe explodierte. Bis heute wurde nicht herausgefunden, wer hinter dem Anschlag steckte. Kein Wunder. Haben Kripo und Staatsschutz doch kaum in Investorenkreisen ermittelt, sondern nur innerhalb der autonomen Szene Westberlins.

Nicht nur der Ostteil der Stadt wurde nach der Maueröffnung gründlich umgekrempelt, auch über Westberlin wurde neu disponiert. Das riesige Gelände um den Potsdamer Platz, das nun wieder zentrale Citylage war, wurde vom Senat an Konzerne verteilt: Daimler Benz, Sony, ABB und Hertie.

Schon vor der Maueröffnung verhandelte der damalige Regierende Bürgermeister Walter Momper (SPD) mit Daimler Benz über den Verkauf eines 60 000 Quadratmeter großen Grundstücks zwischen Potsdamer Platz und dem Landwehrkanal. Nur 1505 Mark zahlte Daimler für den Quadratmeter, 97 Millionen Mark waren es insgesamt. Die EG-Kommission bemängelte diesen Preis später als unerlaubte Subvention, Daimler mußte 34 Millionen DM nachzahlen. Auch der Landesrechnungshof monierte den niedrigen Preis.

Dem nicht genug: Ursprünglich wollten die Stuttgarter auf dem Gelände Bürobauten mit einer Geschoßflächenzahl (GFZ) von 3,5 bauen. Die GFZ ist das Verhältnis zwischen Grundstücksfläche und Anzahl der Stockwerke, je höher sie ist, desto lukrativer ist das Bauvorhaben. In Nachverhandlungen erreichte Daimler, später auch der japanische Elektrokonzern Sony, der das Nachbargrundstück kaufte, daß eine Geschoßflächenzahl von 5 entstehen darf, auch für eine Innenstadtlage ziemlich dicht. Das bedeutet, Daimler darf nun 90 000 Quadratmeter Bruttogeschoßfläche mehr bauen als ursprünglich vorgesehen, zusätzliche Kellerräume gar nicht einmal mitgerechnet. Laut Vertrag muß der Konzern aber nur 25 Mark pro Quadratmeter für jedes Zehntel Geschoß mehr nachzahlen.

Die Firma Sony erwarb ihr rund 31 000 Quadratmeter großes Grundstück 1991 vom inzwischen schwarz-roten Senat (selbst der Chef der abgewählten rot-grünen Stadtregierung, Walter Momper, ist übrigens mittlerweile in die Immobilienbranche gewechselt). Sony zahlte immerhin 3240 Mark pro Quadratmeter, 101 Millionen Mark insgesamt. Der Verkehrswert des Grundstücks jedoch betrug 260 Millionen Mark, wie der Unabhängige Berliner Gutachterausschuß später errechnete. Auch hier schaltete sich die Wirtschaftskommission der EG ein, diesmal allerdings ohne Ergebnis.

Sony reklamierte vor allem deswegen erfolgreich eine Preissenkung, weil der Konzern sich verpflichtet hatte, das alte Luxushotel Esplanade, eine halbe Kriegsruine, zu restaurieren und dem Land Berlin verbilligt zur Verfügung zu stellen. Inzwischen hat sich herausgestellt, daß Sony einen Großteil des Hotels doch abreißen läßt. Der Konzern versprach allerdings, die alten, stuckgeschmückten Säle einige dutzend Meter weiter wieder aufzubauen. Ob es gelingt, weiß niemand.

Der dritte große Investor, der Mannheimer Elektrokonzern ABB, hatte das bereits vollständig verplante Grundstück bis zum Frühjahr 1994 noch gar nicht gekauft. Der amtlich nachzulesende Verkehrswert am Potsdamer Platz beträgt inzwischen stolze 12 000 Mark pro Quadratmeter, ABB will aber nicht mehr zahlen als Daimler oder Sony. Wie der Senat begründen wird, daß er auch hier vom Verkehrswert nach unten abgewichen ist?!

Am preiswertesten wurde es schließlich für Hertie: Die Kaufhausgruppe erhielt ihr Vorkriegsgrundstück kostenlos zurück. Denn das

Gelände, auf dem Hertie bauen will, ist das Lenne-Dreieck, ein Landzipfel, der bis kurz vor der Maueröffnung zu Ostberlin gehörte. 1988 erwarb der Westberliner Senat das Lenne-Dreieck von der DDR-Regierung für 90 Millionen DM, um dort eine Schnellstraße anzulegen. Nach der Maueröffnung wurden diese Pläne obsolet, und das Grundstück fiel an Hertie zurück. Die 90 Millionen Mark gingen mit der DDR-Regierung unter.

Ob auch der Umzug von Regierung und Parlament nach Berlin für den Steuerzahler ein so teures Vergnügen wird wie zuvor manche Grundstücks-«Geschäfte» der öffentlichen Hand, wird man sehen. Der Hauptstadtbeschluß war ursprünglich dazu gedacht, die Regierung in die Mitte der von Problemen gebeutelten neuen Länder zu holen und die Wiedervereinigung zu forcieren. Nun wird er von der unwilligen Bonner Ministerialbürokratie dazu benutzt, die eigene Unterbringung in luxuriösen Gebäuden zu optimieren. Nebeneffekt: Damit kann der Umzug auch so langsam als möglich gestaltet werden.

Lange Zeit liefen alle Bonner Planungen darauf hinaus, in Berlin per Abrißbirne tabula rasa zu schaffen, mit vielen Wettbewerben und Kolloquien über Jahre zu planen und dann unglaublich teuer neu zu bauen. Und das, obwohl schon 1990 genügend Fläche für alle umziehenden Bonner in bundeseigenen Gebäuden in Berlin zur Verfügung gestanden hätte, allerdings zumeist mit DDR-Standard, und der war der Ministerialbürokratie nicht gut genug. Seitdem stehen ganze Behördenflure im Ostteil der Stadt leer, andere wurden zwischenvermietet, um das Warten auf Bonn nicht allzu teuer zu gestalten.

Aus dem Bauministerium sickerte Ende 1992 gar durch, daß mehrere denkmalgeschützte Gebäude der Abrißbirne zum Opfer fallen sollten: das Haus der Treuhandanstalt – das ehemalige Reichsluftfahrtministerium –, die alte Reichsbankzentrale – derzeit eine Dependance der Deutschen Bank – und das Staatsratsgebäude der DDR. Diese Pläne wurden von einem Proteststurm hinweggefegt. Weiterhin abgerissen werden soll jedoch der asbestbelastete «Palast der Republik». Dabei sagen alle Fachleute, daß es wesentlich billiger wäre, ihn zu sanieren. Das ähnlich asbestbelastete, auch ästhetisch vergleichbare Internationale Kongreßzentrum (ICC) im Westteil der Stadt wird hingegen saniert und darf stehen bleiben.

Noch das ganze Jahr 1993 hielt Bonn daran fest, eine Reihe von Neubauten für bis zu 17000 Mark pro Quadratmeter zu errichten. Dem hat der Haushaltsausschuß des Bundestages Anfang 1994 einen Riegel vorgeschoben. Nur das Kanzleramt im Spreebogen wird noch neu errichtet – wie, das wissen die Strategen auch nach drei Jahren Planung noch nicht.

Möglicherweise wird aber die Altbausanierung in Berlin genauso aufwendig durchgezogen, als ob man neu bauen würde. So ist der Reichstag, in den der Bundestag ziehen will, Ende der sechziger Jahre renoviert worden und verfügt über einen hinreichend großen Plenarsaal. Das ist den Abgeordneten nicht gut genug. Nach einer mehrjährigen Diskussion wurde beschlossen, den Reichstag völlig auszuhöhlen und von innen her wieder neu aufzubauen. Das wird rund 600 Millionen Mark kosten und vier Jahre in Anspruch nehmen.

Während in Berlin bisher nur aufwendig geplant wird, werden in Bonn auch nach dem Hauptstadtbeschluß noch für Milliarden von Mark neue Bundesbauten errichtet. 1,4 Milliarden Mark wurden 1993 ausgegeben. Allein der sogenannte Schürmann-Bau, dessen Fundamentwanne Anfang 1994 von einem Rheinhochwasser hochgeschwemmt wurde und von dem immer noch niemand weiß, wer dort einmal einziehen soll, hat bereits 350 Millionen Mark gekostet. Eine Milliarde Mark werden ausgegeben sein, wenn das Gebäude tatsächlich fertig wird.

■ Die Wiedervereinigung kam plötzlich, und niemand hatte auch nur ein Szenario, wie mit dem neuen Deutschland zu verfahren sei. Bundeskanzler Kohl, der den Eindruck eines Anschlusses der DDR an die BRD unter allen Umständen vermeiden wollte, setzte alles daran, unbelastete oder als unbelastet geltende Politiker aus der ehemaligen DDR, vornehmlich natürlich aus den sogenannten Blockparteien, in seine Politik einzubauen. Die Auswahl war nicht besonders üppig, wie sich schon bald herausstellen sollte, profilierte Köpfe rar, wirklich unbescholtene Personen noch seltener. Es schlug die Stunde der Wendigen: Günther Krause gehörte dazu, auch Peter-Michael Diestel, Männer, die rasch begriffen, wie mit Beziehungen und Schläue Geschäfte zu machen sind, die aber zu spät erkannten, daß selbst in einem kapitalistischen Staat bestimmte Mindestanforderungen gelten. ■

Hanno Heidrich

Old Boys, Ostminister und Bonner Spielregeln

Manchmal sind es Bilder besonderer Art, die die Tagesschau sendet: keine Panzer, keine Verhungernden, keine Überschwemmungen, keine brav-forschen Statements von Politikern oder Gewerkschaftern, sondern nur ein paar Sekunden anderer Grausamkeit, die das Blut des Zuschauers zu Gelatine gerinnen läßt: Vor laufenden Kameras fährt die Hand eines deutschen Außenministers über die igelkurz geschnittenen Haare seines Kabinettskollegen und «Parteifreundes» aus dem Osten. Rainer Ortleb, der schmächtige Noch-Bundesbildungsminister, war von seiner Kur nach Bonn zurückgekehrt, immer noch angeschlagen und depressiv, so wie er in den letzten Wochen und Monaten im Raumschiff «Bonn» gewirkt hatte. Er versucht, für den Bruchteil einer Sekunde seinen Kopf der streichelnden Hand des Klaus Kinkel zu entziehen, zögert dann doch und läßt es geschehen mit waidwundem Blick. Kinkel grinst in die Kameras, geht zu seinem Ledersessel und plumpst hinein. Ortleb schleicht aus dem Bild wie ein Hund.

Diese Szene geriet zur gemeinen Diskreditierung; ein strauchelnder Politiker (Ost) kriegt – natürlich liebevoll – noch eins drauf. Wenige Tage später erklärt der Bundesbildungsminister seinen Rücktritt, aus «gesundheitlichen Gründen». Der promovierte und habilitierte Mathematiker und Computerfachmann war vor der «Wende» in der DDR Hochschuldozent in Dresden und Rostock gewesen. Als letzter Vorsitzender der Liberalen im Osten hatte er 1990 ihre Integration in die West-FDP wesentlich vorangetrieben und wurde stellvertretender Parteivorsitzender.

Der Kanzler lobte Ortleb. Als ausgewiesenen Experten, als einen Politiker von Format und was der polit-nekrologischen Redensarten mehr sind. Die Bonner Politprofis allerdings tuschelten, daß O. nicht intrigenfest genug gewesen sei, zu gebildet, deshalb menschlich anständig und leider unfähig, seine Erfolge publikumswirksam darzustellen. Kurzum: ein Talent, das in Bonn keines war. Ein Ostdeutscher eben. Einer der nicht wußte, wie man «zieht», um im Westernjargon ein Bild zu suchen. Er gehörte zu den Darstellern eines Westerns, die bereits im Vorspann im Kugelhagel sterben, während die Bösen sich nach den tödlichen Schüssen gelangweilt wieder zum Tresen wenden, um einen neuen Whisky zu bestellen. Ortleb, ein Bescheidener, gehört zum Typus der Ossis, die, statt zu verdienen, lediglich dienen wollten. Vielleicht sein größter Fehler in der Bonner Hackordnung.

Der andere Ossi hatte immer Ringe unter den Augen. Ein «workaholic», Jahrgang 1953, geboren in Halle/Saale. Evangelisch. Günther Krause wußte, wie man in Bonn die Register zieht. Breitbeinig und ein wenig präpotent auf vielen Pressekonferenzen mit trotzig-festem Abiturientenblick von der Einheit und Zukunft Deutschlands zu reden, das war seine Art, sich in das Bonner Geschäft einzufädeln. Kurz nach der Wiedervereinigung jagte er mit Hubschraubern, Flugzeugen und Polizeieskorten durch das nunmehr «größere Deutschland». Ein Aufsteiger, ein Macher.

Die Menschen in den neuen Bundesländern frohlockten: Endlich hatten sie ihren Champion in Bonn, der es denen am Rhein mal zeigte. Mit Krause und über sein Bonner Standing konnten so manche ostdeutsche Minoritätskomplexe abgebaut und kompensiert werden. In vielen ostdeutschen Blättern verfolgten die Leser und Leserinnen den unaufhaltsamen Aufstieg ihres Günther, der – so hofften viele – das

Zeug zum ersten deutschen Kanzler (Ost) haben könnte. Doch der blitzgescheite Unionspolitiker hielt sich nur 947 Tage als Minister in Bonn: Vom 3. Oktober 1990 bis zum 17. Januar 1991 als BuMIN für besondere Aufgaben und vom 18. Januar 1991 bis zum 6. Mai 1993 als Bundesverkehrsminister. Der noch nicht einmal 40jährige Diplomingenieur Prof. Dr. sc. techn. Günther Krause hatte die Spielregeln im politischen Geschäft zu forsch ausgelegt. Für sich.

Sein Lebenslauf liest sich wie der Werdegang vieler Menschen in der DDR, die nicht an der Hurrafront der Partei standen. Am liebsten spielte er Musik, tingelte in den Jugendzentren der DDR, er hämmerte heiße Rhythmen auf dem Klavier, und sein Berufswunsch war Kirchenmusiker. Doch als er als Gefreiter die NVA 1974 verließ, studierte er in Weimar Bauingenieurwesen und Informatik. 1984 Promotion. Drei Jahre später habilitierte er sich an der Technischen Hochschule Wismar. 1975 Eintritt in die CDU der DDR, nach der Wende Mitbegründer des CDU-Landesverbandes Mecklenburg-Vorpommern. Lothar de Maizière, der letzte Ministerpräsident der DDR, ernannte Krause zum Parlamentarischen Staatssekretär und betraute ihn mit den Verhandlungen zum Staatsvertrag über die Währungs-, Wirtschafts- und Sozialunion. Sein Westpartner war Rudolf Seiters, damals Minister im Bundeskanzleramt. Mit Wolfgang Schäuble, seinerzeit Innenminister, handelte Krause den Einigungsvertrag aus.

Kohl hatte ein Faible für diesen jungen Mann, da er, wie der Kanzler selbst, von einer zwar «schmerzlichen», aber nur kurzfristigen Arbeitslosigkeit in den neuen Bundesländern ausging und – es paßte in die Bonner Wirtschaftseuphorie der Wiedervereinigung – von einer raschen Erholung der Wirtschaft sprach. Krause wurde nach Bonn geholt. Solche Männer brauchte das Land: ostdeutsche Optimisten. «Professor Dr. Allwissend», wie ihn die Bonner Kollegen nicht immer nur bewundernd nannten, setzte sich Ziele. Kaum saß er auf dem Sessel des Bundesverkehrsministers, bewegte er in seinem Ressort mehr als alle seine Vorgänger zusammen. Die Privatisierung der Flugsicherung etwa gelang ihm handstreichartig. An diesem Problem hatten sich Generationen von Verkehrsministern die Zähne ausgebissen. Der Bundeswegeplan, der bis zum Jahre 2012 Milliardeninvestitionen vorsieht, entstand quasi über Nacht. Ob Bahnreform, also die stufenweise Privatisierung von Reichs- und Bundesbahn, oder die Gurtanlegepflicht für Kinder, Krause kriegte alles hin. Ackerte wie ein Wilder bis spät in die Nacht, seine Stäbe hatten bald wie der Chef Ringe unter den Augen.

Der Enddreißiger sah sich in Bonn bald in der Rolle des jungen Prinzen, der den König und dessen Vasallen Mores lehren wollte. Nicht nur in privaten Kreisen begann Prinz Krause die Bonner Szene zu benoten: Die Politiker in der Bundeshauptstadt seien «mies und Mittelmaß», alliterierte er und vertrat ernsthaft die Ansicht, daß nur solche in Bonn säßen, die für die Wirtschaft nicht intelligent genug seien. Schwachköpfe und Versager eben. Dem gütigen Gönner Helmut wurden die Krause-Zitate hinterbracht, doch der Christkönig sagte nicht mehr als «Krause hat eben einen herben Charme». Doch Krause hatte eine Regel, ein Tabu der «old boys» von Bonn herbe verletzt: Man kann in Bonn Ränke schmieden, mit dem Zweihänder Feinde erledigen oder mit dem gezackten Morgenstern wüten. Nur man darf nicht Politiker als «dumm, mies oder mittelmäßig» beschimpfen. Der zierliche Mann aus dem Osten, der so seltsam humorlos wirkte und nur dann lachte oder lächelte, wenn es überhaupt nicht paßte, wurde bald nicht nur in seiner Dienststelle gehaßt: Mit dem eleganten Schwung des Bogenschützen legte er die Pfeile in die Sehne, doch er zog so mächtig auf, daß die Bogen mehr als nur einmal brachen. Neben den fachlichen Erfolgen des neunten Verkehrsministers der Bundesrepublik Deutschland häufte sich des «Professors Unrat» (*Handelsblatt*) persönlich-politische Art bald zu einer ganzen Müllhalde.

Zuerst kam die Raststättenaffäre. Krause begann, sich nicht nur von Amts wegen um deutsche Straßen zu kümmern, sondern auch um die Verpflegung der Straßenbenutzer. Kurzerhand verpachtete er Raststättenstandorte an die niederländische Hotelkette van der Valk. Auch große internationale Bulettenbrater hatten sich beworben, und nicht nur in Wirtschaftskreisen rieb man sich verwundert die Augen, daß die Holländer völlig unerwartet den Zuschlag erhielten. Ein böses Gerücht machte die Runde: Krause habe Schmiergeld erhalten. Das konnte zwar nicht bewiesen werden, doch die Weste des Ministers bekam einen Fleck, der auch nicht wegzuwischen war, als die Raststättenverpachtung rückgängig gemacht wurde.

Dann wurde die Küstenautobahn A 20 geplant. Krause schlägt seine Lieblingsingenieurfirma vor, und prompt finden ganze Leitz-Ordner in Kopie ihren Weg in Hamburger Magazinredaktionen und belegen Kungeleien des Ministers mit Freunden aus alter Zeit. Politischer Druck verhindert das Geschäft. Noch ein Fleck. Der nächste Skandal beginnt in lustiger Runde in einem Bonner Nobelhotel. Günther Krause trinkt einen oder zwei Schoppen zuviel. Er hat Angst vor dem nächsten Tag. Da hat er nämlich eine Ladung vor dem Schalck-Untersuchungsausschuß und – erscheint nicht. Eine «schwere Bronchitis» und «Kreislaufbescherden» werden ihm von einem Arzt attestiert. DDR-Studienkollegen erinnern sich: «Wenn etwas nicht zu klappen drohte, wurde Krause ziemlich regelmäßig krank.» Es war bekannt, daß der Bonner Oberossi sich ohnehin fragte, ob ein «Schalck-Ausschuß» überhaupt notwendig sei. Dieser Ausschuß sei ein «sinnloses Tribunal», das nur den «Mafia-Methoden» recherchierender Journalisten nütze, die ihm oft genug als «Stasi-Leute mit grauen Trabis» erschienen.

Damit eröffnete Günther Krause eine weitere Front, er legte sich mit der Bonner Journaille an. Bonner Politprofis wissen, daß so etwas selten gut ausgeht, auch eine Regel der «old boys». Journalisten kann man schon mal anraunzen, doch muß man wissen, daß das Raunzen später beim gemeinsamen Bier zurückgenommen werden muß. Motto: Hart, aber nicht erbittert. Man fand bald weniger freundliche Worte über den jungen Verkehrsminister, von dem der Bundeskanzler noch immer sagte, er sei «ein prima Kerl».

Im Jahr 1992 gelingt es Prof. Dr. Krause, weitgehend skandalfrei zu bleiben. Doch dann kommt es Schlag auf Schlag. Krause-Ehefrau Heidrun least mit reichlichen Prozenten bei einer Hamburger Autofirma einen amerikanischen Luxusjeep für den 17jährigen Sohn, damit der, statt mit dem Schulbus, die 14 Kilometer lange Strecke mit dem «Allrad-Power-Auto» fahren kann, noch dazu mit einem in den USA erworbenen Führerschein, der das Fahren unter 18 erlaubt. Er kann nur dann für bundesdeutsche Straßen umgeschrieben werden, wenn ein mindestens halbjähriger Aufenthalt in den USA nachgewiesen wird. Der Krause-Sohn war nur ein paar Wochen als Austauschschüler in Amerika. Doch im Fall des jungen Krause gab es eine Ausnahme, der Vater war schließlich Verkehrsminister.

Die hartgesottensten West-Absahner in der Politik – die ja auch durchaus reichlich vorhanden sind –, wären nie in eine derartige Abseitsfalle gerannt. Krause macht's. Mit der eigentümlichen Selbstverständlichkeit des frühmenschlichen Jägers und Sammlers: Was ich habe, habe ich. Und starr lächelnd sprach er in Mikrophone, daß die Geschichte «mit meinem Sohn» eine «reine Privatsache» sei. Natürlich. Eine Privatsache.

Der Name Krause wird über Nacht zum «Markenzeichen der deutschen Politikverdrossenheit» (*Süddeutsche Zeitung*). Und die im selben Verlagshaus erscheinende *Abendzeitung* nennt die Krause-Familie nur noch die «Schmarotzkis», als bekannt wird, daß eine Putzfrau im Hause Krause im Rahmen einer Arbeitsplatzbeschaffungsmaßnahme zu zwei Dritteln vom Arbeitsamt bezahlt wird, mit 858 Mark. Die «Krause-Perle» macht Schule. Teils ernsthaft, teils höhnisch häufen sich Anträge bei den Arbeitsämtern, um ebenfalls in den Genuß einer ABM-Putzhilfe zu gelangen. Spott überdeckt den Skandal.

Der *Spiegel* berichtet schließlich, Krause habe sich für West-Geschäftsleute eingesetzt, die mit dem Rostocker ELBO-Baukonzern bei Schiebereien Millionenbeträge kassiert haben sollen. Krause wehrt sich gerichtlich. Bekommt recht, um bald darauf in den Tageszeitungen lesen zu können, er habe einen Arbeitslosen beim Bau seines Klinkersteinhauses in Börgerende beschäftigt. Ein kleiner Fisch im Vergleich zu den Grundstücksgeschäften der cleveren Familie im gleichen Ort. Krauses Schwiegervater sagt es einem Reporter der *Tagesschau* in die Kamera: «Freie Marktwirtschaft heißt schließlich, daß man frei wirtschaften kann. Das hatten wir in der Unfreiheit früher nicht.» Gut gelernt oder vielleicht auch nur entwaffnend ehrlich und naiv. Günther Krause, mit tiefgefrorenem Lächeln, läßt den Sturzbach öffentlicher Kritk an sich abperlen wie eine Graugans das Wasser auf ihrem fettigen Federkleid. Mit einem Hauch von Trotzigkeit im Blick ist er längst von seiner Rolle als junger Prinz abgerückt, er weiß, daß der König vor Wut schäumt. Doch seltsam: Helmut Kohl hält immer noch seine Hand über seinen Schützling, den jungen Parteifreund aus dem Osten, der so viel Ärger macht und die Bonner Regierung nahezu wöchentlich mit negativen Schlagzeilen quält. In bundesdeutschen Redaktionen scherzt man: «Na, was Neues von Krause?» – «Nö, in der letzten Stunde noch nichts...»

Dann kommt der berühmte Tropfen, der das Faß zum Überlaufen bringt: Familie Krause zieht um. Von Berlin in die neue Klinkersteinvilla nach Börgerende. Das Verkehrsministerium zahlt die Kosten für den privaten Umzug: 6390,84 DM. Genehmigt und abgezeichnet im eigenen Hause. Zu allem Überfluß wird auch noch bekannt, daß die Bundesluftwaffe die Familie Krause bei einem Amerikarundflug herumkutschiert hatte. Dummerweise wurde die Abrechnung dafür vergessen, sagte Krause, als diese «Petitesse» bekannt wurde. Doch das wollte selbst der Kanzler nicht mehr glauben. Er hob die «bleibenden Verdienste» seines Verkehrsministers hervor, als er dem Rücktrittsgesuch Krauses am 6. Mai 1993 entsprach. Die Deutsche Presseagentur meldete lapidar: «Günther Krause fällt finanziell nicht ins Bodenlose. Dem zurückgetretenen Bundesminister steht ein Netto-Übergangsgeld von mehr als 200 000 Mark zu. Außerdem hat er sich in seiner nur 30-monatigen Amtszeit als Minister für besondere Aufgaben und anschließend für Verkehr einen Pensionsanspruch erworben. Derzeit stehen Krause monatlich 27 365 Mark und 70 Pfennig zu.»

Günther Krause wird am 13. September 1993 vierzig Jahre alt, die Geburtstagsfeier wird zu einer Party, er gibt bekannt, daß er mit zwei Zürcher Geschäftspartnern eine Investment-Firma eröffnet hat: «Wir wollen internationale Anlagegelder nach Ostdeutschland holen, sie dort investieren.» Parteipolitisch hat Krause das Handtuch geworfen, nur wenn man «ihn in ein paar Jahren noch einmal fragen würde», könnte er sich vorstellen, wieder mitzumischen. Jens Reich, der brillante Molekularbiologe, Bundespräsidentschaftskandidat und DDR-Bürgerrechtler, machte sich seine Gedanken über Günther Krause: «Er war der Quereinsteiger, der durch naseweises Besser-Ossi-Gehabe und allzu markiges Auftreten sofort alle Einheitssympathien verspielte. Der Verkehrsminister nahm sich die drahtigen Yuppies zum Vorbild, denen man überall begegnet, übersah aber, wie vorsichtig diese bei aller vorgespielten Dynamik die überall lauernden politischen Schlageisen umgehen. Zu DDR-Zeiten war uns bei allem, was am Sozialismus so schlecht funktionierte, immer klar, daß die Gesellschaftsverfassung gegen eine anthropologische Konstante verstieß, nämlich den Drang des Menschen nach persönlichem Eigentum.» Krause versuchte, nach oben zu kommen. Er hat es nicht geschafft in der Politik, beim «Drang des Menschen nach persönlichem Eigentum» schon.

Es gab freilich auch Ostdeutsche, die es nie in die Schaltzentralen des Raumschiffs Enterprise Bonn gedrängt hat, die den Gang in den Westen intuitiv ablehnten und doch die Zeichen des persönlichen «Aufschwungs» (Ost) in sich pochen spürten. Zu denen gehört Peter-Michael Diestel, Jahrgang 1952, der es in Jugendjahren stets ablehnte, der SED beizutreten. So kam es denn, daß Diestel als Schwimmlehrer und Bademeister arbeitete, dann als Fachmann in der Rinderzucht. Stolz vermerkt seine Biographie: 1969 war Peter-Michael Zweiter bei den DDR-Melkmeisterschaften. 1974 erhält er dann noch die Zulassung zum Jurastudium in Leipzig, und 1986 macht er den Doktor über LPG-Recht. Die Zulassung als Rechtsanwalt erhielt er erst nach der Wende im Jahr 1990.

Diestel gehörte zu den Mitbegründern der rechten DSU, deren Generalsekretär er wurde. Als Innenminister und Stellvertreter von Lothar de Maizière wechselte er dann zur CDU. «Ich hatte von Politik keine Ahnung», erinnert sich Diestel, «ich wurde durchgereicht bis zum Posten des Innenministers» (der Noch-DDR). Diestel hat sich stets als «Anwalt der Ausgegrenzten» gesehen. «Gegen das Plattmachen der Ostdeutschen», das war der Kampfschrei des Juristen, der dafür auch schon mal Applaus aus anderen (ostdeutschen) politischen Lagern erhielt. Grobe Fehler machte dieser Mann nicht, sieht man einmal von der Tatsache ab, daß er als Innenminister seinem Amt eine Villa in Zeuthen bei Berlin abkaufte, mit Seeblick. Kaufpreis: 192 000 Mark. Der Verkauf der Villa war 1990 heftig kritisiert worden. Der Marktwert des Seegrundstücks liegt heute bei etwa 2 Millionen Mark.

Das war es nicht, worüber der athletisch gebaute Mann stolperte, sondern sein Umgang mit den «Genossen von der Staatssicherheit», die ihm während der Zeit als DDR-Innenminister unterstellt waren: Die Stasi galt es aufzulösen. Der Mann fürs Grobe erklärte: «Ich bin Christ. Und unchristlich ist es, 2,2 Millionen ehemalige SED-Mitglieder auszugrenzen.» Und er hatte auch einen besonderen Resozialisierungsplan für die über 100 000 Mitarbeiter des Ministeriums für Staatssicherheit: Sie sollten nach und nach in das «neue demokratische Denken» einbezogen werden. Diestel sagt, auch Wolfgang Schäuble und Klaus Kinkel seien damals dieser Meinung gewesen, doch dann, so Diestel, «brach die Stasi-Hysterie aus, und heute kann man ja gar nicht mehr über dieses Problem reden.» Also machte Diestel Politik auf eigene Faust. Er stellte Stasi-Generale ein, weil er auf die «Fachkompetenz dieser Leute» angewiesen war, und ließ zu, daß SED-Kader in Schlüsselpositionen gelangten. Dann bliesen die Bürgerrechtler zum Sturm. Bei dem Vorwurf, Diestel lasse systematisch Akten der Stasi vernichten, wackelte der Landwirtschaftsjurist. Und als er sich weiterhin dagegen verwahrte, den Stasi-Apparat als Ganzes zu kriminalisieren, wurde Diestel zum Enfant terrible der Politik. Als der Bundesbeauftragte für die Stasi-Akten, Gauck, ins Amt eingeführt wurde, dröhnte Diestel noch: «da gibt es viel Fragwürdiges» um den Pfarrer. Kurz darauf verpaßten viele ihm das Etikett «ostdeutscher Möllemann-Verschnitt» oder «der Vertuscher».

Im März 1992 gibt Diestel der *Berliner Zeitung* ein Interview und äußert sich etwas mißverständlich über das den inneren Frieden stabilisierende Wirken mancher inoffizieller Mitarbeiter der Stasi besonders im kirchlichen Bereich. Die Bonner CDU und auch die sächsischen Christdemokraten verlangen Sanktionen, allen voran der damalige Generalsekretär der CDU, Volker Rühe. Diestel gibt den Vorsitz der CDU-Landtagsfraktion in Brandenburg ab. Er gründet schließlich das «Gerechtigkeitskomitee» zusammen mit Gregor Gysi von der PDS. Als auch dieses politische Experiment nach kräftigem Einstiegsapplaus rasch eingeht, zieht er sich nach Zeuthen zurück, treibt Kraftsport und verdient nach eigenen Angaben 5000 bis 6000 Mark als Anwalt. Und er sagt, die Krauses, Ortlebs und Merkels hätten typische DDR-Karrieren gemacht, doch «anstatt sich für damals Gleichgesinnte einzusetzen, grenzen sie aus, verdrehen und verdrängen ihr eigenes Leben.» Das habe sie für eine anständige Politik ungeeignet gemacht. Wer so redet und denkt, muß sich zumindest nicht über die Haare streichen lassen.

II. Die neue Republik stellt sich vor

Das wiedervereinigte Deutschland ist mit 80 Millionen Einwohnern der zweitgrößte Staat und darüber hinaus die größte Wirtschaftsmacht Europas. Auch als Militärmacht spielt die Bundesrepublik schon längst wieder in der ersten Liga. Diese Fakten könnten einem normalen Bundesbürger herzlich egal sein, denn für die Macht und Größe seines Landes kann er sich nichts kaufen; eigentlich müßte er sogar ein Interesse daran haben, daß der deutsche Nationalstaat als solcher nur eine untergeordnete Rolle spielt, denn seinen Wohlstand und seine Sicherheit verdankt er der Einbeziehung seines Landes in supranationale Strukturen.

Doch der oft schon totgesagte Irrwitz des Nationalismus ist immer noch quicklebendig, denn diejenigen, die sich im realen Leben zurückgesetzt finden, suchen offenbar immer noch Trost und Halt in der Vorstellung, zu einem großen und mächtigen Volk zu gehören und auf die Angehörigen anderer Nationen herabschauen zu können. Und in Zeiten einer ökonomischen Krise – wie der, die auf den kurzfristigen spekulativen Wiedervereinigungsboom folgte – nimmt die Zahl der Menschen erfahrungsgemäß zu, die ihre Minderwertigkeitsgefühle durch gesteigerten Nationalismus kompensieren.

Politiker fast aller Parteien sind schnell bereit gewesen, auf die nationalistische Stimmung von Teilen der bundesdeutschen Bevölkerung nach der Wiedervereinigung einzugehen. Sie nutzten sie, um teure Rüstungsprojekte durchzudrücken und die – noch vom Grundgesetz verbotene – internationale Einsetzbarkeit der Bundeswehr durch – fast – unbewaffnete Militäreinsätze vorzubereiten. Und sie bedienten die «Ausländer raus»-Parolen der extremen Rechten, indem auch sie von «Asylantenschwemme» und ähnlichem redeten, das grundgesetzlich garantierte Recht auf Asyl weitgehend abschafften und alles daransetzten, die Einwanderung nach Deutschland zu stoppen. Sie müssen sich deshalb vorwerfen lassen, daß sie an den beschämendsten Ereignissen im Nachkriegsdeutschland, den ausländerfeindlichen Ausschreitungen, Mordbrennereien und anderen Gewalttaten, nicht unschuldig sind.

Unter diesen Umständen ist es nur logisch, daß Rechtfertigungen und Entschuldigungen des Nationalsozialismus, Gedankengänge, die bisher auf die kleinen Grüppchen der notorisch Unbelehrbaren beschränkt waren, in der Öffentlichkeit der Republik wieder hoffähig zu werden beginnen.

- Die mit dem Glanz der neuen Republik und vielen Versprechungen («blühende Landschaften») angetretene erste gesamtdeutsche Regierung Kohl gerät zunehmend in schweres Fahrwasser. Die Wiedervereinigung verschlingt Unsummen, läuft finanziell völlig aus dem Ruder. Das Milliardenloch im Bundeshaushalt hat Billionenausmaße angenommen. Die Bundesrepublik fährt daraufhin den rigorosesten Sparkurs ihrer Geschichte. Die Steuerschraube wird angezogen, Sozialleistungen werden reduziert, Rentner sorgen sich um den Bestand ihrer Bezüge. Kindergartenplätze werden – auch zur besseren Verdaulichkeit des § 218 – zwar versprochen, aber gleich wieder auf die lange Bank geschoben. Gleichzeitig zeigt das neue Deutschland anderweitig kräftig Großmannsflagge. Der umstrittene und am Ende völlig sinnlose Ausflug der Bundeswehr nach Somalia kostete den Steuerzahler 310,3 Millionen Mark. Auch von einem besonderen, schätzungsweise 100 Millionen Mark (das Stück) teuren Flugzeug will die Regierung nicht lassen. Koste es, was es wolle. ■

Klaus Bednarz

Der Jäger 90

Rüstung um jeden Preis

Er sollte Feinden Tod und Verderben bringen – und ist nun selbst eine Leiche, die teuerste Deutschlands. Der Jäger 90, das größte und ehrgeizigste Rüstungsprojekt in der Geschichte der Bundesrepublik, ist nur noch als Lehrbeispiel von Bedeutung. Für die Hybris der Militärs, die Ohnmacht der Politik und die Allmacht der Wirtschaft. Denn seit dem Zusammenbruch der Sowjetunion, der Auflösung des Warschauer Paktes und dem «Anschluß» der DDR gibt es niemanden in Europa, gegen den er noch eingesetzt werden könnte. Dennoch soll der Jäger 90 weiter gebaut werden – auch wenn dafür noch unsere Kinder und Kindeskinder zahlen müssen. Dabei war er von Anfang an umstritten, politisch, militärisch und wirtschaftlich.

Gedacht war er als Jagdflugzeug, das die alten «Phantom»-Modelle ersetzen und – mit Raketen bestückt – gegnerische Flugzeuge abschießen sollte. Zugleich war er konzipiert als Aufklärer und Begleitschutz für die Bomber vom Typ «Tornado». Er sollte schneller sein und wendiger, vielseitiger und in seinem Vernichtungspotential gewaltiger als alle bislang gekannten Jagdflugzeuge. Politisch auf den Weg gebracht wurde der Jäger 90 vom einstigen Verteidigungsminister Manfred Wörner am Beginn der achtziger Jahre. Doch schon 1983 urteilte das Militärfachblatt *Wehrtechnik* kurz treffend: «Im Flugzeugbauprogramm Jagdflugzeug 90 setzt Verteidigungsminister Wörner auf den lieben Gott, der das Geld schon schicken wird.»

Kalkuliert wird der Jäger 90 zu diesem Zeitpunkt von der Bundesregierung offiziell mit einem Stückpreis von 67 Millionen Mark. Experten allerdings ist klar, daß diese Zahl eine Illusion ist. Oder, noch wahrscheinlicher: eine bewußte Irreführung der Öffentlichkeit. Denn alle Erfahrung zeigt – fast nie bleibt ein Rüstungsprojekt in dem von Politikern und Militärs zunächst genannten Kostenrahmen. Der Jagdbomber «Tornado» etwa sollte ersten Äußerungen der Politiker zufolge weniger als 10 Millionen Mark kosten. Tatsächlich liegen die Kosten inzwischen bei über 85 Millionen Mark pro Stück.

Dabei ist der Mechanismus immer gleich: Die Industrie formuliert einen günstigen Einstiegspreis, damit das Projekt akzeptabel und politisch durchsetzbar wird. Dann jedoch beginnt die Kostenexplosion – nach Untersuchungen des Friedensforschers Alfred Mechtersheimer in der Regel mindestens um das Doppelte, häufig sogar um das Vierfache und mehr.

Möglichkeiten, den Jäger 90 zu stoppen, gab es genug. Eine davon im Mai 1988, als der Verteidigungsausschuß des Bundestages über das Projekt beriet. Politisch war er bereits damals obsolet. Michail Gorbatschow hatte die Abkehr von der Breschnew-Doktrin verkündet, das Verhältnis der Supermächte wandelte sich von der Konfrontation zur Kooperation, der Kalte Krieg ging dem Ende entgegen. Und selbst ranghohe Militärs rückten vom Jäger 90 ab. In einem *Monitor*-Interview mit Ulrike Schweitzer erklärte im Juni 1988 General a. D. Gerd Schmückle: «Militärisch halte ich den Jäger 90 für nicht sehr sinnvoll. Ich glaube, daß die Ära des Kampfflugzeugs sich in einem Land wie der Bundesrepublik Deutschland dem Ende zuneigt. Es gibt heute Erfindungen, die die Rollbahn der Gegenseite total zertrümmern, so daß Flugzeuge, die in der Luft sind, nicht mehr landen können und Flugzeuge, die noch nicht gestartet sind, nicht mehr starten können. Welchen Sinn soll dann ein Kampfflugzeug heute in Deutschland noch machen?»

Hinsichtlich der Finanzierbarkeit wurde schon 1988 deutlich, daß die schlimmsten Befürchtungen bei weitem übertroffen würden. Offiziell gab die Bundesregierung den Gesamtpreis für das System Jäger 90 noch immer mit 23 Milliarden Mark an. Doch darin enthalten sind nur die Entwicklungskosten und der Kaufpreis. Hinsichtlich der Folgekosten für Wartung, Reparatur und Flugbetrieb verweigerte sie jede Auskunft. Doch aus internen Unterlagen des Verteidigungsministerium, die der *Monitor*-Redaktion zugänglich waren, ergab sich, daß die Nutzungskosten bis zu 35 Milliarden Mark betragen würden. Macht zusammen rund 58 Milliarden Mark plus Kosten für die Raketenbewaffnung in Höhe von 5 bis 10 Milliarden. Geht man – vorsichtig gerechnet – von einer erfahrungsgemäßen Verdoppelung der Rüstungskosten aus, kommt man für das Gesamtsystem Jäger 90 auf eine Gesamtsumme von 100 Milliarden Mark.

Bereits im Vorfeld der Entscheidung des Verteidigungsausschusses des Bundestags vom Mai 1988, das Projekt Jäger 90 voranzutreiben, hatte auch der Bundesrechnungshof ernsthafte Bedenken angemeldet. In einem, ebenfalls von *Monitor* öffentlich gemachten, vertraulichen Gutachten hatte er bemängelt, daß die Schätzpreise für den Jäger 90 auf «unverbindlichen Angaben der Industrie» beruhten und hinsichtlich der Kostenrisiken, vor allem für das Triebwerk und das Radarsystem, jegliche «solide Grundlage» fehlte. Und der Präsident des Bundesrechnungshofes, Günter Zavelberg, hatte ganz offen beklagt, daß es selbst für seine Behörde nur eine «begrenzte Möglichkeit» gibt, die Preisbildung zu kontrollieren, weil «wir nach dem gegenwärtigen Rechtszustand noch nicht in die Unternehmen hineinkommen».

Trotz der politischen, militärischen und wirtschaftlichen Bedenken, die übrigens auch von einer Reihe von Abgeordneten der FDP und CDU geteilt werden, stimmt die Mehrheit der Mitglieder des Verteidigungsausschusses am 4. Mai 1988 der Fortsetzung des Jäger-90-Programmes zu. Schwankende Abgeordnete der FDP und CDU waren zuvor, wie ein Teilnehmer berichtete, bei einem Gespräch mit Bundeskanzler Helmut Kohl «auf Linie» gebracht worden. Um über das Milliardending Jäger 90 zu befinden, brauchte der Verteidigungsausschuß danach übrigens nicht einmal 30 Minuten.

Im Juli 1990 befindet der Bundestag über eine Fortsetzung des Jäger-90-Projektes. Inzwischen sind auch die Widerstände in der Regierungskoalition immer stärker geworden. Öffentlich erklärt der FDP-Verteidigungsexperte Olaf Feldmann: «Ich halte dieses Wahnsinnsprojekt für fehl in der politischen Landschaft. Osteuropa und Mitteleuropa hat sich geöffnet. Wir haben Demokratisierungsprozesse drüben. Und dagegen brauchen wir keinen Jäger 90. Der Jäger 90 paßt nicht in die politische Landschaft. Er ist auch zu teuer.» Und selbst einstige Befürworter des Jägers 90 aus dem Verteidigungsministerium gehen auf Distanz, so Manfred Timmermann, als zuständiger Rüstungsstaatssekretär früher engster Mitarbeiter Manfred Wörners, des politischen Ziehvaters des Jägers 90. Von *Monitor*-Redakteur Volker Happe im Juli 1990 gefragt: «Würden Sie den Jäger 90 heute stoppen?» antwortete er: «Ich würde ihn nicht nur in der Fertigung stoppen, sondern ich würde mir auch überlegen, ob ich die Entwicklungskosten nicht für einen besseren Zweck verwenden kann.»

Dennoch wird der Antrag der Opposition von SPD und Grünen, den Jäger 90 zu stoppen, im Bundestag mehrheitlich niedergestimmt. Eines der Argumente der Bundesregierung: Die Gelder, die für die Entwicklung ausgegeben seien, könnten nicht mehr «zurückgeführt» werden. «Ein jetziges Aussteigen aus der Entwicklung wäre teurer, als wenn wir die Entwicklung, die ja zu 90 Prozent schon durchgeführt ist, abbrechen würden.» Tatsache ist, daß die Bundesregierung beim Jäger 90, der ein Gemeinschaftsunternehmen von Deutschland, Großbritannien, Italien und Spanien ist, in de facto unkündbaren internationalen Vertragsverpflichtungen steckt. Ein Ausstieg würde nach einem internen Bericht des Verteidigungsministeriums rund 5 Milliarden Mark kosten. Doch die eskalierten Kosten für die Fortführung der Entwicklung belaufen sich auf 7 1/2 Milliarden Mark. Das heißt, so resümiert der Vorsitzende des Haushaltsausschusses des Bundestages, Rudi Walter (SPD), im Juli 1990: «Wenn man jetzt aussteigt, spart man immer noch eine schöne Summe Geld.»

Doch man steigt auch jetzt nicht aus. Um so unverständlicher, als es inzwischen eine überaus preisgünstige Alternative zum Jäger 90 gibt –

wenn man denn überhaupt ein neues Jagdflugzeug braucht. Bereits im Frühjahr 1990 – das Ende der DDR und die Wiedervereinigung Deutschlands stehen vor der Tür – beginnen im Bonner Verteidigungsministerium Überlegungen, der untergehenden DDR, aber auch der Sowjetunion «einige Dutzend» des legendären sowjetischen Jagdflugzeugs MIG 29 abzukaufen und sie in die Bundesluftwaffe zu integrieren. Die MIG 29 gilt als überaus leistungsfähiger und wendiger Jäger, der aerodynamisch bereits all das kann, was der Jäger 90 erst noch können soll. Ein Flugzeug, das – wie ein Experte beschreibt – «in der Luft stehenbleiben und sogar in geringer Geschwindigkeit leicht rückwärts marschieren kann», eine Maschine, die «alle modernen Radars durcheinanderbringt». Sie ist zwar elektronisch «nicht so interessant» wie der Jäger 90. Doch selbst nachgerüstet mit westlicher Elektronik würde sie nur einen Bruchteil dessen kosten, was für den Jäger 90 veranschlagt wird. Offiziell bestreitet Bundesverteidigungsminister Stoltenberg derartige Überlegungen, doch der Chef des Planungsstabes im DDR-Außenministerium, Prof. Ulrich Albrecht, bestätigt sie in einer *Monitor*-Sendung am 10. Juli 1990. Gegenrecherchen in Bonn und Washington erhärten seine Aussage. Dennoch geht die Entwicklung des Jägers 90 ungebremst voran.

Erst im August 1992, nachdem offenbar wird, daß die Finanzierung des Jägers 90 völlig außer Kontrolle geraten ist und bereits Finanzmittel aus zukünftigen Haushaltsentwürfen zur Begleichung laufender Rechnungen eingesetzt werden, erfolgt eine Wende. Scheinbar. Volker Rühe, der Nachfolger des inzwischen über ungesetzliche Panzerexporte gestolperten Verteidigungsministers Stoltenberg, erklärt unter dem Druck der Öffentlichkeit den Jäger für «tot». Für «Bedrohungen der Vergangenheit» werde er, so Rühe, «keine müde Mark» mehr aufwenden. Mag es ehrliche Absicht, verbunden mit einem gehörigen Schuß Naivität, gewesen sein, bloßes taktisches Kalkül oder dreiste politische Lüge – Tatsache ist, daß der Jäger 90 keineswegs begraben wird. Unter dem Druck der Rüstungsindustrie, allen voran der Daimler-Tochterfirma Dasa, die für die Jägerentwicklung zuständig ist und mit immer schwindelerregenderen Arbeitslosenzahlen droht – erst 5000, dann 10 000, schließlich 30 000 –, sowie mit dem altbekannten Hinweis auf die schon bestehenden internationalen Verträge bleibt es beim Jäger 90. Wenn auch in einer «abgespeckten» Version und unter neuem Namen. «Eurofighter» soll der neue Wundervogel nun heißen und auf einige Extras verzichten. Wegfallen soll die Fähigkeit zum «Blitzstart» und zur Bekämpfung von zehn Zielen gleichzeitig. Jetzt sollen es nur noch vier sein. Außerdem soll das gesamte Jäger-Programm verlangsamt werden und die geplante Auslieferung in Deutschland erst im Jahr 2002 beginnen. 90 Millionen Mark plus MwSt. soll das Stück jetzt «nur» noch kosten, dreißig Prozent weniger als ursprünglich geplant. Doch die Industrie ist mit ihren Berechnungen heute schon wieder bei 109 Millionen Mark pro Stück angelangt. Und kein Insider glaubt, daß das schon alles gewesen ist. DASA-Vorstandsmitglied Mehdorn hat es im März 1993 in erfreulicher Offenheit auf den Punkt gebracht: Der Eurofighter «wird kein neues Flugzeug, es wird sich wohl nicht viel ändern.»

Dabei liegt der Bundesregierung inzwischen ein neues Angebot der Regierung Rußlands auf dem Tisch. Zur Begleichung eines Teils ihrer nicht unerheblichen Schulden hat sie Bonn angeboten, Maschinen der modernsten Version ihrer MIG 29, der Version «M», zu liefern. Zu einem Stückpreis von umgerechnet 16,7 Millionen Mark. Selbst der Bundesrechnungshof weist darauf hin, daß sich «erhebliche Mittel» einsparen ließen, wenn man von diesem russischen Angebot Gebrauch machen würde. Aber es sieht nicht danach aus. In Bonn will man nicht. Am 20. März 1994 geht ein Prototyp des Eurofighters 2000 auf dem Gelände der DASA bei München erstmals für 45 Minuten in die Luft.

Die endgültige Entscheidung über die Anschaffung des Eurofighters 2000 für die deutsche Luftwaffe steht im Jahr 1995 an. Doch die Militärs auf der Bonner Hardthöhe lassen schon jetzt keinen Zweifel daran, daß sie diese Maschine wollen – obwohl es in Europa dafür keine Verwendung mehr gibt. Die Begründung: die strategische «Umorientierung» der Bundeswehr. Weltweit müsse man operieren können, heißt es. Gleichgültig, was das Grundgesetz der Bundesrepublik dazu sagt. Militärtechnische Alternativen werden vor allem von der deutschen Rüstungsindustrie abgeblockt – unter Hinweis auf gefährdete Arbeitsplätze und den Verlust technologischen Know-hows. Über die Möglichkeit, mit den zu sparenden Milliarden neue Arbeitsplätze zu schaffen und damit Produktionsumstellungen für zivile Zwecke zu finanzieren, denkt man gar nicht erst nach. Und auch das Beispiel Japan, das zeigt, wie ohne nennenswerte Rüstungsindustrie Technologie auf höchstes Niveau getrieben werden kann, wird nicht zur Kenntnis genommen.

Vielleicht ist es auch schlicht so, wie die Bundestagsabgeordnete Katrin Fuchs (SPD) in einer Debatte über den Jäger 90 formulierte: «Ich denke, da spielt auch eine Rolle, daß viele Männer einfach fasziniert sind von High-Tech-Waffensystemen, von etwas Futuristischem, was es noch nicht gibt. Das ist dann auch der kleine Junge im Mann, der sich ein Spielzeug anschafft, das im Prinzip ja überhaupt nicht zu verantworten ist.»

Ein Exemplar des Jägers 90, selbst in der Billigversion «Eurofighter», wird 100 Millionen Mark kosten. Dafür könnte man 1000 Sozialwohnungen bauen. Doch der Rüstungswahn geht – allen gegenteiligen Beteuerungen zum Trotz – ungebremst weiter. Armes, reiches Deutschland.

- Es waren beileibe nicht nur dümmliche Skinheads, die sich durch die nationale Euphorie nach der Wiedervereinigung ermuntert fühlten, die aggressive Macht des Nazireichs zu feiern.
  Dazu gehörten auch Topmanager der deutschen Luft- und Raumfahrtindustrie und ein veritabler Bonner Staatssekretär. Gemeinsam hatten sie verabredet, am 3. Oktober 1992, dem zweiten Jahrestag der Wiedervereinigung, des ersten Starts von Hitlers «Wunderwaffe» V 2 fünfzig Jahre zuvor zu gedenken.
  Erst im letzten Augenblick platzte die Feier, und es dauerte noch Monate, bis der Staatssekretär abgelöst wurde. ■

Bernd Gäbler

Raketenfest

Erich Riedls Stern verglühte über Peenemünde

Die Feier war überhaupt nicht heimlich geplant, und ein Riesenstaatsakt sollte sie auch nicht werden. Die deutsche Luft- und Raumfahrt wollte nur ihres Ursprungs jubilierend gedenken, ein Schirmherr mußte her, der auch noch eine kleine Rede vorzutragen hätte – wer wäre da besser geeignet gewesen als Erich Riedl, der für seine Geselligkeit bekannte Luft- und Raumfahrtkoordinator der Bundesregierung? Auch war Peenemünde erst vor zwei Jahren heimgeholt worden in die Bundesrepublik, und das Datum paßte zufällig so herrlich, daß nur Toren diese Jubelmöglichkeit hätten verstreichen lassen. Just am 3. Oktober 1942, also exakt ein halbes Jahrhundert vor der zweiten Feier des deutschen Vereinigungstages, war «Aggregat 4», das vierte Versuchsmuster einer Rakete, von Peenemünde aus gestartet worden, bevor es in 190 Kilometer Entfernung in die Ostsee plumpste. In 90 Kilometer Höhe führte die Reise mit fünffacher Schallgeschwindigkeit, das Tor zum Weltraum war aufgetan und eine neue Waffe geboren. Zunächst stand das V noch für «Versuch», bis Goebbels das Wunderding dann «Vergeltungswaffe» nannte. In Paris, Lüttich und Antwerpen wurden Tausende zu Tode gebombt, durch die Luftangriffe gegen London wurde die V2 berühmt. Zwischen August 1944 und März 1945 ließ Hitler rund 3000 V2-Raketen gen England abfeuern, deren Massenproduktion er nach der Niederlage von Stalingrad angeordnet hatte.

Um Hitlers Waffe sei es doch nie gegangen, hatte der Schirmherr, der das Motto der geplanten Veranstaltung «Erbe, Verpflichtung, Perspektive» als angemessen empfand, noch am 28. September 1992 morgens bekräftigt, zugleich aber «Mißverständnisse» und «hysterische Reaktionen» beklagt. Gegen Mittag legte er die Schirmherrschaft nieder, wenige Stunden später bliesen die beiden Veranstalter, der Bundesverband der Deutschen Luft-, Raumfahrt- und Ausrüstungsindustrie (BDLI) und die Deutsche Gesellschaft für Luft- und Raumfahrt (DGLR) die Jubiläumsfeier ab. In einer Erklärung bedauerte der BDLI-Präsident, daß die «bahnbrechende wissenschaftliche Leistung deutscher Raumfahrtpioniere nicht angemessen gewürdigt» werden konnte und die öffentliche Diskussion den «wissenschaftlichen Fakten nicht gerecht» geworden sei.

Erich Riedl hatte sogar sein Redemanuskript schon fertig. Zentraler Gegenstand war der «Eintritt in die Raumfahrtära des 20. Jahrhunderts». Im Parlament erklärte er Tage später noch einmal, die Feier sei «inhaltlich und methodisch richtig» gewesen. Ihm gebe es aber sehr zu denken, daß es noch fünfzig Jahre danach nicht möglich sei, die Geschichte Peenemündes vorurteilsfrei zu beleuchten. Sein Amt als Staatssekretär im Wirtschaftsministerium behielt der pausbäckige Rüstungslobbyist zunächst. Kohl wartete mit seiner Ablösung bis zum allgemeinen Kabinettsrevirement im Januar 1993.

Skandalös war die Grundidee zur Feierstunde. Rudolf Augstein faßte sie damals so zusammen: «Wer die V2 feiert, ... muß sich fragen, ob er lieber Hitler und Wernher von Braun als Sieger des Zweiten Weltkriegs gesehen hätte.» Aus diesem Grund hätte die Regierung die Feier stoppen und den involvierten Staatssekretär entlassen müssen. Das tat sie nicht. Sie setzte auf eine «weiche Schadensbegrenzung», argumentierte zu Stilfragen, reduzierte den geplanten Festakt auf ein zu brüskes Vorpreschen zum falschen Zeitpunkt und ließ damit den eigentlichen Bedeutungsgehalt der Jubelveranstaltung unangetastet.

Gerissen wird die hinkende Antilope erst, wenn das eigene Rudel sie nicht mehr mitschleppt. Nun gleicht Erich Riedl, der kleine mollige Mann aus dem Wahlkreis Münchener Süden, zwar eher einem Tier mit Rüssel als der eleganten Löwenbeute, aber die Gesetze der Wildnis galten auch in seinem Fall. Die Kritik der Medien veranlaßte ihn zunächst zu trotzigen Gegenangriffen. Auch die Opposition mit ihren ewigen Rücktrittsforderungen konnte ihm nichts anhaben. Aber als vorwurfsvolle Stimmen aus den eigenen Reihen aufkamen, wurde es eng. Zunächst war da Bundesforschungsminister Heinz Riesenhuber (CDU), der in Riedls Schirmherrschaft ein «nicht besonders instinktsicheres Vorhaben» erkannte. Diese Kritik zielte wohl eher darauf, daß die Belange der Luft- und Raumfahrt in seinem Ressort besser aufgehoben seien. Auch die Argumente des direkten Dienstvorgesetzten, des damaligen Wirtschaftsministers und Vizekanzlers Möllemann, richteten sich eher auf die Umstände des Skandals als auf dessen Substanz. Obgleich beide kurz zuvor vom förmlichen «Sie» zum «Du» gewechselt waren, empfand der Araberfreund von der PH Münster seinen Staatssekretär schon immer als lästiges CSU-U-Boot an seinem Hofe.

Der noch von Franz Josef Strauß im Wirtschaftsressort hochgeboxte Mann mit den vielen Kontakten diente mittlerweile seinem dritten liberalen Vormann, beharrte als «Koordinator der Bundesregierung für Luft- und Raumfahrt» auf einer Art Reichsunmittelbarkeit in den Subordinationsverhältnissen. Daß hier ein eigenmächtiger Alleingang vorliege, war für Möllemann entscheidend, der Staatssekretär unterliege selbstverständlich seiner Weisung, er habe in diesem Falle aber völlig ohne Absprache gehandelt.

Erst als Riedl in der Parlamentsdebatte nach der Absetzung der Peenemünde-Feier seine Auffassungen vom guten Zweck der Veranstaltung störrisch wiederholte, zeigte sich der Minister «unangenehm überrascht» und «verärgert». Die «im Moment zum Teil sehr deutschlandkritische Situation zu beruhigen» sei durch den Staatssekretär «nicht erleichert» worden. Zuvor hatte der gelernte Volksschullehrer Möllemann die inhaltliche Debatte um Stil und Instinktsicherheit durch eine eigene historische Aufrechnung bereichert. Der wirksamste Druck auf die Bundesregierung, von Riedl und dem Peenemünder Gedanken doch abzulassen, war von Großbritannien ausgegangen. 2500 Menschenleben hatten die Bombenabwürfe über London gekostet. Daß die deutsche Luft- und Raumfahrtindustrie ihre Zukunftstechnologie nun ausgerechnet über die Selbstvergewisserung ihrer kriegerischen Ursprünge im soeben größer gewordenen Deutschland zu feiern sich anschickte, mußte den Briten einen Schreck in die Glieder fahren lassen. Möllemann war es nun vorbehalten, seine Kritik an der Raumfahrtfeier mit einem vergleichenden Hinweis auf das im Mai zuvor von Queen Mom enthüllte martialische Bomber-Harris-Denkmal zu versehen. Er bekräftigte damit nur die unterschwellige Bedeutung, die die Initiatoren mit ihrer Festveranstaltung meinten: Wenn Albion sich damit brüstet, was es uns Deutschen angetan hat, wenngleich es natürlich gegen Hitler ging, können wir Deutschen auch unsere erfinderischen und technologischen Durchbrüche gehörig feiern, selbst wenn sie in finsterer Zeit erfolgten und zu tragischem Mißbrauch der Wissenschaft führten.

Also sprach das entscheidende Wort aus der Mitte des Rudels der junge CDU-Generalsekretär Peter Hintze, der die Feier «ausgerechnet am Tag der Deutschen Einheit» eine «historische und politische Instinktlosigkeit» nannte. Selbstverständlich hatte der Kanzler von nichts gewußt. Die Abmahnung erfolgte dann in britischer Süffisanz («The Chancellor was not amused») durch Regierungssprecher Dieter Vogel. In Anspielung auf Riedls Aussage, die Veranstaltung sei von Anfang an «gut gemeint» gewesen, sagte dieser lapidar, gut gemeint bedeute «im allgemeinen Sprachgebrauch fast immer das Gegenteil von gut». So starb die Feier, und für Riedl wurde ein gleitender Abgang organisiert.

Gute Technik – böse Waffe

Die Deutschen haben es schwer. Wollen sie traditionsbewußt durch die Geschichte waten, bleiben sie stets wie an einem Mustopf am Faschismus kleben. Die Berufung auf den Widerstand wirkt oft unglaubwürdig, gebrochen wurde der Nationalsozialismus schließlich durch auswärtige Mächte. Und der deutsche Soldat, der anständige, steht nicht nur Alfred Dregger nahe, sondern ist auch in vielen deutschen Familien noch als Respektsperson präsent. Also bleibt nur, das einzelne aus seinem Systemzusammenhang zu lösen. Einem deutschtümelnden Österreicher namens Jörg Haider, damals noch Mitglied der liberalen Internationale, war es vorbehalten, die staatliche Beschäftigungspolitik der Nazis zu rühmen, während es sich etwa ein Verkehrsminister Krause verkniff, wenigstens den Reichsautobahnbau als verkehrspolitische Leistung zu würdigen. Nach dem Muster des FPÖ-Vorsitzenden Haider verfuhren im Einklang mit ihrem Schirmherrn die Manager der deutschen Raumfahrtindustrie.

Die Idee zur Peenemünde-Feier gebar wohl der ehemalige Marketing-Direktor der Daimler-Tochter Deutsche Aerospace und Präsident der BDLI, Karl Dersch. Der frühere Autohändler war nicht zuletzt wegen der Förderung durch Franz Josef Strauß weit ins Topmanagement und bis zum Duzfreund von Edzard Reuter aufgestiegen. Büroräume, Dienst-Mercedes und Sekretärin durfte er weiter benutzen, seinen Job mußte er im Dezember 1992 aufgeben, weil er in seinem Garten die Reichskriegsflagge stolz hatte flattern lassen. Zur Idee einer Jubelfeier des ersten Raketenstarts hätte es nicht einmal solch drastischer Symbolik bedurft. Die Dasa konnte sich ohne weiteres auf Basisvorgänge in Peenemünde selbst berufen: Zwei clevere ehemalige NVA-Offiziere, die im Sperrgebiet im Norden Usedoms ihren Dienst taten bis zur Wende, wollten den «Geburtsort der Raumfahrt» für den Tourismus erschließen und priesen darum ihr seit Mai 1991 bestehendes Informationszentrum als Einrichtung «vergnüglicher Bildung».

Sie nutzen die frühere Schaltzentrale, denn der Prüfstand VII, von dem aus A 4 in die Lüfte stieg, ist ebenso zerstört wie der Überschall-Windkanal. Der Kommandeur der Heeresversuchsanstalt, Walter Dornberger, will hier gemeinsam mit seinem technischen Direktor, dem jungen Genie Wernher von Braun, vor allem gedacht und geträumt haben, vom Weltraum und anderen menschlichen Höhenflügen. Überliefert ist aber, daß in Peenemünde die Sektkorken knallten, als die erste V 2 in London einschlug. Überliefert ist auch, daß Dornberger seine technischen Inspirationen beim Heereswaffenamt schon mit der Aufgabe begann, die Restriktionen des Versailler Vertrages raffiniert zu umgehen. Überliefert ist auch, daß Wernher von Braun wie Walter Dornberger über die Produktionsbedingungen der V 2 bestens unterrichtet waren. Gebaut wurde die vermeintliche Wunderwaffe aber an anderem Ort, und abgefeuert wurde sie auch nicht aus Peenemünde, weswegen hier Hinweise auf Zwangsarbeit ebenso fehlen wie Bilder vom zerstörten London. Der «vergnüglichen Bildung» würde dies wohl auch im Wege stehen.

Dieter Genthe, ein Wessi, also noch flotter als die beiden ehemaligen DDR-Bürger, Sonderbeauftragter der regierungsfinanzierten Deutschen Agentur für Raumfahrtangelegenheiten, hat mit Peenemünde noch weit Größeres vor. Ein Raumfahrtpark als echtes Freizeiterlebnis, vergleichbar der «Cité de L'Espace» der Franzosen oder dem US-amerikanischen «Space Camp», soll an der Ostsee entstehen, um dem «Negativ-Image» der Raumfahrt entgegenzuwirken.

Eine andere Gedenkstätte, schon zu DDR-Zeiten errichtet, befindet sich am Kohnstein im Harz in der Nähe Nordhausens. Hier, im Nebenlager Dora des KZ Buchenwald, ließ die «Mittelbau GmbH» arbeiten. Bereits im ersten Winter krepierten 3000 Häftlinge, die Stollen in den Kalkberg treiben mußten, um die größte unterirdische Fabrik zu errichten – zur Massenproduktion der V 2 und der V 1, der Mutter aller Cruise Missiles. Mindestens 20 000 der insgesamt 60 000 eingesetzten Sklavenarbeiter wurden durch Zwangsarbeit vernichtet. Einer der Überlebenden war Jean Amery. Daß Erich Riedl darüber hätte sprechen wollen, ist nicht überliefert.

Die Trennung der Orte entspricht der Trennung von wissenschaftlichem Erfindergeist und technischem Genie auf der einen Seite von ihrem politischen Zweck auf der anderen. Aber die Technik, der Beginn der Ära der Weltraumfahrt, sollte gefeiert werden am noch frischen Tag der Deutschen.

Wernher von Braun, ein deutsches Genie

Damit ist eine weitere subkutane Bedeutung der geplanten Feier bloßgelegt, für die das Datum entscheidend war. Sonst hätte man genausogut am 14. Mai 1991, dem sechzigsten Jahrestag des ersten Flüssigraketenstarts, feiern können. In der Kritik spielte dieser Aspekt keine Rolle. Es ging nicht nur um die nationale Wiedereingliederung von Peenemünde; vielmehr hatten die neuen «partners in leadership» mit ihrer Feier durchaus eine kleine antiamerikanische Spitze im Sinn. Die Denker und Lenker im historischen Peenemünde waren nämlich nicht nur ingenieurtechnisch clever: Mit hundert Raketen und vielen technischen Unterlagen im Gepäck ließen sich zum Kriegsende 765 deutsche Wissenschaftler nach Texas verpflanzen. Arthur Rudolph war dabei, der Produktionsleiter im KZ Mittelbau. Später koordinierte er die Produktion der Saturn V für das Apollo-Programm. Auch der führende US-Raumfahrtmediziner Hubertus Strughold hatte schon Erfahrungen gesammelt in der Zusammenarbeit mit Siegfried Ruff, bei dessen Unterdruckversuchen im KZ Dachau neunzig Häftlinge ermordet wurden. Mondlandung und Apollo, Saturn V und Cape Canaveral – daran sollte erinnert werden – wären ohne deutschen Genius kaum so zustande gekommen. Die junge, frische, aufstrebende Dasa gewissermaßen als Urmutter der NASA – zurück in die Zukunft, High Tech mit nationalem Pathos, wir Deutsche sind wieder angekommen in der Normalität, wo doch – bitte sehr – eine sachliche und vernünftige Betrachtung der Vergangenheit möglich sein sollte.

Erich Riedl war für solches Feiern genau der richtige Mann, vereinten sich doch in seiner kugelförmigen Gestalt High-Tech-Euphorie und Stammtisch auf glückliche Weise.

Absteiger, Absteiger

Am liebsten wäre er wohl Postminister geworden, aber der große FJS hatte noch entschieden, Riedl sei der Richtige, alles zu tun, um der heimischen Rüstungsindustrie in Bonn Schubkraft zu verleihen. So wurde der frühere Referent von Richard Stücklen nach harter Ochsentour durch Bundespost und CSU zum Industrielobbyisten mit Planstelle am Kabinettstisch. Das derbe Reden des Stammtischs war dem zielstrebigen Familienvater ebenso vertraut wie das diskrete Bierchen im Hinterzimmer. Mit Hilfe der Strauß-Söhne und mobiler Wählertrupps hatte er einst in der Münchener CSU den Hundhammer-Sohn Richard («Schleich di, du Drecksau, katholische») aus dem Feld geschlagen, dann nach zweimaligem Einzug in den Bundestag per Landesliste sogar ein Direktmandat erobert. Im Frühjahr 1992 forderte er, den Münchener Süden zur «asylantenfreien Zone» zu erklären, natürlich nicht, um damit der Fremdenfeindlichkeit Vorschub zu leisten. Nur die Last der Gemeinden hatte Riedl im Auge und die Funktion der CSU, rechts neben sich keine Partei groß werden zu lassen. Weniger lautstark, aber um so wirkungsvoller stritt er in Bonn zunächst für die Subventionierung, dann die Privatisierung des Airbus und kämpfte noch erbittert um den Jäger 90, als Rühe von diesem Milliardengrab Abstand zu nehmen behauptete. Als Promoter der Daimler/MBB-Fusion («Mit Haribo und Arbeiterwohlfahrt kann man so ein Projekt nicht machen») verkündete er, bevor auch nur das Kartellamt die Unterlagen geprüft hatte, sein Vorgesetzter, Bundeswirtschaftsminister Haussmann, werde die Erlaubnis erteilen.

Von seinem ersten Mentor Richard Stücklen hatte Riedl, Mitglied in mehr als dreißig Clubs und Verbänden – die Sudetendeutsche Landsmannschaft ist auch darunter –, gelernt, daß Fußballbegeisterung Politikern stets guttut. Der Edel-Club Bayern, dessen Präsidentschaft Edmund Stoiber einst als sein zweitliebstes Amt nach dem des Bayerischen Ministerpräsidenten nannte, war schon vergeben, also führte Riedl acht Jahre lang den eigentlich volksnäheren TSV 1860 an. Das damalige Bonner Finanzgenie, das im Haushaltsausschuß für die spätere Tätigkeit lernte, schaffte es, den Verein von der Bundesliga bis zum Abstieg in die Amateurliga zu geleiten. Wegen Überschuldung gab es am Ende keine Lizenz mehr. Den Sozialdemokraten wußte Riedl in jeder Rede schmissig vorzuwerfen, daß Sozialisten eben nicht mit Geld umgehen könnten. Herbert Wehner ist es zu verdanken, daß auch für Riedl eine treffende Bezeichnung in den Parlamentsprotokollen verewigt ist: «Absteiger, Absteiger», grantelte er kurz und verächtlich.

Zehn Jahre später erfüllte sich die Prognose, weil man, will man stellvertretend für die Nation aus dem Schatten Hitlers heraustreten, dies einfach sensibler und instinktsicherer tun muß und vor allem vorher mit den Vorgesetzten absprechen!

■ Am 9. September 1993 präsentierte Helmut Kohl zuerst dem CDU-Präsidium und dann der verblüfften Öffentlichkeit seinen Kandidaten für die Nachfolge Richard von Weizsäckers als Bundespräsident, den sächsischen Justizminister Steffen Heitmann. Der Kandidat wurde von den Präsiden der Partei «mit großer Sympathie» begrüßt und wenig später auf dem Parteitag der CDU mit großem Applaus bedacht. Auch die CSU akzeptierte ihn ohne Zögern. Nicht erbetener Beifall stellte sich von den «Republikanern» und anderen rechtsextremen Gruppen ein.

Trotz dieses starken Rückhalts mußte Heitmann nach achtundsiebzig Tagen Kandidatur aufgeben. Hatte sich herausgestellt, daß er als Repräsentant aller Deutschen schlicht ungeeignet war? Oder war er das Opfer einer «beispiellosen Kampagne» geworden, einer Verschwörung gegen das politische Empfinden der Bevölkerungsmehrheit, wie er und seine Anhänger vermuteten? ■

Edmund Jacoby

Das gesunde Volksempfinden als Bundespräsident?

Kohls Kandidat Steffen Heitmann

Der Präsident der Republik hat die Aufgabe, den Staat nach innen und nach außen zu repräsentieren: Reden zu halten, in denen der jeweilige – parteiübergreifende – demokratische Konsens der Gesellschaft beschrieben wird und die so den politisch Handelnden Orientierung bieten; Gesetze zu prüfen und zu unterzeichnen, um zu dokumentieren, daß sie dem Geist der Verfassung und den Grundüberzeugungen des Gemeinwesens nicht widersprechen; und Staatsbesuche zu empfangen oder zu machen, gelegentlich deren sich die Bundesrepublik als ehrenwertes Mitglied der Staatengemeinschaft darstellen kann. Die Bundespräsidenten von Theodor Heuss bis Richard von Weizsäcker haben ihr Amt im großen und ganzen auf achtbare Weise ausgefüllt – sieht man einmal von ein paar braunen Flecken auf den weißen Westen von

Heinrich Lübke und Karl Carstens ab und von einigen Tölpeleien des erstgenannten, die in die Politfolklore der Republik eingegangen sind.

Gegen Ende seiner Amtszeit hatte Weizsäcker versucht, durch eine vorsichtige Kritik am System der Parteiendemokratie den Graben zuzuschütten, der sich immer breiter zwischen Staatsvolk und Politikerkaste aufgetan hatte. Aber obwohl der Präsident nach dem Willen des Grundgesetzes das gesamte Gemeinwesen vertreten und deshalb nicht vom Parlament mit seinen parteigebundenen Abgeordneten gewählt werden soll, war die Empörung nicht sonderlich groß, als die Parteien sich anschickten, Weizsäckers Nachfolger, der 1994 von der Bundesversammlung bestellt werden mußte, wieder einmal allein unter sich auszukungeln. Die SPD war bereits auf Johannes Rau eingeschworen, als Helmut Kohl am 9. September 1993 dem CDU-Präsidium, dann das CDU-Präsidium der Partei und schließlich die CDU der Öffentlichkeit ihren Präsidentschaftskandidaten vorstellte: Steffen Heitmann.

Heitmann war weithin unbekannt, schien aber nicht weniger respektabel zu sein als sein Konkurrent von der anderen «großen Volkspartei»: Theologe und Jurist, war er lange Zeit ein einflußreicher Kirchenbeamter gewesen. Zuletzt hatte er als Justizminister des Freistaats Sachsen gewirkt und war in dieser Eigenschaft auch Mitglied der gemeinsamen Verfassungskommission von Bund und Ländern, die die rechtlichen Grundlagen des Zusammenwachsens der gerade wiedervereinigten deutschen Staaten zu erstellen hatte. Heitmann besaß darüber hinaus einen entscheidenden Vorzug, denn der gebürtige Dresdner (Jahrgang 1944) stammte nicht nur aus den neuen Bundesländern, sondern kam sogar aus der Bürgerbewegung, die den Sturz des SED-Regimes mit bewirkt hatte. Im Herbst 1989 war er juristischer Berater der Dresdner «Gruppe der 20» gewesen, die dem SED-Bezirkschef Modrow und dem Oberbürgermeister Berghofer entscheidende Zugeständnisse abrang. Nach eigenem Bekunden beileibe kein «Held», aber auch kein Wendehals. Dies bescheinigte dem Kandidaten die Passionaria der DDR-Bürgerrechtsbewegung, Bärbel Bohley, um ihn vor Anwürfen in Schutz zu nehmen wie in einem *Spiegel*-Artikel, wo er als Wende-Opportunist dargestellt worden war.

Mit Heitmann schien ein neuer Stil in die Politik der Gesamtrepublik Einzug zu halten, ein Stil rückhaltloser Offenheit und persönlicher Ehrlichkeit, der schon das Markenzeichen der DDR-Opposition gewesen war und sich wohltuend von den Gepflogenheiten westdeutscher Politiker abhob, die aus taktischen Gründen immer wieder mit ihrer wahren Meinung hinter dem Berg halten.

Wer hätte einen besseren Repräsentanten der Republik abgeben können als jemand, der sich die wirklichen Anliegen der Bevölkerung des ganzen vereinigten Landes zu eigen machte und ihnen in deutlichen Worten Ausdruck verschaffte?

Der Kandidat Steffen Heitmann ist überzeugt davon, daß seine Ansichten auch die des Volkes sind, und hat es sich zur Aufgabe gemacht, «auch dem Normalbürger eine Stimme zu geben». Und zwar gerade bei Themen, die normalerweise von Politikern gemieden werden, die «tabuisiert» sind: «Dazu gehört das Thema Ausländer, dazu gehört das Thema Vergangenheit Deutschlands, die Nazivergangenheit; dazu gehört das Thema Frauen.»

Die Auswahl der Themen, die er enttabuisieren möchte, deutet allerdings darauf hin, daß er nicht für die Bevölkerung schlechthin, sondern nur für eine Gruppe in ihr spricht, die nicht damit zufrieden ist, wie in der liberalen Öffentlichkeit über Ausländer, Nazideutschland und Frauen gesprochen wird. Denn diejenigen, die über diese Themen wirklich debattieren, erklären in der Tat Stellungnahmen für unmöglich, für tabu, die keine weitere Diskussion mehr zulassen. Und gegen den Ausschluß derer aus der öffentlichen Debatte, die wissen, was normal und richtig ist und worüber gar nicht weiter diskutiert werden muß, trotzt Heitmann mit Feststellungen an, die keinen Widerspruch dulden: «Asylbewerber nehmen Wohnungen in Anspruch. Das ist eine Tatsache.» Oder: «...hätte meine eigene Mutter [über Abtreibung] gedacht wie viele andere Frauen, wäre ich nicht auf der Welt.» Trotzig – und mit von Taktik wie Takt gleich weit entfernter Geradlinigkeit – hält Heitmann auch an Überzeugungen fest, die er in der Vergangenheit geäußert hat. 1990 hatte er seine Eindrücke anläßlich eines Spaziergangs auf der Stuttgarter Königsstraße geschildert: Die bot für ihn ein «merkwürdiges Erscheinungbild», nämlich ein «kulturelles Gemisch von verschiedensten Menschen». Er fragte sich daraufhin: «Bist du hier eigentlich noch zu Hause?», denn «bis zum Bedrohlichen» steigerte sich für ihn «die Fremdheit, die einem entgegenschlägt».

1993, nach den Pogromen von Hoyerswerda und Rostock-Lichtenhagen, nach den Brandanschlägen von Mölln und Solingen auf diese Aussagen angesprochen, findet der Kandidat, daß er sich inzwischen «daran gewöhnt» hat. Doch er «steht» zu seiner Meinungsäußerung von damals, denn es müsse doch möglich sein, «solche Empfindungen auszudrücken, wenn sie nicht abseitig sind».

Solche auftrumpfenden Trotzgebärden kennzeichnen den vermeintlichen «Normalbürger»-Standpunkt als den einer Minderheit, der gleichwohl Anspruch auf Allgemeinverbindlichkeit erhebt. Wir wollen diesen Standpunkt als das bezeichnen, was er nach der Überzeugung derer ist, die ihn einnehmen: als das «gesunde Volksempfinden».

Der Träger des gesunden Volksempfindens hält sich deshalb für einen «Normalbürger», weil ihn seine Empfindungen normal oder gesund oder natürlich dünken. Und normal ist das, was schon immer so gewesen ist. Das gesunde Volksempfinden ist deshalb in seiner von keinen Zweifeln angekränkelten Feststellung dessen, was richtig und was falsch ist, strukturell konservativ. Richtig, weil schon seit jeher richtig, ist zum Beispiel Familiensinn. Und der fordert, so Heitmann, «die Mutterschaft wieder ins Zentrum der Gesellschaft zu rücken», statt zuzulassen, daß die Frauen in den «seit Jahrtausenden männlich bestimmten Strukturen» der Gesellschaft auf einmal einen anderen Platz einnehmen. Die Frau soll sich im Berufsleben nicht «verbiegen».

Richtig ist auch die Verbundenheit mit der Heimat («Wir waren keine DDR-Bürger, wir sind Dresdner») und die Liebe zum Vaterland. Was diese anbetrifft, so haben Heitmann zufolge die ehemaligen DDR-Bürger den Westdeutschen einiges voraus, denn sie haben sich immer als Deutsche gefühlt, während man «im Westen... insbesondere seit der 68er Zeit ein positives Verhältnis zur Nation in Frage gestellt» hat. Ein positives Verhältnis zur Nation erfordert, daß der einzelne sich in die Gemeinschaft des Staats einordnet. Der Staat selbst muß sich gegen die «Atomisierung» der Gesellschaft wenden. Aus diesem Grund gilt es zum Beispiel, die Debatten in der gemeinsamen Verfassungskommission von Bund und Ländern «schnell» zu beenden, in denen es um plebiszitäre Elemente in einer künftigen Verfassung, um die Gleichstellung der Frau und um für Heitmann viel zu umfassende Abwehrrechte des einzelnen gegenüber dem Staat geht. Die Tugenden des Sicheinfügens in die Disziplin der Gemeinschaft – Fleiß, Ordnung und Pünktlichkeit – sind für den Kandidaten keine «Sekundärtugenden».

Der rückwärtsgewandte Konservatismus des gesunden Volksempfindens entspringt der Angst. Der Zukunftsangst junger Männer ohne Aussicht auf beruflichen Aufstieg, die sich auf einmal mit Frauen und Ausländern, die noch nie Karrierechancen hatten, auf eine Stufe gestellt sehen; der Angst älterer Männer, die sich nutzlos und an den Rand gedrängt fühlen und die darum gerne damit renommieren, daß zu ihrer Zeit Gesellschaft und Nation noch in Ordnung, noch normal waren; der Angst von Eltern vor ihren Kindern, die ihnen den geforderten Respekt verweigern, weil sie nichts Respektables an ihnen mehr finden können; der schlichten Angst der Arbeitslosen und von Arbeitslosigkeit Bedrohten vor materieller Verelendung. Mit der Angst wächst das Ressentiment gegenüber Aufsteigern und Absahnern sowie denen, die nichts zu verlieren haben: gegenüber Politikern, Intellektuellen und Liberalen sowie Ökos und Linken, «Emanzen», Schwulen und Flüchtlingen.

Wer sich zum Sprachrohr dieser Ängste und Vorurteile macht und sie mit nationalkonservativen oder rechtsradikalen Parolen bestätigt, kann auf die Zustimmung zwar nicht des Normalbürgers im statistischen Sinn, aber doch von über zwanzig Prozent der Bevölkerung hoffen, wie Meinungsumfragen ergeben haben. Und dieser Bevölkerungsanteil tendiert dazu, in wirtschaftlichen Krisenzeiten zu wachsen.

Hier beginnt das taktische Kalkül eines Helmut Kohl. Einerseits vertritt Kohl die Interessen der deutschen Wirtschaft – sicher in der Überzeugung, daß von deren Wohlergehen auch das seines Wahlvolks abhängt. Die deutsche Wirtschaft ist eingebunden in die Weltwirtschaft, in internationale Kapital- und Warenströme, Informationsnetze und Kommunikationszusammenhänge. Gerade für die modernen Wirtschaftszweige bedeutet allein eine sich am Horizont abzeichnende Gefahr nationalistischer Exzesse bereits Punktverluste an der Börse. Auch erfordert die internationale Konkurrenzfähigkeit des «Standorts Deutschland» nicht nur billige Arbeitskräfte, sondern auch solche, die ideologisch und sozial flexibel und mobil sind; qualifizierte Arbeitnehmer sollen auch jenseits autoritärer Betriebshierarchien funktionieren, Englisch können und möglichst wenig familien- und ortsgebunden sein. Die Wirtschaft kann also für ihre besseren Posten keine Menschen brauchen, die sich ängstlich an längst ausgehöhlte Traditionalismen klammern wie die eines Hurrapatriotismus, einer autoritären Staatsgläubigkeit oder einer patriarchalischen Familienideologie. All dies ist dem Bundeskanzler gewiß bekannt.

Andererseits hängt Kohls Regierungsmehrheit von den alten und neuen Konservativen und Rechten, von den tatsächlichen und perspektivischen Opfern des wirtschaftlichen Modernisierungsprozesses ab. Deren Sachwalter sind im Funktionärskorps seiner eigenen Partei zahlreich vertreten, und die Konkurrenz schläft nicht: Immer häufiger gelingt es rechten Gruppen wie vor allem Schönhubers Republikanern, bei Wahlen vom rechten Rand der Unionsparteien dicke Brocken herauszubrechen. Also muß Kohl dem gesunden Volksempfinden, das heißt den Ängsten und Ressentiments der Deklassierten, denen er in der praktischen Politik kaum Rechnung tragen kann, wenigstens verbal und auf der Ebene politischer Symbolik entgegenkommen. Dies darf allerdings nur in einem Maße geschehen, daß das Vertrauen der Wirtschaft und der internationalen «Gemeinschaft» in die Politik der Bundesregierung nicht erschüttert wird.

Kohl hat diesen Spagat schon früher versucht, zum Beispiel bei seinem umstrittenen Auftritt 1985 in Bitburg, wo er unter den Gefallenen des dortigen Soldatenfriedhofs auch Angehörige der SS ehrte und gleichzeitig einen amerikanischen Präsidenten mitbrachte, der diesen riskanten Akt vor der internationalen Öffentlichkeit absichern sollte. Oder während der populistischen Kampagne gegen die «Asylantenschwemme» 1992, die der Generalsekretär seiner Partei, Volker Rühe, maßgeblich mit initiiert hatte: Kohl entschuldigte sich nach den Mordbrennereien, die die Kampagne mit sich gebracht hatte, gegenüber dem Ausland für diese deutschen Untaten. Oder schließlich, als er sich persönlich darum kümmerte, daß in der ehemaligen DDR-Gedenkstätte für die Opfer des Faschismus, Schinkels Neuer Wache unter den Linden in Berlin, hinfort aller «Opfer von Krieg und Gewaltherrschaft» gedacht wird – also nicht nur der Opfer der Nazis, sondern auch der im Krieg umgekommenen Täter.

In Steffen Heitmann hatte Kohl nun den Mann gefunden, dem er zutraute, als Bundespräsident – also als der für die verbale und symbolische Selbstdarstellung des Staates in erster Linie verantwortliche Politiker – die seit der Wiedervereinigung erstarkte nationalkonservative Strömung an seine, Kohls, Regierung zu binden und darüber hinaus das seine Hoffnungen auf die Segnungen des vereinten Vaterlands setzende Wahlvolk Ostdeutschlands in die politische «Landschaft» der Bundesrepublik zu integrieren. Der sächsische Minister, Kirchenmann und Jurist von Format muß ihm zugleich als seriöser und auch international vorzeigbarer Kandidat erschienen sein, als jemand, der einen neuen Konservatismus hoffähig machen könnte.

In dieser zweiten Hinsicht irrte sich Kohl. Entweder hatte er seinen Kandidaten insofern falsch eingeschätzt, als er ihm dasselbe taktische Verhältnis zu rechten Sprüchen unterstellte, wie es andere politische Freunde des Kanzlers – etwa Edmund Stoiber oder, subtiler noch, Wolfgang Schäuble – an den Tag legen, die wissen, wann und vor welchem Publikum sie sie äußern können und wann sie sie wieder (halbherzig natürlich) zurücknehmen müssen. Oder er war sich der immanenten Logik eines geschlossenen Weltbilds nicht bewußt, die das gesunde Volksempfinden entfaltet, wenn es sich konsequent und ehrlich artikuliert. Wenn der Kandidat von einer «unkontrollierbaren Asylantenschwemme» redete, so klang dies zwar nicht sehr präsidentiell. Doch handelte es sich auch wieder nicht um eine Ausdrucksweise, die ihn von anderen Politikern unterschied. Die Diskussion über die Gleichstellung der Frau für «Fensterreden und ideologiebefrachtete Debatten» zu erklären gefährdete dagegen bereits den Konsens in der Christenunion selbst; solche Formulierungen mußten Rita Süssmuth und ihre nicht zu vernachlässigende Anhängerinnenschaft aufbringen. Eine Bemerkung wie die, daß «die Anlage des Menschen heterosexuell ist und Homosexuelle immer in der Minderheit bleiben werden und somit auch die damit verbundenen Nachteile tragen müssen», war sogar schlicht grundgesetzwidrig. Gott sei Dank war sie schon 1984 in der DDR gefallen. Zu befürchten blieb allerdings, daß Heitmann auch zu dieser Aussage weiterhin «steht». Für Kohl selbst, den überzeugten Europäer, wurde es unangenehm, als Heitmann die Idee des «europäischen Bürgers» für «intellektuelle Spinnerei» erklärte und sich gegenüber der spanischen Zeitung *El País* beklagte, die Maastrichter Verträge – nicht zuletzt das Werk seines Mentors – seien «von oben verordnet». (Ende 1993 haute Edmund Stoiber in dieselbe

Kerbe und erklärte, daß er die traditionelle Europapolitik der Union seit den Tagen Konrad Adenauers, wie sie durch Kohl vertreten wird, für unangemessen halte in einer Zeit, da die Nation wieder in den Mittelpunkt politischen Denkens rücke.)

Wem Europa fern ist, dem liegt die Nation nahe, und wem das Vaterland am Herzen liegt, der wird die Schmach abwaschen wollen, die ihm in der Geschichte angetan wurde. Zumal wenn er sich eine mächtige Nation und einen starken Staat wünscht. Spätestens bei Heitmanns Ausführungen zu diesem Thema müssen bei Claudia Conrad, seiner «Aufpasserin», wie sie manche Medien hämisch nannten, die Alarmglocken geschrillt haben. (Frau Conrad, vormals Pressesprecherin des CDU-«Generals» Volker Rühe, war dem Kandidaten schon bald nach seiner Kür von der Partei zur Seite gestellt worden. Sie sollte verhindern, daß dieser auf dem glatten Parkett der internationalen Medienaufmerksamkeit allzuhäufig ausrutschte.) Es könne, so tat ihr Schützling kund, keine «Sonderrolle Deutschlands... bis ans Ende der Geschichte» geben, und die Nazizeit dürfe keine «Dauerhypothek» für die Deutschen sein. Vielmehr gelte es, die Geschehnisse von damals «einzuordnen». Was er damit meinte, erklärte er in einem Interview mit der *Süddeutschen Zeitung* – in einer Form übrigens, die möglicherweise darauf hinweist, daß er zu diesem Zeitpunkt sich entschlossen hatte, auch taktisches Raffinement zu beweisen. Er beginnt seine Argumentation schlitzohrig, die Judenvernichtung durch Nazideutschland sei «einmalig» gewesen. Aber: «Es gibt viele einmalige historische Vorgänge. Wiederholung gibt es in der Geschichte ohnehin nicht.» Das heißt im Klartext doch wohl: Die Judenvernichtung war zwar einmalig, aber in geschichtlicher Perspektive auch wieder nichts Besonderes. Wir Deutsche haben deshalb, so hatte der Kandidat an anderer Stelle verlautbart, keine Veranlassung, die Nazivergangenheit wie eine «Monstranz» vor uns herzutragen. Eine Veranlassung dazu sahen anscheinend auch die antisemitischen Neonazis nicht, die in derselben Zeit, als Heitmann seine Ansichten zur Judenvernichtung öffentlich kundtat, besonders fleißig jüdische Friedhöfe und Synagogen mit ihrem «Juda verrecke» und ähnlichen Parolen beschmierten.

In Heitmanns Aussagen zur Nazizeit offenbart sich die Entschlossenheit, die deutsche Geschichte so umzuschreiben, daß sich hinfort jeder «Deutsche» mit ihr in allen ihren Phasen bedenkenlos identifizieren kann – als sei dies der dringendste Wunsch aller Inhaber eines deutschen Passes. Dem Bedürfnis, den Deutschen mittels einer Revision der Geschichtsschreibung endlich wieder eine nationale «Identität» zu verpassen, hatten bereits lange vor Heitmanns Kandidatur einige Historiker wie der bis dahin durchaus angesehene Ernst Nolte Ausdruck verliehen. Die Folge war der sogenannte Historikerstreit (1985). In dessen Verlauf bekam die wissenschaftliche Seriosität dieser Neubewertung der jüngeren deutschen Geschichte zwar deutliche Risse, doch konnte so nicht verhindert werden, daß Beiträge, die die Naziverbrechen zu relativieren und damit zu verharmlosen suchten, zunehmend auch im als reputierlich geltenden Ullstein-Propyläen-Verlag oder im Feuilleton der «angesehenen» Tageszeitung *Die Welt* erscheinen konnten.

Wie dem «gesunden Volksempfinden» überhaupt, so eignet auch Heitmanns Einlassungen zum Thema Nation ein spezifisch paranoid-aggressiver Zug, der sich zwangsläufig und zwanghaft immer dann einstellt, wenn sich irgendwas oder irgendwer dem Wunsch eines national denkenden Menschen entgegenstellt, sich mit dem Volksganzen und dessen ganzer Geschichte eins zu fühlen. Den anständigen und normalen Deutschen, so das durchgängige Argumentationsschema, werden wegen einiger unglücklicher Umstände in ihrer nationalen Geschichte fortwährend Demutsgesten abverlangt – wie wenn sie schlechter wären als die Angehörigen anderer Völker. Und wenn man etwas dagegen, wenn man geradeheraus sagt, was das Volk wirklich denkt, so wird man von irgendwelchen volksfernen, dennoch auf mysteriöse Weise einflußreichen Intellektuellen gedeckelt. Heitmann: «Es gibt eine intellektuelle Debattenlage, die nicht unbedingt dem Empfinden der Mehrheit der Bürger entspricht, die man aber nicht ungestraft verlassen kann.» – Hier muß, so denkt sich der frustrierte «Normalbürger», eine Verschwörung am Werke sein gegen alles, was gesund und normal ist.

Daß es auch heute nur noch ein kleiner Schritt von diesem paranoiden Verschwörungsdenken zum Antisemitismus ist, offenbarte sich im Fall Heitmann, als Ignatz Bubis, der Repräsentant der jüdischen Gemeinde in Deutschland, warnte – ganz ohne Heitmann persönlich antisemitische Anschauungen zu unterstellen –, die Äußerungen des Kandidaten zur Nazivergangenheit könnten einen latenten Antisemitismus «wieder salonfähig machen». Darauf erklärte Klaus Burger, Vorsitzender der CDU/CSU-Mittelstandsvereinigung, Bubis mißbrauche mit seiner Heitmann-Kritik sein Amt und löse damit selbst möglicherweise eine Welle des Antisemitismus aus. Mit anderen Worten: Burger bedrohte denjenigen, der vor der Gefahr des Antisemitismus warnte, mit antisemitischen Ausschreitungen. Als der jüdische Weltkongreß gegen Heitmanns Kandidatur protestierte, machte der niedersächsische CDU-Bundestagsabgeordnete Klaus-Jürgen Hedrich noch einmal klar: «Ich möchte die jüdischen Repräsentanten warnen vor dem Hintergrund des Antisemitismus, den Holocaust gegen uns zu instrumentalisieren.» (Diese in der Christenunion offenbar verbreitete Haltung hinderte übrigens den CDU-Generalsekretär Hinze erfreulicherweise nicht daran, für Herrn Schönhuber von der «republikanischen» Konkurrenz strafrechtliche Konsequenzen zu fordern, als dieser mit derselben Logik wie der Burgers und Hedrichs nach der Brandschatzung der Lübecker Synagoge im März 1994 Bubis einen «Volksverhetzer» und den eigentlichen Schuldigen am grassierenden Antisemitismus genannt hatte.)

Die Gewaltandrohung durch die CDU-Rechten, die wohl nicht nur den «jüdischen Repräsentanten», sondern untergründig auch der (irgendwie mit diesen im Bunde stehenden) liberalen Öffentlichkeit galt, verfing nicht mehr. Heitmann und seine Anhänger hatten sich «um Kopf und Kragen» geredet, befand der *Spiegel*. Die öffentliche Meinung begann sich gegen das gesunde Volksempfinden zur Wehr zu setzen.

Nicht nur die SPD, die schon lange vorher ihren Johannes Rau auf den Schild gehoben hatte und deren Vorsitzender Rudolf Scharping Heitmann als «intellektuell bescheiden, politisch ausgelaugt, rechtskonservativ» bezeichnete, empfand Kohls Kandidaten als Zumutung. Auch die FDP verweigerte sich der Koalitionstreue und stellte – nachdem ihr Wunschkandidat Genscher abgewinkt hatte – mit Hildegard Hamm-Brücher eine eigene Kandidatin auf. Und, schlimmer noch, in der CDU selbst, deren Präsidium und Vorstand Kohl zu einhelligen Voten für seinen Mann hatte drängen können, regte sich – wenn auch in Sklavensprache – Widerstand: Der niedersächsische Bundestagsabgeordnete und Weizsäcker-Vertraute Friedbert Pflüger listete in der *Zeit* geschickt die Widersprüche zwischen den Sprüchen Heitmanns und der offiziellen Kohl-Linie der Partei auf. Heiner Geißler warnte vor dem schlechten Eindruck, den es im Ausland machen würde, wenn rechtsextreme Mitglieder der Bundesversammlung Heitmann ihre Stimme gäben. Rita Süssmuth riskierte einen Rüffel Kohls und wüste Ausfälle der Parteirechten, als sie dem Kandidaten vor der Bundestagsfraktion kritische Fragen stellte. Und Exminister Günther Krause, Sprecher der Ost-MdBs, befand, Heitmann sei nicht «über die Parteigrenzen hinaus akzeptiert».

Es nutzte nun auch nichts mehr, wenn Kohl dem Bundestag Heitmann als einen Mann der rechten Mitte zu präsentieren versuchte («Was eigentlich in Wahrheit die ganze Linke in Deutschland an Steffen Heitmann stört, ist, daß er ein Wertkonservativer ist.») oder wenn der Berliner Regierende Diepgen behauptete, es seien die Heitmann-Kritiker, die «diese Republik» ablehnen. Denn in der öffentlichen Auseinandersetzung war längst für beide Seiten klar, daß es die Meinungsmache für Heitmann war, die die Republik verändern sollte. Im Dezember 1993, nach Heitmanns Rücktritt von der Kandidatur, resümiert F. K. Fromme in der *Frankfurter Allgemeinen Zeitung*, die neben der *Welt* die Speerspitze der Pro-Heitmann-Kampagne gewesen war und die Medienauseinandersetzung um den Kandidaten als «Kulturkampf» definierte, bei Heitmann habe es sich um das «Phänomen des Außenseiters» gehandelt, «der in eine festgefügte Ordnung des Denkens und Wertens einzubrechen versuchte». – Also um das gesunde Volksempfinden, das sich gegenüber den «Rufmördern und Schreibtischtätern» – so nennt der sächsische Umweltminister Arnold Vaatz beim Rücktritt seines Freundes Heitmann die öffentlichen Anwälte der bisher noch gültigen Ordnung der Republik – dieses Mal wieder nicht durchsetzen konnte.

In der Tat hatten sich die mehr oder weniger liberalen Medien der Republik, voran die «Hamburger Meinungsmacher» von *Zeit*, *Spiegel* und *Stern*, auch die *Süddeutsche Zeitung*, die Berliner *Tageszeitung* und die *Frankfurter Rundschau* zu einer Gegenkampagne (für die sich übrigens der SPD-Fraktionsvorsitzende Klose vor dem Bundestag zu entschuldigen bemüßigt fühlte) gegen die Heitmann-Propaganda des deutschnationalen Lagers aufgerafft. Die war schließlich, gerade indem sie die inneren Widersprüche in der Christenunion öffentlich machte, von Erfolg gekrönt.

Am 25. 11. 1993 legt Heitmann – inzwischen vermutlich auch zur Erleichterung Helmut Kohls – seine Kandidatur nieder. Noch aus seiner Rücktrittserklärung spricht pathetisch das stets beleidigte gesunde Volksempfinden, das Empfinden eines Mannes, der die vermeintliche Mehrheit des Volkes zu repräsentieren angetreten war und nun durch öffentliche Stellungnahmen zu Fall gebracht worden ist, die er nur als «Diffamierung» begreifen kann. «Ganz besonders danke ich aber den unzähligen Bürgerinnen und Bürgern, die mir Zuspruch, Ermutigung und Zustimmung in Wort und Schrift und durch Gesten zukommen ließen. Das wird mich auf meinem weiteren Weg begleiten und wiegt vieles an Belastung, Diffamierung und Enttäuschung auf. Möge aus meinem Rücktritt Gutes für unser Vaterland erwachsen.»

Den letzten Satz werden nicht nur Heitmanns Anhänger unterschreiben können.

- Rechtsradikale Gewalttäter, die Menschen auf der Straße erschlagen oder in ihren Häusern verbrennen, handeln in dem Bewußtsein, «aufzuräumen» und «Ordnung zu schaffen». Sie fühlen sich als Soldaten eines künftigen starken Staats, der ihre Vorstellung von Ordnung überall durchsetzen wird.
  Wenn Politiker, um sich als Repräsentanten eines starken Staats zu empfehlen, gegen «Asylantenflut» und «Überfremdung» verbal zu Felde ziehen und wenn die Presse noch eins draufsetzt, so ist das für rechte Dumpfköpfe das Signal, die Aufforderung «von oben», nun endlich loszuschlagen. Denn sie können sich nicht vorstellen, daß die Einflußreichen im Land nur so daherreden, wenn sie fremdenfeindliche Parolen verbreiten. ■

Esther Schapira

Wer half mit, Zeinab anzuzünden?

Politik, Medien und Ausländerfeindlichkeit

Im September 1991 hatte ein Mann eine Bitte und schickte sie durchs Land an alle Kreisverbände seiner Partei, die sich rühmt, eine christliche zu sein. Eine Partei also, der die Nächstenliebe zwar nicht Programm, aber Herzenssache ist. «Ich bitte Sie», schrieb er, «die Asylpolitik zum Thema zu machen und die SPD herauszufordern.» Der Mann heißt Volker Rühe und war damals Generalsekretär der CDU. Der Einfachheit halber waren Musterformulare zum Entwurf einer Resolution zur Asylpolitik gleich beigelegt. Ziel: die Änderung des Grundgesetzes. Lediglich der Name der jeweiligen Stadt mußte noch eingetragen werden. Hünxe beispielsweise.

Wenige Tage nach Erhalt dieses Briefes wollte auch der CDU-Kreisverband der kleinen Gemeinde am Niederrhein zeigen, daß sich der Generalsekretär auf sie verlassen könne im Kampf gegen den «Asylmißbrauch». Freilich, da war Hünxe noch das stolze Golddorf, einstiger Gewinner des Wettbewerbs «Unser Dorf soll schöner werden». Keiner hat damals wissen können, daß drei junge Männer aus dem

Dorf anläßlich des ersten Jahrestages der deutschen Einheit auf ihre Weise der Bitte des Generalsekretärs nachkommen würden.

Brandsätze folgten den Brand-Sätzen. In der Nacht des 3. Oktober 1991 explodierten sie, ein siebenjähriges Mädchen kämpfte ums Überleben, als die Flammen ihren kleinen Körper verbrannten, Hitze und Rauch ihre Lunge vergifteten. Zeinab und ihre jüngere Schwester Mokadas hatten geschlafen, als die drei Täter Benzinbomben durch ihr Schlafzimmerfenster warfen, um sich gegen die «Asylantenflut» zu wehren.

Nach Hünxe waren bisher drei Familien «geströmt», darunter Familie Saado. Fünf Jahre zuvor waren sie vor dem Bürgerkrieg in ihrer Heimat Libanon geflüchtet. Nach Deutschland in eine unsichere Zukunft zwar, aber zumindest in ein Leben ohne Angst vor Bomben. In Hünxe gingen die Kinder zur Schule, längst sprachen sie besser deutsch als arabisch. Der Asylantrag der Familie hatte allerdings wenig Aussicht auf Erfolg. Nicht individuelle politische Verfolgung hatte sie zur Flucht gezwungen, sondern Bomben und Maschinengewehrsalven, die alltäglichen Greuel des Bürgerkrieges. Nach der Genfer Konvention durften sie in Deutschland bleiben: gesetzlich geduldet, politisch bekämpft. Wer half mit, Zeinab anzuzünden?

Familie Saado gehörte genau der Gruppe an, der der CDU-Spitzenmann Alfred Dregger im selben Jahr hessenweit auf Wahlplakaten den Kampf ansagte: «200000 Asylbewerber kommen jährlich», hieß es da in fetten Schlagzeilen. «Nur ca. 10 Prozent davon sind asylberechtigt / Trotzdem bleiben fast alle hier / So geht es nicht weiter». Auch die Tageszeitung *Die Welt* bedauerte im Juni die Verpflichtung, sich an internationales Recht halten zu müssen. «Jeder fünfte Ausländer konnte weiterhin aus sogenannten humanitären Gründen nicht abgeschoben werden», hieß es unter der Überschrift «Es bleibt dabei. Asylschwindler werden nicht abgeschoben.» Mit den «sogenannten humanitären Gründen» waren immerhin die Bestimmungen der Genfer Konvention gemeint, die Deutschland unterzeichnet hatte und die nun im Zuge der Asyldiskussion als lästiges Hindernis empfunden wurden. Aus Bürgerkriegsflüchtlingen waren «Asylschwindler» geworden – und das nicht nur in der *Welt*. Dabei hatte der sprachliche Propagandafeldzug noch längst nicht seinen Höhepunkt erreicht. In den folgenden Monaten wurden aus «Asylschwindlern» «Asylbetrüger», Kriminelle also, gegen die endlich mit Gesetzen, Polizei, der geballten Macht des Staatsapparates vorzugehen sei. Doch der mußte sich einstweilen darauf beschränken, nichts zu tun, um die vogelfreien Flüchtlinge vor dem entfachten Volkszorn zu schützen.

Noch gab es den Artikel 16, noch hielt sich die Bundesrepublik an in der Verfassung verankerte Konsequenzen aus dem Nationalsozialismus, noch bot Deutschland verfassungsgemäß Zuflucht vor politischer Verfolgung – in den Herkunftsländern, nicht aber vor der in Deutschland. Im September 91 flehte die *Bild*-Zeitung 19 Zentimeter groß fettgedruckt auf der Titelseite: «Asyl: Bonn, tu was!» Zugleich teilte Deutschlands meistverkauftes Blatt seinen Lesern mit, daß nichts geschehe, die Katastrophe ihren Lauf nehme und die Politiker die Verantwortung für die daraus erwachsende Selbstjustiz des Volkes zu übernehmen hätten. «Asylantenland Deutschland – inzwischen strömen jeden Tag 800 neue Asylanten ins Land. Da beklagen unsere Politiker lauthals den wachsenden Ausländerhaß – dabei sind sie es, die ihn durch Nichtstun noch schüren. ... Heute ist der 269. Tag des Jahres. Heute kommen wieder 1500 Asylbewerber und Aussiedler nach Deutschland. Wie jeden Tag. Die Wut steigt. Die Angst auch. Die Politik versagt.»

Sieben Tage später brannte Zeinab.

Angst mußten längst die hier lebenden Ausländer haben, die öffentlich für die sich nun häufenden Überfälle verantwortlich gemacht wurden: Die Opfer waren selbst schuld. Erstmals zeigte sich die Perfidie der Verkehrung von Opfer und Täter nach Hoyerswerda. Tagelang hatten Mitte September 1991 rechtsradikale «Jugendliche» (die meisten waren immerhin schon volljährig) die Unterkunft für Asylbewerber im sächsischen Hoyerswerda angegriffen, angefeuert durch die jubelnde Bevölkerung. Am Ende war der Ort «ausländerfrei» und Hoyerswerda zum Erfolgssymbol der Rechten geworden mit gefährlicher und folgenschwerer Signalwirkung. Doch nicht um die bedrohten Flüchtlinge und die Demokratie in Deutschland sorgten sich die Politiker, sondern um die Befindlichkeit des rechten Mobs. Die «Übergriffe», wie CDU-Generalsekretär Volker Rühe Pogrom verharmlosend nannte, dienten zur weiteren Verschärfung der Polemik gegen die Opfer und ermutigten die Täter. «Die Übergriffe» zeigten, so Rühe, daß «die Bevölkerung durch den massenhaften Mißbrauch des Asylrechts überfordert» sei. Zugleich sorgte er sich ernsthaft – um das deutsche Image: «Wenn Bilder wie die aus Hoyerswerda um die Welt» gingen, richte «dies großen Schaden am Ansehen Deutschlands an».

Das Beispiel machte Schule. Hoyerswerda war nur der Anfang. Fortan diente jeder neue Überfall, jeder Brandanschlag, jeder Mord als Beleg für die These von der überforderten Bevölkerung und der dringend gebotenen Grundgesetzänderung zur Abwehr der Flüchtlinge.

Im August 1992 – ein knappes Jahr, elf Tote und hundert Anschläge später – wird der damalige Innenminister Rudolf Seiters, CDU, fast wörtlich die Rühesche Formel wiederholen. Anlaß diesmal: das bis dahin größte Pogrom im neuen Deutschland, in Rostock-Lichtenhagen. «Meine Damen und Herren», eröffnet er eine Pressekonferenz in Rostock, «dies ist ja sicherlich nach übereinstimmender Einschätzung ein Vorgang, der das deutsche Ansehen in der Welt schädigt. Und der auch geeignet ist, das Bild vom ausländerfreundlichen Deutschland zu trüben und zu beschädigen, das wir ja auf jeden Fall erhalten wollen.» Einmal mehr gilt die Sorge also dem deutschen Image, nicht den Opfern. Für sie findet der Innenminister weder Zeit noch Worte. Statt dessen wird er die Forderung der Täter wiederholen, jene Formel, die der Generalsekretär seiner Partei ein Jahr zuvor ausgegeben hatte: «Wir müssen handeln gegen den Mißbrauch des Asylrechts, der dazu geführt hat, daß wir einen unkontrollierten Zustrom in unser Land bekommen haben.»

Die Botschaft kam an. Von Regensburg bis Rostock, von Hünxe bis Leipzig erklärten Neonazis und «anständige» Bürger ab 1991 unisono vor laufenden Kameras, was sie verstanden hatten: Die Opfer sind selbst schuld. «Die haben angefangen, schon dadurch, daß sie hergekommen sind. Ohne Ausländer gibt es auch keine Ausländerfeindlichkeit.» Bar jeglichen Selbstzweifels, überzeugt, auszusprechen, was die breite Mehrheit denkt, gab ein 17jähriger in Leipzig-Grünau diese Sätze von sich. Erklärung für seine Beteiligung am Überfall auf das Asylbewerberwohnheim eine Woche zuvor.

Die «Asylpolitik» war «zum Thema» geworden, die SPD, wie vom Generalsekretär der CDU gewünscht, herausgefordert. Und sie hielt der Herausforderung nicht stand. Aufgeschreckt, von Anfang an in der Defensive seit Rühes Diffamierung («Jeder weitere Asylbewerber, der nicht politisch verfolgt ist, sondern aus rein wirtschaftlichen Gründen nach Deutschland kommt, den haben wir der SPD zu verdanken. Das ist ein SPD-Asylant.») hielten die führenden Genossen, anfänglich noch ängstlich, trotzig an den eigenen Positionen fest («Die SPD-Führung hat sich nach einer Abstimmung mit ihren Parlamentsfraktionen in Bund und Ländern jetzt eindeutig gegen jedwede Verfassungsänderung beim Asylrecht festgelegt.» Björn Engholm, damals SPD-Vorsitzender, am 23.9.91, sechs Tage nach Hoyerswerda).

Doch von Mordanschlag zu Mordanschlag wurde das Eis dünner. Ängstlich schielten die Sozialdemokraten auf Wählerstimmen und vollzogen die Wende. Selbst ehedem entschiedene Verteidiger des Artikels 16 wie der niedersächsische Ministerpräsident Gerhard Schröder mochten bei soviel Volksmeinung nicht mehr hintanstehen: «Zu glauben, ich selbst oder andere könnten Volksstimmungen total ignorieren und total gegen sie Politik machen, das wäre auch falsch» (September 1991, wenige Tage nach Rostock). Schließlich, so Schröder, sei er in einer Volkspartei. Nicht einmal mehr für symbolische Gesten reichte da noch der politische Wille. Gefragt, warum er denn nicht wenigstens die Opfer der Pogrome von Rostock besucht habe, antwortete Schröder: «Ich war nicht da, das ist richtig, das hat aber wenig (sic!) zu tun mit dem Unwillen, da hinzufahren, sondern wirklich auch zu tun mit den Anspannungen in dem Beruf, den ich gerade mache. Aber ich könnte mir sehr gut vorstellen, daß ich beim nächstenmal da bin.» Der ungenutzten Möglichkeiten sollte es noch viele geben.

Es überraschte allenfalls noch das Timing der SPD-Wende: Die Petersberger Beschlüsse mit dem Ja zur Grundgesetzänderung fielen just am Wochenende der Attacken von Rostock. Angebahnt hatten sie sich schon länger. Zu ihrer Genese trug Klaus Wedemeier bei, Bremens Regierender Bürgermeister, der bereits im Juli 1991 die Tore für polnische und rumänische Flüchtlinge schloß. Friedel Läpple, Innenminister des Saarlandes, der bereits im Februar kräftig Sozialneid schürte: «Unterschätzen Sie die Wirkung der Sozialhilfe nicht. Wenn eine Familie zu uns kommt – Vater, Ehefrau, zwei Kinder zwischen 9 und 14 Jahren –, erhält sie rund 1400 Mark Sozialhilfe. Gemessen an der Armut zu Hause, ist das ein Betrag, der uns interessant macht», also Sammellager sowie die Streichung der Sozialhilfe forderte. Ebenso sein Parteigenosse Hermann Heinemann, Sozialminister in Nordrhein-Westfalen, der vorschlug, die finanzielle Hilfe «auf das Existenzminimum» zu beschränken, passend zur *Bild*-Serie «Asylanten in Frankfurt. Wer soll das bezahlen?», in der es am 24.9.91 vielversprechend hieß: «Morgen lesen Sie: Wo Asylbewerber in einem Traumhaus wohnen.» Zur Vorgeschichte gehören auch Sätze wie diese: «Viele Asylanten kommen aus Kultur- und Zivilisationskreisen, die uns völlig fremd sind. Die haben auch ein anderes Verhältnis zum Eigentum, als es die meisten der deutschen Eltern ihren Kindern beibringen» (Horst Niggemeier, SPD-MdB und Bürgermeister von Datteln, NRW). «Große Flüchtlingsströme aus dem Osten können der europäischen Kultur ein Ende setzen. Sie können für Europa gefährlicher werden als die Rote Armee in der Zeit des kalten Krieges» (Steffen Reiche, Vorsitzender der SPD Brandenburg). Und es gehört dazu der Vorschlag des Ministerpräsidenten von Brandenburg, Manfred Stolpe, manche «Asylbewerbergruppen nicht mehr in ostdeutschen Kommunen unterzubringen», z. B. «die Zigeuner».

Auch ohne Rühes Vorstoß war die Asylpolitik längst ein Thema für die SPD, zumal in Wahlkampfzeiten bei drohendem Stimmverlust wie in Bremen. Und doch markiert der Rundbrief des Generalsekretärs eine neue Qualität der Kampagne. Gezielt wurde ein «äußerer Feind» eingesetzt, um Frustration und Wut der Bevölkerung über die enttäuschten Hoffnungen der deutschen Vereinigung umzulenken. Nicht die vollmundigen Versprechungen des Kanzlers, nicht die überzogenen Erwartungen blühender Landschaften und unbegrenzten Konsums im Osten und zumindest Fortdauer des Lebensstandards im Westen, nein, die Ausländer waren schuld. Nur ohne sie, so wurde suggeriert, reiche es für die Deutschen. Für nunmehr 80 Millionen Bundesbürger gebe es genügend Wohnungen und Geld, nicht aber für tausende Fremder. Dabei wurde die weltweite Flüchtlingsbewegung, die nur in ihren Rändern Deutschland erfaßte, zur Naturkatastrophe hochstilisiert. Flut, Strömung, Strom, brechende Dämme und volle Boote – über Monate wurde der Ausnahmezustand herbeigeschrieben und -geredet. Und schon wartete die *Bild*-Zeitung mit der entsprechenden Serie auf: «Die Asylanten / Report über ein deutsches Problem». «...und es nimmt kein Ende: Asylanten, Asylanten, Asylanten. Weit über 500 jeden Tag, die nach Deutschland kommen. Mit dem Flugzeug. Mit dem Schiff. Mit der Bahn. In Autos, Bussen, Lastwagen. Zu Fuß über die grüne Grenze. Die Schlange reicht bis hinter den Horizont... Die Asylantenflut verteilt sich über die Länder auf die Städte und Kreise» (9.8.91).

«Vergleiche mit einem Heuschreckenschwarm, der überall, wo er durchzieht, eine Wüste hinterläßt, sind keinesfalls übertrieben. Die Lösung kann daher nur lauten: konsequente Abschirmung Europas vor der Zuwanderung aus den Entwicklungsländern.» Manfred Ritter, der Urheber dieser bemerkenswerten Sätze, ist nicht nur Mitglied der Christlich-Sozialen Union, sondern überdies Jurist, Landesanwalt am Verwaltungsgericht Ansbach. Ein Umstand, der durchaus als Indiz dafür gelten darf, warum deutsche Gerichte Monate, ja teilweise Jahre brauchen, um Brandanschläge endlich als das anzusehen, was sie sind: geplante Mordversuche. Bezeichnend auch die Entwertung des Fremden, seine Entmenschlichung, die sich einmal mehr in der Gleichsetzung mit Ungeziefer offenbart. Vielleicht noch erschreckender als die Aussage des Provinzjuristen Ritter ist aber die fehlende öffentliche Aufregung über Menschenverachtung und Herrenmenschengebaren. Daß es sich bei derlei Ethnorassismus keineswegs um unbedachte Stammtischäußerungen nach der dritten Maß Bier handelte, zeigt ein Blick in die Schriften des Tierverhaltensforschers und CSU-Hausphilosophen Professor Irenäus Eibl-Eibesfeldt, der nimmermüde vor den Gefahren der außereuropäischen Einwanderung warnte: «Keiner ist berechtigt, die Fortpflanzungschancen der Kinder und Enkel seiner eigenen Gruppe einzuschränken und durch Indoktrination gewissermaßen Ethnosuizid zu propagieren, schon gar nicht Politiker, die sich ja per Eid verpflichteten, die Interessen des eigenen Volkes zu vertreten» (1991). Entsprechend werden die deutschstämmigen Aussiedler von der Propaganda ausgenommen, auch wenn ihr Anteil an der Einwanderung deutlich höher ist als der der Asylbewerber.

Solche Gedanken werden derweil nicht nur auf den Straßen von Hoyerswerda, Rudolstadt, Rostock und Fulda längst auf die kurze, aber sinngleiche Formel ‹Ausländer raus!› gebracht.

Dabei vollzieht sich die Ausgrenzung in Etappen. Sind es anfänglich noch «Asylbewerber, die nicht politisch verfolgt sind», «Wirtschaftsflüchtlinge» und «Scheinasylanten», so sind schon bald alle «Ausländer» gemeint. Von Anfang an war es nur eine Frage der Zeit, bis die Unterscheidung zwischen guten, weil fleißigen Gastarbeitern und bösen, weil faulen Asylanten hinfällig würde. Schon 1991 hatte Alfred Dregger im Bundestag erklärt: «Ausländer sind Gäste, nicht Bürger, und von daher auch nicht Mitbürger.» Solche Sätze entzogen den hier lebenden Ausländern atmosphärisch jede Integrationsgrundlage und den Anspruch auf Bürgerrechte, machten sie quasi vogelfrei. Ein Ausländer, zumal wenn nicht weißer Hautfarbe, konnte vom deutschen Herrenmenschen bestenfalls gnädig geduldet werden, einen Rechtsanspruch auf Menschenwürde aber verwehrte ihm das «gesunde Volksempfinden».

Jahrzehnte mühsam erlernter Toleranz und multikultureller Prägung im Westen wurden in kürzester Zeit preisgegeben und machten stets abrufbereiten Ressentiments Platz.

In dieser ohnehin schon bedrohlichen, zuweilen tödlichen Stimmung schürten Politiker Angst, Haß und das Gefühl der Bedrohung. Dazu scheuten sie sich nicht einmal, haltlose Beschuldigungen in Hetzparolen zu verkünden. «Was soll ich den Leuten sagen, wenn in der Nähe eines Asylantenheims ein junges Mädchen vergewaltigt wird?» (Edmund Stoiber, bayerischer Innenminister 1991). Heuchlerisch ereiferten sich Politiker der etablierten Parteien zeitgleich über die (fast wortgleichen) Wahlkampfparolen der rechtsextremen Republikaner. Die Empörung galt wohl mehr den Wahlerfolgen als den Parolen. Und dennoch ging die Rechnung zunächst für die CDU auf. Nach den Kommunalwahlen in Niedersachsen 1991 stellte der CDU-Landesvorsitzende Josef Stock befriedigt fest: «Das Thema Asyl hat uns gutgetan.»

Volker Rühe hatte also recht behalten. Vorerst. Zunehmend aber wurde klar, daß die aus wahltaktischem Kalkül herbeigerufenen Geister außer Kontrolle gerieten. Eine Entwicklung, die jeder aufmerksame Beobachter, auch der Generalsekretär der CDU, hätte ahnen müssen. Als sich die Freiheitsparole «Wir sind das Volk» der Montagdemonstranten in Leipzig dank Bonner Nachhilfe in den nationalen Schlachtruf «Wir sind ein Volk» verwandelte, ertönte lautstark das Deutschlandlied – in allen Strophen. Da trauten sich schwarze Deutsche und afrikanische Studenten in Leipzig, zumal montags, nach Einbruch der Dunkelheit kaum noch auf die Straße, und im Monat der deutschen Vereinigung, im Oktober 1990, griffen Deutsche über Wochen hinweg die Wohnheime vietnamesischer Arbeiter in Schwedt an. Unmittelbar nach dem nationalen Jubelrausch, im November 1990, schlugen Rechtsradikale den Angolaner Amadeo Antonio in Eberswalde so brutal zusammen, daß er elf Tage später starb. Und im selben Monat wurde in Hachenburg im Westerwald ein 18jähriger Kurde von einem Skinhead erstochen. Anzeichen des Kommenden, die in einer Demokratie zu einem Aufschrecken hätten führen müssen. Das Gegenteil geschah. Große Teile der Politik und der Medien (die liberale Presse mit dabei, auch das größte deutsche Nachrichtenmagazin) bliesen den «Asylantenmarsch», Skinheads tanzten dazu. Die Wehrhaftigkeit der Demokratie in Deutschland zeigte sich einmal mehr überfordert. Nahtlos reiht sich der Anpfiff Volker Rühes ein in die historische Haltung seines Parteivorsitzenden und Kanzlers Helmut Kohl, der sich über SS-Gräber auf dem Friedhof Bitburg hinweg um die Entnazifizierung der deutschen Wehrmacht bemüht hatte und der nach dem heimtückischen Mord an fünf Türkinnen in Solingen im Mai 1993 das unsägliche Wort vom «Beileidstourismus» prägte, um zu begründen, warum er den Weg zu einem anderen Friedhof nicht gehen wird.

■ Die Zeitungen machten sich schon gar nicht mehr die Mühe, über den täglichen Brandanschlag auf eine Asylbewerberunterkunft oder ein von Ausländern bewohntes Haus zu berichten, geschweige denn alle Fälle aufzuzählen, in denen Nichtdeutsche – zuweilen mit tödlichen Folgen – zusammengeschlagen, «aufgeklatscht» wurden. Da flimmerte drei Abende lang, vom 22. bis zum 24. August 1992, ein Pogrom über die Bildschirme der Welt, wie es Nachkriegsdeutschland noch nicht erlebt hatte.

Hunderte von Jugendlichen waren an den Ausschreitungen im mecklenburgischen Rostock-Lichtenhagen aktiv beteiligt, weitere Hunderte von braven Bürgern schauten neugierig, oft auch beifallklatschend zu. Ebenfalls meist passiv beteiligt waren einige Hundertschaften Polizei – passiv auch dann noch, als der Mob die «Zentrale Aufnahmestelle für Asylbewerber» brandschatzte und über hundert Menschen für Stunden in Lebensgefahr schwebten.

Die offizielle Empörung über die Rostocker «Vorfälle» war groß, aber Verantwortliche für das unglaubliche Versagen des Rechtsstaats zu finden erwies sich als schier unmöglich.

Am Himmelfahrtstag des Jahres 1994, dem 12. Mai, zeigte sich in Magdeburg, daß die Staatsmacht aus ihrem Versagen in Rostock nichts gelernt hatte: Den ganzen Tag über konnten Banden von angetrunkenen Rechtsradikalen unter den Augen einer untätigen Polizei Jagd auf Ausländer machen, kreuz und quer durch die Innenstadt. Und die wenigen in der Nacht festgenommenen Gewalttäter ließen die Behörden umgehend wieder laufen. ■

Bascha Mika

Rostock-Lichtenhagen, rechtsstaatsfreie Zone

Eine Chronik

Samstag, 22. August 1992, Rostock-Lichtenhagen. Die Stimme des Volkes. Es fordert sein Recht. «Deutschland den Deutschen!» «Ausländer raus!» Und wieder: «Deutschland den Deutschen!» «Ausländer raus!» Mehr als tausend Lichtenhäger haben sich vor der ZASt, der Zentralen Aufnahmestelle für Asylbewerber, versammelt. 300 Flüchtlinge sind hier untergebracht. Die sollen raus. Weg aus der Plattenbauidylle am Rande der Hansestadt. Lange genug hat sich das Volk zurückgehalten. Jetzt will es Blut und Spiele. Seine Gladiatoren sind 200 Jugendliche. Sie greifen das Heim mit Molotowcocktails, Feuerwerkskörpern und Steinen an. «Weiter so!» feuert die schaulustige Meute die Randalierer an.

Die Flüchtlinge haben sich im Haus verbarrikadiert. Bis in den vierten Stock reichen die Geschosse der Steinewerfer. Fensterscheiben splittern. Die Asylbewerber werfen Möbel aus den Fenstern. Die sollen die Angreifer abschrecken. Später werden die Lichtenhäger behaupten: «Die im Haus haben angefangen mit der Randale.»

Lange hat die Wut der Anwohner auf kleiner Flamme gekocht, jetzt explodiert sie. Das Recht, das ihnen der Staat angeblich verweigert, nehmen die Lichtenhäger sich selbst heraus. Besser noch: Sie schicken ihre Kinder. Die Jungmänner spielen Räumkommando, die Erwachsenen schauen zu und klatschen Beifall.

Hat man nicht lange genug versucht, mit den Verantwortlichen bei der Stadt zu verhandeln? Hat man nicht immer wieder gesagt, daß in Lichtenhagen mit seinen 20000 Bewohnern kein Platz ist für 300 Ausländer? Daß das Pack in die Büsche kackt, daß keine Frau rund um die ZASt mehr sicher ist, daß den ganzen Tag Musik dudelt und die Zigeuner nachts auf dem Rasen vor dem Heim pennen, als hätten sie kein Bett?

Manche Asylbewerber in Lichtenhagen hatten tatsächlich zeitweise kein Bett. Die ganzen Sommermonate über war die Aufnahmestelle überbelegt. Der Rostocker Innensenator Peter Magdanz (SPD) bedauerte angeblich diesen Zustand und versprach, das Heim zum 1. September räumen zu lassen. Sonst tat er nichts. Hoffte er auf eine Eskalation? Sie ließ nicht lang auf sich warten. Erst haben die Lichtenhäger eine Protestaktion veranstaltet, dann zogen sie auf die Wiese vor dem Hochhauskarree. Statt den Abend vor der Glotze zu verbringen, guckten sie sich dort die Live-Show an. Da wird einem noch was geboten! Ängstliche Gesichter an den Fenstern, angreifende Krieger, zurückweichende Staatsmacht. Die Polizisten versuchen, das Heim zu schützen, und wehren sich mit Wasserwerfern und Tränengas. So gut es geht. Doch sie sind viel zu wenige, können gar nichts ausrichten.

In Lichtenhagen leben Professoren, Werftarbeiter, Lehrer und Ingenieure. Viele ehemalige Funktionäre. Zu DDR-Zeiten waren die Neubauten durchaus geschätzt. Die Arbeitslosigkeit ist hier nicht höher als anderswo in Ostdeutschland auch. Die Hälfte der Bewohner der Trabantenstadt sind Jugendliche. Für sie ist Lichtenhagen der langweiligste Stadtteil Rostocks. Nichts gibt es, wo sie hingehen könnten. «Jetzt machen wir selber das Programm», sagt einer.

Der Plan für den Angriff war lange bekannt. Öffentlich angekündigt in der regionalen *Ostseezeitung*. Dort konnte man am Mittwoch vor der Randale nachlesen, daß Rechte Lichtenhagen «ausländerfrei prügeln» wollten. Telefonisch hatten sie dem Blatt für das Wochenende eine «heiße Nacht» angekündigt, in der man «Ordnung schaffen» wollte. Das Innenministerium schickte daraufhin 20 Beamte nach Lichtenhagen – sicherheitshalber. Die stehen auf einmal 200 Randalierern gegenüber und einem tausendköpfigen Mob, der sie unterstützt. Bis 100 Mann Polizeiverstärkung anrückten, vergehen Stunden. Doch auch dann geht der Krawall munter weiter – bis zum frühen Morgen.

Sonntag, 23. August, Rostock-Lichtenhagen. Fortsetzung. Kaum hat sich der Lichtenhäger vom Kaffeetisch erhoben, begibt er sich auf den Platz vor der ZASt. Dort wird erst mal einer gezischt. Das Bier fließt, Volksfeststimmung. Die Jungmänner haben sich mit Steinen von den nahe gelegenen S-Bahn-Gleisen versorgt. Sie formieren sich. Rund 500 sind es, die Ausländer und Bullen aufmischen wollen. 400 Polizisten stehen ihnen gegenüber. Die Schlachtenbummler am Rand sind kaum noch zu zählen. An die 2500 Leute, schätzt die Polizei.

Am frühen Abend fliegen die ersten Granitbrocken. Die Angreifer kommen von überall. Es werden immer mehr. Die Jungmänner von Lichtenhagen haben rechte Verstärkung aus ganz Norddeutschland bekommen. Aus Lübeck, Hamburg und Niedersachsen. Das Landeskriminalamt vermutet eine überregional abgestimmte Aktion der Rechtsradikalen. «Dieses Nazigesindel», flucht ein Polizist. «Das sind keine Nazis», schreit ihn ein Anwohner an, «das sind unsere Kinder. Sind ganz normale Deutsche, die das mit den Ausländern nicht mehr aushalten.»

Die Polizisten, die die Flüchtlinge schützen sollen, haben keine Chance. Wieder sind sie zu wenige und schlecht ausgerüstet. Hinzu kommt, daß das Gelände extrem unübersichtlich ist. Bis fünf Uhr morgens spielen die Angreifer Katz und Maus mit der Polizei. Schließlich werden 150 von ihnen festgenommen.

Montag, 24. August, Bonn. Die Trümmer der Krawallnacht sind noch nicht von der Straße geräumt, da melden sich die Politiker zu Wort. Ritualisierte Betroffenheit auf den Lippen und politisches Kalkül im Kopf, machen sie die Opfer unter der Hand zu Tätern. Bundestagspräsidentin Rita Süssmuth (CDU) fordert als Konsequenz aus der rassistischen Randale, das Asylrecht endlich zu ändern. Erst zwei Tage zuvor hatte die Führungsspitze der SPD verkündet, daß sie der Abschaffung des Grundrechts auf Asyl zustimmen will. Bundesinnenminister Rudolf Seiters (CDU) plädiert ebenfalls für die Änderung des Asylrechts, da «große Teile der Bevölkerung besorgt über den massenhaften Zustrom von Asylbewerbern» seien. Er fliegt nach Lichtenhagen.

Schwerin. Mecklenburg-Vorpommerns Innenminister Lothar Kupfer (CDU) ist so «betroffen», daß er dem «unkontrollierten Zustrom von Ausländern» einen Riegel vorschieben will. Er äußert «Verständnis» für die Reaktion der Lichtenhäger.

Rostock. Der Ausländerbeauftragte Wolfgang Richter macht Innenminister Kupfer und Innensenator Magdanz schwere Vorwürfe.

Lichtenhagen. Der Rechtsstaat kapituliert vor dem Mob auf der Straße. Oder besinnt er sich nur auf seine Fürsorgepflicht? Am Vormittag werden die Asylbewerber umquartiert. 115 Vietnamesen und Vietnamesinnen, die als ehemalige DDR-Vertragsarbeiter im selben Hochhauskomplex leben, bleiben weiter in ihren Wohnungen. Der Ausländerbeauftragte Richter ist bei ihnen.

Nachmittags formiert sich der Mob erneut vor der ZASt. Rund 1000 Jungmänner, viele Glatzköpfe, mit Baseballschlägern, Stöcken, Leuchtspurmunition und Molotowcocktails bewaffnet, greifen das Heim an. Gegen acht rückt die Polizei plötzlich ab – macht mitsamt Wasserwerfern kehrt und überläßt den Angreifern das Feld. Die können jetzt ungehindert wüten; Brandsätze durchschlagen die Fensterscheiben, landen in den Zimmern. Es brennt! Den Anwohnern von Lichtenhagen wird es mulmig, viele ziehen sich zurück.

Feuer auf vier Stockwerken. Die Vietnamesen, der Ausländerbeauftragte und ein Kamerateam des ZDF sind von Flammen eingeschlossen. Per Funktelefon versuchen sie, den Notruf der Polizei und der Feuerwehr in Rostock zu erreichen. Vergeblich. Niemand hebt ab. Mit viel Glück können sie sich auf das Dach des Hauses retten.

Vor der ZASt herrscht Bürgerkrieg. Die Rechten haben das Terrain vollständig erobert. Wer keine Mollis schmeißt, patrouilliert mit Stöcken und Schlägern siegessicher und selbstbewußt über das Gelände. 21.30 Uhr. Eine Hundertschaft der Polizei taucht auf dem Platz auf – und muß kläglich zurückweichen. Derweil hocken haufenweise Beamte im Hof der Einsatzzentrale der Polizei, ein paar Straßenecken entfernt. Sie machen Pause. «Die Leute waren 20 Stunden im Dienst», erklärt Siegfried Kordus, kommissarischer Leiter der Polizeidirektion Rostock. Warum hat er keine Verstärkung angefordert? Kordus behauptet gegenüber der *Tageszeitung*: «In diesem Land gibt es keine Verstärkung mehr.» Auch er selbst hat zwischendurch mal Pause gemacht. Als das Wohnheim anfing zu brennen, war Kordus zu Hause – mußte wohl sein Hemd wechseln. Von den Vietnamesen und Vietnamesinnen in dem Gebäudekomplex will er nichts gewußt haben. Der für die Polizei verantwortliche Innenminister Kupfer ist nicht zu erreichen.

22.30 Uhr. Polizei rückt vor dem Wohnheim an. Jetzt kann die Feuerwehr anfangen, den Brand zu löschen.

Dienstag, 25. August. Bayerns Innenminister Stoiber (CSU), sein Landesgruppenchef Bötsch, Bundesinnenminister Seiters und Brandenburgs Ministerpräsident Stolpe (SPD) analysieren die Ereignisse in Lichtenhagen. Ergebnis: dringender Handlungsbedarf bei der Einschränkung des Grundrechts auf Asyl. Der Zentralrat der Juden in Deutschland appelliert an «alle demokratischen Kräfte», gemeinsam der rechtsradikalen Gewalt Einhalt zu gebieten.

Bonn. Der Innenausschuß des Bundestages soll sich mit den Krawallen von Lichtenhagen beschäftigen, beschließen Regierung und Opposition. Der CDU/CSU-Fraktionsvorsitzende Wolfgang Schäuble spricht von «einer Schande für unser Land». Heiner Geißler (CDU) fordert, die Täter wegen versuchten Mordes zu verfolgen. SPD-Vizechef Wolfgang Thierse ist der Meinung, die Ostdeutschen müßten erst noch lernen, mit Ausländern umzugehen. Deshalb solle man in den nächsten Jahren möglichst wenige von ihnen in die Neuen Länder schicken. Der Bundesvorstand der Grünen wirft den Koalitionsparteien und der SPD vor, mit ihrem «unverantwortlichen Gerede» über eine Änderung des Asylgrundrechts «Hoyerswerda und Rostock möglich gemacht» zu haben.

Schwerin. Berndt Seite (CDU), Ministerpräsident von Mecklenburg-Vorpommern, behauptet, beim Sturm auf das Ausländerheim wären sowohl Rechte als auch linke Autonome beteiligt gewesen. Dieselbe Lesart wird aus dem Bonner Innenministerium kolportiert. Seite lobt seinen Innenminister Kupfer: «Er hat hervorragende Arbeit geleistet.» Das sieht Kupfer selbst ebenso: «Ich wüßte nicht, was ich mir vorwerfen lassen könnte.» Er gibt zu, daß die Polizei von der «Brutalität und Gewaltbereitschaft» in Lichtenhagen überrascht worden sei. Die SPD-Opposition beantragt eine Sondersitzung des Landtags. Der Landesverband Bündnis 90/Grüne fordert den Rücktritt von Innenminister Kupfer, Innensenator Magdanz und Polizeidirektor Kordus.

Rostock. Die PDS-Bundestagsabgeordnete Andrea Lederer berichtet, daß sie die Polizei am Montag nachmittag auf die Vietnamesen in dem Hochhauskomplex hingewiesen habe. Kordus übernimmt die volle Verantwortung für den Polizeieinsatz in Lichtenhagen, sieht aber keinen Anlaß für persönliche Konsequenzen. Die Staatsanwaltschaft will das Geschehen überprüfen. Gegen Seite, Kupfer, Magdanz und Kordus werden Strafanzeigen erstattet.

Lichtenhagen. Weder Flüchtlinge noch Vietnamesen halten sich noch in der Plattenbausiedlung auf. Trotzdem versammeln sich die Ausländerhasser zur vierten Randalenacht. Rund 600 Jungmänner liefern sich mit 1600 Polizisten eine Straßenschlacht. Die Anwohner sind desillusioniert: Die Krawallmacher haben es nämlich auch auf ihre Trabis und neuen Westautos abgesehen. Mehrere Fahrzeuge gehen in Flammen auf.

Die Ordnungsmacht ist erstaunlich gut ausgerüstet und reagiert ungewohnt koordiniert. Bereitschaftspolizei aus Mecklenburg-Vorpommern, Hamburg, Schleswig-Holstein, Niedersachsen und Sachsen-Anhalt ist angerückt. Unterstützt wird sie vom Bundesgrenzschutz. «Wenn wir heute nicht Stärke zeigen», sagt ein Polizist, «rollt der Kopf von Innenminister Kupfer.» Und so besinnen sich die Beamten plötzlich in einer Weise auf ihre Fähigkeiten, wie man es von

Einsätzen gegen linke Demonstranten gewohnt ist. Trotz Guerillataktik der Jungmänner herrscht nachts um drei Ruhe in Lichtenhagen. 58 Angreifer werden festgenommen.

Mittwoch, 26. August. Ausländische Spitzenpolitiker schweigen zu Lichtenhagen, doch die internationale Presse befürchtet neonazistische Tendenzen in Deutschland. «Jeder Deutsche sollte sich schämen», schreibt die Londoner *Times*. Rostock wird zum Inbegriff des «häßlichen Deutschen».

Das «Antirassistische Aktionsbündnis» ruft zu einer Demonstration am Samstag in Rostock auf. Es werden 10000 Teilnehmer aus dem ganzen Bundesgebiet erwartet. Der Deutsche Industrie- und Handelstag erinnert daran, daß die BRD auf ausländisches Kapital angewiesen ist. Die Fernsehbilder aus Lichtenhagen seien Gift für japanische, US-amerikanische und britische Investoren.

Die Union im Schweriner Landtag stellt sich hinter den angegriffenen Innenminister Kupfer und betreibt Schadensbegrenzung nach dem Motto Hartherzigkeit gegenüber den Opfern, Verständnis für die Motive der Täter und ungetrübte Selbstgerechtigkeit.

Wieder spielen Randalierer stundenlang Bürgerkrieg in den Straßen von Lichtenhagen. Doch die Polizei reagiert schnell, massiv und konsequent. 146 Jungmänner werden festgenommen. Zum erstenmal seit Samstag nacht wird kein Polizist verletzt.

Donnerstag, 27. August. Fünf Nächte haben die Rassisten in Lichtenhagen getobt. Aber die bürgerlichen Politiker sehen den demokratischen Staat in keiner Weise gefährdet. Außer Innenminister Seiters bei seiner Stippvisite wurde kein Spitzenpolitiker in Lichtenhagen gesichtet. Auch Richard von Weizsäcker glänzt durch präsidiale Abstinenz. Der Rechtsstaat hat auf ganzer Linie versagt: symbolisch, politisch und polizeitaktisch.

Da will der Bundeskanzler auch mal was sagen. In einer Erklärung im Bundestag zu den «Vorfällen in Rostock» gibt er die Devise aus: «Es kommt jetzt drauf an, daß alle demokratischen Parteien in der Öffentlichkeit deutlich machen, daß Deutschland ein ausländerfreundliches Land ist und bleibt.» Der Kanzler und sein Kabinett verurteilen «auf das schärfste», wollen «mit der vollen Härte unseres Strafrechts» durchgreifen und stellen ganz nebenher fest, Gewalt gegen Ausländer sei «ein Problem auch in anderen Ländern Europas und der

Welt». Kohl warnt vor «jeder Verurteilung der Polizei», um schließlich die SPD an die Änderung des Asylrechts zu erinnern. Kein Wort an die Opfer der rechtsradikalen Gewalt in Lichtenhagen.

Mehrere tausend Menschen demonstrieren in der Hansestadt Rostock gegen Gewalt und Rassismus. Die zentrale Anlaufstelle für Asylbewerber wird in den Rostocker Ortsteil Hinrichshagen verlegt.

Freitag, 28. August, Schwerin. «Die Polizei hat ihren Einsatzauftrag erfüllt, keinem Asylbewerber wurde auch nur ein Haar gekrümmt», gibt Innenminister Kupfer im Landtag zum besten. Die Ausländer selbst hätten den berechtigten Zorn der Bevölkerung provoziert, indem sie «auf der Wiese campierten, das Umfeld verunreinigten und in den umliegenden Geschäften und Häusern kriminelle Handlungen begingen». Kein Wort zur Abwesenheit der Polizei auf dem Höhepunkt der Brandnacht. Die Linke Liste/PDS und die SPD beantragen Kupfers Entlassung. «Es ist selbstverständlich, daß Sie zurücktreten. Dazu bedarf es eigentlich gar keines Antrags», glaubt der Fraktionsvorsitzende Harald Ringstorff. Doch Kupfer denkt nicht im Traum daran, freiwillig zu gehen. Daß er geschaßt wird, verhindern seine Parteikumpel. Der Landtag beschließt, einen parlamentarischen Untersuchungsausschuß einzuberufen.

Samstag, 29. August, Rostock. Rund 15 000 Menschen protestieren in Rostock gegen Ausländerhaß und Gewalt. Sie werden von 600 Journalisten aus aller Welt begleitet. Statt um 13 Uhr kann der Zug erst mit vierstündiger Verspätung loslaufen. Busse und PKW werden auf dem Weg nach Rostock von der Polizei festgehalten, die Insassen gefilzt, die Konvois eingekesselt. Endlich kann die Ordnungsmacht auftrumpfen. Als es (nur) um die Haut von Ausländern und Ausländerinnen ging, hielt sie dies offenbar nicht für nötig. 3400 «Sicherheitskräfte» aus acht Bundesländern sind angerückt: mit zahlreichen Fahrzeugen, 13 Hubschraubern und 16 Wasserwerfern. Die Demonstranten werden kräftig schikaniert. Der oberste Dienstherr der mecklenburgisch-vorpommerschen Polizei, Lothar Kupfer, bedankt sich bei den Beamten für ihren «vorbildlichen Einsatz».

31. August. Rostock und die Folgen: Im ganzen Land sind am Wochenende Flüchtlingswohnheime angegriffen worden. Eine Kette rassistischer Anschläge folgt, die über Wochen nicht abreißt.

Bei einer repräsentativen Umfrage sprechen sich 60 Prozent der

Bundesbürger für einen vorübergehenden Einreisestop für Asylbewerber aus, 67 Prozent fordern die Änderung des Grundgesetzes «mit dem Ziel, den Asylantenstrom einzudämmen». 52 Prozent wollen eine «radikale Verkürzung» der Asylverfahren. 13 Prozent sehen in den jüngsten Ausbrüchen von Gewalt einen «berechtigten Ausdruck des Volkszorns».

Der Innenausschuß des Bundestages debattiert über Rostock. Die FPD glaubt ein Allheilmittel gegen Krawallmacher gefunden zu haben: Sondereinsatztruppen der Polizei und Schnellgerichte. Als ließe sich Rassismus mit Knüppeln und Paragraphen austreiben, wird überall nach schlagkräftigen Polizeitruppen, strengeren Gesetzen und härteren Strafen gerufen. Schließlich hat das Ansehen Deutschlands in der Welt häßlich gelitten.

Rostock. Polizeidirektor Kordus hat gelogen. Bei Nachfragen der *taz* stellt sich heraus, daß das Schweriner Innenministerium erst nach der Lichtenhagener Brandnacht Polizei aus verschiedenen Bundesländern angefordert hat. Vorher waren nur Beamte aus Hamburg und Kiel im Einsatz. Kordus hatte noch in der Brandnacht behauptet, daß es nirgendwo mehr Polizisten gebe, die man nach Lichtenhagen hätte rufen können.

1. September, Schwerin. Krach in der SPD. Für die Eskalation der Gewalt in Lichtenhagen sei nicht nur Innenminister Kupfer, sondern auch der Rostocker Innensenator Magdanz verantwortlich. Das behauptet Knut Degner, Fraktionssprecher der mecklenburgischen SPD. Magdanz habe alternative Unterbringungsmöglichkeiten nicht genutzt und «den sozialen Sprengstoff in Lichtenhagen nicht entschärft», weil er die Flüchtlinge abschrecken wollte. Degner fordert den Rücktritt von Magdanz und den des Rostocker Oberbürgermeisters Manfred Kilimann (SPD). Auch der habe der gefährlichen Entwicklung im Stadtteil tatenlos zugesehen. Der Nestbeschmutzer wird von seiner Fraktion beurlaubt. Degner: «Sie lügen, um Ihre Haut, Ihre Macht und Ihre Versorgungsansprüche zu retten.»

2. September, Rostock. Die Bürgerschaft der Hansestadt trifft sich zur Dringlichkeitssitzung. Thema: Lichtenhagen. Viel ist von Scham die Rede, wenig von Schuld. Scham läßt sich wohlfeil verbreiten, Schuldeingeständnisse könnten was kosten. Fazit der «Aussprache» in den Worten von Oberbürgermeister Kilimann: «Die Stadt hat immer getan, was zu tun war.» Ein Untersuchungsausschuß wird eingesetzt. Aus Polizeikreisen verlautet, während der ganzen Zeit der Randale hätten im Raum Rostock und Schwerin «genügend gut ausgerüstete Kräfte» zur Verfügung gestanden – doch niemand hätte sie angefordert.

Polizeidirektor Kordus ist nicht mehr auf seinem Posten. Aber nicht etwa suspendiert. Er hat die kommissarische Leitung der Rostocker Polizeidirektion aufgegeben, um sich seiner eigentlichen Aufgabe zu widmen: Seit Anfang Juli 1992 ist er Leiter des Landeskriminalamtes von Mecklenburg-Vorpommern. Das Schweriner Innenministerium sieht offenbar keine Veranlassung, diese Entscheidung nach Lichtenhagen zu revidieren.

10. September, Rostock. Das Amtsgericht spricht die ersten Urteile wegen der Krawalle in Lichtenhagen. Ein 18jähriger wird wegen schweren Landfriedensbruchs zu neun Monaten Jugendstrafe ohne Bewährung verurteilt. Über zwei weitere Jugendliche wird Jugendarrest verhängt, der durch die Untersuchungshaft bereits abgesessen ist. Noch 23 Personen befinden sich in Untersuchungshaft.

11. September, Bonn. Bei einer Anhörung der CDU/CSU-Fraktion über das Deutschlandbild im Ausland müssen sich die Politiker harsche Kritik von ausländischen Journalisten gefallen lassen. «Rostock» ist das Wort, das am häufigsten fällt.

Rostock. Die Polizei treibt merkwürdige Ursachenforschung. Die Staatsschutzabteilung befragt den Ausländerbeauftragten Richter, ob das Fernsehteam, das zusammen mit den Vietnamesen im brennenden Wohnheim eingeschlossen war, die Randale in Lichtenhagen inszeniert habe.

14. September, Rostock. Das Amtsgericht verurteilt drei Jugendliche wegen schweren Landfriedensbruchs zu je drei Wochen Jugendarrest. Die Strafen sind durch die Untersuchungshaft abgegolten.

15. September, Bonn. Bundesaußenminister Klaus Kinkel (FDP) versichert dem israelischen Ministerpräsidenten Rabin bei dessen Besuch in Bonn, daß Rostock «nicht der alleinige Ausdruck für dieses Deutschland» sei.

16. September, Rostock. Zum erstenmal wird ein Erwachsener wegen der Pogrome in Lichtenhagen verurteilt. Das Gericht verhängt eine Freiheitsstrafe von acht Monaten gegen einen 34jährigen Mann.

Oktober, Bonn. Das Bundesinnenministerium gibt zu, daß sich Linke nicht an den Angriffen auf das Flüchtlingswohnheim in Lichtenhagen beteiligt haben. Kurz nach den Überfällen hatte es geheißen, linke Autonome hätten mit Rechtsradikalen zusammengearbeitet.

Schwerin. Der Untersuchungsausschuß des Landtags «zu den Ereignissen um die ZASt» tagt zum erstenmal. Dabei haben CDU und FDP ihre eigene Vorstellung darüber, was Gegenstand der Inquisition sein soll. Wieder werden die Täter als Opfer der Verhältnisse stilisiert. Denn statt sich mit dem Pogrom zu beschäftigen, soll sich der Ausschuß zunächst mit dem «Ausländerzuzug nach Mecklenburg-Vorpommern» befassen, dann mit den «Belastungen für die Bevölkerung» und den «Verhältnissen im Umfeld der ZASt», bevor er sich den «genauen Ablauf der Ereignisse» und die Verantwortlichen vornehmen darf. Doch nicht nur CDU und FDP wollen ihre Leichen im Keller lassen. Auch die SPD hat einiges zu befürchten: Für die katastrophale Unterbringung der Flüchtlinge in Rostock-Lichtenhagen waren SPD-Stadtpolitiker mit verantwortlich.

Rostock. Bis Ende Oktober hat das Amtsgericht gegen Beteiligte an den Krawallen zehnmal Jugendarrest, vier Freiheits- und zwei Jugendstrafen verhängt.

November, Mölln. Zwei junge Männer setzen das Haus einer türkischen Familie im schleswig-holsteinischen Mölln in Brand. Motiv: Rassismus. Eine Frau und zwei Mädchen sterben in den Flammen.

Schwerin. Wer war für die Flüchtlinge in Rostock zuständig? Beim Untersuchungsausschuß des Landtages schieben sich das mecklenburgische Innenministerium und die Rostocker Kommunalverwaltung gegenseitig die Verantwortung zu.

Für Innenminister Kupfer wird es unangenehm. Ein internes Polizeiprotokoll taucht auf. Darin ist belegt, daß Kupfer an entscheidenden Einsatzbesprechungen in der Brandnacht beteiligt war. Er hatte mit dafür gesorgt, daß die Polizisten von dem bedrohten Wohnheim abgezogen worden waren, weil die «vietnamesischen Staatsbürger weniger in Gefahr» gewesen seien «als die Polizei», heißt es in dem Protokoll. Auch an dem Ausfall des Notrufs war die politische Führung nicht schuldlos. Die Rostocker Polizei hatte mindestens viermal im Innenministerium und beim Landespolizeiamt einen weiteren Kanal angemahnt.

Dezember, Rostock. Die ganze Welt sah den Lichtenhägern zu, als sie Beifall zum Pogrom klatschten. Nur die Staatsanwaltschaft hat nichts bemerkt. Sie kommt zu der erstaunlichen Einschätzung: Niemand aus der Menge, die die Täter angefeuert hat, hat sich strafbar gemacht. Denn selbst nachdem alle Bild- und Tondokumente ausgewertet sind, ist für die Anwaltschaft kein «sicherer Nachweis dafür erbracht, daß eine Sympathiekundgebung der Unterstützung einer strafrechtlich relevanten Aktion galt». Es könne nämlich nicht ausgeschlossen werden, «daß eine Sympathiekundgebung erst nach Beendigung einer Tat erfolgte».

Mit diesen Worten entledigt sich die Staatsanwaltschaft einer Anzeige der NRW-Landtagsfraktion der Grünen. Sie hatte gegen «eine unbekannte Zahl beifallklatschender Bürger», gegen Bundesinnenminister Seiters, gegen Landesinnenminister Kupfer und gegen Rostocks Innensenator Magdanz Strafanzeige erstattet. Unter anderem wegen unterlassener Hilfeleistung und Beihilfe zur Volksverhetzung. Doch für die Staatsanwaltschaft sind Rufe wie «Ausländer raus» oder «Deutschland den Deutschen» zwar «diskriminierend und ausländerfeindlich», aber nicht volksverhetzend.

Auch der Bundesverband Bürgerinitiativen Umweltschutz und eine Gruppe von 30 deutschen Bürgern und Bürgerinnen hatten Anzeige gegen die Politakteure der Pogromnächte erstattet. Die Anzeigen werden niedergeschlagen. Nur gegen Kupfer steht die Einstellungsverfügung noch aus. Ermittlungsverfahren laufen ebenfalls noch gegen die Polizeiführung: gegen den damaligen Rostocker Polizeidirektor Siegfried Kordus und den Einsatzleiter Jürgen Deckert.

Der Rostocker Ausländerbeauftragte Wolfgang Richter und das ZDF-Team werden mit der Carl-von-Ossietzky-Medaille der Internationalen Liga für Menschenrechte ausgezeichnet. Richter hatte bereits das Bundesverdienstkreuz erhalten. Das ZDF-Team wird für seinen Film über die Brandnacht mit mehreren Medienpreisen bedacht. Kommentar von Innenminister Kupfer: «Niemand hat das ZDF-Team aufgefordert, dort hinzugehen.»

Januar 1993, Schwerin. Langsam kommt Licht ins Rostocker Dunkel. Der Skandal wird perfekt. Warum hat sich die Polizei in der Brandnacht für Stunden von der Randale zurückgezogen? Weil sie einen Pakt mit den Rassisten geschlossen hat! Nach fast einem halben

Jahr von Betroffenheitsritualen, Gewaltverurteilungen und institutioneller «Aufarbeitung» des Pogroms von Lichtenhagen lassen sich erstmals die Ereignisse schlüssig nachvollziehen. Dem Untersuchungsausschuß des Landtages wird ein Polizeiprotokoll vorgelegt, das die Rostocker Beamten und das Schweriner Innenministerium bis dahin unter Verschluß gehalten hatten. Darin heißt es: Einsatzleiter Jürgen Deckert habe einem Hundertschaftsführer der Schweriner Polizei an jenem Abend den Befehl gegeben, sich von der ZASt zurückzuziehen. Einem weiteren Hundertschaftsführer habe er wenig später die Reservekräfte verweigert. Begründung: Die Polizei könne sich vor Ort «nicht sehen lassen», denn es gebe «ein Abkommen mit den Störern». Die Rechten hatten Deckert einen Waffenstillstand angeboten, um sich mit eigenen Augen überzeugen zu können, daß die ZASt leer sei. Dieses Angebot erschien Deckert offenbar akzeptabel. Vor dem Untersuchungsausschuß behauptet er allerdings, er habe auf das Angebot der «Störer» nur deshalb eingehen wollen, um dann «zuzugreifen». Dann aber wäre es doch zu keiner Verabredung mit den Rechten gekommen. Ihr Angebot habe auch keinen Einfluß auf die Strategie der Polizei gehabt. Soviel sagt Deckert noch, anschließend verweigert er jede weitere Aussage.

Deckerts Chef Siegfried Kordus war in der Brandnacht zum fraglichen Zeitpunkt zu Hause. Landesinnenminister Kupfer auch. Vor dem Untersuchungsausschuß gibt Kupfer zu, daß er später «Kenntnis von dem Kontakt» bekommen hat. Doch Verantwortung will er in keiner Weise übernehmen. Er habe sich damals ständig vor Ort informiert, aber keinen Einfluß auf den Polizeieinsatz genommen. «Ich sehe kein politisches Problem.» Warum also sollte er zurücktreten?

Nachdem der Polizei- und Politskandal offenkundig ist – gibt es da einen Aufschrei der Empörung im Land? Mitnichten. Die Biedermänner aller Parteien in Bonn und Schwerin halten still und dicht. Die Inhaber des Gewaltmonopols haben auf dessen Ausübung schlicht verzichtet und Ausländer dem Mob ausgeliefert – wen kümmert's im Land? Auch Rostock wird mal ausgesessen sein.

Februar, Schwerin. Lothar Kupfer wird endlich zum Alteisen gelegt. Freiwillig ist er natürlich nicht gegangen. Er wird von Ministerpräsident Seite wegen «übergeordneter landespolitischer Interessen» gefeuert. Denn Seite selbst ist unter Beschuß geraten. Doch bis zum Schluß hält der Ministerpräsident das Märchen von Kupfers sauberer Weste aufrecht: Schuld an den Ereignissen in Lichtenhagen könne Kupfer nicht zugewiesen werden, meint Seite.

Vor dem Untersuchungsausschuß des Landtages bestätigt der leitende Oberstaatsanwalt von Rostock Kontakte mit den rassistischen Randalierern. Wolfgang Neumann sagt aus, er habe mit Einsatzleiter Deckert über das angebliche Waffenstillstandsangebot beraten. Es habe sich aber immer nur um ein «Angebot» gehandelt, nie habe er gehört, daß Deckert darauf eingegangen sei und tatsächlich ein «Abkommen» getroffen habe. Neumanns Version widerspricht den Angaben im Polizeiprotokoll.

Ein Lichtenhäger gibt sich als der Vermittler zwischen Polizei und Randalierern zu erkennen. Hans-Dieter Witt hatte aus Angst um sein Auto und aus Sorge um die deutschen Anwohner Gespräche mit der Polizei und den Rechten geführt. Er wollte einen «Waffenstillstand» erreichen. Doch noch während dieser «Verhandlungen» steckte der Mob das Wohnheim in Brand.

Vor dem Rostocker Landgericht muß sich zum erstenmal ein Randalierer wegen versuchten Mordes verantworten. Der Berliner war extra nach Lichtenhagen gereist. Er soll einen Molotowcocktail gezielt auf einen Polizisten geworfen haben. Der Angeklagte: «Ich hab doch nur rumgestanden und geguckt.»

März, Schwerin. Der Pakt mit den Randalierern ist bestätigt. Der Schweriner Polizeihauptkommissar Waldemar Skrocki gibt vor dem Untersuchungsausschuß des Landtages uneingeschränkt zu, daß Polizeieinsätze während der Brandnacht aufgrund eines angeblichen «Abkommens» mit den Gewalttätern verzögert wurden.

Nach den Erkenntnissen des Ausschusses hat sich in der Brandnacht folgendes abgespielt:

19.45 Uhr: Einsatzleiter Deckert gibt Anweisung, alle «Maßnahmen» in Lichtenhagen einzustellen und den «Objektschutz» abzubrechen.

21.30 Uhr: Eine Hundertschaft der Schweriner Polizei versucht – entgegen dem Befehl – auf den Platz vor der ZASt zu stürmen.

21.34 Uhr: Deckert wiederholt per Funk seinen Befehl: «Zieht euch zurück!»

21.35 Uhr: Das Wohnheim brennt.

21.38 Uhr: Bei der Feuerwehr geht ein Anruf ein.

21.50 Uhr: Deckert erfährt, daß das Haus in Brand steht.

22.37 Uhr: Die Polizei rückt mit Wasserwerfern vor der ZASt an.

22.46 Uhr: Alle Zugänge sind geräumt.

23.00 Uhr: Die Feuerwehr kann anfangen zu löschen.

Nach 22 Sitzungstagen beendet der Ausschuß die Beweisaufnahme. Er hat 28 Zeugen gehört, alle befragten Politiker lehnten die Verantwortung für die Pogrome ab.

Die Krawalle kommen das Land Mecklenburg-Vorpommern teuer zu stehen. Nach den bereits angefallenen Kosten von rund drei Millionen Mark für den Einsatz von Polizei, Feuerwehr und medizinischen Diensten fordern Hausbesitzer und Wohnungsgesellschaft Ersatz für Gebäudeschäden.

Das Landgericht Rostock verurteilt den wegen versuchten Mordes angeklagten Berliner. Allerdings nur wegen versuchter gefährlicher Körperverletzung. Er bekommt zweieinhalb Jahre.

Sommer 1994. Das Asylrecht ist geändert. So, wie es die randalierenden Rassisten und die beifallklatschenden Bürger von Lichtenhagen gefordert haben.

Schwerin, ein Jahr danach. Kein Politiker, kein Ministerialbeamter und kein Polizeiführer hat sich zu seiner Verantwortung bekannt. Innenminister Lothar Kupfer ist als einziger nicht mehr im Amt: daß er begriffen hat, warum, ist zweifelhaft. Der Untersuchungsausschuß des Landtages hat einen Zwischenbericht vorgelegt. Noch immer ist ungeklärt, ob Politiker und Polizei die Situation in Lichtenhagen vorsätzlich oder fahrlässig eskalieren ließen.

Rostock, ein Jahr danach. Oberbürgermeister Kilimann und Innensenator Magdanz sind nach wie vor auf ihren Posten. Die rechte Szene plant eine «Gedenkveranstaltung» zum Jahrestag der Pogrome. Doch die Stadt verbietet jede Veranstaltung «zur Glorifizierung der Krawalle».

Die juristische Aufarbeitung ist nahezu abgeschlossen. 456 Verfahren wurden eingeleitet, 36 Urteile gesprochen. Drei Jahre Jugendstrafe wegen schweren Landfriedensbruchs und schwerer Brandstiftung ist das höchste Strafmaß, das die Rostocker Richter ausgesprochen haben. Die Mehrzahl der Verfahren endeten mit geringen Bewährungsstrafen, Jugendarresten oder Betreuungsauflagen wie der Teilnahme an sozialen Trainingskursen. Strafmildernd wurde meist der alkoholisierte Zustand für Jugendliche in Ostdeutschland angerechnet.

Lichtenhagen, ein Jahr danach. Die Häuser, die gebrannt haben, werden neu getüncht. Die Flüchtlinge sind nicht mehr da. Nur die Vietnamesen sind in ihr Hochhaus zurückgekehrt.

Epilog. Über ein Jahr haben sich die Untersuchungsausschüsse in Rostock und Schwerin Zeit gelassen, haben sich mit Haarspaltereien und mit Verantwortlichen ohne Verantwortung beschäftigt. Waren die Sinti und Roma, die draußen vor der ZASt lagerten, weil drinnen für sie kein Platz mehr war, obdachlose Asylsuchende oder asylsuchende Obdachlose? Wer muß den Kopf hinhalten für Fehler der Polizei – etwa die zuständige politische Führung?

Die Rostocker Bürgerschaft wollte in ihrem Ausschuß «Pflichtverletzungen bei der Stadtverwaltung» klären. Das Ergebnis der Arbeit wird zum Aprilscherz: Pflichtverletzungen darf der Untersuchungsausschuß gar nicht untersuchen. Der Bericht der Kommission ist ein allgemeines Geschwafel, in dem kein Verantwortlicher beim Namen genannt wird. Trotzdem tritt Oberbürgermeister Kilimann zurück. Innensenator Magdanz bleibt im Amt.

«Grund zur Scham und Bitte um Verzeihung», leitete der CDU-Obmann des Untersuchungsausschusses im Landtag seine Bewertung der Pogrome ein. Doch damit war die Scham schon vorbei. Um das Maß an Vernebelung, Inkompetenz und Machtkalkül endgültig vollzumachen, legt der Untersuchungsausschuß zwei Abschlußberichte vor. Einen von CDU und FDP, den anderen von der SPD. Beide Berichte benennen nur das, was öffentlich nicht mehr zu leugnen ist: gravierende Fehler beim Innenministerium von Mecklenburg-Vorpommern, bei der Rostocker Polizeiführung und beim Rostocker Senat. Sowohl vor den Krawallen als auch während der Angriffsnächte.

Doch während die CDU vor allem den Rostocker SPD-Senat für die Situation der Flüchtlinge verantwortlich macht, schiebt die SPD die Hauptverantwortung auf das CDU-geführte Innenministerium. Außerdem stellt die SPD fest, daß die Christdemokraten mit ihrer «Asyldebatte» die gesellschaftliche Stimmung angeheizt hätten. Die Polizeiführung kommt in beiden Berichten schlecht weg. «Der Ausschuß hat festgestellt, daß bei der Führung des Polizeieinsatzes gegen grundlegende Prinzipien polizeilicher Einsatzführung verstoßen wurde», heißt es im CDU/FDP-Papier. «Diese Fehler führten zur Gefährdung der Gesundheit von Menschen und schweren Sachbeschädigungen am Abend des 24. August 1992.»

Gegen den damaligen Direktor der Polizei Siegfried Kordus und seinen Einsatzleiter Jürgen Deckert wird im März 1994 Anklage erhoben. Vorwurf: fahrlässige Brandstiftung. Die Ermittlungen gegen den ehemaligen Innenminister Kupfer werden eingestellt.

■ Nachdem Ende 1992 in der idyllischen brandenburgischen Gemeinde Dolgenbrodt ein (unbewohntes) Heim für Asylbewerber durch Molotowcocktails in Brand gesetzt worden war, kam ein schrecklicher Verdacht auf: Die Dorfbewohner selbst hätten den Brandanschlag auf die ungeliebten Ausländer bei rechtsradikalen Jugendlichen in Auftrag gegeben und bezahlt... ■

Michaela Schießl

Wie ein Fisch im Wasser

Ein brandenburgisches Dorf und die rechte Szene

Als in der Nacht zum 1. November 1992 das noch unbewohnte Asylbewerberheim in der brandenburgischen 260-Seelen-Gemeinde Dolgenbrodt niederbrannte, mochte keiner von einem Skandal sprechen. Im Gegenteil, nach Meinung der Einheimischen war der Skandal haarscharf abgewendet worden: die Gefährdung des Dorffriedens durch 86 afrikanische Asylbewerber.

Mit Händen und Füßen, Protestbriefen und Drohungen hatten sich die Einwohner des 40 Kilometer südlich von Berlin gelegenen Ortes gegen die Anordnung des Landrats von Königs Wusterhausen gewehrt, die Ausländer für ein halbes Jahr im Heinrich-Rau-Kinderferienheim unterzubringen. Ihr Widerstand blieb erfolglos. Am 2. November wären die Fremden in die Idylle am kleinen Fluß Dahme eingezogen – wenn da nicht Rechtsradikale gewesen wären, die eine Nacht zuvor die vorgesehene Unterkunft mit einigen Molotowcocktails in Schutt und Asche legten.

Doch die Geschichte des Brandanschlags von Dolgenbrodt ist nicht die Geschichte von rechtsradikalen Einzeltätern. Es ist die Geschichte eines Dorfes, das die «Dienstleistungen» der Neonazis dankbar in Anspruch, wenn nicht sogar in Kauf nahm. Der Rechtsradikale Silvio J. aus Königs Wusterhausen prahlte in einer Kneipe, er hätte das Heim angezündet, auf Wunsch der Bewohner und gegen Bezahlung von 2000 Mark. Eine Auftragsarbeit.

Am 17. Mai 1993 wurde der Sympathisant der verbotenen «Nationalistischen Front» festgenommen. Fortan bestritt er seine Beteiligung, gab jedoch zu Protokoll, die Täter hätten logistische und finanzielle Unterstützung aus dem Dorf erhalten, ein Fluchtboot sei gestellt worden, notfalls wollte man die Feuerwehr durch Straßenblockaden am Löschen hindern.

Ein ungeheuerlicher Vorwurf, der Lähmung in der Potsdamer Staatsanwaltschaft auslöste. Statt intensiv zu ermitteln, ließ man den Fall schleifen. War die Vorstellung zu ungeheuerlich, daß sich brave Biedermänner rechtsradikaler Brandstifter bedienen? Zu bodenlos der Verdacht, daß sich Neonazis in der Gesellschaft bewegen können wie Fische im Wasser? Zu unerträglich der Gedanke, daß rechtsextremistische Ideen und Taten längst akzeptiert werden von einer breiten Öffentlichkeit? Am 24. August 1993 brach der Damm, als die Berliner *Tageszeitung* den Fall ans Licht brachte.

Denn auch in Dolgenbrodt wurde nicht dichtgehalten. Nach dem vierten Bier prahlte ein Bürger mit der Geldsammlung, die man gemacht habe, um die angeheuerten Skinheads zu entlohnen. Der Mann, dem dies erzählt wurde, wohnt nicht in Dolgenbrodt. Doch wie viele Mitwisser hat er Angst, öffentlich auszusagen. «Die Neonazis brennen mir das Haus ab», sagt er, «und die Polizei schaut zu.» So wie wenige Wochen zuvor, als sich über 800 Skinheads ungehindert zu einem Konzert in Prieros nahe Dolgenbrodt versammeln konnten. «Sieg Heil», tönte es die ganze Nacht über die Seen, Männer in SS-Uniformen sorgten für deutsche Ordnung. Die bereitstehende Hundertschaft der Polizei griff nicht ein, trotz verzweifelter Anrufe der Anwohner. «Rechtsradikale haben bei uns keine Chance», sagte Brandenburgs Innenminister Alwin Ziel (SPD) nach dieser Panne.

Das Konzert fand auf dem Gelände des Prieroser Vizebürgermeisters Wolfgang Wendland statt und war deklariert als Geburtstagsfeier seines Sohnes Marko Schmidt. Marko Schmidt wiederum wohnt in Dolgenbrodt und gilt als wehrsportbegeisterter Skinhead. Ab und zu, wenn der Zögling zu Besuch ist, rudert ihn Vater Wendland im eigenen Boot die zweihundert Meter zurück nach Dolgenbrodt.

Glatze Schmidt war anwesend bei jener Bürgerversammlung am 23. Oktober 1992, auf der lautstark die Marschroute gegen die Asylbewerber festgelegt wurde. Und er hatte Gesinnungsgenossen geladen, unter ihnen Silvio J. Gestört hat das niemanden. Schließlich mußten alle Kräfte gesammelt werden, um das Böse abzuwenden. Aufgeregt sammelten Bürger und Wochenendler Unterschriften und verfaßten ein Protestschreiben an Vizelandrat Helmut Munkow. Tosender Applaus, als es im brechend vollen Gasthaus Kober verlesen wurde. «Muß es erst zu einem zweiten Rostock kommen? Wir wollen das alles nicht und werden uns nach Kräften wehren.» An Ideen mangelt es nicht: «Am besten, man brennt das Ding ab», schrie ein Zwischenrufer. Kein Dolgenbrodter kann sich erinnern, wer da geschrien hatte.

Gemeinderatsmitglied Gerd Graefen schwor seine Mitglieder ein. «Asylanten sind durchweg als Kriminelle zu betrachten.» Bosnier oder Rußlanddeutsche, die hätte man noch aufgenommen, aber keine anderen. Denn was tun die Fremden den lieben langen Tag in dem kleinen Nest voller Wochenenddatschen, ohne Telefon und Busanschluß, ohne Laden, ohne Polizei? Graefen weiß es: einbrechen, zerstören, Hühner stehlen, Kindern auflauern.

Munkow wurde es mulmig. «So, wie Frau Preißler und Herr Graefen bei der Begehung des Objekts aufgetreten sind, fürchtete ich einen Anschlag auf das Heim.» Er ordnete Wachschutz an und ließ Natodraht um das Heim legen.

Ganz Dolgenbrodt rüstete auf. Graefen installierte eine Einbruchsicherung und kaufte einen Wachhund. Zäune wurden gezogen, Äxte neben Betten gestellt. Einen «heißen» Herbst versprach man den uneinsichtigen Politikern, zivilen Ungehorsam mit Besetzungen und Straßenblockaden. Ein eifriger Bürger erbot sich, seinen Trabbi vollgetankt vor dem Heim anzuzünden.

«Man muß die Leute verstehen», befand Bürgermeisterin Ute Preißler. Sie hatten schlicht Angst. Angst vor den Fremden und um die unbewachten Datschen. «Die Sicherheit ist nicht zu gewährleisten», sagte sie. «Weder für die Bürger noch für die Asylbewerber. Wenn die Stichstraße ins Dorf blockiert wird, etwa von Rechtsradikalen, sind wir abgeschnitten.»

Wahrscheinlicher jedoch als die Angst vor aufmarschierenden Neonazis war jene vor abziehenden Investoren. Was wäre aus dem Reiterhof geworden? Der Reha-Klinik? Der Hotelanlage, die auf dem Gelände des Asylbewerberheims entstehen sollte? Gerade wo das zauberhaft an der Dahme gelegene Dorf drauf und dran war, sich zu entwickeln, wo das Land wertvoll wurde, sollten ein paar Ausländer alle Hoffnungen zunichte machen? War man nicht gestraft genug, jahrelang dulden zu müssen, daß sich Partei- und Stasibonzen die besten Grundstücke unter den Nagel rissen? Damit sollte nun Schluß sein. Denn schließlich: Demokratie heißt Herrschaft des Volkes! Und das Volk von Dolgenbrodt, es wuße zumindest, was es nicht wollte.

Rechtsanwalt Udo Feser, der das Heim für die Treuhand liquidieren sollte, bekam das zu spüren. Ihm wurde nahegelegt, die Nutzung durch Asylbewerber zu untersagen. Verärgert lehnte er ab und bekam prompt persönliche Konsequenzen angedroht.

Stille über dem Ort. Von nun an hörten und sahen die meisten Einwohner schlecht. Kaum einer kann sich entsinnen, was in den letzten Tagen vor dem Brand geschah. Nur der Bootsbauer Hans-Jörg Jacobi erinnerte sich, daß am Tag des Anschlags drei Skinheads in Kampfkleidung an seiner Werft vorbeigelaufen seien. Da habe er sich noch gewundert, warum die so freundschaftlich grüßten.

Wäre er in der Kneipe Kober gewesen, hätte er sich nicht gewundert. Dort wurden die Neonazis mit den Worten begrüßt: «Da seid ihr ja endlich, warum brennt das Ding noch nicht?» Dabei waren die drei als Schaulustige gekommen. In der Disco Lindenkrug im benachbarten Friedersdorf hatte sich bereits herumgesprochen, daß das Heim brennen soll. Doch sie waren zu früh dran und trösteten sich mit Bier und Kümmerling, spendiert von Dolgenbrodter Stammtischlern. «Wir hatten den Eindruck, die wären froh, wenn das Heim brennt», sagten sie.

Wenige Stunden nach diesem hoffnungsfrohen Zusammentreffen von Skins und Bürgern flog gegen 2.30 Uhr der Brandsatz klirrend durchs Fenster des Kinderheims. Sträflicherweise war der Wachschützer nicht anwesend, als er kam, brannte es bereits. Er alarmierte die Feuerwehr. Nur 300 Meter ist die Dolgenbrodter Feuerwache vom Heim entfernt, doch eigentümlich: man brauchte 40 Minuten bis zum Einsatz. «War ja nicht so dringlich, es waren ja keine Menschen drin», begründet Feuerwehrchef Klaus Walzer. Wußten die Feuerwehrler also, was da brennt? Nur fünf von fünfzehn sind zum Löschen erschienen.

Kaum einer im totenstillen Dolgenbrodt will in jener Nacht die Sirenen gehört haben. Ute Preißler nicht, die Feuerwehrler nicht, Gastwirt Kober nicht, der, als er geweckt wurde, lieber Tee kochte, statt zu löschen. Nur der Dorfskin erwachte angeblich kurz. «Das hat mich nicht interessiert», gab er vor Gericht an. Seine Freundin bestätigt die Version. Doch sie behauptete auch, Schmidt hätte bei der Bürgerversammlung geschwiegen. Tatsächlich wetterte er vehement gegen das Heim.

Noch einer wurde wach in jener Nacht. Der Fischer Armin Schulz, der wenige Meter neben dem Heim wohnt, war auf dem Weg zur Toilette, als er das Feuer sah. Er kam später zu trauriger Berühmtheit wegen der Reichskriegsflagge auf seinem Grundstück. Vom Gartentor aus beäugten Vater und Sohn den Brand. «Ich habe Junior verboten hinzugehen, sonst hätte es geheißen, wir sind die Brandstifter.» Die Feuerwehr habe man nicht gerufen. Wie Schulz dachten viele im Ort, keiner wollte am Brandort gesehen werden. «Das war der stillste Brand meines Lebens», sagte ein Friedersdorfer Feuerwehrmann. «Normalerweise läuft das ganze Dorf zusammen.»

Am nächsten Morgen kamen die Neugierigen. Datschenbesitzer Grimm wütete: «Das war vorauszusehen. Es ist eine Schande, daß Deutsche erst ihre Häuser anstecken müssen, um auf einen Notstand aufmerksam zu machen.» Nein, Ausländerfeindlichkeit sei das nicht. «Wenn wir ausländerfeindlich wären, hätten die Täter gewartet, bis das Heim voll ist», erklärte ein Dolgenbrodter der *Berliner Zeitung*.

«Hauptsache, keiner ist zu Schaden gekommen», sagt Preißler. «Ist ja nix passiert», findet Kobler. «Nicht schön, aber wenigstens keine Toten», sagt Schwand. Und Graefen tönt: «Den Herrschenden fehlt der politische Verstand. So was wie Hoyerswerda ist die logische Reaktion.» Und einer, der ungenannt bleiben wollte, diktierte der *Berliner Morgenpost*: «Ich weiß ganz genau, daß Einheimische die Brandleger bezahlt haben.»

Längst schon wippten die Hollywoodschaukeln wieder im Dorftakt, als am 24. August 1993 Reporter einfielen, auf der Suche nach Biedermännern und Brandstiftern, Listen und Spendern. Was sie fanden, waren überraschte, trotzige Bürger, die die Aufregung nicht verstanden. Jawohl, wir wollten keine Ausländer, jawohl, wir sind froh, daß es nicht dazu gekommen ist. Aber gesammelt hat keiner. «Wir Dolgenbrodter haben zuwenig Geld. Aber vielleicht die Wochenendler ...»

Auf entsetzte Reaktionen, empörte Distanzierungen oder Betroffenheit wartete man in Dolgenbrodt vergebens. Statt dessen wiederholte

Ute Preißler unermüdlich, daß sie zwar von keiner Sammlung wüßte, aber keiner traurig war über die Lösung des Problems. Ignatz Bubis, Zentralratsvorsitzender der Juden in Deutschland, war erschüttert: «Damit identifiziert sie sich mit den Brandstiftern, ganz unabhängig davon, ob Geld geflossen ist oder nicht.»

Schnell sprachen die Dolgenbrodter von einer Diffamierungskampagne, gaben sich mal gelassen, mal verlassen. «Wir haben nichts zu verbergen.» Entsprechend dieser Haltung wehte auch weiterhin die Reichskriegsflagge, nur hundert Meter von der Brandruine entfernt und zum Lieblingsmotiv aller Kamerateams avanciert. Schließlich holte die Polizei den Fetzen runter, wegen Störung öffentlicher Ordnung. Die Ordnung Dolgenbrodts hatte sie nie gestört. Sie gehörte zum Ensemble, Ausländer nicht.

Auch die Potsdamer Staatsanwaltschaft wurde aus ihrem Dämmerschlaf gerissen. Brandenburgs Ministerpräsident Manfred Stolpe (SPD) verlangte Aufkärung: «Wenn sich der Verdacht bestätigt, täten sich Abgründe auf.» Doch die Dolgenbrodter Erde blieb geschlossen. Wer ausschert, ist erledigt – durchhalten, bis der Medienrummel vorbei ist. Die unverblümten Worte allerdings hatten bereits Gefallen gefunden. Die Gemeinde erhielt Glückwunschtelegramme aus der rechtsextremistischen Szene. Prompt warnte Ministerpräsident Stolpe vor der Verteufelung der Bürger. Doch diese nahmen die Handreichung nicht an. Stur und uneinsichtig präsentierten sie sich während des Prozesses gegen den Angeklagten Silvio J., der am 16. Mai 1994 eröffnet wurde. Bei dieser Haltung blieben sie, trotz des starken Drucks. Silvio J. hatte nämlich ausgepackt. Er, die vorbestraften Rechtsradikalen Erik Otto und Renato Paschke aus Königs Wusterhausen. Sie hätten von der Tat erzählt und von ihren Auftraggebern. Alle drei bestritten ihre Teilnahme und wiesen Alibis vor, wenn auch zweifelhafte.

J. selbst war bei der Bürgerversammlung dabeigewesen, wo danach am Stammtisch laut über das Anheuern von Rechtsradikalen und über den Preis diskutiert wurde. Bezahlt hätten, so wurde ihm erzählt, der Blumenhändler, der direkt neben dem Heim wohnt, der Fischer, der Wirt vom Gasthaus Kober und der Gemeindevertreter G.

«Eine bodenlose Verleumdung» sei das, sagt der Wirt. Und kann sich ansonsten an nichts erinnern; weder an die Namen seiner Stammgäste an jenem Abend noch an irgendwelche Gespräche. Er selbst habe geschlafen, denn der Tag ist lang und die Nacht kurz. Auch ein Wutanfall des Richters konnte den Wirt nicht erweichen: «Tut mir leid, ich kann nichts sagen.» Außer daß er nicht ausländerfeindlich sei: «Ich habe schon Ausländer bedient!»

Der Prozeß, so hoffte der neue Bürgermeister, Karl Pfannenschwanz, sollte Dolgenbrodt rehabilitieren. Doch der Anwalt aus dem Westen, der seinen Schäfchen beistand, täuschte sich gewaltig. Das Fazit von Richter Klaus Przybilla ist vernichtend: «Ein ganzes Dorf wartet auf den Brand.» Bitter stellte er am 22. Juni 1994 fest: «Das Klima für die Brandstiftung war da, es mußte nur noch vollstreckt werden. Wir müssen wohl noch dankbar sein, daß es leer angesteckt wurde.» Beneidenswert sei der tiefe Schlaf der Bevölkerung, gespenstisch die Ruhe vor dem Brand, gespenstisch auch der mangelnde Widerstand gegen die Reichskriegsflagge. «Doch wir mußten hier nicht die Schuld des Dorfes feststellen. Ob angestiftet wurde, bleibt einem Ermittlungsverfahren der Staatsanwaltschaft überlassen», sagte Przybilla mit einem Seitenhieb auf die sanft entschlummerten Bemühungen des Staatsanwaltes, mögliche Anstifter auszumachen. Auch Silvio J.s Anwalt Karsten Beckmann beklagte, daß man sich von vornherein auf seinen Mandanten als den Täter versteift hat: «Die wollen wieder den rechtsradikalen Einzeltäter.»

Die Schuld des Angeklagten konnte die Jugendkammer des Potsdamer Landgerichts aus Mangel an Beweisen und trotz zahlreicher Indizien nicht zweifelsfrei feststellen, er wurde freigesprochen.

Kein Zweifel indes besteht für die Richter an der Rolle der Gemeinde: «Die Kammer ist nicht in der Lage, das Dorf von Mitschuld freizusprechen.» Die These vom irregeleiteten, rechtsradikalen Einzeltäter, der abseits der Gesellschaft sein Unwesen treibt, taugt seit Dolgenbrodt nicht mehr.

III. Die im trüben fischen
Geheime Staatsaktionen

Demokratie braucht Öffentlichkeit, wie wir die Luft zum Atmen brauchen. Deshalb sind geheime Aktionen und Institutionen – selbst wenn sie sich «Verfassungsschutz» nennen – der Demokratie grundsätzlich nicht zuträglich. Oder sollte man dem nordrhein-westfälischen Innenminister Schnoor glauben, daß der im Juni 1994 als VS-Mitarbeiter enttarnte Leiter der Solinger Kampfsportschule «Hak Pao» ein äußerst sinnvoll eingesetzter Informant war, bei dem sich die mutmaßlichen Mörder von fünf Türkinnen mit anderen Rechtsradikalen trafen und der dabei mithalf, belastendes Material über die Solinger Nazi-Szene beiseite zuschaffen? Zum Skandal können geheime Staatsaktionen allerdings nur werden, wenn sie trotz aller Geheimniskrämerei an die Öffentlichkeit kommen und sich als illegal erweisen. Oder wenn zumindest offenkundig wird, daß etwas Illegales oder doch wenigstens Illegitimes vertuscht worden ist. Beides ist naturgemäß selten. Und so müssen wir davon ausgehen, daß es eine hohe Dunkelziffer von Kriminalität und im Sinne der demokratischen Ordnung kontraproduktiven Machenschaften im geheimen Staatsmilieu gibt.

■ Der «große Lauschangriff» bewegte die Gemüter. Während CDU und SPD in trauter Einigkeit glaubten, nur mit der Keule dem organisierten Verbrechen beikommen zu können, beschwor die Opposition in Form der FDP die Grundrechte der unverletzlichen Privatsphäre. Im Windschatten dieser erregt geführten Debatte gelangte unverhofft ein «kleiner Lauschangriff» in Hessen zu einer gewissen Berühmtheit: Ausgerechnet der Innenminister als Hüter der Verfassung bediente sich einer polizeilichen Abhörmaßnahme, um seinem von einer mutmaßlich verheimlichten Beziehung zu einem stadtbekannten Bordellkönig bedrängten Ministerpräsidenten beizustehen. Das sorglose Zusammenspiel zwischen Legislative und Exekutive kostete schließlich beide das politische Mandat. Was blieb, war ein treffliches Beispiel dafür, daß Datenschützer auf ziemlich verlorenem Posten stehen und sich selbst unter bestem Vorsatz gesammelte Daten schneller verbreiten, als dem Gesetzgeber lieb sein darf. ■

Wilhelm von Sternburg

Der kleine Lauschangriff

Ein Innenminister hörte mit

Gottfried Milde ist ein ehrenwerter Mann. 24 Jahre saß er für die Christdemokraten im hessischen Landtag, wurde dank kerniger Rhetorik endlich auch Fraktionsvorsitzender und erfüllte sich nach Walter Wallmanns Wahlsieg 1987 einen Lebenstraum: Innenminister wurde der Mann, dem Recht und Ordnung seit dem Entschluß, Politiker zu werden, eine Herzensangelegenheit blieb. Wie hatten wir ihn zuvor immer wieder staunend beobachtet, wenn er im Wiesbadener Landtag, auf Parteitagen, Pressekonferenzen oder im Rundfunkrat des Hessischen Rundfunks sein schlichtes Weltbild breit und behäbig entwarf, die Gesellschaft nicht ohne sichtliche Empörung in Gut und Böse zu teilen wußte, mit bewegter Stimme den drohenden Untergang des Vaterlandes durch Hinweise auf die chaotischen Linken und Ökologen, missionarischen Journalisten und moralverderbenden Gesamtschullehrer beschwor. Zugegeben, gelegentlich beschlichen uns angesichts seiner sprachlichen Einfachheit und eigenwilligen Gedankenlogik, seines selbstquälerischen Glaubens an dunkle Verschwörungen aller Anti-Christ(demokrat)en vorsichtige Zweifel an der Qualität der Juristenausbildung an deutschen Universitäten. Denn immerhin zwei Staatsexamen hatte der Mann doch erfolgreich hinter sich gebracht.

Als er dann Innenminister wurde, also oberster politischer Schützer unserer hessischen Verfassung, da ahnten wir nichts Böses. Sicher, ein Gottfried Milde würde die Staatsautorität schon nicht verkommen lassen, seiner Skepsis gegen die linksverderbte, allzu individuelle und offene Gesellschaft mit neugewonnener politischer Macht wirksamen Nachdruck verleihen. Aber, so dachten wir als ewig naive und optimistische Demokraten, der Mann ist Jurist, also was immer in seinem Kopf und Bauch für ein Chaos herrschen mag, die Gesetze kennt er. Und als gelehrige Schüler Sigmund Freuds und Karl Marx' zwinkerten wir uns aufmunternd zu: Mit dem Amt wächst die Reife, oder das Sein bestimmt das Bewußtsein.

Dann jedoch kam der zwar nicht für die Weltgeschichte, aber immerhin für den Innenminister und die hessische CDU verhängnisvolle Herbst 1990. Es zeigte sich, daß Gottfried Milde im Falle des Falles nicht mehr Recht und Gesetz, sondern nur noch seine Partei kannte. Ein Konservativer bewies deutsche Tugend. Wie weiland der finstere Hagen seinem König Gunther mordend zur Seite sprang, zog Milde das Schwert für seinen bedrängten Ministerpräsidenten Walter Wallmann und brach das Recht, wenn auch in etwas zivilerer Form als sein Vorbild aus grauer Vorzeit. Wie sie ausging, die Geschichte von der Nibelungentreue, das wissen wir: Hagen und Gunther verschieden recht unsanft in König Etzels brennender Burg. «König» Wallmann und sein «Knappe» Milde hatten es besser. Sie verloren nur die Macht, der eine früher, der andere später.

Am Anfang stand die unendliche Geschichte von Rotlicht-Sumpf und Korruption im verschlungenen Dickicht der Mainmetropole Frankfurt. Die Brüder Beker hatten als Bordellbesitzer und fleißige Arbeiter im Garten der hohen Gewinne schon lange Schlagzeilen gemacht. Manch Ehrenmann aus der Rhein-Main-Elite litt während ihrer strafrechtlichen Verfolgung zunehmend unter Gedächtnisschwund, wenn die Frage kam, wie hieltest du es denn mit diesem schillernden Geschwisterpaar. Auch dem hessischen Ministerpräsidenten, einst mit der Amtskette des Frankfurter Oberbürgermeisters dekorativ geschmückt, widerfuhr solch infames Fragespiel. Im Landtag nach gerüchteweise kolportierten Kontakten zu den Bekers von der Opposition befragt, wies Wallmann solcherweise vorgebrachte Schmähversuche empört zurück. Nichts sei da gewesen, und auch nächtliche Besuche dieser schändlichen Unterstützer primitiver Lüste in seinem privaten Heim habe es nie gegeben. «Nicht wissentlich» habe er je von Angesicht zu Angesicht vor diesen oder ähnlichen Bordellbesitzern gestanden. Ein Schurke, wer etwas anderes behauptet. Also etwa der ehemalige Chauffeur von Hersch Beker, der doch tatsächlich erklärte, er habe höchstpersönlich seinen damaligen Herrn und Meister direkt per Auto zum Privathaus des zu diesem Zeitpunkt noch hochgepriesenen Frankfurter Oberbürgermeisters kutschiert. Zum Glück hatte dieser ruhestörende und aussagefreudige Zeitgenosse eine kriminelle Vorgeschichte, was ja bekannterweise stets jede Zeugenaussage gegenstandslos macht. Der Einwurf, dieser Mann habe doch immerhin als Polizeispitzel fungiert, ist nur als bewußter Diffamierungsversuch zu bewerten. Wir wissen doch alle, die Glaubwürdigkeit von Aussagen hängt vom Gegenstand ab: Für den Zeugen des Staates gibt es noch allemal einen Bonus, wehe aber, der Mensch setzt eine Autorität ins Zwielicht. Da gilt es, das lotterhafte Vorleben doppelt genau unter die Lupe zu nehmen.

Das wäre es wohl gewesen für die wahlkämpfende und zunächst sichtbar enttäuschte Opposition. Noch ein paar klotzige Pressemeldungen und Landtagsreden, und die Angelegenheit verstaubt in den Protokollen.

Da schlug die Stunde des wackeren Gottfried Milde. Endlich erfüllte sich, was er doch schon immer wußte. Finstere Mächte in Gestalt der rot-grünen Gesellschaftsveränderer und der staatsverachtenden Schreiberlinge hatten sich verschworen, der edlen Regierungsheerschar heimtückisch aus dem Hinterhalt den Garaus zu machen. Wallmann forever oder: Ich weiß was, und jetzt sage ich es auch.

So geriet denn die Landtagsdebatte zum Tribunal. Während die Opposition schon fast kleinlaut des Ministerpräsidenten Wort zum Nichttreffen mit Beker zu akzeptieren bereit war, ließen sich seine Parlamentspaladine zu wilden Vergleichen hinreißen: Mit «Rufmord» habe es begonnen, und die Attentate auf den Bankier Herrhausen oder den CDU-Politiker Schäuble habe man ja erlebt. Was dem im Parlament verbal unmittelbar folgte, scheut sich der sensible Autor in Schriftsprache zu wiederholen.

Den Gottfried Milde riß es angesichts dieses Wortgetümmels wie in einem blutigen Shakespeare-Drama fort. Um die Ungeheuerlichkeit des Vorfalls zu entlarven, zitierte er aus einem abgehörten Telefonat zwischen einem *Stern*-Journalisten und einem per Äther belauschten Beker-Anwalt. Geld habe die Kanaille vom Hamburger Magazin geboten, um belastendes Material gegen den aufrechten Wallmann zu erkaufen, ließ der erregte Mann die Menge wissen.

Ach, hätte er doch geschwiegen. Denn nun war es unwiderruflich aktenkundig: Ein Innenminister hatte aus parteipolitischen Gründen Machtmißbrauch getrieben, das Gesetz gebrochen und einen Journalisten diffamiert, indem er interne Polizeiinformationen veröffentlichte. Aus war es mit Recht und Ordnung, die er seinen ob des schrecklichen Gesellschaftswirrwarrs stets tief bestürzten Wählern doch Jahr für Jahr als Oppositionspolitiker ans Herz gelegt hatte. Das Unheil nahm seinen Lauf.

Der *Stern* klagte postwendend, und wenig später versprach Gottfried Milde, seine vorschnellen Worte nie mehr zu wiederholen oder viel vom Gericht festgesetztes Strafgeld zu zahlen. Die freudig erregte Opposition forderte seinen Rücktritt, und Walter Wallmann fand zu dem in solchen Situationen doch immer wieder originellen Standardsatz zurück: Der Innenminister genieße nach wie vor sein «volles Vertrauen». Im Innenausschuß des Landtages ging es besonders schelmisch zu. Da suchten die Damen und Herren mit ernsten Mienen nach einer Erklärung, wie denn Kopien der Abhörprotokolle vom Bundeskriminalamt wohl zum Innenminister gelangt sein könnten. Irgendwie rührend, diese Naivität der ausgebufften Profis, die so gar nicht ahnen, wie wirkungsvoll das Wechselspiel zwischen Legislative und Exekutive in diesem Land längst funktioniert.

Während der Staatsanwalt ermittelte, ob ein Straftatbestand vorliege, wurde ruchbar, auch der Chef der Staatskanzlei, ein gewisser Herr Gauland, habe schon seit langem Kenntnis vom Inhalt der Abhörprotokolle und dies pflichtschuldigst dem *Stern*-Chefredakteur übers Telefon mitgeteilt. Wahrscheinlich nur aus Sorge um den guten Ruf des von den Christdemokraten so hoch geschätzten Journals geschah dies, und nicht etwa, wie übeldenkende Zeitgenossen behaupten würden, aus dem unlauteren Motiv heraus, hier wolle die Politik unter Ausnutzung polizeilicher Informationen ein wenig Druck auf die Blattmacher ausüben.

Wie in jedem guten Politwestern kam auch diesmal am Ende die Wahrheit an den hellichten Tag. Der abgehörte Anwalt erklärte, nicht der Journalist habe als erster angerufen und angeboten, sondern er sei initiativ geworden. Und der hessische Datenschutzbeauftragte ließ schließlich verlauten, er sehe keine Rechtsgrundlage für die Weiterleitung von Abhörprotokollen an das Innenministerium, da sie ausschließlich in die Hände von Staatsanwaltschaft und Justiz gehörten. Abhörmaßnahmen, so ließ er die hehren Demokraten in der CDU wissen, zählten «zu den schwerwiegendsten Eingriffen in die Persönlichkeitsrechte der Betroffenen».

So endete denn eine politische Karriere recht abrupt. Gottfried Milde trat zurück, und seine Parteifreunde lobten ihn ob seiner an sich doch untadeligen Haltung. Es mag sich mancher Wähler vielleicht etwas verwundert gefragt haben, wieso denn dieser so lautere und unschuldige Mann überhaupt zurückgetreten sei. Bald aber mußte auch der «König» abdanken. Hauchdünn war der Vorsprung seiner Gegner bei der bald folgenden Wahl. Mildes unmilder Umgang mit dem Recht und der Menschenwürde eines Bürgers kosteten Walter Wallmann die entscheidenden Stimmen.

Also ein Happy-End für die Demokratie? Es war nur ein Provinzskandälchen, nicht ohne possenhafte Züge beim Auftritt der Helden und Schurken. Aber: Così fan tutte, und gelernt haben sie nichts daraus. Unrechtsbewußtsein bei den Tätern? Fehlanzeige. Nachforschungen über die Protokollverteiler beim Bundeskriminalamt oder der Staatsanwaltschaft? Niemand hat davon etwas gehört. Die auf richterliche Anordnung erwirkte Abhörung des Anwalts in unserer Tragikomödie erfaßte zum Zeitpunkt der Offenlegung der Affäre Milde nach Informationen des Haushaltsausschusses im hessischen Landtag satte 36000 (!) Gespräche. Der «große Lauschangriff» jedoch steht bei CDU und SPD fest im Programm. Big brother is hearing you, und die Mildes sind überall. Da stirbt die Freiheit bereits meterweise.

■ 1993 schockierte die *Bild*-Zeitung ihre nach Millionen zählende Leserschar mit Porträtfotos Bonner (Ex-)Politiker, von denen eine Anzahl für den Moskauer KGB oder das Ostberliner MfS gearbeitet haben sollte. Die meisten unter diesen prominenten Spionageverdächtigen gehörten der SPD an. Kurz zuvor erst hatte ein Bonner Staatssekretär namens Vöcking seinen Dienst quittieren müssen, weil er einer Journalistin von einer anderen Springer-Zeitung unter konspirativen Umständen Geheimmaterial über einen KGB-Spion in der unmittelbaren Umgebung des damaligen SPD-Kanzlerkandidaten Björn Engholm zustecken wollte, diese konspirative Handlung aber nicht geheim blieb und die geheimen Dossiers sich als wenig stichhaltig erwiesen.
Angeblich verfügte das Bundeskanzleramt über Informationen aus Moskau, mit deren Hilfe es eine Reihe von SPD-Politikern hätte bloßstellen und damit die Opposition insgesamt entscheidend schwächen können. Besonders zuverlässig waren diese Informationen offenbar andererseits wieder nicht. War das Ganze also ein hart am Rande der Legalität angesiedelter Bluff zum Zwecke der Oppositionsbekämpfung? So ganz scheint sich die SPD ihrer Sache nicht sicher gewesen zu sein, denn sie verzichtete auf eine weitere Untersuchung der Regierungsmachenschaften... ■

Wolfgang Gast

Die KGB-Papiere, die keine waren

«Es ist vorbei», läßt Altmeister John le Carré seinen berühmten Geheimdienstler George Smiley in dem Roman *Der heimliche Gefährte* sagen. Der kalte Krieg ist vorbei, der Eiserne Vorhang eingerissen, die Blockkonfrontation ein abgeschlossenes historisches Kapitel. «Es ist vorbei», wiederholt Smiley, «und ich bin ebenfalls fertig. Wird Zeit, daß Sie über den kalten Krieger von gestern den Vorhang fallen lassen... Die neue Zeit braucht neue Leute. Das Schlimmste, was Sie tun können, ist, uns nachzuahmen.» Die neuen Leute, so scheint es, sind aber auch heute noch nicht in Sicht.

Von schier unstillbarem Ehrgeiz getrieben, sitzt einer im Bonner Kanzleramt, der, ganz ein alter Haudegen, noch im Juni 1993, fast vier Jahre nach dem Zusammenbruch des real existierenden Sozialismus, zum letzten großen Schlag gegen die Agenten des Ostens ausholen möchte. Als Staatsminister ist der Mann für die Koordination der bundesdeutschen Geheimdienste zuständig. Er heißt Bernd Schmidbauer. Ein «großes Erwachen», prophezeit der frühere Oberstudiendirektor aus Pforzheim in Baden-Württemberg vor Vertrauten, werde es geben, wenn alle Spuren ausgewertet und alle Verfahren abgeschlossen sind. Der Mann neigt zwar gerne zur Übertreibung, dieses Mal geht er selbst für seine Verhältnisse in die vollen: Das Ausmaß des Landesverrats sei so «gigantisch», daß am Ende sogar die Geschichte des kalten Krieges neu geschrieben werden müsse.

Schmidbauer, der sich einen Namen als des Kanzlers Mann für kühne Operationen gemacht hat, entwirft ein wahrlich erschreckendes Szenario. Alle gesellschaftlichen Kreise seien von der Spionage betroffen, die Politik ebenso wie die Wirtschaft, die Wissenschaft, die Gewerkschaften, das Militär – selbst die Kirchen und die Medien sind nach den Worten des Agentenjägers noch heute von ehemaligen Agenten des ostdeutschen Geheimdienstes HVA durchsetzt. Ranghohe Politiker und Beamte stünden im Verdacht – mit mindestens elf Verratsfällen liege im Bereich der Politik das Auswärtige Amt an der Spitze, gefolgt vom Bonner Verteidigungsministerium, selbst in Norbert Blüms Sozialressort soll es drei Spionagefälle geben. Die Waffen im finalen Gefecht mit der vom früheren HVA-Chef Markus Wolf aufgebauten Truppe der Ostspione: «lawinenartige» neue Erkenntnisse der Karlsruher Ermittler, die Verfolgung von mehr als zweitausend Spuren, über tausend neue Ermittlungsverfahren, mit denen in der nächsten Zukunft gerechnet werden müsse. Der Badenser ist sich sicher – reihenweise würden in Kürze langjährige Strafen gegen die westdeutschen Helfer und Helfershelfer der Stasi fällig.

Doch so vollmundig, wie die Ankündigungen Schmidbauers ausfallen, so unklar bleibt zunächst, auf welche Quellen sich das Horrorszenario des Bonner Geheimdienstkoordinators stützt.

Spekulationen und Andeutungen sprießen wie wilder Mohn auf unbestellten Äckern. In vertraulichen Gesprächen fällt immer wieder «Moskau». Nach über zwei Jahren harter Arbeit, heißt es hinter vorgehaltenen Bonner Händen, sei es den bundesdeutschen Fahndern endlich gelungen, das wahre Netz der «Hauptverwaltung A» zu durchleuchten. Mit der tatkräftigen Hilfe früherer MfS-Offiziere, denen strafrechtliche Milde im Gegenzug für ihre Kooperation zugesichert worden sei. Und mit der der Russen. In Erwartung von Milliardenbeträgen aus Bonn sei Moskau wenigstens teilweise zu Zugeständnissen bereit und den Wünschen der Bundesregierung entgegengekommen. Nur etwas Druck sei notwendig gewesen, dann hätte der einstige Gegner geliefert – mehr oder weniger freiwillig, so das gezielt gestreute Gerücht, gaben die Russen die Akten heraus. Unterlagen, die sie über die Jahre als Kopien von den Aufklärern des Ministeriums für Staatssicherheit unter dem Kommando von Armeegeneral Erich Mielke erhalten hatten. Schmidbauers Enttarnungswelle konnte anrollen.

«Ost-Spione waren überall», meldet am 1. Juli 1993 die *Berliner Zeitung*. Deren Bonner Korrespondent will erfahren haben: «Jetzt endlich ist die Lieferung da. Angeblich 20 Pakete Aktendeckel samt Inhalt – in russischer Sprache – sind an der Moskwa abgeschickt worden und am Rhein angekommen. Ohne Namensnennung, aber mit detaillierter Umschreibung der Quellen ist darin von Informanten die Rede, die zu Zeiten des Ost-West-Konfliktes erstklassige Hinweise aus hohen und höchsten Bonner Polit-Etagen an das Ministerium für Staatssicherheit geliefert haben.» Das Kölner Bundesamt arbeite zur Zeit den «Schatz» auf, in bis zu 80 Fällen könne noch in den Sommermonaten mit einer Verfahrenseröffnung gerechnet werden. Besorgt fragt die Zeitung: «Droht ein böses Erwachen in Bonn?»

Für den beamteten Staatssekretär im Innenministerium Johannes Vöcking lag das böse Erwachen zu diesem Zeitpunkt noch keine zwei Wochen zurück. Nachdem bekannt geworden war, daß er rund eineinhalb Jahre zuvor Akten des Verfassungsschutzes an eine Journalistin weitergereicht hatte, die den Eindruck erwecken sollten, der damalige SPD-Spitzenkandidat Björn Engholm sei ein «Sicherheitsrisiko» für die Bundesrepublik, mußte der am 16. April 1949 geborene Staatssekretär seine Koffer packen. Alle ursprünglichen Dementis – vom Verfassungsschutz bis zum Innenministerium – waren widerlegt. Dem Chef des Bundeskanzleramtes Friedrich Bohl blieb nur noch, den glücklosen Beamten Vöcking in den Vorruhestand zu schicken. Den drastischen Karriereknick besiegelte Bohl mit einer kurzen Verlautbarung unter der Registernummer 253/93:

«Ich beabsichtige eine Ermächtigung zur Durchführung eines Ermittlungsverfahrens gegen Staatssekretär Dr. Vöcking zu erteilen:

- Das von Staatssekretär Vöcking selbst eingeräumte Verhalten ist zu mißbilligen;
- Bundesminister Seiters wird den Bundespräsidenten bitten, Staatssekretär Vöcking auf dessen eigenen Wunsch bis zum Abschluß des Verfahrens in den einstweiligen Ruhestand zu versetzen;
- nach Beendigung des Verfahrens wird der Bundeskanzler eine abschließende Entscheidung treffen.»

Der jüngste unter den beamteten Staatssekretären war auf einem Bonner Parkplatz zu Fall gekommen. Bei einem konspirativen Treffen mit einer Journalistin des im Springer-Verlag herausgegebenen *Hamburger Abendblattes* hatte Vöcking Anfang 1992 vertrauliche dienstliche Unterlagen des Kölner Verfassungsschutzes über einen angeblichen polnischen Spion im Umfeld des früheren SPD-Vorsitzenden Engholm weitergegeben. Danach sollte es einen langfristigen Agenten des polnischen Geheimdienstes geben, der aus der unmittelbaren Nähe des SPD-Hoffnungsträgers Informationen an seine Auftraggeber liefere. «Juras», so der angebliche Deckname des Spions, habe eine Frau mit Verwandtschaft in Warschau, er sei zur Zeit aber nicht aktiv.

Vöcking hatte der Springer-Journalistin Unterlagen zugesteckt, die im Kölner Bundesamt als «geheim» eingestuft waren und die Suchkriterien für den vermuteten Agenten «Juras» enthielten. «Juras», lautete die Einschätzung der Kölner Schlapphüte, sei 1989 auf Eis gelegt worden – möglicherweise beabsichtige Warschau jetzt, den Mann zu reaktivieren. Der Agent der Polen sei «gut gebildet», er berate Engholm in Osteuropa und Polen betreffenden Fragen, er stehe Engholm «sehr nahe», das persönliche Verhältnis sei entstanden, bevor Engholm seine Position als Fraktionschef der SPD erreicht hatte.

Der eigentliche Hintergrund der Aktion lag ziemlich auf der Hand: Engholm sollte offenbar zu einem Sicherheitsrisiko hochstilisiert und die SPD als spitzeldurchsetzt entlarvt werden.

Nicht nur den Sozialdemokraten erschien der Zeitpunkt des Komplotts verdächtig: Als Vöcking den Parkplatz aufsuchte, die Geheimpapiere unter dem Arm, da steckte die Bundesregierung mitsamt dem amtierenden Kanzler in einem Tief, während die Sozialdemokratie mit Engholm über einen Strahlemann verfügte, der zudem wenige Tage zuvor seine Bereitschaft erklärt hatte, als Kanzlerkandidat für die SPD zur Verfügung zu stehen. Daß die allem Anschein nach geplante Intrige letztlich nicht verfing, war Vöckings Treffpartnerin geschuldet. «Ehrlich entsetzt, wie in Bonn Politik gemacht wird», weigerte sie sich, über das Dossier zu berichten. Sie offenbarte sich statt dessen Bonner Sozialdemokraten.

Die Ermittlungen im Falle «Juras» wurden von der Bundesanwaltschaft am 12. Februar 1993 erst einmal eingestellt. Ob es den Agenten «Juras» überhaupt jemals gegeben hat, ist fraglich. Engholm war als sogenannte Zielperson östlicher Geheimdienste in das Visier der Kölner Verfassungsschützer geraten. Um ihren Schützling vor Schaden zu bewahren, so die amtliche Version, mußten die Verfassungsschützer stets ein Auge auf ihn werfen. Eine andere Version ist aber ebenso plausibel: Was liegt für denjenigen näher, der Engholm im Auge behalten will, als einen möglichen Ost-Agenten in dessen näherer Umgebung zu konstruieren? Vöcking nahm es auf sich, die Affäre, zu der es in seiner Zeit als Leiter der Zentralabteilung im Kanzleramt – mit der Zuständigkeit für die Bereiche Innere Sicherheit und Recht – gekommen war, alleine zu verantworten. Zuerst gegenüber dem Kanzler, dann im Innenausschuß gab er an, daß alle Versuche, den Agenten zu enttarnen, nichts bewirkt hätten. Ihm sei damals klargeworden, daß der Fall mit normalen Mitteln nicht zu lösen sei. Deshalb habe er den Weg über die Öffentlichkeit gewählt. Er habe das Ziel verfolgt, den Agenten abzuschrecken; der polnische Geheimdienst sollte wenigstens dazu bewegt werden, die Quelle aus der Nähe Engholms abzuziehen. Vöcking machte reichlich merkwürdige Angaben. So hatte das Innenministerium in Kiel keineswegs die Berichte über einen Agenten in der Nähe ihres Ministerpräsidenten vernachlässigt, wie Vöcking es zu seiner Verteidigung später behauptete. Die Innenbehörde des Bundeslandes wurde tatsächlich erst zu dem Zeitpunkt über die Verdachtsmomente unterrichtet, zu dem der Staatssekretär sich heimlich auf dem Parkplatz mit der Journalistin traf.

Wenig überzeugend blieb auch Vöckings Aussage, er habe aus eigenem Antrieb gehandelt. Der Mann, ein anerkannt loyaler wie fleißiger Spitzenbeamter und ein exzellenter Jurist, sollte ein derart heikles Unternehmen auf eigene Faust durchgeführt haben, ganz ohne Rückendeckung von oben? So mancher wollte nicht glauben, daß es eine Art vorauseilender Gehorsam oder vorauseilender Loyalität war, die Vöcking dazu gebracht haben mochte, die geheimen «Juras»-Unterlagen an die Presse zu lancieren. Nicht nur in SPD-Kreisen wurde vermutet, aber nie bewiesen, daß Vöckings Parkplatz-Aktion mit der CDU-Führung, wenn nicht sogar mit der Spitze des Kanzleramtes abgesprochen war.

Während die Affäre Vöcking mit der Demission des Staatssekretärs mühsam bereinigt wird, steht der Bundesregierung bereits der nächste Ärger ins Haus. Wütend weisen die russischen Behörden die Meldungen zurück, sie hätten frühere Unterlagen der Staatssicherheit der Bonner Regierung zur Verfügung gestellt. Der zweite Mann der russischen Auslandsspionage, Wjatscheslew Trubnikow, dementiert: «Wir besitzen solche Dokumente nicht.» Zwar habe der ehemalige sowjetische Nachrichtendienst KGB Unterlagen von der DDR-Staatssicherheit erhalten, diese seien aber stets so aufbereitet gewesen, «daß die Quelle nicht identifizierbar war». In Moskau nutzen Präsident Jelzins Gegner die Bonner Meldungen über den vermeintlichen Aktendeckel, um den Präsidenten und die ihm unterstellten Geheimdienstmitarbeiter als käufliche Büttel des Westens zu denunzieren. Rußlands Spionagechef Jewgenij Primakow kostet die in Bonn angeheizte Gerüchteküche beinahe das Amt.

Unter Geheimdienstexperten wird der Aktentransfer zwischen Moskau und Bonn zunehmend in Zweifel gezogen. Ein Grund: Trubnikows Beteuerungen, die Quellen der HVA nicht gekannt zu haben, decken sich mit den Ausführungen früherer HVA-Offiziere. Bei aller unverbrüchlichen Freundschaft, betonen die einstigen Schlapphüte aus Ostberlin, ihre Quellen hätte die «Hauptverwaltung A» selbst dem großen Bruder KGB nicht offenbart. Und die Nachfolgedienste des KGB gelten ihnen als «bürgerliche» Geheimdienste, die alte Freundschaft gebe es schon lange nicht mehr.

Die von Schmidbauer angekündigte Enttarnungswelle in Politik und Parteien läßt also weiter auf sich warten. Das Rätsel um die Herkunft der Akten bleibt ungelöst. Immer mehr Politikern in den Reihen der SPD stößt aber auf, daß beinahe ausschließlich Sozialdemokraten als mögliche noch zu enttarnende Stasi-Agenten gehandelt werden.

Wer nun erwartet, die Sozialdemokratie würde sich nun massiv zur Wehr setzen, wird enttäuscht. Die Vöcking-Aktion entschwindet merkwürdig schnell aus den Schlagzeilen. Der liberalen *Zeit* in Hamburg fällt auf, daß die Bundesrepublik nach «einem der schlimmsten Fälle von Regierungskriminalität einigermaßen ungerührt zur Tagesordnung» übergegangen ist. Drastisch äußert sich noch der Freidemokrat Burkhard Hirsch. Als Mitglied der Parlamentarischen Kontrollkommission des Bundestages (PKK), die die Arbeit der Geheimdienste in der Bundesrepublik kontrollieren soll, mahnt er nach einer Sitzung Mitte Juni, zu der auch der Geheimdienstkoordinator Schmidbauer geladen war: «Der Verfassungsschutz ist dazu da, die Verfassung zu schützen, nicht die Regierung.»

Staatsminister Schmidbauer, von seinen Mitarbeitern schon mal als «008» bespöttelt, hatte in der geheim tagenden PKK-Sitzung zugeben müssen, daß er den Mund etwas zu voll genommen hatte. Nun spricht er von rund 80 Spionagefällen, darunter etliche in Politik und Medien. Sie können von den Kölner Verfassungsschützern an die Karlsruher Bundesanwaltschaft zur Anklageerhebung abgegeben werden. Der Staatsminister nennt keine Namen, verspricht aber, die Vorsitzenden und Sicherheitsbeauftragten der Parteien rechtzeitig zu informieren.

Schmidbauer muß Meter um Meter zurückrudern. Wie die *Berliner Zeitung* am 13. Juli genüßlich aufzählt, sind aus den angekündigten 2000 Verdachtsfällen erst 600, dann 60 und schließlich nur noch 50 geworden, in denen mit Maßnahmen der Bundesanwaltschaft gerechnet werden muß. Merkwürdig verhalten bleibt aber die Reaktion führender SPD-Politiker. Drei parlamentarische Untersuchungsausschüsse hatten die Sozialdemokraten eigentlich einsetzen wollen:

- einer sollte den katastrophal fehlgeschlagenen Antiterroreinsatz in Bad Kleinen vom 27. Juni durchleuchten, bei der der Polizeibeamte Michael Newrzella und das RAF-Mitglied Wolfgang Grams erschossen wurden,
- ein zweiter sollte sich mit möglichen Fehlentscheidungen und Fehlentwicklungen der Berliner Treuhandanstalt befassen und
- ein dritter sollte im Zusammenhang mit der Vöcking-Affäre klären, ob das Bonner Kanzleramt nicht doch mit gezielten Machenschaften den damaligen SPD-Vorsitzenden und Kieler Ministerpräsidenten, Björn Engholm, ins politische Aus manövrieren wollte.

Eingesetzt wird später nur ein Gremium, der sogenannte Treuhand-Ausschuß unter dem Vorsitz des SPD-Politikers Otto Schily.

Reichlich schnell lassen die Sozialdemokraten die Forderung nach einem Ausschuß zur Vöcking-Affäre fallen. Die Lust am Stochern im Geheimdienstsumpf scheint den Genossen gründlich abhanden gekommen. Will die Sozialdemokratie unter der Führung ihres neuen Spitzenkandidaten Rudolf Scharping die glücklose Episode Engholm schnellstmöglich vergessen machen? Oder zeigt da eher Wirkung, was der Kanzler Kohl dem parlamentarischen Geschäftsführer der SPD-Fraktion im Bundestag, Peter Struck, bereits Ende Mai angedroht hatte – daß in den nächsten ein, zwei Monaten mit der Enttarnung von rund 50 aktiven und früheren SPD-Politikern aus Bund und Ländern als Ost-Spionen gerechnet werden müsse?

Seine dunklen Ahnungen hatte Helmut Kohl zur gleichen Zeit in einem Brief dem damals schwer erkrankten SPD-Ehrenvorsitzenden Willy Brandt mitgeteilt. Wegen angeblich neuer Erkenntnisse über die enge Verzahnung der SPD mit der Ostberliner SED-Führung bei der Erarbeitung eines gemeinsamen Positionspapieres im Jahr 1987 kündigte der Kanzler schriftlich die Übereinkunft beider Parteien, wonach weder CDU noch SPD aus der möglichen Verstrickung mit dem SED-Regime politisches Kapital schlagen wollten.

Schmidbauers großspurig angekündigte Enttarnungswelle hatte zunächst nur die Überführung weniger und vergleichsweise kleiner Lichter aus den Medien oder den Parteiapparaten als Spione zur Folge. Auch blieb unklar, ob es dabei einen Zusammenhang zu den sogenannten KGB-Papieren gab. Prominente Politiker waren jedenfalls nicht unter den Ertappten. Der zwischenzeitlich medienwirksam erhobene Spionagevorwurf gegen den früheren Wehner-Vertrauten und ehemaligen SPD-Fraktionsgeschäftsführer, Karl Wienand, entpuppt sich als Ente – ebenso der gleichlautende Vorwurf gegen den FDP-Bundestagsabgeordneten Wolfgang Lüder.

Doch schließlich kann der Bonner Geheimdienstkoordinator einen richtigen Erfolg vorweisen: Die enttarnten Spione sind zwar auch keine Politiker, es sind der deutsche Nato-Angestellte Rainer Rupp (Deckname «Topas») und seine britische Ehefrau Christine-Ann (Deckname «Türkis»). Aber immerhin hatten sie 20 Jahre im Sold der HVA gestanden, gemeinsam hatten sie die Brüsseler Zentrale des Nordatlantikpaktes ausgespitzelt. Mehr als 10000 geheime Dokumente soll Rupp verraten haben.

Mit dem Bekanntwerden der Details gerät die Bundesregierung zusehends unter Druck. Wie sich herausstellt, hat die Regierung zur Abschirmung der Aktion gegen die Rupps gezielt Desinformation betrieben, wie sie selbst die erfolgreichen Falschspieler der Stasi nicht besser hätten inszenieren können. Mit Halbwahrheiten werden nicht nur die Geheimdienstkontrolleure des Bundestages getäuscht, sondern auch die für Stasi-Akten zuständige Behörde des Bundesbeauftragten Joachim Gauck.

Die Spur der Akten, wird nun bekannt, weist keineswegs, wie Bonn behauptet, nach Moskau. Im Gegenteil: Die Unterlagen lagern acht Meilen von Washington entfernt in Langley, in den Archiven des US-Geheimdienstes CIA. Es handelt sich um auf 16-Millimeter-Dünnfilm kopierte Karteikarten der «Hauptverwaltung A», deren Verfilmung die Stasi-Spitze bereits 1988 mit einer geheimen Verschlußsache «MfS 096 A 28/88» angeordnet hatte. Offenbar hatten die Mitarbeiter der DDR-Aufklärung im Zuge ihrer Selbstauflösung einen Großteil ihrer Unterlagen verfilmt, bevor sie sie in die Reißwölfe wandern ließen.

Drei solcher Filme konnten sich die CIA-Aufklärer anscheinend noch während der Wendezeiten in Ostberlin beschaffen. Einen mit einer Klarnamenkartei und Hinweisen auf laufende Spionagefälle, einen mit verfilmten Decknamen und einen mit Hinweisen auf Aktensignaturen. Kombiniert mit den Angaben früherer MfS-Offiziere und/oder anderen Stasi-Unterlagen, ist das das Material, das einen Zugang zu dem noch verborgenen Spionagenetz der ehemaligen DDR ermöglicht.

Die Bundesregierung hat allen Grund, die Herkunft ihres Wissens zu verheimlichen. Zum einen hat sich Bonn zu strengster Verschwiegenheit verpflichtet, zum anderen praktizieren die Amerikaner ein für die Kölner Verfassungsschützer ausgesprochen demütigendes Verfahren. Während die Briten Kopien dieser Unterlagen zur eigenen Spitzeljagd erhalten, lehnen die Amerikaner anfänglich eine Abgabe von Unterlagen an die Deutschen ab. Das wird sich erst später ändern. So bleibt den Verfassungsschützern nur, auf Knien in Langley um einen Blick in die Unterlagen zu bitten und sich Notizen zu machen. Und dabei werden auch noch Fehler gemacht.

Bernd Schmidbauer kann es wieder einmal nicht lassen, er hat nicht dazugelernt. Einen «großen Knall» kündigt er an, und wieder in den Reihen der SPD: Mindestens ein Mitglied des Parteivorstandes, etliche Abgeordnete und hochrangige Parteifunktionäre würden als Agenten auffliegen. Er vergißt nicht anzumerken, daß dies bei der ideologischen Nähe der Sozialdemokratie zur SED-Führung auch kein Wunder sei.

Die Ankündigung erweist sich als großer Flop. Beim Abschreiben der Akten war den bundesdeutschen Schlapphüten in Langley ein gravierender Fehler unterlaufen. Dort, wo es «Mitarbeiter» des Parteivorstandes hätte heißen müssen, hatten sie versehentlich «Mitglied» abgeschrieben.

Die Amerikaner sind nach den Worten eines Sicherheitsexperten in Bonn «stinksauer» über das Bekanntwerden ihrer Quellen, es werde erheblichen außenpolitischen Engagements bedürfen, «um das zu reparieren».

Erst Mitte August 1993 wird die Legende von den 2000 Agenten nach und nach fallengelassen. Regierungsvertreter offerieren nun auch eine neue überraschende Erklärung dafür, daß unter den bis dato 115 enttarnten MfS-Spionen vergleichsweise viele Mitglieder der SPD anzutreffen sind. Die meisten der Agenten in der CDU seien bereits Ende der sechziger Jahre durch einen Überläufer aus der DDR aufgeflogen. Hinzu komme, daß der für die SPD zuständige Mitarbeiter der HVA als einer der wenigen «viel plaudere».

Nach einem langen Tag erhebt sich George Smiley. Zu seinem Freund Ned sagt er: «Während Sie also da draußen loyal für den Staat kämpfen, tun Sie mir vielleicht den kleinen Gefallen und rütteln Sie ab und zu mal an seinen Säulen. Er ist uns in letzter Zeit über den Kopf gewachsen. Es wäre schön, wenn Sie ihn wieder zurechtstutzen könnten. Ned, ich bin ein Langweiler. Wird Zeit, daß Sie mich nach Hause schicken.» An der Türe dreht er sich noch einmal um: «Ja. Also dann. Gute Nacht. Und danke. Ach, sagen Sie denen, sie sollen die Ozonschicht ausspionieren, ja, Ned? In St. Agnes ist es fürchterlich heiß für diese Jahreszeit.»

■ Am 27. Juni 1993 kam es auf dem Bahnhof des mecklenburgischen Bad Kleinen zu einer dramatischen Schießerei, an deren Ende der Grenzschutzbeamte Michael Newrzella, der der Spezialtruppe für die Terrorismusbekämpfung, der GSG 9, angehörte, und der RAF-Angehörige Wolfgang Grams tot waren. Trotzdem wurde die Aktion, die in diesem Schußwechsel kulminierte, als Erfolg gegen den Terrorismus gepriesen, insbesondere durch den Generalbundesanwalt Alexander von Stahl, der das Kommando zum Losschlagen gegeben hatte. Das Selbstlob wich einer Folge von Versuchen der Selbstrechtfertigung seitens der beteiligten Staatsorgane, als durch die Aussagen einer Kioskverkäuferin auf dem Bad Kleinener Bahnhof und die Aussage eines ungenannt bleiben wollenden GSG-9-Angehörigen der ungeheure Verdacht auftauchte, Grams sei – möglicherweise aus Rache für den Tod von Newrzella – erst erschossen worden, als er bereits wehrlos auf den Gleisen lag. Indem die Medien diesem Verdacht nachgingen, deckten sie immer neue Pannen bei der Vorbereitung und Ausführung der Aktion gegen die RAF auf. Von Stahl und Innenminister Seiters mußten deshalb zurücktreten. Daß Grams regelrecht hingerichtet worden war, ließ sich vorerst allerdings nicht zweifelsfrei nachweisen, denn wichtige Beweisstücke waren verschwunden, Spuren erst gar nicht gesichert worden. ■

Gerd Rosenkranz

Bad Kleinen

Vom blutigen Ende eines Mythos

In fünf Minuten war alles vorbei. «Ben Wisch» meldete Vollzug nach Bonn, wo Bundeskanzler Helmut Schmidt die Rücktrittserklärung wieder einpacken konnte, die er schon vorbereitet hatte. Auf dem Flugfeld der somalischen Hauptstadt Mogadischu lagen sich 82 Mallorca-Urlauber und die Besatzung der Lufthansa-Boeing «Landshut» in den Armen. Punkt zwei Uhr nachts hatte ein Stroßtrupp schwerbewaffneter junger Männer per Sturmangriff den Schlußpunkt unter die fünftägige Odyssee des Urlauberjets gesetzt und sämtliche Geiseln unverletzt aus der Gewalt eines palästinensischen Terrorkommandos befreit. Eine Nation atmete auf. Der Mythos «GSG 9» war geboren.

Noch in derselben Nacht töteten sich im Isolationstrakt der Justizvollzugsanstalt Stuttgart-Stammheim die RAF-Gründer Andreas Baader, Gudrun Ensslin und Jan-Carl Raspe. Am Nachmittag dieses 18. Oktober 1977 fand die Polizei die Leiche des entführten Arbeitgeberpräsidenten Hanns-Martin Schleyer im Kofferraum eines Audi im französischen Mulhouse. Doch der Versuch der «Roten Armee Fraktion», ihre Gefangenen aus den Hochsicherheitsgefängnissen zu befreien, war nach 43 quälenden Tagen endgültig gescheitert. Die RAF hatte den Staat herausgefordert und verloren, die Bundesrepublik Deutschland die bis dahin schwerste Krise ihrer Geschichte überstanden.

Die Helden der gewonnenen Schlacht, darüber gab es nach dem «Deutschen Herbst» nie eine Diskussion, waren die rund 30 Namenlosen der Bundesgrenzschutz-Sondereinheit GSG 9. Der Mogadischu-Mythos der Antiterrorspezialisten hielt genau 15 Jahre, 8 Monate und 9 Tage. Bis zum 27. Juni 1993, dem Tag, an dem die Grenzschutzgruppe 9 auf dem Kleinstadtbahnhof von Bad Kleinen zum zweiten Mal ins grelle Licht der Öffentlichkeit trat – und versagte.

Daß es schon in der heißen Oktobernacht am Horn von Afrika um ein Haar anders gekommen wäre, dieses Geheimnis lüftete «Ben Wisch» – mit bürgerlichem Namen Hans-Jürgen Wischnewski, seinerzeit Staatsminister im Bundeskanzleramt und Helmut Schmidts Sonderbeauftragter für besonders heikle Angelegenheiten – ein gutes halbes Jahr vor dem Showdown am Schweriner See. «Es hat da ein kleines Problem gegeben, als ich an die Maschine gekommen bin», erinnert sich Wischnewski im Oktober 1992 an die ersten Minuten nach der erfolgreichen Befreiungsaktion in Somalia. Die GSG-9-Beamten hatten bei der Erstürmung des Urlauberjets drei der palästinensischen Entführer erschossen und mit automatischen Waffen Salven durch die Toilettentür gefeuert, hinter der sich das vierte Kommandomitglied, eine junge Frau, verschanzt hatte. «Von außen haben die aber nicht richtig getroffen», plaudert «Ben Wisch» weiter, und so sei «eine brenzlige Situation entstanden». Brenzlig vor allem für die Palästinenserin. Denn die Antiterrorkämpfer waren, als der Staatsminister am Ort des Geschehens eintraf, drauf und dran, die schon schwer verletzte Frau – sozusagen vorsichtshalber – hinzurichten. Nach der dramatischen Befreiungsaktion, in deren Verlauf die überlebende Palästinenserin noch eine Handgranate hatte werfen können, waren die GSG-9-Beamten «vollgeladen bis dorthinaus», entschuldigt «Ben Wisch» die eindeutigen Absichten seiner Jungs. Glücklicherweise sei er rechtzeitig hinzugekommen. «Stellen Sie sich mal vor, es wäre vier oder fünf Minuten später noch ein einzelner Schuß gefallen. Dann hätte es nicht geheißen, die Germanen haben das alles schön gemacht.»

Ganz besonders schön machen wollten es die Nachfolger des legendären Mogadischu-Kommandos auch in Bad Kleinen. Und nicht nur sie. Am 17. April 1993 avisierte Klaus Steinmetz, «Spitzenquelle» des rheinland-pfälzischen Verfassungsschutzes, seinem V-Mann-Führer jenen gruppendynamischen Landurlaub, zu dem er sich mit Birgit Hogefeld und möglicherweise weiteren Aktivisten der linken Guerilla für den 24. Juni verabredet hatte. Der Ort der konspirativen Kontaktaufnahme lag bereits fest: der Umsteigebahnhof Bad Kleinen am Schweriner See. Am 5. Mai unterrichtete der Mainzer Innenminister Walter Zuber (SPD) Generalbundesanwalt Alexander von Stahl über die aufregende Entwicklung, acht Tage später wurden in einer weiteren Sitzung die Präsidenten des Bundeskriminalamts (BKA) und des Bundesamtes für Verfassungschutz (BfV), Hans-Ludwig Zachert und Eckhart Werthebach, eingeweiht. Noch am selben Tag erreichte die Nachricht Bundesinnenminister Rudolf Seiters (CDU), tags darauf seine Kollegin aus dem Justizressort, Sabine Leutheusser-Schnarrenberger (FDP).

Mächtiger Auftrieb des Apparats: «hoffnunglos überorganisiert»

Der Generalbundesanwalt hatte zu diesem Zeitpunkt bereits entschieden, daß der geplante Kurzurlaub für eine möglichst große Zahl von Mitgliedern der Untergrundgruppe nicht am Ostseestrand, sondern in den Hochsicherheitstrakten der Republik zu enden habe. Das Codewort für den höchst geheimen Einsatz war schnell gefunden: Aktion

«Weinlese». Nach fast zehn demütigenden Jahren ohne vorzeigbaren Fahndungserfolg gegen die RAF lief die Staatsschutzmaschinerie von nun an auf Hochtouren. Allein viermal traf sich ein handverlesener Zirkel der «Koordinierungsgruppe Terrorismusbekämpfung» (KGT), in dem normalerweise sämtliche Sicherheitsbehörden von Bund und Ländern vertreten sind, um den Großeinsatz in Mecklenburg-Vorpommern vorzubereiten. Seit Mitte Mai durchstreiften Trupps des «Mobilen Einsatzkommandos» des BKA und der Grenzschutzeinheit GSG 9, ausgerüstet mit Video- und Fotoausrüstung, den Großraum Rostock/Schwerin, um eine «Einsatz- und Zugriffskonzeption» auszuarbeiten. Wochen vor der geplanten Aktion wurde an der Ostseeküste schweres Gerät zusammengezogen, mehrere hundert Beamte und ein halbes Dutzend Behörden sollten oder wollten bei dem seltenen Schlag gegen die deutsche Links-Guerilla dabeisein.

Als «hoffnungslos überorganisiert» qualifizierte später ein hoher Beamter des Verfassungsschutzes den gewaltigen Auftrieb der Terroristenjäger und den Ablauf der staatlichen Großaktion. «Jedes Landeskriminalamt hätte den Einsatz routiniert und ohne Blutvergießen erledigt», ist sich der VS-Mann sicher. Zerknirscht beklagte ein unmittelbar beteiligter Bundesanwalt noch Wochen nach dem Desaster das «traurige Ende eines ausgezeichneten Drehbuchs». Die Dramaturgie war freilich ein ums andere Mal verworfen und immer wieder hektisch variiert worden – auch weil zuviele Regisseure hinterher die Meriten für eine gelungene Aufführung einsammeln wollten.

Unumstritten schien anfangs vor allem eins: Dort, wo es schließlich zum Showdown kam, am Bahnhof von Bad Kleinen, sollte sich der Vorhang zum furiosen Schlußakt gerade nicht öffnen. Der zwischen Steinmetz und Hogefeld vereinbarte Treffort am Schweriner See galt den Häschern als «äußerst ungeeignet» für einen reibungslosen Zugriff. Weil außerdem die «Weinlese» zu einem späteren Zeitpunkt eine reichere Ernte versprach, weil schließlich der ebenso seltene wie seltsame V-Mann nach getaner Arbeit unbehelligt in die linksradikale Szene zurückkehren sollte, wollte man erst am – noch unbekannten – «Urlaubsort» der RAF zur Sache kommen.

Am Abend des 24. Juni bezogen Birgit Hogefeld und der vermeintliche Genosse Klaus Steinmetz mit dem RAF-internen Decknamen «Bruno» ihr Ferienquartier in Wismar. Ein Peilsender im Gepäck des

Verräters sorgte dafür, daß der Kontakt zu den geheimen Verfolgern nicht abriß. Nichts deutete allerdings bis zu diesem Zeitpunkt darauf hin, daß sich tatsächlich, wie erhofft, noch andere urlaubsreife Illegale dem Duo zugesellen würden. Schließlich erhielten MEK- und GSG-9-Kräfte in Wismar den Auftrag, die Festnahmeaktion zu einem geeigneten Zeitpunkt, doch «möglichst nach der Trennung der beiden Personen», zu landen. Das, murrten die Sondereinheiten vor Ort, sei kaum möglich. Je länger man zuwarte, um so risikoreicher und unkalkulierbarer würde der Zugriff. Gegen den anfänglichen Widerstand der Mainzer Schlapphüte, die ihre Spitzenquelle ungern auffliegen lassen wollten, einigten sich die Einsatzplaner von BKA und BAW im Wiesbadener Einsatzzentrum, die RAF-Aktivistin und den V-Mann in Wismar gemeinsam hochgehen zu lassen.

Man entschied sich für den Spatz – Birgit Hogefeld – in der Hand und gegen die Taube – weitere mutmaßliche RAF-Mitglieder – auf dem Dach. Und man fand sich damit ab, daß für diesen Fahndungserfolg der erste, nach 23 Jahren in die RAF eingeschleuste V-Mann enttarnt werden würde.

Doch es kam anders. Noch einmal disponierten die Regisseure um. Am Sonntag morgen verließen Hogefeld und Steinmetz gegen 11 Uhr ihr Feriendomizil in Richtung Bahnhof Wismar. Per pedes und mit den unsichtbaren GSG-9-Trupps im Schlepptau. Über eine Wanze, die der V-Mann – angeblich ohne sein Wissen und Einverständnis – zusätzlich zu dem Peilsender mit sich führte, wurden die geheimen Verfolger Zeugen einer elektrisierenden Information: Noch am selben Tag, vertraute die RAF-Frau ihrem Begleiter an, werde sie sich «mit Freunden» treffen. Sollte doch mehr möglich sein als die Festnahme eines einzigen Mitglieds der Untergrundgruppe? Im buchstäblich letzten Moment zogen sich die für den Zugriff bereitgestellten Beamten zurück. Unbehelligt verstaute Birgit Hogefeld einen Rucksack im Schließfach am Bahnhof und stieg mit Steinmetz in den Zug Richtung Süden.

Als Einsatzleitung und Verantwortliche Stunden später die Festnahmevarianten am Bahnhof Bad Kleinen – also jenem Ort, der von Anfang an als ausgesprochen problematisch eingestuft worden war – durchspielten, kamen ihnen Alternativen außerhalb des Bahnhofsgeländes gar nicht mehr in den Sinn. Alexander von Stahl, der Generalbundesanwalt im fernen Karlsruhe, war nervös. Wie, wenn Hogefeld, auf welche Weise auch immer, entkommen würde? Ein Alptraum, nach diesem Auftrieb von Mensch und Material, nach monatelangen Vorbereitungen und tagelanger Observation. Die Blamage, das wußte der Karlsruher Oberankläger, wäre kaum unter der Decke geblieben. Deshalb verlangte der «Herr des Verfahrens» den Zugriff in Bad Kleinen um jeden Preis.

Immerhin, nun hatte man zwei Terroristen an der Angel. Skrupel, den V-Mann zu opfern, gab es nicht mehr, obwohl die Verantwortlichen wußten, daß er sich noch am Sonntag nachmittag von seinen Begleitern aus dem Untergrund trennen würde. Nachdem sich Wolfgang Grams dem aus Wismar angereisten Duo zugesellt hatte, fragte auch niemand mehr nach den anderen «Freunden», die die ahnungslose Birgit Hogefeld noch am Morgen avisiert hatte.

Manfred Kanther: «Die letzte Version ist immer die gültige»

Das Drama, in dessen Verlauf der GSG-9-Beamte Michael Newrzella und das RAF-Mitglied Wolfgang Grams sterben sollten, nahm seinen Lauf. Vom Augenblick des Festnahmebefehls bis zum Ende des Showdowns auf dem Kleinstadtbahnhof vergingen kaum mehr als 25 Sekunden. Auf die regierungsamtliche und staatsanwaltliche Rekonstruktion der wilden Ballerei wartete die Republik acht Monate. «Die letzte Version ist immer die gültige», verkündete der Mann, der dem desaströsen Geschehen auf Bahnsteig 3/4 seinen politischen Aufstieg auf die Bonner Bühne verdankte. Am 3. März 1994 legte Innenminister Manfred Kanther (CDU) gemeinsam mit Justizministerin Leutheusser-Schnarrenberger die bis auf weiteres letzte und damit vorerst gültige Version vor. Der «Abschlußbericht der Bundesregierung zu der Polizeiaktion am 27. Juni 1993» stellt den Vorgang wie folgt dar:

Um Unbeteiligte aus der Schußlinie zu halten, sollten die Spezialeinheiten in den Katakomben unter den Gleisen zuschlagen, sobald das Trio Hogefeld, Grams und Steinmetz eine Gaststätte auf dem Bahnhofsgelände verlassen würde. Punkt 15.15 Uhr war es soweit. Das Zugriffskommando, für die «Zielpersonen» unsichtbar in einem Treppenaufgang bereitgehalten, erhielt die Meldung von einem auf

Bahnsteig 3/4 postierten Beamten, der den Kneipenausgang einsehen konnte. Es sollte der letzte Vorgang bleiben, der nach Plan verlief.

Der GSG-9-Mann mit der späteren Legendierung «Nummer 4» verließ Sekunden danach vorzeitig seinen Posten auf dem Bahnsteig in Richtung Unterführung. Wegen eines verstümmelt weitergegebenen Funkspruchs – zu hören waren nur die Worte «Zugriff erfolgt» – hielt er die Arbeit schon für erledigt, die Verhaftung für geglückt. Unten angekommen, erkannte «Nummer 4» das Mißgeschick, schlenderte an dem noch arglosen Wolfgang Grams vorbei und öffnete ihm so den Fluchtweg nach oben. Sekunden später erfolgte das Kommando zur Festnahme, acht GSG-9-Beamte stürmten unter Kriegsgeheul auf Grams zu. «Nummer 4» überwältigte Birgit Hogefeld, die «zur Salzsäule erstarrt» (dies ist der Sinn des Gebrülls) in seiner Nähe verharrte. Grams reagierte sofort und stürzte den ungeplant geräumten Treppenaufgang hinauf. Während unten der V-Mann «überwältigt» wurde, feuerte der RAF-Aktivist nach offizieller Darstellung mit seiner Pistole vom Typ Czeska 75 («Brünner») vom oberen Treppenabsatz auf seine Verfolger, traf Michael Newrzella tödlich und verletzte einen zweiten Beamten. Von nun an wurde – vermutlich «blind» – zurückgeschossen. Eine Wildwestszene, in deren Verlauf eine Salve von mindestens 43 Schüssen abgefeuert wurde (11 Schuß aus der Pistole von Grams, 32 aus Polizeiwaffen), die Zeugen an den Feuerstoß aus einer Maschinenpistole erinnerte. Ein Geschoßsplitter aus der Waffe eines GSG-9-Beamten verletzte eine Bahnbedienstete auf dem Nachbarbahnsteig.

Wörtlich heißt es im abschließenden Regierungsbericht: «Der Schußwechsel dauerte wahrscheinlich zwischen acht und fünfzehn Sekunden. Grams erhielt dabei – möglicherweise nahezu zeitgleich – insgesamt fünf Treffer. ... Er stürzte rückwärts auf das Gleis, wo er sich – möglicherweise noch während der Schüsse der Beamten – in Suizidabsicht einen Kopfdurchschuß versetzte.» Danach vergingen angeblich 30 bis 60 Sekunden, bis der GSG-9-Beamte mit der Legendierung «Nummer 6» sich Grams näherte und ihn «mit beidhändig auf dessen Kopf gerichteter Dienstwaffe» sicherte. Wenig später kam der Beamte «Nummer 8» hinzu. «Weitere Schüsse», schließt dieser Teil des Berichts, «fielen nicht.» Ruhe allerdings kehrte auch jetzt noch nicht ein. Im Gegenteil: «Weil keiner der auf dem Bahnsteig befindlichen Beamten Angaben zu Hogefelds Verbleib machen konnte», wurde noch einmal Alarm geschlagen. Die RAF-Aktivistin allerdings lag längst gefesselt in der Unterführung. Das Chaos war perfekt. O-Ton Schlußbericht: «Die anschließende Suche, an der sich der Beamte GSG 9 Nr. 6, der Grams sicherte, nicht beteiligte, trug zu Hektik und Nervosität bei.»

Die nach den Vorstellungen der Bundesregierung abschließende Version stützt sich, was den Tod von Grams betrifft, vor allem auf ein Gutachten des Wissenschaftlichen Dienstes der Stadtpolizei Zürich und, so der Bericht vom 3. März 1994, auf «die Mehrzahl der Zeugen». Doch die Selbstmordbehauptung bleibt, was sie von Anfang an war: eine intellektuelle Zumutung. Sie steht und fällt mit der These, im entscheidenden Moment des tödlichen Schusses hätten Dutzende Beteiligter und Unbeteiligter gerade nicht hingeschaut. Kein einziger der 142 von der Staatsanwaltschaft Schwerin vernommenen Zeugen hat beobachtet, wie Grams seine Pistole an die eigene Stirn setzte und abdrückte. Auch nicht die unmittelbar beteiligten GSG-9-Beamten, die freie Sicht auf den wenige Meter vor ihnen auf den Gleisen liegenden Grams hatten. Ein kollektiver Blackout – und ein Fall für schwarzen Humor. «Von deutschen Polizisten», so das bittere Resümee des Kabarettisten Matthias Deutschmann, «kann man nicht verlangen, daß sie in die Richtung schauen, in die sie schießen.» Aber auch Psychologen bezweifeln die Stichhaltigkeit der amtlichen Selbstmordversion. Der Entschluß zum Selbstmord könne kaum innerhalb weniger Sekunden heranreifen, erst recht nicht in der hochgradigen Streßsituation, als Wolfgang Grams bereits schwerverletzt auf den Gleisen lag, während weiter auf ihn gefeuert wurde.

Kein Zeuge hat den Suizid beobachtet, aber immerhin zwei wollen eine regelrechte Hinrichtung des bereits schwerverletzten Grams durch einen Beamten der GSG 9 gesehen haben. Eine Kioskbedienstete, die die Schießerei aus nächster Nähe aus ihrem Würstchenstand auf dem Bahnsteig beobachten konnte, erklärte noch am Abend des 27. Juni gegenüber der Polizei, ein Mann habe «ein- oder zweimal auf den liegenden Wolfgang Grams geschossen». Sie sei sich ganz sicher, «weil ich Feuer aus dem Lauf der Waffe gesehen habe». In einer eidesstattlichen Erklärung wiederholte und präzisierte die Frau ihre Beobachtungen gegenüber dem Fernsehmagazin *Monitor*. Zweifellos stand die Zeugin nach der Schießerei unter Schock, zweifellos hat sie die Gesamtszenerie aus Furcht vor Entdeckung durch die vermeintlichen Mörder nur mit Unterbrechungen verfolgt. Trotzdem blieb sie bei einer ganzen Serie weiterer Vernehmungen im Kern bei ihrer ersten Aussage.

Ein anonymer Beamter, der selbst am Einsatz beteiligt war, offenbarte sich nur wenige Tage nach dem Drama «aus Seelennot», wie er beteuerte, dem *Spiegel*. Auch er will die Hinrichtung durch einen GSG-9-Beamten gesehen haben: «Die Tötung des Herrn Grams gleicht einer Exekution.» Doch seine Aussagen sind in wesentlichen Details unglaubwürdig. So bestätigte der Mann die anfangs von der Karlsruher Bundesanwaltschaft verbreitete Falschmeldung, auch Birgit Hogefeld habe geschossen, was nachweislich nicht der Fall war. Dennoch muß der zentrale Teil seiner Aussage nicht falsch sein. Möglicherweise hat der Beamte als eigene Beobachtung ausgegeben, was unmittelbar nach dem Einsatz unter den direkt Beteiligten gesprochen wurde – in der Hoffnung, so den *Spiegel*-Redakteuren die Richtung für weitere Recherchen zu weisen.

Für Bundesregierung und Staatsanwaltschaft Schwerin sind beide Aussagen schlicht «ohne Beweiswert». Der *Spiegel*-Zeuge habe sich den Strafverfolgungsbehörden nicht offenbart, die Kioskverkäuferin ihre Beobachtungen in einem «schockähnlichen Zustand» aufgenommen und «in sich widersprüchlich, nicht folgerichtig und lückenhaft» ausgesagt. Das harsche Verdikt über die Belastungszeugen kontrastiert auf beeindruckende Weise mit der einfühlsamen regierungsamtlichen Wertung der GSG-9-Einlassungen.

GSG 9: «Gewisse Kopflosigkeit» in der Endphase

Als ihnen der Einsatz aus dem Ruder lief, waren die über Jahre auf derartige Situationen hintrainierten coolen Jungs offensichtlich durchgedreht. Die «hochgradige Streßsituation», heißt es verständnisvoll im Entwurf des Regierungsberichts, sei begleitet gewesen «von einer Einengung des Wahrnehmungsfeldes und nicht immer logisch und rational nachvollziehbaren Handlungsweisen» – eine Formulierung, die schließlich in der presseöffentlichen Endfassung nur noch in entschärfter Form auftaucht. Teilweise, so eine weitere Erkenntnis der

Hobbypsychologen in Bonner Amtsstuben, hätten die GSG-9-Beamten sogar «verdrängt, daß man einen der gefährlichsten Terroristen verfolgte».

Auch nachher ging der kollektive Aussetzer der vermeintlichen Supertruppe weiter. Jedenfalls nach dem Eindruck der ermittelnden Staatsanwaltschaft. Mit allerlei phantastischen Erzählungen versuchte das GSG-9-Kollektiv zunächst, einen «nahezu schulmäßigen Verlauf des Einsatzes» vorzutäuschen. Der jedoch, wußten die Schweriner Ermittler, «kann so nicht stattgefunden haben». Vielmehr sei die Endphase der Antiterroraktion von einer «gewissen Kopflosigkeit» geprägt gewesen. Insbesondere der Beamte mit der «Nummer 6» – gegen den die Staatsanwaltschaft wie gegen seinen Kollegen «Nummer 8» wegen des Todesschusses auf Grams monatelang ermittelte – tischte den Vernehmungsbeamten immer neue, «objektiv unrichtige Geschehensabläufe» auf. Als dies nicht weiterhalf, versicherte er, er habe Grams, der nur wenige Meter vor ihm auf den Schienen lag, «nach dessen Sturz auf das Gleis nicht mehr bewußt wahrgenommen».

Für die Bundesregierung sprechen derlei Merkwürdigkeiten – anders als etwa bei der Kioskzeugin – «nicht gegen die Aufrichtigkeit der Beamten», sondern «vielmehr für die Ernsthaftigkeit ihres Bemühens um Aufklärung». Schließlich liege es «auf der Hand, daß sich das Erkenntnisbild eines jeden Beamten – u.a. auch durch Austausch (im Entwurf: «durch Abgleich», G.R.) der Erfahrungen aus den Vernehmungen sowie in Gesprächen im Kollegenkreis über die Vernehmungen – fortentwickelte». Eine Zeugenbeschreibung, die jeden Amtsrichter erschaudern läßt.

Nicht den Schadensbegrenzer im Bonner Innenministerium: Manfred Kanther, der Krisengewinnler des Polizeidesasters von Bad Kleinen, wedelte im März 1994 mit einem Persilschein erster Klasse für die Versager der Antiterroreinheit. Für den «öffentlich verbreiteten, ungerechtfertigten und voreiligen Mordvorwurf gegen Beamte der GSG 9» gebe es «keine Anhaltspunkte». Und «Zweifel an der Einsatzbereitschaft und Integrität der GSG 9» bestehen für die Bundesregierung schon gar nicht. Ein erstaunliches Resümee angesichts der chaotischen Umstände vor, während und nach der Festnahmeaktion am Schweriner See. Doch jeder Gedanke an die von Oppositionspolitikern zwischenzeitlich geforderte Auflösung der diskreditierten Spezialeinheit verbat sich schon wenige Wochen nach dem Einsatz. Da hatte Bundeskanzler Helmut Kohl höchstpersönlich den harten Jungs von der GSG 9 vor laufenden Kameras demonstrativ auf die Schulter geklopft. Zu einem Zeitpunkt, als noch nicht einmal feststand, ob in ihrem Kugelhagel nicht beide, Wolfgang Grams und der eigene Kollege Michael Newrzella, gestorben waren.

Trotzdem, wo «Schwachstellen» eingestanden werden, müssen Konsequenzen her. In ihrem Abschlußbericht regt die Bundesregierung an, die GSG 9 mit modernem Gerät weiter aufzurüsten und in Zukunft häufiger bei Durchsuchungs- und Festnahmeaktionen des Bundeskriminalamts zum Zuge kommen zu lassen. Auch zur Unterstützung der Länderpolizeien soll die Truppe öfter zum Einsatz kommen. Motto: learning by doing oder: üben, üben, üben.

Alexander von Stahl: «Es sind keine Fehler unterlaufen»

Die Liste der Pannen und Versäumnisse war mit dem verkorksten GSG-9-Einsatz selbst keineswegs abgeschlossen. Eine Mischung aus Chaos, Desinformation und Heimlichtuerei der verantwortlichen Behörden und Politiker hielt die Republik noch monatelang in Atem. Der erhoffte «Schlag gegen den politischen Terrorismus», sorgte sich die *Zeit*, drohe zu einem realen «Schlag gegen den Rechtsstaat» zu eskalieren. Das Wort von der Staatskrise machte die Runde. Gemeinsam war den ersten «gültigen Versionen», die die Verantwortlichen zögerlich der Öffentlichkeit und dem Parlament offerierten, ihre jeweils nur kurze Lebensdauer.

Dabei gehörten die verräterische Eile, mit der Generalbundesanwalt Alexander von Stahl triumphierend die «akribische kriminalistische Feinarbeit» im Zusammenhang mit der Festnahmeaktion gefeiert hatte und seine voreilige Falschmeldung, Birgit Hogefeld habe das Feuer eröffnet, eher zu den läßlichen Sünden. Ärgerlicher war schon, daß Rudolf Seiters, der Noch-Innenminister, die Bahnhofsballerei in der *Bild*-Zeitung als «großen Erfolg der Sicherheitsbehörden» verteidigte – obwohl nach «akribischen» Vorbereitungen zwei Tote zu beklagen waren. Schließlich brüstete sich wiederum der Generalbundesanwalt noch am Mittwoch nach dem Drama vor dem Innenausschuß des Deutschen Bundestages: «Nach unserer Auffassung sind keine Fehler unterlaufen.»

Bei dieser einigermaßen überraschenden Bewertung blieb von Stahl, was seine eigene Person und seine Karlsruher Behörde betrifft, auch nachdem ihn Justizministerin Leutheusser-Schnarrenberger wenige Tage später in die Wüste geschickt hatte. Ohne Job, aber mit gepanzerter Limousine reiste der vormalige «Herr des Verfahrens» daraufhin monatelang kreuz und quer durch die Republik, um seinen Rachegelüsten gegenüber der früheren Dienstherrin nachzugehen und seine Reanimation als Generalbundesanwalt zu betreiben. Mit erstaunlicher Resonanz bei Journalisten von rechts-konservativ bis links-liberal, aber letztlich ohne Erfolg. Die Tatsache, daß von Stahl den Einsatz zum falschen Zeitpunkt und am falschen Ort ausgelöst hatte, war vielerorts (auch im Abschlußbericht der Bundesregierung) rasch dem gnädigen Vergessen anheimgefallen.

Das war verständlich. Denn bald schon dominierten «Pannen» von ganz anderer Dimension die öffentliche Debatte. Insbesondere der Abteilungsleiter «Terrorismusbekämpfung» im Bundeskriminalamt geriet rasch ins Zwielicht von Vertuschung und Verdunkelung. Tagelang hatte der Mann, der von Wiesbaden aus als Polizeiführer des Einsatzes in Mecklenburg agierte, die die GSG-9-Beamten schwer belastende Aussage der Kioskbediensteten vor seinen Vorgesetzten, den politisch Verantwortlichen und den Bonner Volksvertretern geheimgehalten. Ebenso das erste gerichtsmedizinische Gutachten, wonach Grams aus nächster Nähe durch einen aufgesetzten Kopfschuß zu Tode kam. Er habe beide Meldungen als «noch zu widersprüchlich und ungesichert» angesehen und weitere Untersuchungen abwarten wollen, verteidigte sich der Abteilungsleiter später. Es half ihm nichts. Er wurde versetzt, ebenso wie der Vizepräsident des Bundeskriminalamts, Gerhard Köhler. Der war, in Vertretung seines Chefs Hans-Ludwig Zachert, drei Tage nach dem Desaster vor dem Bundestagsinnenausschuß noch aufgetreten wie der Held von Bad Kleinen. Zum Nahschuß auf Wolfgang Grams, über den er unmittelbar vor dieser Sitzung telefonisch unterrichtet worden war, äußerte sich der BKA-Vize dabei nicht. Zachert selbst, der eine Woche nach dem Einsatz aus der Kur zurückkehrte, blieb auf seinem Posten. Im Frühjahr 1994 meldete der *Spiegel* die bevorstehende Degradierung des BKA-Präsidenten zu einer Art «Frühstücksdirektor». Innenminister Kanther bestätigte Pläne zur Umstrukturierung der Wiesbadener Mammutbehörde.

Aufs Personalkarussell gesetzt wurden schließlich auch noch der Chef der Sonderkommission Schwerin und der Leiter der Tatortgruppe des BKA. Sie waren verantwortlich für eine Serie von Schlampereien bei der Spurensicherung, die letztlich eine verläßliche Rekonstruktion der Bahnhofsschießerei fast unmöglich machten. Noch Tage nach dem 27. Juni fanden Bahnbedienstete Geschoßteile und Patronenhülsen just dort, wo Wolfgang Grams auf die Schienen gestürzt war. Landeskriminalbeamte aus Schwerin pickten daraufhin noch einmal im Gleisschotter herum, um aufzusammeln, was die hochqualifizierten Spezialisten der Tatorttruppe des Bundeskriminalamts übersehen hatten.

Den Pannen bei der Spurensicherung folgte das Desaster bei der Obduktion der Grams-Leiche. In der medizinischen Hochschule in Lübeck, in die der Sterbende eingeliefert worden war, gaben sich nach dessen Tod Beamtengruppen des Erkennungsdienstes und der Tatortgruppe des Bundeskriminalamts regelrecht die Klinke in die Hand – angeblich ohne jeweils zu wissen, welche Spuren bereits gesichert waren und welche nicht. Ergebnis: Noch vor der Obduktion reinigte auf Veranlassung der Beamten ein Arzt der Uniklinik Lübeck Gesicht und Hände der Leiche für eine erkennungsdienstliche Behandlung. Grams' Kopfhaar wurde nach der Obduktion vernichtet. Damit war – gewollt oder ungewollt – die letzte Chance vertan, den behaupteten Selbstmord etwa anhand von Blutspuren auf Grams' Schußhand zweifelsfrei nachweisen zu können.

Der V-Mann Klaus S.: Wanderer zwischen den Welten

Der Antiterroreinsatz von Bad Kleinen steht nicht nur für das Ende des Mythos der Eliteeinheit GSG 9, er erweitert auch die an Skandalen und Skandälchen nicht arme Chronik der deutschen Geheimdienste um eine pikante Episode. Sie rankt sich um den mutmaßlich ersten «Vertrauensmann», den die Behörden in der 23jährigen Geschichte der RAF an die Untergrundgruppe heranführen konnten. Wochenlang warben Bundesanwaltschaft, Bundeskriminalamt und Verfassungsschutz in der Öffentlichkeit um Verständnis dafür, daß über die Vorlaufphase des Einsatzes aus «ermittlungstaktischen» und «prinzipiellen Erwägungen» nicht gesprochen werden könne. Das gesammelte Schweigen hatte einen nicht unwillkommenen Nebeneffekt: Nur weil – leider, leider – der «dritte Mann» zu seinem eigenen Schutz im Dunkel der allgemeinen Spekulationen gehalten werden müsse, sei in der Öffentlichkeit der gänzlich falsche Eindruck entstanden, es sollten «gegebenenfalls Fehler vertuscht» werden. So etwa Alexander von Stahl vor dem Bonner Innenausschuß.

Der Eindruck war nicht falsch, wie sich schon bald herausstellen sollte. Vor allem aber machte die Geheimnistuerei, zu der sich unglücklicherweise auch die verantwortlichen Politiker in Bonn und Mainz drei volle Wochen lang verdonnern ließen, schon mit dem Festnahmebefehl von Bad Kleinen keinen Sinn mehr. Schließlich hatte die GSG 9 den V-Mann gemeinsam mit Birgit Hogefeld verhaftet. Wie also hätte man der inhaftierten RAF-Aktivistin im nachhinein erklären sollen, warum ihr vermeintlicher Genosse zwar neben ihr gefesselt in der Unterführung lag, anschließend aber wieder seinem revolutionären Alltag in der Wiesbadener Linksszene hätte nachgehen dürfen? Der V-Mann war «verbrannt», alle wußten es. Und so gab es wohl andere Motive, die das kollektive Schweigen der Behörden über die lange Vorgeschichte dominierten, bis das Fernsehmagazin *Panorama* die «Spitzenquelle» gut zwei Wochen nach dem Polizei-Desaster enttarnte.

Klaus Steinmetz war seit Mitte der achtziger Jahre Zuträger des Verfassungsschutzes und das, was man gemeinhin eine schillernde Persönlichkeit nennt. Für den Staatsschutz gleichzeitig «Spitzenquelle» und unsicherer Kantonist, wenn nicht gar eine Art «Doppelagent», der nicht nur seine linksradikalen Genossen, sondern auch seine staatlichen Auftraggeber an der Nase herumführte. Doch allmählich und von ihm selbst offenbar nicht voll realisiert, war aus Nervenkitzel blutiger Ernst geworden. Längst bestimmten andere das Gesetz des Handelns. Die tödliche Bahnhofsballerei von Bad Kleinen, soviel ist sicher, traf den Mann ins Mark. Bis zum Schluß fühlte er sich der kleinen revolutionären Szene, die seinen Alltag ausfüllte, und möglicherweise auch der RAF stärker verbunden als den geheimen Schlapphüten. Steinmetz hängte seinen langjährigen V-Mann-Führer ab, dem er Stunden nach seiner Scheinfestnahme übergeben worden war. Er verschwand wochenlang von der Bildfläche, suchte auf eigene Faust und zunehmend verzweifelt nach Chancen zur Rückkehr in das Wiesbadener Milieu. «Alle, die mich kennen», beschwor er in konspirativ transportierten Schreiben seine ehemaligen Freunde, «wissen, daß ich kein Bulle bin.» Den «Mördersäuen», die den Einsatz von Bad Kleinen zu verantworten hätten, würde er «noch nicht mal ein Kochrezept verraten, geschweige denn einen Genossen ans Messer liefern.» Martialische Ausbrüche wie diese reichten zwar für eine andauernde Verunsicherung der Szene, in der er viele Jahre eine ständig präsente Figur gewesen war. Aber natürlich nicht zur Wiederherstellung des Vertrauens.

Das drohte zu dieser Zeit auch auf der anderen Seite der Barrikade schweren Schaden zu nehmen. Im August 1993 kam das Bundeskriminalamt nach Auswertung der bei Birgit Hogefeld und Wolfgang Grams aufgefundenen Asservate zu dem Ergebnis, die Spitzenquelle Klaus sei mindestens für klandestine Postbotendienste zuständiger Kurier der RAF gewesen, wenn nicht gar eines ihrer «tragenden Mitglieder». Möglicherweise habe er sogar noch nach dem Schlag von Bad Kleinen aktuelle Post von Birgit Hogefeld bestimmungsgemäß und ohne Wissen der Behörden in die Szene lanciert.

Der V-Mann als Wanderer zwischen den Welten. Den Behörden war die Persönlichkeitsspaltung des Superspitzels nicht entgangen. Er sei bestimmt «kein Klosterschüler», belehrte der Mainzer Innenminister Zuber die Abgeordneten des dortigen Innenausschusses. Schließlich wollten die Verantwortlichen kein Risiko eingehen und ließen ihren freien Mitarbeiter über das bevorstehende spektakuläre Ende seiner verzwickten Karriere weitgehend im unklaren. Steinmetz wußte von dem Peilsender, den er (angeblich nur zu seinem Schutz) bei sich trug, aber vermutlich weder von der Wanze, die die RAF-Jäger in seinem Gepäck deponiert hatten, noch von dem bevorstehenden Zugriff. Damit hatte man ihn gelinkt, so wie er zuvor seine V-Mann-Führer gelinkt hatte, als er mehrere geheime Treffen mit gesuchten Mitgliedern der RAF verschwieg. Erst nach Bad Kleinen eröffnete die Quelle Klaus ihren staatlichen Konfidenten die tatsächliche Intensität seiner Kontakte in den Untergrund.

Ein mittleres Nachbeben löste seine später widerrufene Behauptung aus, er habe schon vor dem gewaltigen Knall im hessischen Weiterstadt gewußt, daß die RAF den dortigen Gefängnisneubau in Schutt und Asche legen werde. Monate vor dem Anschlag habe ihn ein Kassiber mit der Anfrage erreicht, was er von einer solchen Aktion halte. «Nichts», habe er geantwortet. Mit dem spektakulären Sprengstoffanschlag hatte sich die Links-Guerilla Ende März 1993, fast ein Jahr nach ihrer sogenannten «Deeskalationserklärung», lautstark in Erinnerung gebracht. Der Sachschaden summierte sich auf rund 130 Millionen Mark. Wußten die rheinland-pfälzischen Verfassungsschutzbehörden, das Kölner Bundesamt für Verfassungsschutz, der Mainzer Innenminister Walter Zuber und möglicherweise der dort regierende SPD-Vorsitzende und Ministerpräsident Rudolf Scharping vorher von dem bevorstehenden RAF-Anschlag? Und haben die Staatsschützer – aus welchen Motiven oder Fehleinschätzungen auch immer – die Sache einfach laufen lassen? Schwer vorstellbar, doch über Monate Stoff genug für wilde Spekulationen in diversen Medien.

Die Dementis kamen von allen Seiten. Erst nach Bad Kleinen habe ihr V-Mann erstmals seine angeblichen Kenntnisse über Weiterstadt offenbart, beteuerten unisono die Verfassungsschutzbehörden und Minister Zuber. Die Bundesanwaltschaft, die nach der Veröffentlichung des aufsehenerregenden Bekenntnisses unverzüglich Ermittlungen gegen den freien Mitarbeiter des Mainzer Verfassungsschutzes wegen «Unterstützung einer terroristischen Vereinigung» eingeleitet hatte, stellte dieses Verfahren Anfang 1994 geräuschlos wieder ein. Der Verdächtige selbst – er büffelte inzwischen unter polizeilicher Obhut an der Legende, die ihm einen neuen Start im Ausland ermöglichen soll – hatte seine frühere Aussage zurückgezogen und sich gegenüber den Karlsruher Staatsanwälten der Lüge bezichtigt. Tatsächlich habe er von Weiterstadt vorher nichts gewußt.

Die neue Version wurde gern geglaubt, nicht nur in Karlsruhe. Klaus Steinmetz, «Superspitzel» mit RAF-Kontakt, aber dennoch nur ein kleines Licht ohne Insider-Wissen über die Guerilla. Auf dieses Persönlichkeitsbild konnten sich am Ende die meisten Beteiligten verständigen: der V-Mann, weil es ihm ein paar Jahre Knast ersparte und er nicht als Kronzeuge gegen die frühere Genossin Birgit Hogefeld würde auftreten müssen. Die Verfassungsschützer in Mainz und Köln und ihre Dienstherren Walter Zuber und Manfred Kanther, weil sie nicht öffentlich eingestehen mußten, daß sie auf einen ausgesprochen windigen Supermann gesetzt hatten. Und die RAF, weil ein Verräter eben doch nicht ganz und gar dazugehören kann. Genau in diesem Sinne reagierten im März 1994 die Illegalen auf die vom Bundeskriminalamt behauptete RAF-Mitgliedschaft Steinmetz' und sein angebliches Wissen über Weiterstadt. Weder der Verräter noch sonst jemand aus der legalen Szene habe vorher von dem Anschlag gewußt oder gar daran teilgenommen, meldete sich die Gruppe aus dem Off. Und: «Wäre unser Kontakt zu Steinmetz so intensiv und eng gewesen, wie die Staatsschutzpropaganda behauptet, dann hätten wir ihn als Bullen enttarnt.»

Der Staatsanwalt: «Glauben Sie es, oder glauben Sie es nicht!»

«Im Zusammenhang mit dem polizeilichen Einsatz in Bad Kleinen und seiner Aufarbeitung sind offensichtlich Fehler, Unzulänglichkeiten und Koordinationsmängel innerhalb von Bundesbehörden deutlich geworden. Wer soll die politische Verantwortung übernehmen, wenn nicht der Minister?» Rudolf Seiters' prompter Rücktritt nur eine Woche nach der tödlichen Schießerei gab seinerzeit rundum Anlaß für Respektsbekundungen. Aber auch für mancherlei Spekulationen über Motive, die der scheidende Minister für sich behielt. Wie dem auch sei: Aufklärung war nach der scheinbar systematischen Vernichtung von Spuren nicht mehr zu erwarten. Seiters hatte das – möglicherweise mehr als das – erkannt und ging.

«Die Bundesregierung will die schnelle und vollständige Aufklärung aller Vorgänge um Bad Kleinen, ohne Wenn und Aber.» Dieses vollmundige Versprechen legte Manfred Kanther ab, eine gute Woche nachdem sein Vorgänger aufgegeben hatte. Eingelöst hat er es nicht und konnte es wohl auch nicht, weil entscheidende Spuren des Feuergefechts am Schweriner See unter tätiger Mithilfe leitender Beamter des Bundeskriminalamts bei seinem Amtsantritt längst beseitigt waren. Der Beitrag des neuen Innenministers zu der Staatsaffäre Bad Kleinen liegt in der skandalösen Behauptung, Aufklärung habe stattgefunden, Zweifel an der letzten und damit endgültigen Version seien nicht mehr erlaubt.

Zu einer Aussage mit Absolutheitsanspruch hatte sich nämlich der Wissenschaftliche Dienst der Stadtpolizei Zürich in seinem abschließenden Gutachten gerade nicht hinreißen lassen. Die Schweizer Kriminologen kleideten die Unmöglichkeit nachträglicher Klärung in eine doppelte Verneinung und eine doppelte Einschränkung: «Es gibt keine neuen Erkenntnisse, die zwingend gegen eine Selbstbeibringung des Nahschusses durch Grams sprechen würden.» Ein Satz, den zweimal zu lesen sich lohnt. Nach sechsmonatigen Ermittlungen kam die Staatsanwaltschaft Schwerin – auf Grundlage derselben Gutachten und der «Mehrzahl» der Zeugenaussagen – zu einem eindeutigeren Ergebnis: Für eine Fremdeinwirkung beim tödlichen Kopfschuß auf Wolfgang Grams gebe es «keine Anhaltspunkte». Wörtlich: keine Anhaltspunkte. Die Bundesregierung wiederholte die Formulierung im März 1994 in ihrem Schlußbericht. Die unmittelbaren Konsequenzen sind bekannt. Birgit Hogefeld, die nachweislich gefesselt in der Unterführung des Bahnhofs von Bad Kleinen lag, als oben auf dem Bahnsteig der erste Schuß fiel, muß sich wegen Mordes an dem GSG-9-Beamten Michael Newrzella verantworten, während die Beamten «Nummer 6» und «Nummer 8» nicht einmal gerichtsöffentlich ihre – von Amts wegen als «teilweise objektiv unrichtig» eingestuften – Versionen des Einsatzes darlegen müssen.

Die Eltern des getöteten RAF-Mitglieds wollten sich damit nicht abfinden. Im Juni 1994 legten sie Beschwerde gegen die Einstellung des Verfahrens gegen den Zugrifftrupp der GSG 9 ein. Und fanden wissenschaftlichen Beistand beim Direktor des rechtsmedizinischen Instituts der Universität Düsseldorf, Wolfgang Bonte. Nach akribischer Überprüfung aller Gutachten kam der renommierte Rechtsmediziner zu dem aufregenden Schluß, Grams sei seine Pistole «entwunden» worden, bevor er an dem Schuß aus der eigenen Waffe starb. «Fremdtäterschaft», versichert Bonte, kann entgegen den Schlüssen der Staatsanwaltschaft und der Bundesregierung nicht ausgeschlossen werden.

«Glauben Sie es, oder glauben Sie es nicht!» Mit diesen Worten schloß Gerrit Schwarz, der leitende Oberstaatsanwalt in Schwerin, die Ausführungen, mit denen er im Januar 1994 meinte, die Selbstmordthese letztgültig belegt zu haben. Dilettantismus oder Vertuschung? Selbstmord oder Mord? Der Staat überläßt die entscheidenden Fragen dem Staatsbürger zur individuellen Beantwortung in Form von Glaubensfragen. Das anfangs immense öffentliche Aufklärungsinteresse hat allenthalben lustlosem Überdruß Platz gemacht. Nicht weil alle Welt glaubt, was Staatsanwaltschaft und Bundesregierung als letzte Parole ausgegeben haben, sondern weil die Menschen längst ihre eigene Wahrheit im Kopf haben. Und sie nicht mehr darauf hoffen mögen, daß ihre, die offizielle oder sonst eine Wahrheit noch bewiesen werden kann. Das ist der Stoff, aus dem Staatsverdrossenheit wächst. Bei denen, die «dem System» ohnehin alles zutrauen, wächst mehr als das. Es ist nur eine Frage der Zeit, wann sich das «Kommando Wolfgang Grams» zu Wort meldet – unter dem Emblem der RAF oder unter einem anderen.

Die Zeit heilt Wunden, heißt es. Mit der Distanz von fünfzehn Jahren konnte Hans-Jürgen Wischnewski die Erinnerung an seinen irritierenden Nahkontakt zur Antiterroreinheit GSG 9 in Mogadischu anekdotisch entschärfen. Seit dem 27. Juni 1993 fällt es schwerer, über «Ben Wischs» Erzählungen zu schmunzeln. Ist in Bad Kleinen geschehen, was der frühere Staatsminister in Mogadischu knapp verhinderte? Die Antwort bleibt vorerst eine Glaubensfrage. Sicher ist: Die GSG-9-Beamten auf Bahnsteig 4 – mit ihrem sterbenden Kameraden Michael Newrzella hinter und dem verletzten Todesschützen Wolfgang Grams vor sich – waren «vollgeladen bis dorthinaus». So wie ihre Vorgänger 15 Jahre, 8 Monate und 9 Tage zuvor auf dem Flugfeld von Mogadischu. Sicher ist auch: Ein «Ben Wisch» fiel ihnen an jenem Sonntagnachmittag nicht in den Arm.

IV. Wie Politikverdrossenheit erzeugt wird

Die Wortprägung «Politikverdrossenheit» charakterisiert besser als jede andere das politische Klima in der Bundesrepublik seit etwa 1992. Die Bundesbürger, die zu anderen Zeiten dazu geneigt hatten, ihrer Obrigkeit blind zu vertrauen, registrieren die Untätigkeit der Politiker, wenn es darum geht, die wirklichen Probleme des Landes wie Massenarbeitslosigkeit oder Wohnungsmisere zu lösen, und nehmen ihnen deshalb ihren Selbstbereicherungsaktivismus erstmals wirklich übel. Diese Stimmung ist nicht ganz ungefährlich, weil sie dazu beiträgt, Gesellschaft und politische Sphäre einander zu entfremden, während sie doch in einer Demokratie möglichst eng miteinander verzahnt sein sollten. In Italien zum Beispiel, wo die Politikverdrossenheit noch erheblich weiter fortgeschritten war als in Deutschland, führte sie im April 1994 zu einem durchschlagenden Wahlerfolg nicht nur der Neofaschisten, sondern auch einiger ziemlich obskurer rechter Gruppen, deren Anführer sich als Saubermänner präsentierten und besondere – demokratisch nicht kontrollierbare – Vollmachten bei der Korruptionsbekämpfung forderten. In Anbetracht der Gefahren, die von Politikverdrossenheit ausgehen, stößt einem die tägliche Lüge, die ganz gewöhnliche Korruptheit von Politikern um so übler auf. Solche Mißstände werden wahrscheinlich nie aussterben, aber sie können begrenzt werden, solange sie öffentlich gemacht werden.

■ Die Barschel-Affäre von 1987 hatte an sich schon jeden bis dahin bekannten Rahmen eines politischen Skandals in der Bundesrepublik gesprengt und kaum überschätzbaren Flurschaden angerichtet, was das Ansehen der politischen Elite anbetrifft. Doch auch 1993 war sie noch nicht ausgestanden, wie sich am 1. März herausstellte, als der schleswig-holsteinische Sozialminister Günther Jansen, Intimus des Ministerpräsidenten, SPD-Kanzlerkandidaten und seinerzeitigen Barschel-Opfers Björn Engholm, unter dem Druck journalistischer Recherchen öffentlich zugab, Barschels Mann fürs Grobe, Reiner Pfeiffer, wiederholt mit Geld aus der Schublade seines Schreibtisches unterstützt zu haben, das er angeblich dort für dergleichen Sozialfälle aufzubewahren pflegte. Damit geriet auch Björn Engholm ins Zielfeuer der Kritik, jener Mann, der über Barschels finstere Machenschaften obsiegt hatte und zur Symbolfigur für eine neue politische Geradlinigkeit geworden war. Mit Gedächtnislücken, schwer nachvollziehbaren Verdrängungen und überflüssigen Notlügen verspielte er seine Glaubwürdigkeit. Dabei hätte ihm die Wahrheit in keinem Fall ernsthaft schaden können. Möglicherweise lassen sich Engholms Probleme mit der Wahrheit nur aus einer *déformation professionelle* erklären, aus der Vorstellung eines schwachen Politikers, nur dann als echter Profi anerkannt zu werden, wenn er auch mit Tricks und Lügen operiert. Engholm trat am 3. Mai 1993 von allen Ämtern zurück. ■

Cornelia Bolesch

Die Schubladenaffäre

Björn Engholm oder
Wie auch Opfer am Ende straucheln

«Die Prinzessin heiratete nicht wieder, sondern wurde eine kluge und weise Regentin, was man auch daran sehen kann, daß die Frösche in ihrem Reich hochangesehen waren. Und der Froschkönig? Er ließ sich von seinem Froscharzt und Druiden täglich Umschläge machen und erreichte so ein unermeßliches Alter – aber er hat sich nie wieder auf Abenteuer mit Menschen eingelassen...» So endet das Märchen «*Die Rache des Froschkönigs*», nachzulesen in einem kleinen Band von «*Nicht-nur-Gute-Nacht-Geschichten*» prominenter Erzähler. Der Autor heißt Björn Engholm.

Er hat jetzt viel Zeit, um darüber nachzudenken, wie abenteuerlich das Leben nicht nur Froschkönigen, sondern auch Politikern mitspielen kann. Am 3. Mai 1993 trat Engholm zurück. Er gab den SPD-Parteivorsitz auf, die Kanzlerkandidatur und das Amt des Ministerpräsidenten von Schleswig-Holstein. Er hatte Tränen in den Augen, als er erklärte: «In diesen Wochen ist die Erinnerung an die beispiellose Kampagne der CDU und ihres Spitzenkandidaten im Vorfeld der schleswig-holsteinischen Landtagswahl 1987 wieder wach geworden. Dabei wurde auch vor kriminellen Machenschaften nicht haltgemacht. Das alles ist bei mir wahrscheinlich nie wirklich vernarbt.»

Engholms Rücktritt markiert eine Zäsur in einer Affäre, die gute Chancen hat, in die Geschichtsbücher einmal als wunderlichste und langlebigste Affäre der deutschen Nachkriegsdemokratie einzugehen. Denn wann hat es das jemals gegeben: einen Skandal, genannt «Barschel-Affäre», der plötzlich sieben Jahre später unter dem Etikett «Schubladenaffäre» eine eher tragikomische Fortsetzung findet? Nicht die Täter, sondern die Opfer von einst sitzen auf der Anklagebank und sind gezwungen, den längst vergessenen oder verdrängten Anteil an den damaligen Ereignissen aufzuarbeiten.

Längst geht es im Barschel-Schubladen-Komplex nicht mehr nur um politische Verfehlungen. Statt dessen hat sich eine Fundgrube für Psychologen und Philosophen aufgetan. An Auftritten und Personal der Affäre können sie studieren: den verhängnisvollen Mechanismus, alte Fehler zwanghaft immer wieder neu zu begehen. Die fatale Eigendynamik von Notlügen. Die Brüchigkeit vermeintlich sicherer politischer Existenzen. Die Verletzlichkeit dessen, was man politische Kultur nennt. Den Sturz ins politische Nichts eines Mannes, der ein spätes Opfer seines größten politischen Gegners wurde. Und nicht zuletzt: die maßgebliche Rolle der Medien in der Zuspitzung und Steuerung der Geschehnisse.

Es geht auch um die Relativität von Zeit. Um die Schubladenaffäre zu verstehen, muß man noch einmal zurück ins Jahr 1987, muß zurückblättern, sich erinnern.

Damals war Schleswig-Holstein noch ein rabenschwarzes Land, in dem sich mancher Sozialdemokrat wie ein Paria fühlte. Doch 1987 war die Stimmung in der SPD hoffnungsvoll. Björn Engholm, ihr Spitzenkandidat, wurde dem Ministerpräsidenten, dem ehrgeizigen Uwe Barschel, gefährlich. Engholm kam bei den Intellektuellen an, aber auch bei den Dithmarscher Bauern. Das eigentliche Schwungrad zum Erfolg der SPD in Schleswig-Holstein aber drehte die CDU. Ein häßlicher Skandal ist mit ihrem Namen verbunden und verhalf der SPD 1988 im Norden zu einem überwältigenden Wahlsieg.

Der Skandal trägt Barschels Namen. Er wurde 1987, im Jahr seiner Aufdeckung, zum schmutzigsten Politskandal der bundesdeutschen Geschichte erklärt, zur «Mutter der Politikverdrossenheit». Ein Wahlkampfhelfer Uwe Barschels namens Reiner Pfeiffer hatte gegenüber dem *Spiegel* geplaudert, wie er im Auftrag des Ministerpräsidenten den damaligen Oppositionsführer Engholm fertigmachen, in seiner persönlichen Integrität attackieren sollte. Erste Gerüchte darüber tauchten in einem *Spiegel*-Artikel eine Woche vor der Wahl am 7. September 1987 auf. Die eigentliche «Bombe» – die Geschichte, in der Reiner Pfeiffer aus dem Dunkel tritt und Uwe Barschel direkt zum Hauptverantwortlichen stempelt – ging am Wochenende der Wahl am 12./13. September 1987 hoch – in Vorausmeldungen der Ausgabe, die erst am Montag nach der Wahl erscheinen sollte. Ein Untersuchungsausschuß des Kieler Landtages breitete in den folgenden Wochen die schmutzigen Details in der Öffentlichkeit aus. Dazu gehörte der Versuch, Engholm Steuerhinterziehung anzuhängen, in seinem Privatleben herumzuschnüffeln, Detektive auf ihn anzusetzen und ihm in einem anonymen Telefonanruf einzureden, er habe Aids. Übereinstimmend kamen damals alle Parteien zu der Auffassung, daß hinter dem Akteur Reiner Pfeiffer Ministerpräsident Barschel für wesentliche dieser Wahlkampfmethoden verantwortlich war.

Auch die CDU hat sich bald von Barschel distanziert. Als er dann tot in der Badewanne eines Genfer Hotels gefunden wurde, war dies für die meisten Beobachter der Beleg für die Flucht des Politikers aus seiner Verantwortung, ein verklausuliertes Geständnis. Doch restlos geklärt sind die Umstände von Barschels Tod nicht, was die ideale Basis abgibt für das Aufkeimen eines Barschel-Mythos, für Gerüchte und Mutmaßungen. Vor allem solche Politiker und Publizisten trieben das Gerüchtekarussell an, die aus politischen oder merkantilen Motiven (viele Buchautoren profitierten von dem Skandal) die Alleinschuld der CDU auf andere Schultern umverteilen wollen.

Die SPD hat diesen Versuch geradezu herausgefordert. Sie hat 1987 versucht zu verheimlichen, was man nicht hätte verschweigen müssen. Ihr damaliger Pressesprecher Klaus Nilius hatte sich nämlich in den Wochen vor der Wahl mehrere Male mit Reiner Pfeiffer getroffen, der sich im Laufe des Jahres offenbar entschloß, die Seiten zu wechseln. Eine Woche vor der Wahl brachte ihn Nilius mit dem SPD-Landesvorsitzenden Günther Jansen und SPD-Anwalt Peter Schulz zusammen. Der Ort der geheimen Zusammenkunft war ein Hotel namens «Lysia». Die SPD habe Pfeiffer bei diesem Treffen keinerlei Zusagen gemacht, so Nilius und Jansen später vor dem ersten Untersuchungsausschuß. Man habe in keiner Weise mit ihm zusammengearbeitet, dafür sei die Angst viel zu groß gewesen, in eine von der CDU gestellte Falle zu tappen.

Zunächst allerdings versuchte die SPD, ihre Kontakte mit Pfeiffer zu verschweigen. Die ersten Wochen nach der Wahl tat sie so, als habe sie ihn nicht mal mit dem kleinen Finger angefaßt. Schon damals war die Angst groß (und nicht ganz unberechtigt), das Bekanntwerden dieses Kontaktes könne von der CDU sofort zu einer Komplotttheorie «SPD mit Pfeiffer gegen Barschel» umgemünzt werden. Möglicherweise hat auch nur Günther Jansen eine Sekunde lang am Nachmittag des 12. September 1987 falsch reagiert. An diesem Tag war die *Spiegel*-Veröffentlichung vom Montag bereits in aller Munde. Ein ZDF-Reporter erwischte den SPD-Landeschef und fragte ihn: «Haben Sie davon gewußt?» Und Jansen sagte sofort, wie ertappt, «nein». Das sei für ihn ein «nicht sehr schönes Erlebnis» gewesen, erinnert sich Jansen sieben Jahre später, als ein zweiter Untersuchungsausschuß sich der Fortsetzung der Affäre widmet. Aber für ihn sei eben das Wichtigste gewesen: «Du bist über die Woche gekommen, jetzt bleibst du dabei.»

Erst im Oktober 1987 rückt die SPD – im Terminkalender Pfeiffers war inzwischen von der Staatsanwaltschaft das Kürzel «N» wie Nilius verifiziert worden – mit der Wahrheit heraus. «Wir haben nach der Wahl den frühestmöglichen Zeitpunkt für eine Bekanntgabe der Kontakte verpaßt», bekannte Engholm damals selbstkritisch. «Ich habe zugelassen, daß Klaus Nilius mit der Bekanntgabe seiner Gespräche abgewartet hat, und Günther Jansen hat unabhängig davon sich und seine Gespräche ebenfalls zurückgehalten. Dies war objektiv falsch.»

Daß ausgerechnet Engholm selbst auch nach dieser glaubwürdigen, dezent zerknirschten Verkündigung immer noch etwas «zurückhielt», sollte erst sieben Jahre später zum Thema werden. Zweifel daran, ob die SPD alles über ihre Kontakte und Kenntnisse im Zusammenhang mit Pfeiffer auf den Tisch gelegt hatte, war allerdings auch schon 1987 vorhanden. Doch verglichen mit dem großen Schiff Barschel-Affäre war das allenfalls ein kleines Beiboot. Viele, die damals Mühe hatten, sich vorzustellen, hier habe der Pressesprecher Nilius höchst delikate, für den SPD-Wahlkampf brisante Informationen gemanagt, ohne seine Chefs rechtzeitig einzuschalten, verloren bald die Lust an der Spekulation. Denn Engholm sagte immer wieder, er sei erst am Wahlabend von Klaus Nilius über Hintergründe und Urheber der dirty tricks informiert worden. Engholm 1987: «Auch rückblickend scheint es mir richtig gewesen, daß vor dem Wahltag weder meine Person noch die Öffentlichkeit von den Gesprächen mit Pfeiffer informiert worden sind. Ich wäre nicht derselbe geblieben, und mit Uwe Barschel hätte ich mich nicht zu sachlichen Diskussionen in Fernsehstudios zusammensetzen können.»

Anderslautende Gerüchte und Aussagen wurden damals zwar gehandelt, fanden ihren Weg aber nicht ins Licht des Schleswig-Holstein-Saals, wo der erste Untersuchungsausschuß tagte. So war die Rede von einem Kellner des Kieler Arcaden-Cafés, der in seiner Verwandtschaft verbreitet hatte, in den ersten Septembertagen habe es ein merkwürdiges Treffen der SPD-Spitzengenossen gegeben, bei dem offenbar über Pfeiffers Machenschaften und die Konsequenzen diskutiert worden sei. Diese Aussage gelangte aus dem Familienkreis in die Hände der CDU, die mittels einer eidesstattlichen Versicherung versuchte, diese Beobachtung des Kellners aufzuwerten. Doch öffentlich wurde sie nicht. Der Kellner hatte seine Aussage aus Angst vor beruflichen Konsequenzen zurückgezogen.

Man stand damals unter dem Eindruck der Taten Barschels, das Kapitel «Wie hielt es die SPD mit den Informationen?» wurde als zweitrangig abgelegt. Doch die einmal in Gang gesetzten Gerüchte verstummten nicht. Sie blieben nur unter der Decke, sozusagen im Winterschlaf. Es bedurfte nur eines einzigen Anstoßes, um das Räderwerk in Gang zu setzen, das weite Netzwerk aus Spekulationen und Verdächtigungen wieder auszubreiten.

Dieser Anstoß zur Wiedergeburt einer alten Affäre, zum Begleichen alter Rechnungen, kam sieben Jahre später, und er hat die Betroffenen kalt erwischt. Die SPD hatte inzwischen auch die zweite Wahl in Schleswig-Holstein gewonnen und regierte, wenn auch nur mit einer Einstimmenmehrheit, mit dem Image der moralisch besseren, der kultivierteren Partei. Die CDU hatte ihr Führungspersonal erneuert und wenig Interesse, alte Barschel-Reminiszenzen zu pflegen. In Deutschland stritt man über die Asylpolitik und hatte mit den Folgen der völlig überraschenden Wiedervereinigung zu tun. Björn Engholm und die SPD bereiteten sich auf die Bundestagswahl vor.

Frühjahr 1993: Auf den hinteren Seiten der Zeitungen wird gemeldet, daß in wenigen Tagen vor dem Kieler Landgericht mit jahrelanger Verspätung ein Prozeß gegen Barschels ehemaligen Vertrauten Herwig Ahrendsen eröffnet werde. Ahrendsen war von Pfeiffer beschuldigt worden, an der Aktion anonyme Steueranzeige gegen Engholm beteiligt gewesen zu sein. Ahrendsen hatte dies in mehreren eidesstattlichen Versicherungen bestritten. Ob er sich dabei einer Falschaussage schuldig gemacht hat, sollte der Prozeß herausfinden. Das Interesse an diesem Wiederaufleben des alten Skandals war flüchtig. «Barschel ist für uns kein Thema mehr», hieß der Kommentar des SPD-Pressesprechers Uwe Danker zur Prozeßeröffnung. Selten hat sich ein Pressesprecher so geirrt.

Am 1. März 1993 wurden die Journalisten in Norddeutschland mit einer eher mysteriösen Begründung von einer Stunde zur anderen ins Landeshaus nach Kiel gebeten. Sozialminister Günther Jansen, hieß es, habe eine wichtige Mitteilung zu machen. Worum es gehe? Dazu wolle man im Vorfeld nichts sagen, nur soviel: Es habe mit der Barschel-Affäre zu tun.

Dann saßen die Journalisten einem Mann gegenüber, der bleich und angespannt, aber durchaus gefaßt wirkte und dessen Krawatte mit der Aufschrift «Nobody is perfect» Behauptungswillen signalisierte. Neben ihm seine Frau Sabine. Als Jansen dann begann, seine vorbereitete dreiseitige Erklärung vorzulesen, folgte sein Publikum ihm Satz für

Satz, ohne sogleich die Dimension dieses Bekenntnisses zu erfassen. «Ich habe gestern erfahren», so Jansen, «daß es bei der Zeitschrift *Stern* die eidesstattliche Erklärung einer ehemaligen Bremer Bekannten von Herrn Pfeiffer geben soll, nach der er in den letzten Jahren Geldbeträge bekommen haben soll. Hiermit habe ich persönlich zu tun.»

Jansen fuhr fort: «Der Öffentlichkeit ist nicht bekannt – und dieses wußten bisher auch nur einzelne in meinem Privatbereich –, daß ich es nach Abschluß des Untersuchungsausschusses (1987) als nicht gerecht empfunden habe, daß die einen aus dem Umfeld Dr. Barschels ihre Berufe behielten und andere neue Tätigkeiten fanden oder in Pension gingen, während Herr Pfeiffer keine neue berufliche Chance bekam. Das war und ist es, was bei aller Schuld auch von Herrn Pfeiffer meinem Gerechtigkeitsgefühl widersprach.» Und dann sagte Jansen: «Ich habe mich daher entschlossen, Herrn Pfeiffer von Zeit zu Zeit materiell zu helfen.»

Als Günther Jansen am Vorabend dieses öffentlichen Geständnisses die wichtigsten SPD-Politiker des Landes in seinem Haus versammelte, um ihnen zu beichten, er habe dem Herrn Reiner Pfeiffer in den letzten Jahren zweimal etwa 20000 Mark überbringen lassen, in Umschlägen aus braunem Packpapier, als er weiter einräumte, der Überbringer sei Klaus Nilius gewesen (der war inzwischen in Engholms Staatskanzlei aufgerückt) und irgendwie müsse eine Freundin von Pfeiffer das mitgekriegt und zum *Stern* getragen haben, da will Engholm, wie er nachträglich sagte, schon geahnt haben, daß bald er im Zentrum des Geschehens stehen würde. «Das läuft immer auf den Hauptverantwortlichen hinaus.»

Ob Günther Jansen geahnt hat, was ihm selbst widerfahren würde? Anfangs schien er entschlossen, die Sache zusammen mit seiner Partei «durchzustehen». Galt er nicht als der beliebteste Politiker in Schleswig-Holstein, respektiert auch von den politischen Gegnern? War nicht eine Fülle von guten und sozialen Taten, von spontanen Hilfsaktionen und unorthodoxen Gefälligkeiten dieses Politikers bekannt? Machten sie nicht seine Aussage glaubwürdig, er habe dem Mann einfach nur unter die Arme greifen wollen?

Doch nur in der ersten Reaktion auf Jansens Beichte war noch etwas von der besonderen Aura dieses Politikers zu spüren. Da gab es notwendige Fragen, aber nicht viel Platz für Unterstellungen. Die sollten sich dafür in den folgenden Wochen, als die Geldgeschenke Jansens an den Hauptakteur der Barschel-Affäre landauf, landab diskutiert wurden, wie eine riesige Woge auftürmen, die letztlich den regionalen Charme des Günther Jansen unter sich begrub. Je weniger die Leute über Jansen wußten, um so mehr befremdete sie die Art, mit der im Hause Jansen Sozialpolitik betrieben wurde (Jansen: «Ich habe immer etwas in meiner Schreibtischschublade zurückgelegt.»). Und mancher Politiker hat es nur als Provokation empfinden können, daß hier ein Kollege doch glatt behauptete, er habe sich nicht selbst bereichert, sondern, im Gegenteil, anderen geholfen.

Zu diesen Politikern, die solch spektakulärer Edelmut aufs äußerste reizte, gehörte der damalige Kieler FDP-Fraktionschef Wolfgang Kubicki. Etwas später trat er wegen seiner Verwicklung in den Skandal um die Mülldeponie Schönberg – ein echter Skandal übrigens – vorsorglich von allen Ämtern zurück. Nachdem die Zahlungen Jansens an Pfeiffer bekanntgeworden waren, wollte Björn Engholm dem öffentlichen Druck nicht nachgeben. Jansen sollte wegen des Vertrauensverlustes als stellvertretender Ministerpräsident zurücktreten, nicht aber als Ressortminister. Erst wenn die Ergebnisse des zweiten Untersuchungsausschusses vorliegen würden, der sich im Kieler Landtag mit den Kontakten zwischen Pfeiffer und der SPD beschäftigen wollte, sollte über die Zukunft Jansens als Minister entschieden werden. Doch es wurde immer deutlicher, daß sich weder die CDU noch die Presse davon abhalten ließen, die Rolle der SPD 1987 noch einmal in allen Details zu untersuchen. Das politische Interesse war, die moralische Aura des Spitzenkandidaten Engholm zu zerstören. Das publizistische Interesse galt dem Aufspüren eines Skandals im Gefolge von Barschel, wobei vor allem der *Spiegel*-Konkurrent *Stern* sich über alle Informationen freute, die die SPD – die damals ja mit dem Konkurrentenblatt kooperiert hatte – schlecht aussehen ließ.

Da vergaß der *Stern* schon einmal heilige Journalistenregeln und veröffentlichte – gegen alle Prinzipien des Informantenschutzes –, daß er im Wahlkampf des Jahres 1987 einen für Uwe Barschel sehr unangenehmen Brief von niemand anderem als dem SPD-Sprecher Nilius zugesteckt bekommen hatte. Es handelte sich um den Brief der Mutter eines Piloten, der bei dem Flugzeugabsturz ums Leben gekommen war, bei dem auch Barschel schwer verletzt wurde. Die Mutter hatte Barschel darin heftige, aber nicht beweisbare Vorwürfe gemacht. Dieses Outing des Klaus Nilius zerstörte dessen bisherige Argumentationslinie, daß er in seinen Kontakten zu Pfeiffer aus Vorsicht immer abwartend und passiv gewesen sei.

Die öffentliche Bloßstellung nahm Klaus Nilius am 12. März 1993 durch eine «Erklärung» vorweg, die mit den Worten begann: «Ich korrigiere heute Aussagen aus dem Jahr 1987.» Er habe, entgegen seinen damaligen Aussagen, mit den Informationen von Pfeiffer doch «aktive Pressearbeit» betrieben. Nach der ersten Veröffentlichung des *Spiegel*, habe er auch «auf Bitten von Herrn Pfeiffer einen Kontakt zum Spiegel hergestellt». Außerdem, gab Nilius zu, habe er von Pfeiffer Unterlagen erhalten, einmal den Brief der Pilotenmutter, zum anderen den Entwurf einer Regierungserklärung Barschels.

Die Wirkung dieser Erklärung, von der Engholm nicht vorab unterrichtet wurde, sondern unterwegs im Autoradio erfuhr, war für die SPD verheerend. Das nachgeschobene Geständnis für sich war harmlos und hätte, sieben Jahre früher abgelegt, relativ wenig Wirbel gemacht (die Weitergabe des Briefes der Pilotenmutter war eine übliche Wahlkampfschweinerei). Doch die wahre Sensation war 1993 eine andere: Wieder einmal wurden SPD-Vertreter dabei ertappt, daß sie gelogen hatten, daß sie Informationen über ihre Aktivitäten nur stückweise und unter Druck herausgaben, daß sie ihren eigenen Umgang mit der Barschel-Affäre offenbar unter allen Umständen verdrängen wollten.

Der Druck auf Jansen und Engholm wuchs – auch in der SPD. Viele hielten ein «Opfer Jansen» für unausweichlich, um Engholm zu schützen. Der Sozialminister beugte sich der Parteiräson und trat am 23. März 1993 zurück. Er habe einsehen müssen, daß viele «meine Denk- und Handlungsweise weder für vertretbar halten noch akzeptieren». Gerade Menschen mit «geringem Einkommen» sei es schwer vermittelbar, warum «ich Geldzahlungen in der genannten Höhe an einen Herrn Pfeiffer geleistet habe». Auch «Verärgerung und große Enttäuschung» in der SPD nannte Jansen. Und er beklagte die «persönliche Verunglimpfung» durch die Presse.

Mit dem Rücktritt Jansens war die Situation für die SPD nicht bereinigt. Die Spekulationen über die Hintergründe der Kontakte zwischen SPD und Barschel-Helfer Pfeiffer wucherten und richteten sich auf den Ministerpräsidenten. Man debattierte jetzt die «Schweigepflicht» des Anwalts Peter Schulz, der 1987 sowohl im Auftrag Engholms als auch für Günther Jansen tätig geworden war. Schulz hatte an dem Gespräch zwischen Jansen, Pfeiffer und Nilius im Lysia-Hotel teilgenommen. Jansen und Engholm weigerten sich zunächst strikt, ihren Anwalt von der Pflicht zur Verschwiegenheit zu entbinden. Schließlich folgte eine eingeschränkte Aussagegenehmigung für Schulz, eng begrenzt auf den Abend im Lysia-Hotel, nicht bezogen auf das, was die Öffentlichkeit inzwischen auch immer mehr interessierte: Hat Engholm von diesem Treffen früher erfahren, als er bislang behauptet hat, also vor dem Tag der Landtagswahl am 13. September?

Am Ende der vergeblichen Rückzugsgefechte stand die rückhaltlose Entbindung des Anwalts Schulz von der Schweigepflicht. Und da Schulz nun vor dem zweiten Untersuchungsausschuß umfassend befragt werden würde, blieb Engholm nichts anderes übrig, als mit siebenjähriger Verspätung einzuräumen, daß er den ersten Untersuchungsausschuß 1987 belogen hatte. Am 22. April 1993 erfuhren die Genossen in Kiel von ihrem Ministerpräsidenten und Spitzenkandidaten, daß Anwalt Schulz nach dem Treffen mit Jansen, Pfeiffer und Nilius im Lysia-Hotel sofort zu Björn Engholm gefahren war. Und ihm berichtet habe, es gebe da einen Mann namens Pfeiffer, der versichere glaubwürdig, daß der größte Teil der Schmutzkampagne gegen ihn, Engholm, direkt aus der Staatskanzlei, direkt von Barschel, organisiert und dirigiert worden war.

Vor dem zweiten Untersuchungsausschuß erinnerte sich Peter Schulz an diese Nacht: «Es war zu spüren, daß Björn sich zum Zuhören zwingen mußte und einen Ausbruch nur mühsam unterdrückte. Er war schockiert. Er hat mir erklärt, es stehe ihm bevor, mit diesem Wissen in ein Fernsehduell mit Barschel zu gehen und dabei dieses Wissen nicht zu verwenden und zu unterdrücken.»

Engholm hat in diesem Zusammenhang immer wieder von einer «existentiellen Grenzsituation» gesprochen, in der er sich damals befunden habe. Andere Aussagen bekräftigen, daß er unmittelbar nach dieser Information entschlossen war, alles hinzuwerfen, den Wahlkampf einzustellen. Wie wir wissen, tat er das dann nicht, sondern absolvierte brav alle Termine, darunter auch das Fernsehduell mit Ministerpräsident Barschel. «Er hätte das nicht so cool machen können, wenn er von den Vorwürfen gegen Barschel gewußt hätte», hatten Jansen und andere immer behauptet. Engholm hat rückwirkend bewiesen, daß man ihn nicht unterschätzen darf. Aber er hat nicht erklären können, warum es ihm nicht möglich war, seinen korrekten Wissensstand preiszugeben, als die SPD im Oktober 1987 ohnehin dabei war, ihre Kontakte mit Pfeiffer im Vorfeld des Wahltages offenzulegen.

«Es gibt keinen Grund, die Geschichte der Barschel-Affäre umzuschreiben. Auch die privaten Zahlungen Günther Jansens rechtfertigen dies nicht», sagte Engholm in seiner Rücktrittserklärung. Nachdem Engholm der Finanzministerin Heide Simonis in Schleswig-Holstein die Bank des Regierungschefs überlassen und im Kieler Landeshaus als einfacher Abgeordneter Platz genommen hatte, fand in Eckernförde ein SPD-Parteitag statt, der versuchte, das Trauma dieser Daueraffäre endlich abzuschütteln. Die Parteimitglieder wurden aufgefordert, alles, was sie im Umfeld der Barschel-Affäre noch an Erkenntnissen hätten, sofort dem Untersuchungsausschuß offenzulegen.

Doch was als Befreiungsschlag gedacht war, kam wie ein Bumerang auf die Partei zurück und markierte den Anfang eines weiteren Kapitels in dieser unendlichen und immer verworreneren Geschichte. Unter dem Druck anhaltender Verdächtigungen und in dem Vakuum, das der Rücktritt von Engholm und Jansen hinterlassen hatte, bröckelte der Zusammenhalt in der Partei. Das Mißtrauen untereinander war nicht überwunden. Das Muster der SPD-Pfeiffer-Affäre über sieben Jahre hinweg – nur häppchenweise zuzugeben, daß man mehr getan hatte, als nur den *Spiegel* zu lesen – entfaltete die Eigendynamik des «Was war noch?»

Schon im Umfeld des Engholm-Rückzugs hatte es heftige parteiinterne Auseinandersetzungen über die Rolle des Kieler SPD-Bundestagsabgeordneten Norbert Gansel gegeben, der Engholm in der Schubladenaffäre beriet. Er ist von Engholm mit einer Vollmacht zu Schulz geschickt worden, um das Problem der Schweigepflicht zu besprechen. Engholm erlaubte dem Anwalt, Norbert Gansel gegenüber offen zu sein. Gansel war daher der erste im Beraterkreis, der erfuhr, daß Engholm 1987 das fragliche Treffen und die Informationen über Pfeiffer verschwiegen hatte. Norbert Gansel sagt, er habe Engholm aufgefordert, die Wahrheit zu sagen und «mit dieser Wahrheit zu kämpfen». Engholm hatte sich jedoch zum Rücktritt entschlossen. Bevor Engholm öffentlich zugeben konnte, nicht die ganze Wahrheit gesagt zu haben, standen schon eindeutige Andeutungen im *Spiegel.* Viele in der SPD zweifeln nicht daran, daß Gansel «der Verräter» war, der Engholm einen guten Abgang verpatzte. Gansel wehrt sich gegen diesen Vorwurf.

An der Person Gansel spalten sich in der SPD Schleswig-Holstein die Geister. Die einen sehen in ihm den «guten Menschen» der Partei, der im Sinne von Anstand und Moral wirkt, die anderen kritisieren, er hätte sich gerne als Nachfolger Engholms in Kiel gesehen. Nach und nach brachen weitere Konfliktherde auf. Da berichtete SPD-Geschäftsführer Werner Kindsmüller von einem mysteriösen Telefongespräch mit Klaus Nilius, in dem dieser ihn, geschmückt mit theatralischen Sätzen wie «Warum tust du mir das an?», davor gewarnt habe, der Frage nachzugehen, ob außer Jansen noch ein anderer dem Reiner Pfeiffer Geld gegeben habe. Nilius und Jansen widersprachen Kindsmüllers Interpretation. Weitere «Mißverständnisse» konnte das nicht verhindern.

Andere SPD-Zeugen meldeten sich, die sich an ein Wahlkampftreffen im Juli 1987 erinnerten, bei dem Klaus Nilius mit einem «Informanten aus der Staatskanzlei» geprahlt habe. Andere Zeugen wiederum fieselten andere Sätze und Halbsätze anderer SPD-Mitglieder hervor, die auf frühes Wissen um Pfeiffer hindeuteten, und ernteten von den angesprochenen Genossen prompt die Drohung einer Strafanzeige. Auch die Kulisse mit dem Arcaden-Café wurde wieder auf die Bühne geschoben. Der Kellner, der 1987 seine Aussage zurückgezogen hatte, war jetzt bereit, vor dem Untersuchungsausschuß über das geheimnisvolle Treffen führender Sozialdemokraten Anfang September auszusagen. Gestützt wurde seine Erinnerung überraschend durch einen NDR-Journalisten, der sich ebenfalls an eine solche Runde erinnerte. Ins Zentrum der Aufmerksamkeit geriet SPD-Fraktionschef Gert Börnsen, den Kellner wie Journalist Anfang September im Hinterzimmer dieses Cafés gesehen haben wollen.

Die Angegriffenen wehrten sich mit Terminbüchern, alten Wahlkampfprotokollen und ihrer eigenen Erinnerung. Vor allem Börnsen bestritt energisch, je an einem solchen Treffen teilgenommen zu haben. Relativ leicht könnte sich die Sache vermutlich aufklären, wenn man davon ausginge, es habe sich bei dem Treffen um eine bekannte SPD-Wahlveranstaltung am 6. September 1987 gehandelt, an der als Gast auch Oskar Lafontaine teilgenommen hat. Von der Festwiese sind an diesem Tag immer wieder SPD-Politiker ins Café gewechselt. Doch der Kellner und der Journalist sagen, dieser Tag sei es nicht gewesen.

Dann geriet als weiteres prominentes SPD-Mitglied die Landtagspräsidentin Ute Erdsiek-Rave unter Druck. Sie ist mit Klaus Rave verheiratet, der 1987 SPD-Geschäftsführer war. Als weitere Überraschungszeugin präsentierte sich 1994 eine Frau, die 1987 ihre Wahlkampfhelferin war und sich genau daran erinnern will, daß Frau Erdsiek-Rave ihr bereits im April oder Mai 1987 über die anonyme Steueranzeige und andere Aktionen gegen Engholm berichtet habe. Da hätte die Politikerin etwas gewußt, was nach bisherigem Stand selbst Klaus Nilius erst im Sommer von Pfeiffer erfahren hat. Sofort sah die Opposition ihr «Vertrauensverhältnis» zur Landtagspräsidentin gestört und forderte sie auf, ihr Amt vorerst ruhen zu lassen. Ute Erdsiek-Rave weigerte sich – die Oppositionschefs Hennig (CDU) und Klug (FDP) werden es ihr vielleicht später einmal danken, sind doch auch sie nicht für alle Zeit vor unbewiesenen Behauptungen unbekannter Zeugen gefeit.

Der Wust an gegenseitigen Verdächtigungen ist kaum noch zu durchdringen. Während die neuen Zeugen behaupten, viele prominente Genossen hätten 1987 schon früh über Pfeiffer Bescheid gewußt, zieht die Gegenseite den Leumund dieser Zeugen in Zweifel, listet ihnen nachgewiesene Lügen und «psychische Schwierigkeiten» auf und sieht in der SPD ein Komplott der bisher «zu kurz Gekommenen» am Werk. Unabhängig davon drängt sich die Frage auf: Wenn es denn ein geheimnisvolles Komplott zwischen SPD-Spitze und Pfeiffer im Jahr 1987 gegeben hat, wieso hat dann praktisch jeder Provinzpolitiker davon wissen können?

Doch der innerparteiliche Streit hat längst eine Eigendynamik bekommen. Ausgerechnet als Fraktionschef Gert Börnsen auf Reisen war, veröffentlichte der Ausschußvorsitzende Heinz-Werner Arens ein Papier, in dem er die Glaubwürdigkeit der bisherigen Linie der SPD durch die neuen Zeugenaussagen erheblich gefährdet sah.

Der absurde Gang der Ereignisse ist ohne die Rolle der Presse nicht zu erklären. Die Medien hatten nach dem Rücktritt von Engholm das Interesse an der Schubladenaffäre verloren. Bisher ist es dem Ausschuß auch nicht gelungen, Jansens Erklärung zu widerlegen, das Geld für Pfeiffer stamme aus seinen privaten Mitteln. Etwas länger auf der Fährte zur Ehrenrettung Barschels waren ein Journalist der *Frankfurter Allgemeinen Zeitung* (Volker Zastrow) und der Buchautor (*Opfer Barschel*) und ehemalige Kieler CDU-Abgeordnete Werner Kalinka. Sie hielten die Spekulationen am Köcheln. Das gelingt, indem man Vorwürfe publiziert und dem jeweils Beschuldigten eine Entgegnung erst Tage später in einem weiteren Artikel oder in einem Leserbrief einräumt oder, indem man authentische Aussagen durch eigene Rückschlüsse ausschmückt und ihnen dadurch ein besonderes Gewicht verleiht.

Mittlerweile hat sich der Schubladenausschuß von der politischen Aufklärung wegbewegt, immer mehr bewegt er sich auf dem schlüpfrigen Feld der Erinnerungen an Sätze und Bemerkungen, die vor sieben Jahren geäußert wurden. Und die kann tückisch sein. Der NDR-Journalist Grossmann etwa, der sich als Zeuge an ein Treffen im Arcaden-Café Anfang September 1987 erinnern kann, das nicht am 6. September stattgefunden habe, glaubt im Verlauf der weiteren Befragung, daß ihn der Referent der SPD-Obfrau im Ausschuß kurz *nach* seinem letzten Urlaub angerufen habe. Es war aber davor. Grossmanns Urlaub lag wenige Wochen zurück. Soviel zum Thema Erinnerung.

Ein Ende des Schubladenausschusses ist noch nicht abzusehen. Er will sich auch noch mit angeblichen Stasi-Kontakten Uwe Barschels beschäftigen. Was der Ausschuß vermutlich nicht mehr üppig in Szene setzen wird, sind die Umstände von Barschels Tod. Hier hat zuletzt der von der Familie Barschel beauftragte Hamburger Gutachter zum Verdruß seiner Auftraggeber klargestellt, daß es an einem Selbstmord des Politikers keinen Zweifel geben kann. Sicher ist, daß der zweite Untersuchungsausschuß keinen gemeinsamen Abschlußbericht vorlegen können wird. Nicht einmal der erste Untersuchungsausschuß hat das zustande gebracht. Was bleiben wird, nachdem die Politiker ihren Kampfplatz im Landtag verlassen haben, ist die ständige Sorge der SPD, irgendwann könne doch noch ein unbekanntes Detail offenbar werden, bleiben werden die Erinnerungen, die Selbstvorwürfe und die Verletzungen bei den Betroffenen. Vor allem Günther Jansen leidet unter dem zerrütteten Zustand «seiner» schleswig-holsteinischen SPD, den er mit seiner Sozialtat für Pfeiffer heraufbeschworen hat.

Björn Engholm schließlich bereitet seinen endgültigen Abschied aus der Politik vor. Er will den Rest seines Berufslebens nicht mehr auf einer Abgeordnetenbank oder in einer Parteizentrale verbringen. Eine Frage wollen wir dem Märchenerzähler Engholm aber noch stellen: «Angenommen, eine Fee bringt Sie ins Jahr 1987 zurück. Sie erfahren von Pfeiffers Machenschaften. Was würden Sie von diesem Zeitpunkt an anders machen als damals?» Björn Engholm überlegt nicht lange: «Sofort zurücktreten.»

■ Es waren gerade die kleinen krummen Dinger, die das Ansehen politischer Mandatsträger besonders abgleiten ließen. Wenn der Bundeswirtschaftsminister seinen Vetter fördert, ist das einerseits eine Vetternwirtschaft wie aus dem Bilderbuch, aber andererseits so kleinkariert, daß das Publikum geneigt ist, eher Häme oder sogar Mitleid zu empfinden als große Empörung. Auch die freie Fahrt für den Ehemann der Parlamentspräsidentin des Deutschen Bundestags im Dienstwagen oder Werbetexte der Bundeswohnungsbauministerin werden Petitessen, weil Wähler und Wählerin ihrer politischen Führung ohnehin nicht mehr über den Weg trauen. Ein Alarmzeichen für das gesamte politische Gefüge.
■

Georg M. Hafner

Das Prinzip Möllemann

Kleine Hilfestellungen erhalten die Freundschaft

Böse Zungen behaupten, an allem sei eigentlich nur Olaf Starke aus Hellenthal in der Eifel schuld. Aber das stimmt so nicht, auch wenn unbestritten seine Idee am Anfang des ganzen Ärgers stand. Er hatte nur das nicht vorhersehbare Pech, daß sich seine kleine Erfindung, kaum geboren, als schon so abwegig erwies, daß sie, wie sich herausstellen sollte, der besonderen Pflege bedurfte und eines pfiffigen Anschubs, um doch noch unter die Leute zu kommen. Die Jungunternehmer Hubert Appelhoff und sein Kompagnon Viktor Körfgen hatten diesbezüglich eine besondere Eingebung, und ein gewisser Jürgen W. Möllemann sollte den Rest besorgen. Dieser Möllemann bot sich schon deswegen als Promoter besonders an, da er Vizekanzler der Bundesrepublik Deutschland und auch deren Wirtschaftsminister war. Daß er dies beides heute nicht mehr ist und auch als Hoffnungsträger und möglicher Parteivorsitzender der FDP nicht mehr viel hergibt (bis zum Beweis des Gegenteils), hat mit Viktor Körfgen zu tun, mehr gar noch mit Hubert Appelhoff und seiner seltsamen Eingebung und mit der kuriosen Idee von Olaf Starke. Doch schön der Reihe nach:

Vor der Idee stand nämlich ein Drama, das sich täglich millionenfach, aber von keinem Verantwortlichen je ernsthaft zur Kenntnis genommen, in deutschen Supermärkten und Kaufhäusern abspielt: die verzwickte und oft erniedrigende Kramerei nach einem simplen Markstück, um in den leihweisen Genuß eines Einkaufswagens zu gelangen. Diese sind nämlich vielfach an die Kette gelegt und nur mit einem Markstück als Pfand auszulösen. Die alte Hippieschnorrerei «Haste mal 'ne Mark» erlebte eine ungeahnte Renaissance, und das bedurfte, so fanden Appelhoff und Körfgen jedenfalls, dringender Abhilfe. Damit hatte die verhängnisvolle Plastik-Chip-Idee aus der Erfinderwerkstatt von Olaf Starke ihren Weg aus der Eifel in die Welt gefunden, die Idee einer Kunststoff-Mark, nicht größer und nicht kleiner, sondern exakt so groß wie das verflixte echte Markstück eben und als Schlüsselanhänger stets einsatzbereit. Bahnbrechend geradezu.

«Die Idee», formulierten Appelhoff und Körfgen schnittig, «nie wieder Zeitverlust, nie wieder Wechseln, nie wieder Suchen.» Damit waren ein paar Maximen der Leistungsgesellschaft zwar nicht besonders helle, aber griffig auf den Punkt gebracht, nur leider: Die pfiffigen Patentverwerter und ihre Firma Pro-INVENTION machten einen kapitalen Fehler. Der schlaue «Eika-Schlüssel» (Eika: etymologisch aus Einkaufswagen abzuleiten) war zu teuer. 2,50 sollte die Mark-Imitation kosten. Das verwirrte nicht nur die sparsame Hausfrau, sondern auch alle anderen, die rechnen können oder müssen. Warum sollte man 2,50 für etwas ausgeben, was man auch für eine Mark haben kann? Denn, wer den Eika-Wagen wieder brav an die Kette legt, das weiß der König Kunde längst, bekommt die Mark zurück. Steuerfrei und ohne jeden Aufschlag. Wo gibt's so was heute noch?

Appelhoff und Körfgen wollten dennoch von den Chips nicht lassen, weshalb einer der beiden, nämlich Appelhoff, sich eines lieben Verwandten erinnerte, den er sonst «nur an Weihnachten oder bei Beerdigungen» sah, den lieben Vetter Möllemann. Von ihm wußten die beiden hoffnungsvollen Jungunternehmer, daß er auch mal fünfe gerade sein läßt und auch sonst die Werbe- und andere Trommeln kräftigst zu rühren versteht. Mal griff der damalige Staatsminister im Auswärtigen Amt als Edel-Pils-Experte einer in Schieflage geratenen

Brauerei im heimatlichen Münster unter die schlappen Arme («Germania-Pils»), mal warb er auf offiziellem Ministerbütten für die ihm verbundene PR-Agentur «Markt & Meinung», mal war ihm als Außenamtsminister und Chef der Deutsch-Arabischen Gesellschaft die Förderung des Verkaufs von Leopard-Panzern nach Saudi-Arabien eine Herzensangelegenheit («Leo muß man auf arabisch von rechts nach links lesen – Oel!»). Dann wieder zeigte er sich selbst überrascht, daß sein Bruder Willi Repräsentant einer norddeutschen Exportmetzgerei im saudiarabischen Djidda wurde («er hat mich... nur... um ein Visum gebeten»), ein andermal machte er sich dick für die deutsche Süßwarenindustrie, Ressort Knabberartikel, da war er dann schon Bundesbildungsminister. Kurzum: Vom «Prinzip Möllemann» (*taz*) sollten, so beschlossen Appelhoff und Körfgen, auch ihre Plastikchips profitieren.

Möllemann, von dem damals nach einer zeitgenössischen Meinungsumfrage nur 8,8 Prozent aller Deutschen einen Gebrauchtwagen gekauft hätten, machte sich auch flugs an die Arbeit und schrieb unter dem Datum 17. März 1992 einen folgenschweren Brief, zwölf Zeilen knapp, gleichlautend an die Bosse der drei größten Supermarktketten Deutschlands. Kein geringerer als der Bundeswirtschaftsminister und Vizekanzler der Republik warb da als «kleine Hilfeleistung» für das «aus meiner Sicht pfiffige Produkt... der Herren Appelhoff und Körfgen». Da Diskretion Ehrensache ist, erfuhren die solchermaßen hochwohllöblich Angeschriebenen nicht, daß Appelhoff in verwandtschaftlichem Bund mit dem prominenten Absender stand.

Das enthüllte erst, neun Monate später im Dezember 1992, der *Stern* («Vettern-Wirtschaft»). Vermutlich wäre dieses anmutige Familiensponsoring des gelernten Volksschullehrers Möllemann ohne Folgen geblieben, wenn nicht verschiedene Faktoren unglücklich zusammengetroffen wären, die aus einer Posse einen Skandal machen.

Um das zu verstehen, müssen an dieser Stelle zwei andere Skandale mit einbezogen werden. Der eine, weil er als Nachwehe der Vettern-Affäre einer Ministerin den Kopf rettete, der andere, weil er für eine gewisse Skandalausgewogenheit innerhalb der Regierungskoalition herangezogen wurde. Schwaetzer und Süssmuth sind die Namenspatrone dieser beiden Affären. «Wir hatten die Dienstwagenaffäre», hieß damals der Deal aus des Kanzlers Dunstkreis, «die FDP hat die

Einkaufswagenaffäre.» Die Erwischten hatten nach dieser Sprachregelung ein Skandalpatt erreicht, einen gleichen Punktstand sozusagen, womit nebenbei ein neues Berechnungsverfahren in der Skandalgeschichte der Bundesrepublik eingeführt worden war. «Haust du meinen nicht, schone ich den deinen», oder so ähnlich. Dabei wurde eigentlich nur Petitesse gegen Petitesse verrechnet. Hier die Familienbande Möllemann (FDP), dort die Gattenfürsorge der Bundestagspräsidentin Rita Süssmuth (CDU).

Frau Süssmuth war dabei ertappt worden, daß sie ihren Ehemann eifrig und auch privat einen der drei (!) Dienstwagen benutzen ließ, einen zwar ziemlich abgefahrenen Mercedes 450 SEL des Amtsvorgängers Philipp Jenninger (stolperte übrigens über eine verunglückte Rede im Deutschen Bundestag), aber eine Nobelkarosse trotz allem. Während die beiden bescheideneren Privatautos der Süssmuths, ein VW-Golf und ein Saab, geschont wurden, rutschte Prof. Dr. Hans Süssmuth (Neuere Geschichte und Didaktik) gelegentlich auch zusammen mit Tochter Claudia (Studentin) schon mal 1500 Kilometer im Monat auf der Dienstkusche seiner Gattin ab, ohne allerdings zu verabsäumen, die anfallenden Benzinquittungen ordentlich bei der Bundeskasse abzurechnen.

Dies alles habe er ohne Arg und bösen Vorsatz getan, beteuerte der angesehene Hochschullehrer, zumal er oft in Nebentätigkeit sozusagen den Chauffeur für seine umtriebige Frau gespielt habe. Damit war er zwar ein leuchtendes Vorbild für seine Studenten, die nebenher jobben müssen, andererseits haben sich Klein Fritzchen und Lieschen Müller eben genauso den Selbstbedienungsladen in Bonn vorgestellt, und das ist das Fatale an der Geschichte.

Doch obwohl die Dienstwagenaffäre nahezu klassisch die meist in Abrede gestellte Raffermentalität belegte, überstand Rita Süssmuth diese Turbulenzen, von kleinen, aber mittlerweile verheilten Schrammen abgesehen, schadlos. Sie konnte belegen, daß ihr monatlich 1750 Mark für die private Nutzung ihrer Dienstwagen abgezogen wurden von einer steuerfreien Kostenpauschale von über 5000 Mark im Monat, was aus dem Fall Süssmuth also noch keinen Sozialfall machte. Die Bundestagspräsidentin, die einen Rücktritt ernsthaft in Erwägung gezogen haben soll, wehrte sich dann doch entschieden («das stehe ich durch»), verfiel dabei allerdings unglücklicherweise auf eine Ausflucht, die gerade in Bonn auf beleidigte Ohren traf: «Wir haben uns nicht anders verhalten als alle Minister und Staatssekretäre.» Das erinnerte an das Gegenteil dessen, was Eltern ihren Kindern seit Generationen einbleuen: «Ja, wenn das alle machen würden.» Dennoch: Möllemann war nun in bester Gesellschaft, und sein Parteichef Graf Lambsdorff, nach dessen politischem Erbe er strebte, hatte allen Grund zu der Klage, man müsse ganze Bundeskabinette entvölkern, wenn es in Bonn weiter so kleinkariert zuginge, wenn weiter lächerliche Gefälligkeiten als Skandal an den Pranger kämen und parteipolitisch zweckentfremdet würden. Der alte Fuchs wußte, wovon er sprach, meinte aber in diesem konkreten Fall nicht den Erbprinzen Möllemann, sondern die Immobilienmaklerin Adam-Schwaetzer, gleichzeitig Bundesbauministerin.

Sie fand für die Münchner Anlagen- und Immobilienfirma «Germania» (die Namensgleichheit mit Möllemanns Edel-Pils ist rein zufällig) ziemlich nette Worte. «Solide Marktkenntnisse mit profundem Anlagen-Know-how seien im Immobiliensektor mehr denn je gefragt», schrieb die Ministerin diensteifrig für die Hauspostille des Unternehmens. Sie empfehle «Germania» wegen «langjähriger Erfahrung auf diesem Gebiet». Dieses ministerielle Gütesiegel brachte Kritiker zum Schweigen, denen das Immobilienunternehmen als «mit Entmietungen und Luxussanierungen bestens vertraute» Firma, so der Präsident des Deutschen Mieterbundes, bekannt war. Auch hatte sich für die «Germania» offenbar ausgezahlt, daß man bereits 1990 und auch 1991, als ob's ein Vorschuß für die Gefälligkeitsadresse der Ministerin gewesen wäre, zwei Spenden in Höhe von je 5000 Mark an die FDP geleistet hatte.

Doch wie bei den meisten Skandalen und Affären üblich, gab's eine Dreingabe nebenbei für die Öffentlichkeit: hier ein paar freundliche Sätze der Ministerin in einem kleinen Interview für Hans Weber, den ungekrönten Fertighaus-König Deutschlands, dargeboten in dessen Standardwerk «Faszination Fertighaus». Dort ein paar garstige Zeilen auf einem offiziellen Briefbogen mit Dienstadler – Möllemann stand Pate –, um einer Eigenbedarfskündigung den nötigen Nachdruck zu verleihen.

Auch die Immobilienministerin ist heil geblieben und immer noch in Amt und Würde, glauben wir jedenfalls, denn abgesehen von Hochwasserschäden in Bonner Staatsimmobilien, für die sie geradestehen soll, haben wir lange nichts mehr von ihr gehört.

Was das alles mit den Einkaufswagen von Vetter Möllemann zu tun hat? Die Banalität und Spießigkeit der Ereignisse gehören als Teil des Lobbyismus im Bonner Raumschiff zum guten Ton. Politik als Interessenvertretung, ob für Fertighäuser oder Plastikchips, ob für schwere Panzer oder Atomkraftwerke, spielt da nur eine untergeordnete Rolle, ist bestenfalls eine Frage der persönlichen Rendite. Außerdem lenken die Skandälchen so unterhaltsam ab von den eigentlichen Wutobjekten: die Immobilien-PR von der Wohnungskatastrophe für jedermann, der Dienstwagen von der Steuerschraube beim Liebling Auto, die Plastik-Mark von der Nullrunde für vier Millionen Arbeitslose.

Dennoch fragt man sich: Warum stürzt der eine und die anderen nicht? Möllemann hatte, obwohl als Affärenjongleur nicht unbegabt, die Angelegenheit Appelhoff auf die zu leichte Schulter genommen, hatte «stinksauer» sogar zunächst alles rundweg abgestritten und statt dessen, ziemlich unfair, Mitarbeiter seines Ministeriums als Täter ausgemacht. Blankounterschriften, die er «für dringende Fälle» immer hinterlasse (seltsam genug) seien zweckentfremdet worden. Damit war der Plastikchip zu einem «dringenden Fall» aufgestiegen, was die Sache für Möllemann nicht leichter machte und die nicht unberechtigte Frage aufwarf: Hat der Minister seinen Laden noch im Griff? Kurzum, Möllemann eierte ziemlich, verhedderte sich und, eine Todsünde in diesem Geschäft, er entschwand, als alles noch so richtig am Köcheln war, seelenruhig in den Weihnachtsurlaub. Nicht allerdings in den Teutoburger Wald, wie es sich gehört hätte, sondern auch noch in die Karibik. Daheim in Bonn hatte er den Herd nicht ausgemacht. Es schmorte weiter, und so wuchs und gedieh der Zwergenskandal in der nachrichtenärmsten Zeit zwischen den Jahren, und Möllemann war reif. Und weil eine kleine Partei zwar viele Minister haben, aber nicht gleich zwei in wenigen Wochen auswechseln kann, hatte Adam-Schwaetzer auch mal Glück: Sie wurde *nach* Möllemann erwischt.

Und Olaf Starke und sein Plastikchip? Starke grübelt vermutlich längst weiter an neuen Ideen. Seine Kunststoff-Mark jedenfalls hat Form angenommen und kostet 99 Pfennige. Ich besitze selber eine, sie ist noch druckfrisch und nie benutzt.

- Gesetze werden in einer parlamentarischen Demokratie von den Parlamentariern beschlossen – auch die über die Bezüge der Abgeordneten. Das weckt verständlicherweise Mißtrauen, zumal wenn die Abgeordneten sich und ihren Fraktionschefs einen außerordentlich kräftigen Schluck aus der Versorgungsflasche genehmigen – wie 1991 in Hamburg, als die Bürgerschaft eine allzu großzügig bemessene Einkommensverbesserung unter dem Druck der Öffentlichkeit wieder zurücknehmen mußte. Bei genauerem Hinsehen erweist sich dieser Skandal, was die Höhe der Bezüge anbetrifft, aber doch als nicht gar so groß, denn die Parlamentarier gestatten sich keineswegs höhere Einkommen als die Spitzenmanager der Wirtschaft – die ebenfalls ihre Gehälter selbst festlegen. Der verständliche und berechtigte Sozialneid des Normalverdieners sollte sich also gerechterweise auf die Größen der Wirtschaft ebensosehr beziehen wie auf die der Politik.

  Dennoch stimmt der Umstand grundsätzlich bedenklich, daß es bei Diätenerhöhungen keine parlamentarische Opposition gibt. Die gibt es übrigens auch nicht, wenn die Regierenden sich höhere Bezüge oder eine bessere Altersversorgung genehmigen lassen wollen und dabei nicht vergessen, auch den Oppositionsfraktionen etwas anzubieten. Das zeigte sich in Hamburg bereits im Jahre 1973, als die Senatoren schlagartig ihre Altersversorgung um ein Drittel anhoben.

  Im kleinen und notorisch finanzschwachen Saarland hatte die damalige CDU-Regierung schon 1972 mit Unterstützung der SPD-Opposition unter der Führung von Oskar Lafontaine eine außerordentlich günstige Einkommensregelung für sich geschaffen. So erhalten Regierungsmitglieder, die – wie der heutige Ministerpräsident Lafontaine – zugleich Landtagsabgeordnete sind, zusätzlich zu ihrem Gehalt weiterhin einen Großteil ihrer Abgeordnetendiäten, eine Doppeldotierung, die rechtlich höchst bedenklich ist.

  Nachdem der Bund der Steuerzahler im Nachgang zur Hamburger Diätenaffäre ein Gutachten zur Situation im Saarland gegeben und dadurch auch hier eine rege öffentliche Debatte entfacht hatte, wurde im Mai 1992 ruchbar, daß Lafontaine zusätzlich zu seinem Ministerpräsidentengehalt auch eine «Ausgleichszahlung» für Pensionsansprüche aus seiner Zeit als Saarbrücker Oberbürgermeister erhielt, und zwar angeblich aufgrund eines Gesetzes aus dem Jahre 1986, das eigentlich den Sinn hatte, den saarländischen Fiskus von Doppel- und Mehrfachzahlungen für öffentliche Ämter zu entlasten. Der Ministerpräsident hatte diese Zahlungen zu Unrecht erhalten, befanden ein zunächst auch von der Regierungspartei für vertrauenswürdig erklärter Gutachter und der saarländische Rechnungshof. Lafontaine stellte in dieser peinlichen Situation zwar umgehend den zuviel gezahlten Anteil seiner Bezüge für soziale Zwecke zur Verfügung, hielt aber daran fest, daß die Zahlungen rechtmäßig erfolgt seien. Nur das 86er Gesetz sei nicht sorgfältig genug gemacht worden. Das Gesetz wurde mit der absoluten SPD-Mehrheit im Saarbrücker Landtag rückwirkend aufgehoben. Und weil nun dieses – nach Ansicht vieler Sachverständiger gar nicht schlechte – Gesetz eigentlich nie gegolten hat, kann Lafontaine auch nie irgendwelche Ausgleichszahlungen zu Unrecht erhalten haben. So einfach ist das! Und während im Saarland ein Gesetz gestrichen wurde, wurde ein neues vorbereitet, ein saarländisches Pressegesetz, das den «hetzerischen» Medien in solchen Fällen hinfort einen Maulkorb anlegen soll.

Oskar Lafontaine und seine Mannschaft sitzen im Saarland fest im Sattel und standen die Affäre um die Bezüge des Ministerpräsident letztlich unangefochten durch.

Anders 1993 die Regierung Münch in Sachsen-Anhalt. Hier hatten sich die aus dem Westen importierten Minister des Kabinetts die Differenz zwischen ihren Ost-Gehältern und dem, was im Westen gezahlt wurde, auszahlen lassen («Buschzulage» nannte der bösartige West-Volksmund so etwas), ohne daß es dafür eine zureichende gesetzliche Grundlage gegeben hätte. Die Empörung der regierten Sachsen-Anhaltiner, die in aller Regel erheblich schlechter bezahlt wurden als ihre West-Kollegen, zwang in kurzer Zeit die gesamte Regierung Münch zum Rücktritt. Dabei hatte die vielleicht nur versäumt, beizeiten ein ordentliches Landespressegesetz beschließen zu lassen... ■

Norbert Kostede

Ein Stück mit mehreren Schurken

Der Hamburger Diätenskandal

Kaum ist gewählt, wird abkassiert – unmittelbar nach der Bürgerschaftswahl im Juni 1991 zogen die Spitzenpolitiker der SPD, CDU und FDP in Hamburg einen Gesetzentwurf aus der Tasche, der den Fraktionsvorsitzenden in der Bürgerschaft ein zu versteuerndes Monatseinkommen von 19500 Mark sichern sollte. Bislang hatten sie 5760 Mark erhalten, nun plötzlich kämpften sie um Platz eins der Einkommensliste deutscher Parlamentarier.

Mit doppeltem Ehrgeiz, denn ihr gleichzeitiger Griff in die Rentenkasse war nicht weniger spektakulär: Die Fraktionsvorsitzenden und die Bürgerschaftspräsidentin sollten nach nur dreieinhalb Jahren Amtszeit und fünf Jahren Tätigkeit als Abgeordnete eine Monatsrente von 10549 Mark beziehen können – auch dies ein einsamer Spitzenplatz.

Der Hamburger Diätencoup scheiterte nach einem halben Jahr. Erst protestierten die Grünen, dann ein «missionarischer Eiferer» – so SPD-Abgeordnete über den Speyerer Verwaltungsrechtler Hans Herbert von Arnim. Und schließlich stürmte und hagelte es wochenlang nicht nur in den Medien der Hansestadt: «Koalition der Selbstbediener», «Rollgriff durch die Staatskasse», «Kartell der Nassauer», «Kleptokraten». Den Leitartikeln gingen die Invektiven nicht aus, und die Reputation hanseatisch-stolzer Bürgerschaftsabgeordneter sank zwischenzeitlich unter Rotlichtniveau.

Merkwürdig war allein, daß Verleger und Kaufleute, daß Industrielle und Bankiers in diesen Wochen von einem auffälligen Schmunzeln und Augenzwinkern heimgesucht wurden. Was gab es da zu lachen? Sie waren doch sonst immer vorne dabei, wenn es galt, gegen «Anmaßungen» oder «Aufblähungen» des Stadtstaates zu wettern. Wo blieb das Donnerwetter der Pfeffersäcke?

Diese Frage führt mitten hinein in das unauflösbare Dilemma politischer Einkommen. Anders als die Herren der Wirtschaft muß sich die politische Elite zwei konkurrierenden Prinzipien stellen, wenn ihre Entgelte bemessen werden, dem Leistungs- und dem Gleichheitsprinzip. Der Konflikt beider ist die Regel, ein stabiles Gleichgewicht die seltene Ausnahme. Sind Politikereinkommen zu niedrig, blühen irgendwann Dilettantismus und Korruption. Sind sie zu hoch, leidet das breite Publikum schnell unter Politikverdrossenheit.

Nur einer profitiert immer von diesem Konflikt – die Medien. Wo gierige Politiker auf geizige Bürger stoßen, steigen Auflage und Einschaltquote. Nur nackter Busen verkauft sich besser als der tägliche Bereicherungsskandal. Vielleicht lohnt sich der Versuch, den Hamburger Diätenskandal einmal als Stück mit nicht nur einem, sondern mit drei Schurken zu schreiben: den Politikern, dem neidischen Publikum und den Medien.

Das Leistungsprofil des Fraktionsvorsitzenden in einem Landesparlament entspricht – was Zeiteinsatz und Arbeitsintensität, Verantwortungsradius und Qualifikation angeht – dem des Geschäftsführers eines privaten Unternehmens. Je größer die Fraktion und je direkter sie in das Regierungs- und Verwaltungshandeln eingebunden ist (Regierungsfraktion), um so größer muß man sich ein vergleichbares Privatunternehmen vorstellen, wenn die Gleichung «Fraktionsvorsitzender gleich Geschäftsführer» aufgehen soll.

Im Jahr 1993 verdienten die Geschäftsführer deutscher Unternehmen im Durchschnitt 339 000 Mark, wobei – wegen der Rezession – die Steigerung gegenüber den Vorjahren relativ bescheiden ausfiel. Lange Jahre mußten sich Hamburger Fraktionsvorsitzende also mit einem Bruchteil der Einkommen vergleichbarer Funktionsträger zufriedengeben – und keine Stimme rührte sich. Als sie dann versuchten, in einem Schritt 70 Prozent vom Durchschnittseinkommen eines Geschäftsführers zu bekommen, war der Teufel los.

Dies nur nebenbei erwähnt: Selbst wenn man in der Einkommenshierarchie von privaten Unternehmen eine Stufe niedriger geht (Hauptabteilungs- oder Bereichsleiter auf der ersten Ebene), wird im Vergleich zum Hamburger Fraktionsvorsitzenden rund das Doppelte verdient, im Durchschnitt 170 000 Mark.

Die Erklärung für die etwas zurückhaltende Belustigung von Hamburger Unternehmern auf dem Höhepunkt des Diätenskandals liegt also auf der Hand: Man war sich über die sachliche Berechtigung einer Einkommenserhöhung im klaren, doch ein einziger falscher Ton, und das öffentliche Geschrei hätte sich möglicherweise gegen sie selber gerichtet.

Wie gesagt, dem Leistungsvergleich steht, wenn es um Politikereinkommen geht, das Gleichheitsprinzip als gleichberechtigte Orientierung gegenüber. Ein sozialdemokratischer Fraktionsvorsitzender, der es – und das auch noch im Hauruckverfahren – zum Vierfachen eines Facharbeiterlohns bringen will, darf sich nicht wundern, wenn Parteibücher zurückgegeben werden. Ein christdemokratischer Fraktionsvorsitzender, der in knapp vier Jahren einen Anspruch auf das Fünffache der Durchschnittsrente einer älteren Wählerin erwerben will, darf sich nicht wundern, wenn diese vom rechten Weg abkommt.

In anderen Worten: Politiker, welche die Interessen großer Bevölkerungsgruppen vertreten und sich von deren Gleichheitserwartungen belästigt fühlen, haben sicherlich den falschen Beruf gewählt. Aber auch das ist wahr: Ein sich selbst als «kritisch» auszeichnender Journalismus, der statt nüchterner Vergleichsanalysen von Skandal zu Skandal die immer gleichen «Absahner»-Kategorien bemüht, hätte eher das Attribut «kreischend» verdient. Und eine bürgerliche Öffentlichkeit, die angesichts unzähliger Einkommensparadoxien moderner Gesellschaften am lautesten bei Politiker-Diäten aufschreit, züchtet genau diejenigen Schlitzohren heran, die sie verdient. Siehe Hamburg.

Wo Transparenz, Sachkenntnis und Courage fehlen, schlägt die Stunde der Taktierer. Schlitzohr zum ersten: Vor der Bürgerschaftswahl 1991 hatte man eine umfassende Verfassungs-, Verwaltungs- und Parlamentsreform versprochen. Nach der Wahl tranchierte man dieses große Reformvorhaben und legte – «aus Dringlichkeitsgründen» – das Diätenfilet als erstes in die Pfanne.

Schlitzohr zum zweiten: Die Bürgerschaft, ein Kommunal- und Landesparlament in einem, ist Deutschlands letztes «Feierabendparlament» – freilich nicht in punkto Belastung. Weit und breit fand man die bisherige Aufwandsentschädigung der Abgeordneten (1920 Mark steuerfrei) lächerlich. So wurde in der Stadt auch kaum kritisiert, daß die Abgeordneten nun (steuerpflichtige) 3900 Mark erhalten sollten. Die Regisseure des Diätencoups nutzten den offenkundigen Mißstand: Sie hielten den einfachen Abgeordneten einen Happen vor, um die heiklen Regelungen für Spitzenpolitiker durchzubringen.

Schlitzohr zum dritten: Einmal neugierig geworden, deckte Gutachter Arnim auf, daß die Senatoren sich bereits im Jahr 1987 «handstreichartig» bedient hatten. Sie ließen sich damals ihre Pensionsansprüche um bis zu 32 Prozent anheben.

Schlitzohr zum vierten: Für den Fall, daß das Diätengesetz scheitern würde, drohte Bürgermeister Henning Voscherau (SPD) kritischen Stimmen in seiner Partei und Fraktion Konsequenzen an. Er orakelte von «erheblichen Spätfolgen». Nur kurz darauf machte Voscherau von der Möglichkeit der Landesverfassung Gebrauch, das von der Bürgerschaft bereits beschlossene Gesetz wieder anzuhalten. Die gereifte Einsicht der Regisseure: «eine sich beschleunigende fundamentale Legitimationskrise der Legislative und in Folge zwangsläufig auch der Exekutive» dürfe nicht hingenommen werden. Von Rücktritt oder Neuwahlen war in ihren Erklärungen natürlich nicht die Rede.

Die im Februar 1992 eingesetzte Enquetekommission «Parlamentsreform» hat zu den im Hamburger Diätenskandal besonders inkriminierten Vorgängen folgendes vorgeschlagen: Eine unabhängige «Diäten- und Statuskommission» wird eingerichtet, in die fünf externe Sachverständige von der Bürgerschaft mit Zweidrittelmehrheit ihrer Mitglieder gewählt werden. Die Kommission beurteilt jährlich die Angemessenheit der Leistungen an Abgeordnete und Fraktionen und spricht der Bürgerschaft eine Empfehlung aus. Die Abgeordneten haben Anspruch auf ein angemessenes, ihre Unabhängigkeit sicherndes Entgelt. Das steuerpflichtige Entgelt beträgt für die Abgeordneten einheitlich 6800 Mark, für die Präsidentin der Bürgerschaft und für die Fraktionsvorsitzenden das Doppelte, also 13600 Mark.

Für die Entgelte der einfachen Abgeordneten kommt die Kommission zu einem wohltuend realistischen Vergleich: «Die durchschnittlichen Brutto-Verdienste von Angestellten in Industrie, Handel und Dienstleistungsgewerbe mit besonderer Verantwortung, die jedoch nicht dem Leitungsbereich zuzuordnen sind, betragen für Männer durchschnittlich 7900 DM und für Frauen 6480 DM. Für den öffentlichen Dienst (...) liegt eine Vergütung von 6800 DM je nach Dienstalter und Familienstand im Eingangs- bzw. im ersten Beförderungsamt des höheren Dienstes. Ein solcher Vergleich (...) gibt einen Anhaltspunkt dafür, daß die Höhe von 6800 DM – gemessen an der öffentlichen Bedeutung der Mitgliedschaft in einem zentralen Verfassungsorgan – an der unteren Grenze des Angemessenen liegt und keine Privilegierung der Abgeordneten bedeutet.»

Der Zuschlag von 100 Prozent für Fraktionsvorsitzende und Parlamentspräsidentin orientiert sich an der Regelung anderer Bundesländer. In diesem Fall hat man den kompromittierenden Blick über den Gartenzaun der Politik gescheut.

Können unabhängige Kommissionen den periodischen Diätentrubel beenden? Keine Frage, sie brächten Transparenz und Kontrolle in die Diätengesetzgebung. Das Dilemma politischer Einkommen, deren Höhe im ewigen Streit von Leistungs- und Gleichheitsdenken gefunden werden muß, würde durch rationale Verfahren moderiert – doch aufgelöst wird dieses Dilemma nie!

Es bleibt uns erhalten, weil es hier um Lieblingsenthüllungen der Mediendemokratie geht: Wo unabhängige Diätenkommissionen, wie in diesem Vorschlag der Fall, durch Große Koalitionen besetzt werden, verlagert sich die journalistische Neugierde eben von der Diätengesetzgebung hin zum parlamentarischen Besetzungsverfahren. Kein Kommissionsmitglied wird dem Spezi-Verdacht entkommen. Die Story bleibt heiß.

Das Dilemma bleibt uns auch erhalten, weil die allgemeinen Frustrationen des Publikums über die gesellschaftlichen Einkommenswidersprüche sich als lustvoller Wutausbruch am besten im politischen Raum artikulieren können. Der Politiker soll sein, was wir selber nicht sind – ein Vorbild.

■ Die deutsche Beamtenschaft durfte sich über Generationen hinweg im Glanze unangefochtener Staatstreue und nie in Versuchung geratener Redlichkeit sonnen und sich daher lange vor bösartigen Anfechtungen sicher fühlen. Mit selbstbewußter Entrüstung wurde immer nur auf andere gezeigt, vornehmlich auf die mißratenen Staatskollegen südlich der Alpen. Als ruchbar wurde, daß auch deutsche Beamte beispielsweise einer Baugenehmigung eher Flügel verliehen, wenn Bargeld lachte, konnten dies die Beamtenfunktionäre noch als gezielte Gehässigkeit abwehren. Doch bald waren besonders anfällige Dezernate wie das Bau- oder Gartenamt, die Müllabfuhr oder Kfz-Zulassungsstellen durch Verhaftungen derart personell ausgedünnt, daß sich der Steuerzahler verwundert die Augen rieb. Bestechung war längst zum Kavaliersdelikt geworden, auch deshalb, weil die Parteispendenaffären der Großen in Bonn neue Maßstäbe gesetzt hatten. Gefälligkeiten gehörten plötzlich zum guten Ton. ■

Stefan Kuhn

Die Taunus-Mafia

oder Korruption in der Provinz

Einst klebten die Aufkleber im ganzen Dorf. «Das Beste für Neu-Anspach – Heinz Born – unser Bürgermeister». Die Mehrheit der Wähler glaubte es. Das Foto einer Gemeindebroschüre zeigte Heinz Born in Lederhosen den Taktstock schwingend. Ein wahres Bild, der Bürgermeister gab den Ton an. Er herrschte unangefochten, beliebt bei Jung-Zugezogenen und Altbürgern, geachtet, bürgernah und volkstümlich. Bis zum Buß- und Bettag 1991. Die Aufkleber sind längst verschämt entfernt. Ein neuer Bürgermeister regiert den Ort und seine 13 000 Einwohner, noch dazu ein Mann der früher stets abgeschlagenen Opposition. Die Parteifreunde, die Heinz Born einst als möglichen Landrat handelten, haben sich von ihm abgewandt. Auch beim Spielmannszug blieb dem 58jährigen nur mehr ein Platz in der hinteren Reihe.

Der 21. November 1991 hat das Leben des Bürgermeisters und fünf anderer Spitzenpolitiker im Taunus mit einem Schlag verändert und zu radikalen politischen Umbrüchen geführt. Am Morgen jenes Donnerstags nach Buß- und Bettag kam Heinz Born nicht zum Gespräch mit seinem ersten Beigeordneten, und in der Nachbarstadt Usingen stand statt der Bürgermeister-Karosse ein grauer Opel des Landeskriminalamts vor dem Rathaus. Eine 24köpfige Sonderkommission der Polizei hatte Heinz Born verhaftet. Aber nicht nur ihn: auch Rolf Eggebrecht, den Hochtaunus-Kreistagsabgeordneten der CDU, den CDU-Kreisvorsitzenden und früheren Vizelandrat Hans-Joachim Galuschka, den Kreistagsabgeordneten, ehemaligen CDU-Kreisgeschäftsführer und selbsternannten «Oberlandrat» Wilfried Müller, den CDU-Kreistagsabgeordneten und Exbürgermeister der Taunusgemeinde Schmitten, Georg Hahl, sowie den Usinger Ersten Stadtrat Jürgen Konieczny von den Freien Wählern. Die Frankfurter Staatsanwaltschaft warf ihnen allesamt fortgesetzte Bestechlichkeit vor, meist gepaart mit Betrug und Untreue. Die Verhafteten sollen gegen Schmiergeld einem Bad Homburger Ingenieurbüro und einheimischen Baufirmen überbezahlte Aufträge zugeschanzt haben, auf Kosten der Steuerzahler, bis zu 26 Jahre lang. Born gehört mit einer Bestechungssumme von 180 000 Mark dabei keinesfalls zu den – laut Anklage – Hauptverdienern – andere kassierten fast dreimal soviel.

Die Massenverhaftung war zunächst der spektakuläre Höhepunkt im Taunus-Korruptionsskandal, aber sie zog noch viel weitere Kreise: 180 Beschuldigte zählen die Staatsanwälte inzwischen – darunter außer vielen Bauunternehmern drei weitere veritable Bürgermeister, zwei Exbürgermeister, einen Bauamtsleiter und zwei Volksvertreter in Stadt- und Gemeindeparlamenten. Die unterstellten Bestechungs- und Schadenssummen der «Taunus-Mafia» addieren sich zu Millionenbeträgen; die Kreisstadt Bad Homburg errechnet allein für sich einen Schaden von 6,5 Millionen Mark. Längst hat sich der Skandal, der als scheinbar unspektakulärer Ausläufer der wuchernden Frankfurter Metropolen-Korruption in Bad Homburg begonnen und mit den Politiker-Verhaftungen den gesamten Hochtaunuskreis nordwestlich Frankfurts erfaßt hatte, auf die Nachbarkreise ausgedehnt.

Gazetten und Politiker zitieren immer wieder das Wort von der «höchsten Korruptionsdichte» einer deutschen Verwaltung. Und im bisher einzigen Prozeß zur Taunus-Korruption urteilte ein Richter, «der Sumpf ist dermaßen groß, daß wir genug zu tun haben, uns auf die großen Bereiche zu konzentrieren». Die Spekulationen liefen zu dieser Zeit längst: Waren hier nur besonders viele Einzelfälle zufällig zusammengetroffen – verführte Politiker, die in der Nachbarschaft von Bankenchefs und Firmenmanagern in Deutschlands kaufkräftigstem Kreis mithalten wollten, vor sich selbst gerechtfertigt durch das Gefühl, im öffentlichen Dienst zu schlecht abzuschneiden? Oder ist die Korruption das Normale – und der Zufall besteht nur darin, daß sie hier entdeckt wurde?

Bad Homburgs Oberbürgermeister legt den zweiten Schluß zumindest nahe. «Wahrscheinlich haben es alle Städte ähnlich gemacht», verteidigt er die Seinen gegen den Vorwurf, es kriminellen Angestellten und Firmen zu leicht gemacht zu haben – Ausschreibung, Auftragsvergabe und -kontrolle lagen im Tiefbauamt in ein und derselben (aufgehaltenen) Hand. Bad Homburg habe nur als erste Gemeinde «die Schwachstellen aufgedeckt und die Staatsanwaltschaft eingeschaltet», meint der Oberbürgermeister. Eine gute Tat, die er schlecht gelohnt sieht, denn «wir erscheinen jetzt als Musterfall und Superkorruptis».

Frankfurter Staatsanwälte gehen davon aus, daß es überall im Lande ähnlich kriminelle Zustände gibt, die nur der Entdeckung harren. «Bei Bestechung und Bestechlichkeit handelt es sich nicht mehr nur um Einzelfälle», schrieb einer von ihnen, noch bevor die Taunus-Mafia aufflog, «vielmehr ist die Korruption ein Kriminalitätsphänomen in der öffentlichen Verwaltung, das metastasenartig in den gesamten Staatskörper eindringt.» Vor allem in der Bauverwaltung werde «nicht nur projektbezogen von Fall zu Fall korrumpiert, sondern Korruption organisiert und planmäßig betrieben». Ein anderer Staatsanwalt geht schlicht davon aus: «Zig Firmen haben sich ein solches Geflecht geschaffen.»

Ihre Kollegen rundherum scheinen diese Einschätzung zu bestätigen. Immer wieder melden sie Bestechungsverdacht, Hausdurchsuchungen und Festnahmen, ob in Gießen, Limburg oder am Odenwald.

Allein eine Februarwoche brachte Hessen drei Korruptionsnachrichten: Im Friedberger Landratsamt soll ein Amtsrat für einen 20000-DM-Rabatt beim Autokauf und ähnliche Annehmlichkeiten Waffenscheine ausgestellt, in Wiesbaden ein ehemaliger Vizeregierungssprecher für 70000 bis 80000 Mark eine Filmagentur bei Aufträgen bevorzugt haben. Und in Frankfurt geht es schon wieder um Korruption bei Führerscheinen, während gleichzeitig am Landgericht noch die Prozesse gegen die sogenannte «Führerschein-Mafia» laufen. Sie bestand aus Anwälten, Medizinern und Beschäftigten von Behörden und Justiz, die entzogene Führerscheine gegen Bares wiederbeschafft haben sollen. In einem zuvor aufgedeckten Bestechungsskandal in der Stadtverwaltung der Mainmetropole sah die verblüffte Öffentlichkeit seit Mitte der achtziger Jahre gut 1000 Bedienstete und Unternehmer als Beschuldigte der Staatsanwaltschaft.

Der Bund der Steuerzahler sieht trotz der Fülle von Affären und Skandalen in der Republik nur die «Spitze eines Eisbergs» offenbart. Und im Taunus erkannte ein führender CDU-Politiker voll Erschrekken: «Korruption, von der wir in Deutschland immer dachten, sie sei eher am Mittelmeer beheimatet, ist ganz offensichtlich bei uns alltäglich.»

Auch die hessischen Landtagsabgeordneten scheinen nicht (mehr) an lauter Einzelfälle zu glauben. Angestoßen durch die Hochtaunus-Korruption haben sie zwei Jahre nach der Massenverhaftung beschlossen, endlich auch für die Landkreise und Gemeinden in Hessen eine überörtliche Rechnungsprüfung unter Obhut des Landesrechnungshofes einzurichten. Jetzt fehlt nur noch das Geld, die Kontrolle effektiv zu gestalten.

Wieviel Millionen die Korruption das Land bisher gekostet hat, läßt sich nur vermuten. Doch war allein das Ingenieurbüro im Hochtaunus, das als Schaltzentrale der Korruption fungierte, binnen acht Jahren kreisweit an Aufträgen für 160 Millionen Mark beteiligt; das Land zahlte dafür 76 Millionen Mark Zuschuß. Schon kleinere «Provisionen» gehen da leicht in die Millionen. Ermittler ließen sich denn auch bereits mit Schätzungen zitieren: Durch Preisabsprachen entstünde jährlich ein Schaden von 200 Millionen Mark – nur für das Land, ohne die Gemeinden. Reporter rechneten derweil Bestechungszahlungen von 17 Millionen Mark hoch, bundesweit machten sie einen «Schmiergeldberg von 140 Millionen Mark» allein für öffentliche Bauten aus.

Unter allen Bestechungsfällen der Republik hat die Taunus-Mafia eine Sonderstellung inne: Niemals zuvor wurde eine solch breite Beteiligung kommunaler Spitzenpolitiker am flächendeckend organisierten Korruptionsgeflecht aufgedeckt. Preisabsprachen und Manipulationen steuerten die Vergabe öffentlicher Bauaufträge im Taunus über Jahrzehnte. Die Staatsanwälte unterstellen, daß die Korruption bis in die Kreisspitze bestens und detailliert organisiert war. So soll Hans-Joachim Galuschka, als Vizelandrat mit dem Baudezernat betraut, von den bevorzugten Baufirmen regelmäßig und automatisch eine Mark je Kubikmeter Erdaushub kassiert haben. Diese Provision mußte er sich laut Anklage allerdings mit dem Kreistagsabgeordneten Wilfried Müller teilen, nach wie vor einer der einflußreichsten Männer im Kreis, auch nachdem die regierende CDU den heute 56jährigen als selbstherrlichen Geschäftsführer («Ich habe die Mehrheit, und ohne mich läuft im Hochtaunus nichts.») abgehalftert hatte.

Die Baufirmen mußten den korrupten Politikern die Bestechungsgelder offenbar weder aufdrängen noch überhaupt anbieten – die Herren sollen als Fordernde aufgetreten sein. Korruption, Betrug und Preisabsprachen seien nicht nur üblich gewesen, «mehr noch: jeder meinte, daß so etwas dazugehört», erkannte Staatsanwalt Günter Wittig schon zu Beginnn seiner Ermittlungen. In diesem Klima bestellte nicht nur ein Bad Homburger Bauamtsbediensteter nach Prospekt bei einer Baufirma Elektroherd, Kühlschrank und Farbfernseher zur kosten-, wenn auch nicht gegenleistungsfreien Lieferung. Auch der damalige Schmittener Bürgermeister Georg Hahl (64) soll sich für so was nicht zu schade gewesen sein. Von der Bohrmaschine bis zum Rasendünger – was immer im Hause Hahl fehlte, sei bestellt und prompt geliefert worden, so die Staatsanwaltschaft: «Es war wie im Märchen. Er hat sich etwas gewünscht, und das kam dann.»

Markstücke und «märchenhafte» Geschenke machten nur den kleinsten Teil der Korruption aus. 450 000 Mark Bestechungssumme soll Vizelandrat Galuschka insgesamt eingesteckt haben, 507 000 Mark Hahl, 390 000 Mark Müller und 694 000 Mark Eggebrecht. Außer Hahl waren alle in der Untersuchungshaft weitgehend geständig. Aus dem Rahmen fällt lediglich der Usinger Stadtrat Konieczny, dem die Anklage nicht einmal 12 000 Mark Schmiergeld vorwirft. Da wollte es selbst die Staatsanwaltschaft ohne Prozeß mit einer Bewährungsstrafe per Strafbefehl bewenden lassen – den Konieczny nicht annahm.

Die geschmierten Politiker und Stadtbediensteten schanzten den spendablen Firmen regelmäßig für beide Seiten profitable Aufträge zu. Sie verrieten, mit welchem Preis die Konkurrenz gerade noch unterboten werden könnte. Sie vergaben millionenteure Arbeiten als angebliche Folgeaufträge ohne Ausschreibung und Preisvergleich immer an dieselben Firmen. Zudem ermöglichten die willfährigen Helfer den Unternehmen das Fingieren von Rechnungen, so daß die Firmen mit überhöhten Preisen oder sogar völligen Luftnummern das Bestechungsgeld zuzüglich eines satten Gewinnes wieder einstreichen konnten. Noch größere Gewinnchancen eröffneten sich den Unternehmen, wenn sie am Material sparten, aber die volle Menge abrechneten. Kontrolle hatten sie nicht zu fürchten. So wurden Kanäle schmaler als geplant gebaut und die Schotterschicht unterm Straßenasphalt etwas dünner. Alles letztlich zu Lasten der Gemeinden und ihrer Einwohner. «Kein Unternehmen zahlt eine Bestechungsmark aus eigener Tasche», bilanziert Staatsanwalt Wittig seine Erfahrung.

Häufig reichte es schon, daß Aufträge nur lokal ausgeschrieben wurden: Das ermöglichte einem Kartell der örtlichen Baufirmen zur illegalen Preisabsprache, das seit Mitte der fünfziger Jahre bestand, das Monopol. Die Firmen legten jahrzehntelang selbst fest, wer welchen Auftrag erhalten sollte, stimmten ihre Angebote entsprechend ab – und kassierten. Schätzungen solcher Kartellschäden schwanken zwischen 3 und 20 Prozent der Bausummen.

Funktioniert hat das Ganze, weil die Bestochenen in Betriebskommissionen und Zweckverbänden zur Mülldeponie und zum Bau von Leitungen, Kanälen und Kläranlagen schier unkontrolliert walten konnten. Politische Kontrolle durch Parlamente erfaßte diese Bereiche nicht, und das Rechnungsprüfungsamt war ausgerechnet dem mutmaßlich korrupten Vizelandrat unterstellt. Dazu kam, daß das Ingenieurbüro, das die meisten Arbeiten plante und Betrug hätte merken können, selbst tief verstrickt war. Es nutzte offenbar seinen kaum zu überschätzenden Einfluß auf die Bauplanungen im Kreis; dessen kleine Gemeinden waren fast völlig von dem Büro abhängig, da ihnen eigenes Fachpersonal fehlte.

So ist die Korruption nur durch eine allzu dreiste Fälschung von Unterlagen aufgeflogen. Dieser erste Beweis genügte, um einen Dominoeffekt auszulösen: Erst gestand ein Bauunternehmer, zunächst nur der

Bestechung in Frankfurt angeklagt, auch Zahlungen in Bad Homburg. Danach zog fast jeder Beschuldigte weitere in den Skandal hinein.

Ein mit 500 000 Mark bestochener Tiefbauamtsbediensteter (viereinhalb Jahre Haft) und ein Bauunternehmer (zwei Jahre auf Bewährung), die gemeinsam die Stadt Bad Homburg um gut 700 000 Mark betrogen haben, waren bis Anfang 1994 verurteilt. Alle anderen Beschuldigten warteten noch auf ihr Urteil.

Der Landtagsabgeordnete der Bad Homburger Christdemokraten witterte finstere Mächte in der Justiz am Werk: Er fürchtete «eine mögliche Manipulation und Beeinflussung der Bundestagswahl gegen die CDU». Die Vorherrschaft von Männern mit (mittlerweile abgegebenem) CDU-Parteibuch unter den Angeklagten entsprach zunächst nur den Machtverhältnissen in der CDU-Hochburg Taunus. Vertreter konservativer Wählergemeinschaften und SPD-Bürgermeister Heinz Born haben sich schließlich kaum weniger anfällig erwiesen. Die Theorie von verführbaren Einzeltätern greift zum Bedauern der CDU dennoch nicht: Zumindest in Sachen Galuschka war die Partei seit Jahren gewarnt und machte ihn dennoch zum Vizelandrat und Parteichef. Zudem kam ihre offizielle Wirtschaftspolitik Korruption und Mauscheleien entgegen.

Die CDU hatte sich der «Förderung der heimischen Wirtschaft» verschrieben und setzte zum Schutz vor auswärtiger Konkurrenz offen darauf, die Bauaufträge des Kreises nur beschränkt unter den wenigen Hochtaunus-Firmen auszuschreiben – was diesen für ihre geheimen Preisabsprachen höchst gelegen kam. Diese Praxis kritisierte nicht nur die Opposition, sondern früh auch der hessische Innenminister: Rechnungsprüfer hatten bereits 1980 Verstöße gegen Ausschreibungs- und Meldevorschriften bei sieben großen Bauaufträgen moniert. In einem Fall erhielt zur «Stützung des kreisansässigen Handwerks» nicht das billigste Firmenangebot den Zuschlag, wie es vorgeschrieben ist, sondern das zweitbilligste, «da der billigste Bieter kreisfremd» war.

Die Kirchturmpolitik zugunsten der Firmen und zu Lasten der Steuerzahler stieß auch Marktwirtschaftlern in der CDU sauer auf. Deshalb sah sich ein Bauunternehmer 1980 genötigt, seine Parteifreunde unverblümt unter Druck zu setzen: «Wenn Sie von der beschränkten Ausschreibung abgehen, müssen wir uns reiflich überlegen, ob wir bei der nächsten Wahl noch einmal CDU wählen können... Und noch eins: In unseren Betrieben hat die Betriebsleitung ja sehr engen Kontakt zu ihren Mitarbeitern, und gerade vor der Wahl wird oft diskutiert.» CDU und Kreis hielten an ihrer Praxis fest.

Maßgeblicher Baudezernent war damals schon Hans-Joachim Galuschka. Seine Wahl hatte der damalige CDU-Geschäftsführer und jetzige Mitangeklagte Wilfried Müller 1977 und 1978 gegen erheblichen Widerstand aus den eigenen Reihen durchgepeitscht – wobei er die Galuschka-Gegner gleich zu Parteifeinden erklärte: «Es geht nicht mehr um Galuschka, es geht um die Hochtaunus-CDU.»

Dabei hatten die Kritiker gute Argumente: Galuschka, Jahrgang 1943, hatte bereits in seinem ersten Jahr in einem öffentlichen Amt für einen handfesten Skandal gesorgt: Als Bürgermeister des Dorfs Ober-Erlenbach sicherte er Bauträgern 1972, wenige Tage vor der Eingemeindung zu Bad Homburg, Riesenflächen Bauland zu – ungeachtet dessen, daß die Gemeinde über das Gelände mitnichten verfügte und dieses ohnehin nicht bebaut werden durfte. Bad Homburg brachte dies eine 50-Millionen-Mark-Klage ein, am Ende erklärten Richter den Vertrag für sittenwidrig – was Galuschkas Karriere jedoch nicht stoppte.

Auch eine verweigerte Entlastung wegen angeblicher Verstöße gegen das Haushaltsrecht bei Galuschkas nächstem Bürgermeisterposten störte kaum.

Galuschka wurde immer wiedergewählt. 1990 sogar zum Kreisparteichef. Er scheiterte erst bei der neuerlichen Wahl zum Vizelandrat 1991. An der Mehrheit seiner Partei lag das Karriereende jedoch nicht: Sie degradierte in der Folge einen innerparteilichen Widersacher Galuschkas und ersetzte ihn ausgerechnet durch Georg Hahl, der wenig später gemeinsam mit Galuschka verhaftet wurde. Der CDU-Landesvorsitzende und spätere Bundesinnenminister Manfred Kanther rügte Galuschkas Nichtwahl als «schlimme Fehlleistung».

Drei Wochen später folgten die Verhaftungen, Entschuldigungen der CDU an die Galuschka-Gegner, das öffentliche Eingeständnis von Fehlern und das Versprechen, daraus zu lernen: «Die Parteien müssen sich selbst am Portepee fassen und bei der Personalauswahl viel härter vorgehen als bisher.» Und so wechselte die CDU ihr halbes Kreistagspersonal aus.

Nicht akzeptiert hat die CDU-Führung allerdings das Verdikt der

Kreistags-Grünen: «Der Skandal war in diesem Ausmaß nur mit einer Partei möglich, die so strukturiert ist wie die CDU im Hochtaunuskreis: die sehr lange an der Macht ist, wo die Fraktionen nicht mehr der Kontrolle dienen, sondern wo sie nur noch Claqueure sind für die Politik ihrer Hauptamtlichen.»

Diese Beschreibung traf auch auf die Neu-Anspacher SPD zu, die den 13000-Einwohner-Ort seit Jahrzehnten prägte. Die Sozialdemokraten traf der Schock über die Verhaftungen fast schlimmer als die CDU. Zwar stand dem einen SPD-Mann Heinz Born eine ganze Garde verhafteter Christdemokraten gegenüber – doch mit Born hatte ausgerechnet ein selbst von politischen Gegnern geschätztes «Musterbild eines volkstümlichen und populären Bürgermeisters» soziale Ideale schnöde verraten. So gehörte Born auch zu denjenigen, deren Unschuldsbeteuerungen («Ich habe mir nichts vorzuwerfen.») stets glaubhaft geklungen hatten. Seine Parteifreunde brauchten Wochen, um sich von anfänglicher Hoffnung auf einen Irrtum und Treue zu ihrem langjährigen Vormann zu seiner Abwahl durchzuringen.

Auch die Bevölkerung reagierte gespalten. Viele alteingesessene Neu-Anspacher hielten nach wie vor zu Born («Er ist einer von uns.») und sicherten ihm Unterstützung zu: «Wenn morgen Bürgermeisterwahl wäre, die meisten alten Anspacher würden Heinz Born trotz allem wählen.» In Usingen verglich ein führender Kommunalpolitiker die Korruption von Stadtrat und Bürgermeister öffentlich mit dem Steuerbetrug, den doch jeder verübe. Bestechung als Kavaliersdelikt. Im nahegelegenen, gut 10000 Einwohner zählenden Kriftel gingen im Herbst 1992 gar 1000 Bürger zu einer Demonstration für ihren Bürgermeister Hans-Werner Börs auf die Straße, nachdem der «Löwe von Kriftel» unter dem Vorwurf der Bestechlichkeit verhaftet worden war – und die CDU setzte ihn auf Platz 1 ihrer Kandidatenliste zur Kommunalwahl.

Daß Korruptionsverdacht Wähler nicht abschreckt, hat einige Monate später die Bürgermeisterkür in Biebesheim im hessischen Ried bewiesen. Amtsinhaber Walter Vollmer siegte glanzvoll mit 63 Prozent der Stimmen, obwohl die Staatsanwaltschaft gegen ihn ermittelte: Der Bürgermeister soll Freiflüge nach Florida und auf die Malediven sowie Elektrogeräte für 10000 Mark angenommen und dafür die Gemeinde und ihre 6500 Einwohner allein bei einem Grundstücksgeschäft um

170 000 Mark geschädigt haben. Wegen der Vorwürfe verzichtete der Wahlsieger später allerdings auf seinen Wiedereinzug ins Rathaus. Die Korruption zerstörte jedoch nicht nur die Karriere des SPD-Politikers, sondern auch sein Leben: Der 47jährige tötete sich in der Untersuchungshaft selbst.

Schlagzeilen macht die Taunus-Mafia inzwischen nur noch, wenn die Staatsanwaltschaft neue Anklagen vorstellt: die gegen Börs stand im Frühjahr 1994 ebenso noch aus wie die für fast alle bestechenden Unternehmer. Auch die Schadensersatzfrage ist noch völlig ungeklärt. Lediglich zwei Verurteilte zahlten kurz vor dem Richterspruch 350 000 Mark, um strafmildernd Reue zu bekunden. Das entsprach nicht annähernd der eingestandenen Bestechungssumme und deckte nur ein Drittel des Schadens.

Die beschuldigten Politiker haben alles getan, sich vor Wiedergutmachung des Schadens zu drücken. So hat Hans-Joachim Galuschka, der sich nach seinem Geständnis so bußfertig gab und um «Vergebung» bat, einen Teil seines Hauses eilends seiner Freundin überschrieben. Auch sein Gehalt bei einer internationalen Consulting-Firma kann nicht als Schadensersatz dienen, arbeitet der einstige Vizelandrat heute doch angeblich für einen Hungerlohn von 530 Mark im Monat.

Gemäß Beamtenrecht erhalten Galuschka und Co. bis zu einer Verurteilung (gekürzte) Versorgungsbezüge. Der frühere Bürgermeister Rolf Eggebrecht, der laut Anklage allein fast zwei Millionen Mark Schaden angerichtet haben soll, ging trotz seiner finanziellen Absicherung daran, für einen Immobilieninvestor in der Landeshauptstadt Wiesbaden ein Objekt zu entmieten. Das Haus des smarten 51jährigen haben die Anwälte des Kreises und der geschädigten Gemeinden gerade noch rechtzeitig mit einer Hypothek zur Sicherung ihrer Ansprüche belegen können.

Georg Hahl verkaufte offenbar schon aus der Untersuchungshaft heraus; so konnten die Anwälte nur noch das «letzte Grundstück aus dem ehemals relativ umfangreichen Immobilienbesitz» mit einer Hypothek belasten – wenige Stunden bevor auch dies verkauft werden sollte.

Und Heinz Born war erst zu einer Bürgschaft von 50 000 Mark bereit, nachdem ihm die Kreisanwälte die Konten sperren ließen, «um die Verschiebung von Finanzmitteln zu verhindern». Mehr Geld hat der Exbürgermeister, der illegal 180 000 Mark kassiert haben soll, angeblich selbst mit Hilfe seiner Familie nicht auftreiben können. Grundsätzlich hat Heinz Born («das Beste für Neu-Anspach») es gegenüber den Anwälten ohnehin «abgelehnt, Schadensersatz zu leisten».

■ War Franz Josef Strauß noch ein Mannsbild und damit zugleich Ikone für die hohe Meisterschaft in der Bewältigung selbst schwerer Skandale, so sind seine politischen Erben dagegen rechte Dilettanten, und sie drohen überdies das seltsamerweise unbefleckte Ansehen ihres Übervaters mit in den Strudel zu ziehen. Selbst die auf Skandale gegründete und später durch Strauß ausgebaute und gefestigte Macht der CSU in Bayern scheint langsam gefährdet. Streibl, Gauweiler, Tandler und manch andere haben sich in einem Amigo-Geflecht verheddert, das auf alten Freundschaftsdiensten und routinemäßigen politischen Gegenleistungen basiert. Nur so ist erklärlich, warum sich ein Finanzminister Geld bei einem der größten Schuldner des Landes, einem steuerflüchtigen obendrein, leiht und sich nichts dabei denkt. ■

Michael Stiller

Die Amigos

Über bayerische Männerbünde und andere Verbindlichkeiten

Der älteste aller CSU-Bünde ist zweifellos der Katholische Männerverein Tuntenhausen, ein am 15. November 1945 errichtetes schwarzes Bollwerk gegen den Antichrist und die Unmoral. Alois Hundhammer, der rabiate Katholik und frühe Widersacher von Franz Josef Strauß, der einst tatsächlich als «Liberaler» in der CSU galt, hat damals diesen auf 1869 zurückgehenden Verein «zur Vertiefung des katholischen Glaubenslebens» wiederbelebt und von der Basilika Unserer Lieben Frau im Wallfahrtsort Tuntenhausen bei Rosenheim in Oberbayern die Geißel gegen Sittenverfall und Libertinage, Antibabypille und Ehescheidung geschwungen. Die Zugehörigkeit zu einem solch hochmoralischen Zirkel, der sich viele CSU-Politiker bis auf den heutigen Tag rühmen, hätte eigentlich die gesamte Partei für alle Zeit vor Affären jeder Art bewahren und auf christkatholischem Kurs halten müssen. Max Streibl zum Beispiel war nach Hundhammer Vorsitzender in Tuntenhausen – und was ist aus ihm geworden! Edmund Stoiber war Kundgebungsredner beim Katholischen Männerverein – und wie hat er selbst zu kämpfen gegen den Niedergang der Sitten in seiner CSU!

Andererseits gilt bei den bodenständigen Bayern durchaus noch die aus dem Viehhandel stammende und bei der Europawahl im Juni 1994 bekräftigte Regel, wenn einer «zum B'scheißen z' blöd» sei, werde er es nie zu etwas bringen. Mit Askese allein hat sich der Schwarze nie abgegeben, ein bißchen Pomp und Sinnenlust gehört schon auch dazu. Deshalb stand in der CSU auch eine andere Männervereinigung lange Zeit in legendärem Ansehen, die als Urzelle aller bayerischen Amigo-Gesellschaften gelten kann. Ihr Gründer war, wie könnte es anders sein, Strauß höchstselbst Anfang der siebziger Jahre. Er schuf sich nach der Machtübernahme der Sozialliberalen ein Äquivalent zum Verlust des Bonner Regierungsamts. «Franzens-Club» hieß die Herrenpartie. Zwischen der dumpfen Bigotterie, die vom Tuntenhausener Männerverein ausgeht, und der fröhlich-sinnlichen Korruption im «Franzens-Club» spielt sich das Intimleben der CSU ab, dessen Details an die Öffentlichkeit drangen. Natürlich gibt es noch eine ziemlich große Fraktion von CSU-Mandataren, die ungebunden sind und den ganzen Schlamassel ausbaden müssen.

Beim «Franzens-Club» handelte es sich um eine Art von P-2-Geheimloge im kleinen, zu der in jeder Beziehung potente Freunde von Strauß aus Politik, Wirtschaft, Medien und Bürokratie zugelassen waren. Eigentlich sollten alle Mitglieder im «Franzens-Club» den Namen Franz tragen, aber so eng sah das FJS nicht. Wenn man viel Geld und vielleicht sogar einen Düsenjet hatte, in dem Strauß seiner Flugsucht frönen konnte, durfte man durchaus auch Friedrich heißen, so wie der seinerzeit erfolgreiche Hühnerbrater Friedrich Jahn vom Wienerwald, der den wüsten Männerbund bei seinen Reisen häufig aushielt. Man suchte (mit Damen) den Wiener Opernball heim und begab sich bumsfidel an die schönen Plätze der Welt.

Für einige Zeit galt diese ehrenwerte Gesellschaft als die eigentliche bayerische Regierung; im «Franzens-Club» wurden Personalangelegenheiten und wesentliche industriepolitische Fragen zumindest vorentschieden.

Indirekt ist der «Franzens-Club» schuld daran, daß der CSU unangenehme rechte Konkurrenz und der Demokratie eine Sumpfblüte erwuchs: Franz Schönhuber, der Republikanerführer, war nämlich in den siebziger Jahren begeistertes Mitglied im Strauß-Klüngel und durchaus gesonnen, in der CSU Karriere zu machen, statt als wildgewordener Rechtsradikaler. Er hat selbst Zeugnis darüber abgelegt, welche wohligen Schauer ihm die Mitgliedschaft und die Aufmerksamkeit verschafften, die Strauß ihm, dem damals in Bayern noch einigermaßen wichtigen Journalisten beim Bayerischen Rundfunk, widmete. «Noch stand ich in seiner Huld. Es schmeichelte mir, wenn er mich in seine persönlichsten politischen Absichten einweihte», schrieb Logenbruder Franz über Franz Josef in seinen Aufzeichnungen *Freunde in der Not.* Wäre Schönhuber in der Gnadensonne des Großen Vorsitzenden geblieben, hätte er den Abmarsch nach rechts außen vielleicht gar nicht erst angetreten. Da Schönhuber aber davon überzeugt war, er selbst sei noch ein klein bißchen populärer und besser als Amigo FJS, standen sich die beiden Giganten bald im Weg; Strauß machte seinen Kumpanen weder zum Intendanten noch zum Staatssekretär, womit Schönhuber sich durchaus zufriedengegeben hätte. Vielmehr nannte der CSU-Politiker seinen früheren Verehrer irgendwann ein «Arschloch», und von da an war Schönhubers Weg vorgezeichnet. Er mußte fast zwangsläufig ein radikaler Republikaner werden und sich auf seine alten Tage zur Strafe damit zufriedengeben, dem geschaßten bayerischen Ministerpräsidenten Max Streibl ein Licht aufzustecken, wer seinen Sturz betrieben habe.

Wie toll es die Franzens-Club-Mitglieder wirklich trieben, unterschlägt Schönhuber in seiner Beschreibung wohlweislich: Beim Outing seiner einstigen Weggefährten höre er «dort auf, wo ihre Intimsphäre verletzt werden würde». Da Schönhuber selbst nie ein Kostverächter war, tut er wahrscheinlich aus ureigenstem Interesse so diskret. Außerdem liebt er die unterschwellige Drohung, noch allerhand gegen die seinerzeitige CSU-Kamarilla im Köcher zu haben. Wenn ihn die Schwarzen besonders ärgern, klingen seine Reden ohnehin unheilschwanger: «Ich kenne sie, und ich bin nicht so schofel und mach jenes Dossier auf, das ich aufmachen könnte, und sage das, was mir der Strauß hinterlassen hat. Da würden die Wände wackeln in Bayern, wenn ich das tun würde, liebe Freunde.»

Einer, der sie auch kannte, ist Max Streibl, der Strauß nach dessen jähem Tod Ende 1988 als bayerischer Ministerpräsident beerbte und flugs daranging, die Amigo-Tradition auf seine Weise fortzusetzen. Als erzkonservativer Katholik steht er frömmelnd und sittenstreng in der Tradition von Tuntenhausen. Schon seit früher Zeit hatte er es sich aber angelegen sein lassen, die Synthese zwischen Zucht und Ordnung auf der einen und Sucht nach ordentlichem Zuerwerb auf der anderen Seite zustande zu bringen. Im langjährigen Dienst unter FJS als dessen Finanzminister ist sein Schuldbewußtsein ziemlich abgestumpft, was eine Grundvoraussetzung für seine eigene Karriere war. Unter Strauß kam die weiße Weste als Dienstkleidung der bayerischen Regierung vollends aus der Mode, und daß dieses Kleidungsstück 1993 von einer aufmerksam gewordenen Öffentlichkeit wieder stärker verlangt wurde, machte Streibl ratlos und wütend.

Ihm war natürlich als mächtigem Vorsitzenden des CSU-Bezirks Oberbayern und als häufigem Empfänger und Vollstrecker von Strauß' Sonderwünschen nicht entgangen, wie dieser mit seinem mobilen Hauptquartier der bayerischen Politik kostenneutral um die Welt reiste, ausgehalten von Friedrich Jahn. Den kannte Streibl, der bayerische Finanzminister, als eher knickrigen Steuerzahler. Das dürfte daran gelegen haben, daß die Jahns und die Zwicks und die Flicks und noch viele andere ihr Mäzenatentum gegenüber der CSU und deren Boß gleichsam als steuermindernd und voll absetzbar betrachteten. Das führte in Bayern unentwegt zu Problemen, wie die Akten mehrerer Untersuchungsausschüsse beweisen, die über Steuerangelegenheiten Prominenter brüteten.

Damals muß in Max Streibl der Entschluß gereift sein, sich auch etwas zu gönnen, günstige Mitfahrgelegenheiten wahrzunehmen, die von hochherzigen Freunden wie dem Allgäuer Flugzeugbauer Burkhart Grob (Firmenslogan: «Wir machen das Fliegen wieder erschwinglich») angeboten wurden, emsig die Autos der heimischen Industrie zu testen, die eigene Sippe ein bißchen zu fördern und den Flugdienst des Rüstungskonzerns MBB zu nützen, dessen Aufsichtsratsvorsitzender er als Sachwalter des Staates in diesem Unternehmen war. Strauß hatte Streibl, den er für harmlos und politisch unterbelichtet hielt und wegen dessen gelegentlicher Mitwirkung bei den Passionsspielen in Oberammergau als «dritten Engel von links» verspottete, häufig gedeckelt. Streibl wiederum mißfiel an Strauß dessen unverkennbarer Hang zur Ausschweifung, und deshalb mußte, was ihm angeboten wurde, frei von Schlüpfrigkeit sein, saubere Weltreisen halt, auf die man Frau oder Kinder mitnehmen konnte, mit ordentlicher Verköstigung, schöner Landschaft, ein bißchen Kultur und ein bißchen Mildtätigkeit zwecks Besänftigung eines vielleicht doch einmal spürbaren Gewissensbisses.

Ein anderer Freund Streibls, der Nürnberger Bauunternehmer Richard Altvater, hat entschuldigend darauf hingewiesen, Strauß als «Disziplinarvorgesetzter» habe Streibl seine unschuldigen Reisen erlaubt und damit sei dieser doch «aus dem Schneider». Altvater muß es wissen, er hat Streibl selbst einmal zur Elchjagd nach Kanada eingeladen, wobei der Politiker sogar selbst bezahlt haben soll. «Der Streibl hat doch keinen Furz gelassen, ohne den Franz Josef zu fragen», sagte Altvater. Die Kanada-Reise verlief übrigens hochdramatisch. In den ersten zehn Minuten der Pirsch erlegte Streibl gleich einen Elch, was zum Jagdfieber und letztlich dazu führte, daß man dann leider gar nichts mehr traf. Nur noch einen Hasen und ein Rebhuhn brachten die Waidmänner zur Strecke, beim Rückflug in der privaten Cessna 185 des Bauunternehmers wurde allen furchtbar schlecht, und das Fleisch des geschossenen Elchs durfte Streibl auch nicht nach Hause mitnehmen.

Nie hat man von Strauß' Reisen solch biedere Geschichten gehört, nie wiederum von Streibls Exkursionen, irgendeine Dame hätte ihm nachts im Park vor einem New Yorker Hotel das Portemonnaie gemopst. Gleichwohl traf den Max der Bannstrahl und nicht den viel durchtriebeneren Franz Josef. Wenn Strauß von unterwegs etwas mitbrachte, dann kein angegammeltes Elchfleisch, sondern den einen oder anderen Airbus- oder Lastwagen-Auftrag für die heimische Industrie. Das konnte zwar seine Bereitschaft, sich aushalten zu lassen, nicht entschuldigen, aber die Leute sahen in seinen Touren noch einen Rest von Nützlichkeit, den sie bei Streibls Brasilien- und Indonesien- und Kenia-Trips nicht mehr zu entdecken vermochten. Außerdem: Strauß stand zu seinen Lastern und war imstande, unmittelbar nach einer affärenbedingten Rücktrittsforderung im Parlament eine weitere gesponserte Reise anzutreten. «Jetzt geben's nach ihrer Rückkehr Pressekonferenzen, ob's ihre Scampi selber zahlt ham», beklagte Peter Gauweiler, von dem auch noch zu reden sein wird.

Streibl versuchte dagegen, sein Streben hinaus in die Welt geheimzuhalten, und ließ seine Entourage auch noch dreist lügen. Als Journalisten anläßlich der Enthüllungen über das ebenfalls reisefreudige frühere baden-württembergische «Cleverle» Lothar Späth in Streibls Staatskanzlei nachfragten, wie es denn der bayerische Ministerpräsident reisemäßig halte, wurde betont, «Traumreisen» unternehme Streibl nicht: «Sein Urlaubsgebiet liegt zwischen Wildsteig und Wieskirche» – einem wirklich herrlichen Gebiet im südwestlichen Oberbayern von etwa sechs Kilometer «Durchmesser». Nur, gestimmt hat es leider nicht, und als die Leute dessen gewahr wurden, waren sie ziemlich böse auf den Streibl Max.

Der harte Kern des Skandals lag darin, daß sich Streibl durch die Einladungen seines Freundes Grob massiven Interessenkonflikten aussetzte. Die pittoresken Details der Autotests und des raffgierigen, vom Familiensinn geprägten Regierungsstils wie auch die unglückselige Verteidigung des bockbeinigen Streibl und seines wirklich kongenialen ersten Draufschlägers, des damaligen Regierungssprechers Elmar Stelzer, gaben nur den Rahmen für die Amigo-Affäre Nr. 1 ab. Grob hatte 1985 Interesse bekundet, sich in einem von den CSU-Bayern kreierten Waffenkonzern zu engagieren, bei dem Streibl als Finanzminister ein gewichtiges Wort mitzureden hatte. Grob hatte aber auch die lukrativen militärischen Projekte «Lapas» und «Stratos» mit der Bundeswehr laufen, und um solche Vorhaben mußte sich Streibl als bayerischer Ministerpräsident ja schon kraft Amtes wegen der Sicherung bayerischer Arbeitsplätze kümmern.

Grob bekam Zuschüsse von der staatlichen Landesanstalt für Aufbaufinanzierung, einer staatlichen Bank – möglicherweise völlig zu Recht. Streibl, der mit ihm verreiste, war als Finanzminister quasi der Chef dieser Staatsbank. Darf sich denn der Chef einer örtlichen Sparkasse von einem Kreditnehmer einladen lassen, und sei er noch so befreundet?

Beachtlich war, welche Kraftanstrengung die CSU 1993 über Monate hinweg aufwandte, zu retten, was nicht mehr zu retten war, bis sie Streibl im Mai 1993 so weit hatte, daß er seinen Schreibtisch freiwillig räumte. Streibl ist dem in der CSU weit verbreiteten Typus von Politikern zuzuordnen, der von den Bürgern Dankbarkeit nicht etwa wegen vollbrachter Leistungen erwartet, sondern einfach deshalb, weil das Volk der Obrigkeit Respekt schuldet. Neben Gehalt, Diäten und Tantiemen steht nach diesem Verständnis dem Staatsmann ein Deputat zu, das aus dem Staatsapparat gespeist wird und auch der Familie des Auserwählten zugute kommt. «Dienst am Bürger» ist nur eine Phrase, die ständig im Mund geführt wird; Kritik an der Selbstbediener-Mentalität, die zwar keinen großen materiellen, wohl aber immensen ideellen Schaden anrichtet, wird als Angriff auf den Rechtsstaat verstanden. In Bayern ist diese Haltung von einigen Politikern in diversen Zirkeln so verinnerlicht worden, daß niemand mit ausgeprägtem Schuldbewußtsein rechnen durfte. Bei Streibl nicht, bei Peter Gauweiler nicht, der bald danach von sich reden machte, und bei Gerold Tandler, dem Geschäftspartner des Heißwasser-Königs, Strauß-Freundes und nunmehr von Staats wegen als «Steuerkrimineller» abgestempelten Eduard Zwick auch nicht. Alle Ausrede hatte das gleiche Strickmuster: Sie hätten sich nicht strafbar gemacht. Als ob es für Politiker nicht auch andere Maximen gäbe, nach denen sie zu beurteilen sind. Daß die CSU schließlich doch den Daumen über Streibl senkte, hatte weniger mit den eigentlichen Vorwürfen zu tun, sondern mit der Angst vor dem Zorn der Wähler.

Monatelang wurde in Bayern nicht mehr regiert, sondern an der Spitze der CSU intrigiert, an der Basis räsoniert. Weitere Amigos mußten aus der Deckung treten, darunter bekannte Machtschattengewächse aus der Strauß-Ära: Gerold Tandler und Edmund Stoiber, der im Februar 1993 reinen Tisch machte und unumwunden die gelegentliche Benutzung der halbstaatlichen MBB-Airline auf Anweisung von Strauß wie auch die Annahme von Testautos für Urlaubszwecke einräumte. Man sei ja nicht «von Waldlichtungen abgeflogen», beteuerte Stoiber und versuchte um Verständnis zu werben: Von der Inanspruchnahme solcher Leistungen hätten doch viele gewußt, ohne Anstoß zu nehmen.

Stoiber mangelt es an dem für Amigos typischen Erwerbssinn. Er sieht nach Auffassung der *FAZ* aus wie einer, an dem das Wirtschaftswunder spurlos vorübergegangen ist. Die von ihm eingestandenen Privilegien hat er wohl weniger aus Genußsucht als vielmehr aus praktischen, arbeitsökonomischen Erwägungen sowie aus Folgsamkeit gegenüber seinem Chef und Förderer FJS hingenommen. Stoiber fühlte sich schon während und besonders nach Streibls Sturz zum Retter der CSU berufen. Er brachte im Mai 1993 die CSU-Landtagsfraktion im Handstreich hinter sich und schlug den als vergleichsweise integer geltenden CSU-Spitzenpolitiker, den nach Strauß' Tod mit dem Parteivorsitz betrauten Theo Waigel, entschlossen aus dem Feld.

Da dies mit politischen Mitteln allein vielleicht nicht gelungen wäre, schlugen Stoiber-Sympathisanten im innerparteilichen Machtkampf der christlichsten aller Parteien Waigel nach scheinheiliger Tuntenhausener Art auch kräftig unter die Gürtellinie. Die Tatsache, daß Waigels Ehe in die Brüche gegangen war und er in einer früheren Weltklasse-Skifahrerin eine neue Lebensgefährtin gefunden hatte, wurde in der CSU genüßlich als entscheidendes Handicap für den Gegenkandidaten kolportiert. Ein christkatholischer bayerischer Ministerpräsident ohne legitime bessere Hälfte und im Konkubinat mit einer anderen Frau – kurzum, Waigel war chancenlos.

Immerhin hatte Stoiber in den quälenden Monaten des Niedergangs der Streibl-Regierung den Entschluß gefaßt, einen anderen Kurs einzuschlagen. Er kürzte die Bezüge seines Kabinetts, strich die Sondervergütungen für verfassungsrechtlich erlaubte Nebentätigkeiten, beschnitt auch Privilegien der Ministerialbürokratie und machte Anstalten, auch den Bürgermeistern in den bayerischen Kommunen seinen Kurs zu verordnen. Damit brachte er die CSU in ein Zwischenhoch – ohne freilich zu wissen, wie weit verästelt das Amigo-System in seinem Herrschaftsbereich war.

Als nächster wurde ausgerechnet eine der schillerndsten Figuren in Stoibers Kabinett, der Umweltminister und Parteichef der Münchner CSU, Peter Gauweiler, enttarnt. Er galt als Hoffnungsträger der Rechten, die noch rechts von Stoiber stehen, als Verfechter von Recht und Ordnung, der die Aufgabe hatte, das Überlaufen von frustrierten CSU-Wählern zu den Republikanern zu verhindern. Ideologisch gehört er eindeutig zum Flügel der Strauß-Nachlaßverwalter; als Protestant hatte er im katholischen Tuntenhausen nichts zu melden. Gauweiler fiel frühzeitig als drittklassiger Strauß-Imitator in Bierzelten auf. Da die politische Rede- und Darstellungskunst inzwischen tief gesunken war, galt er trotzdem als Talent oder als Volkstribun. Das stieg ihm zu Kopf, und er kultivierte seinen ausgeprägten Hang zur Spezi-Wirtschaft.

Seinen Freunden führte er als Polizeistaatssekretär gern zur Gaudi das Musikkorps der Bereitschaftspolizei vor und ging mit ihnen auf Großwildjagd. Er fuhr gern mit Blaulicht und war um die Ertüchtigung seiner Leibwächter derart besorgt, daß er einen von ihnen von hinten ansprang, um ihm mangelnde Sorgfalt nachzuweisen. Widersprach ihm im Ministerium ein Referent, zog ihn Gauweiler an der Krawatte zu sich heran, um seinem Wunsch Nachdruck zu verleihen. Die ganze Gauweiler-Affäre bestand im Grunde allein darin, daß eine so unreife und unberechenbare Person überhaupt für Staatsämter herangezogen wurde. Ins bayerische Kabinett hatte ihn 1986 sein Mentor Strauß gehievt.

Da Gauweiler auch manchen in der CSU-Spitze schon seit längerem suspekt war, hatte man ihn 1993 auf eine Kandidatur für den Posten des Münchner Oberbürgermeisters festgelegt. Seine Gegner nahmen an, daß er die SPD-Hochburg München ohnehin nicht schleifen könne. Erich Kiesl, der einzige schwarze Bürgermeister, der München in einer Phase schwerster sozialdemokratischer Zerwürfnisse für sechs Jahre regieren durfte, sah sich wegen dunkler Geschäfte zu jener Zeit schon den Nachstellungen der Justiz ausgesetzt.

Gauweiler, Sohn eines furchtbaren NS-Juristen, Verfechter einer unbarmherzigen Aids-Politik und so abstruser Theorien wie jener von der Umweltbelastung durch den Zuzug von Ausländern, wollte aber nicht kampflos die Segel streichen. Kaum hatte der frühere Rechtsanwalt seinen gnadenlos aggressiven Schmutzwahlkampf in München begonnen, mußte er kleinlaut einräumen, daß er seit 1982 insgesamt 1,3 Millionen Mark für die angebliche Verpachtung früherer Mandanten nebenher eingenommen hatte, die in nur dreijähriger Amtszeit zu ihm gestoßen waren. Da er sich vom letzten seiner Pächter auch noch zusichern ließ, daß später, also während seiner Regierungszeit, geworbene Mandanten ihm nach der vertraglich zugesicherten Rückkehr in diese Kanzlei beim Einkommen anzurechnen seien, lag die Kollision mit der bayerischen Verfassung auf der Hand.

Stoiber tat, für viele überraschend, nicht viel, um Gauweiler wenigstens während des Münchner Wahlkampfs aus der Patsche zu helfen. Er forderte kühl Rechenschaft, schaltete einen Verfassungsgerichtshofspräsidenten a. D. als Gutachter ein und änderte die Geschäftsordnung des Kabinetts, damit niemand mehr an Abstimmungen in eigener Sache teilnehmen könne, was sich eigentlich auch schon vorher von selbst verboten hätte. Der dreiste Gauweiler hatte das allerdings getan, und zwar genau bei der Vergabe eines Mandats einer ihm als Umweltminister unterstellten staatlichen Gesellschaft an seine Mandantenpächter. Gauweiler verlor zunächst die Wahl und dann das Vertrauen Stoibers, dem er, wie sich später herausstellte, immer nur das Nötigste gesagt hatte. Das Verfassungsgutachten fiel auch nicht glorreich aus, und schließlich befaßten sich Anwaltskammer und Staatsanwaltschaft mit dem lukrativen Nebenerwerb.

Damit nicht genug, hatten Stoiber und sein Finanzminister Georg von Waldenfels bald die nächste Affäre am Hals. Es kam heraus, daß der finanziell am Hungertuch nagende Freistaat Bayern auf dem Wege der «Niederschlagung» auf eine Steuerschuld von 70 Millionen Mark verzichtet hatte, die der Strauß-Spezi Eduard Zwick im Lauf der Jahre angehäuft hatte. Schon 1982 hatte sich der Mediziner, dem in Bad Füssing eine ergiebige, einträgliche Therme samt riesiger Bade- und Kuranstalt gehörte, in die Schweiz abgesetzt – unter den Augen der bayerischen Justiz, der man übrigens generell in Amigo-Fällen übertriebenen Verfolgungseifer wahrlich nicht vorwerfen kann. Ein 1983 gegen Zwick ausgestellter Haftbefehl führte zu nichts, er wurde 1987 außer Vollzug gesetzt, nachdem Zwick getan hatte, was ihm am 29. April 1986 sein Freund, der amtierende bayerische Ministerpräsident Franz Josef Strauß wärmstens ans Herz gelegt hatte. Doktor med. Zwick hatte sich auf höchsten Rat einfach krank schreiben lassen.

Strauß hatte dem Spezi geschrieben: «Lieber Eduard! Dein Brief hat mir etwas von der tiefen Niedergeschlagenheit vermittelt, in der Du Dich unter den gegebenen Umständen befindest. Ich verstehe sehr gut, daß Dich vor allem die Trennung von Frau und Kindern, die sich sicher auch aus der räumlichen Trennung ergibt, ganz besonders schmerzt. Ich kann Dir deshalb nur den freundschaftlichen Rat geben, Dich möglichst rasch von einem Arzt, der von den Justizbehörden vorgeschlagen oder als unabhängiger Sachverständiger anerkannt wird, im Hinblick auf Deine Verhandlungsfähigkeit untersuchen zu lassen. Wenn Deine Verhandlungsunfähigkeit festgestellt ist, wird die Strafjustiz, wie mir mitgeteilt wird, das Verfahren entweder vorläufig oder endgültig einstellen und damit zugleich den Haftbefehl aufheben müssen. Wichtig erscheint mir auch, daß demnächst endlich der von Dir angebotene Entlastungszeuge Ralph Schmidt durch einen Schweizer Richter in Anwesenheit eines deutschen Staatsanwalts vernommen werden kann. Auch dies würde das Verfahren vorantreiben. Unter den gegebenen Umständen meine ich, sollte Dir auch daran gelegen sein. Mit freundlichen Grüßen Dein FJ Strauß».

So, wie es Strauß skizziert hatte, geschah es dann auch. Ein Tessiner Sachverständiger schrieb Zwick verhandlungsunfähig, ein bayerischer Amtsarzt bestätigte das Gutachten. Wegen dauernder Verhandlungsunfähigkeit wurde das bei der Staatsanwaltschaft in Landshut anhängige Ermittlungsverfahren 1987 eingestellt. Damit war auch der Haftbefehl hinfällig. Eine Wiederaufnahme des Verfahrens, etwa wegen Verbesserung des Gesundheitszustands von Zwick, wurde niemals betrieben. Strafrechtlich ist der Vorwurf, 70 Millionen an Steuern schuldig geblieben zu sein, längst verjährt. Das Füssinger Unternehmen war zwischenzeitlich für 155 Millionen Mark auf Zwicks Sohn übergegangen und für den Fiskus nicht greifbar, da die Niederschlagung so abgefaßt war, daß die Erben des alten Zwick für die Steuerschuld nicht herangezogen werden konnten. Der Deal war ausgehandelt worden, als Zwick-Geschäftspartner Gerold Tandler Finanzminister war. Zwick hatte dem zeitweise mit 17 Millionen Mark verschuldeten stellvertretenden CSU-Vorsitzenden und Postwirt von Altötting mit seinen Abschreibungskapazitäten und einer gemeinsamen Firma «Bavaria» bei der Einrichtung eines Internats für eine Hotelfachschule geholfen.

Tandler mußte im März 1994 als stellvertretender CSU-Vorsitzender doch noch zurücktreten, weil ruchbar wurde, daß er bei Zwick 1976 persönliche Darlehen über insgesamt 700 000 Mark aufgenommen hat. 200 000 Mark ist er ihm immer noch schuldig, aber darauf wird womöglich der Fiskus seine Hand legen, wenn 1996 die Rückzahlung fällig ist, weil der Betrag zum pfändbaren Zwickschen Vermögen gehört. Dann träte der aparte Fall ein, daß ein früherer bayerischer Finanzminister, der bei seinem größten Steuerschuldner private Verbindlichkeiten hat, den Finanzbehörden 200 000 Mark plus Zinsen seit 1976 aushändigen muß. Zwick ist immer noch im Ausland, weil die Bayern jetzt nach Aufhebung der kühnen, sogar vom Landesrechnungshof gerügten Niederschlagung doch wieder an sein Geld wollen und zunächst einmal den Zwick-Sohn Johannes vorübergehend eingesperrt hatten. Unwiederbringlich verloren ist aber das Bundesverdienstkreuz, das 1984 auf Vorschlag von Strauß dem mit Haftbefehl gesuchten Amigo Zwick verliehen wurde – weil er immer bestrebt war, «das Allgemeininteresse und das Wohlergehen seines Mitmenschen unter Einsatz ärztlicher Ethik im Vordergrund allen Handelns zu sehen». An dem Orden fand niemand so recht Gefallen. Durch die Justiz vorübergehend an der Rückkehr in die bayerische Heimat gehindert, konnte ihn der Geehrte nicht entgegennehmen. So lag das Geschmeide eine Zeitlang beim damaligen niederbayerischen CSU-Vorsitzenden Alfred Dick herum, ehe es schließlich an das Bundespräsidialamt zurückgeschickt wurde.

Zwick hätte es, Ironie des Schicksals, als bester Freund von Strauß fast geschafft, daß gegen den CSU-Politiker von Amts wegen ermittelt worden wäre. Dem berüchtigten bayerischen Staatsschutzchef Hans Langemann, der sich besonders verantwortlich für Strauß fühlte, war 1976 hinterbracht worden, Zwick habe sich in einer Weinstube lauthals gebrüstet, Kommunist zu sein. Langemann mußte ein Gefühl von Staatsnotstand übermannt haben: ein Kommunist als Intimus des CSU-Vorsitzenden! Zwei Verfassungsschutzbeamte wurden in Marsch gesetzt und begannen mit Erhebungen gegen Zwick und Strauß beim Finanzamt Passau, wo die Zwickschen Steuerakten lagen. Strauß erfuhr natürlich umgehend, daß er ausgespäht wurde, und zitierte den Verfassungsschutzpräsidenten Hans Ziegler zu sich, der von ihm so zur Schnecke gemacht wurde, daß er anbot, sich zu erschießen. Strauß sah huldvoll von der Annahme des Angebots ab. Zwick, der Strauß nicht nur sein warmes Wasser, sondern auch sein Flugzeug zur Verfügung stellte, gab damals unumwunden zu, sich spaßeshalber für einen Kommunisten ausgegeben zu haben, um die Reaktion seiner Umgebung zu testen. Lustig ist das Amigo-Leben…

Weniger lustig für die CSU ist es, wenn die ganzen Geschichten dann von den auch in Bayern vorhandenen Störenfrieden aufgebracht werden. Sie sitzen in den Medien oder auch in der Landtagsopposition, wo die kompromißlose SPD-Abgeordnete und Juristin Carmen König mit staunenswerter Präzision nahezu alle Untersuchungsausschüsse zu diesem Betreff auf die Beine gestellt hat – und das waren nicht wenige. Unnachgiebig sucht auch heute noch der Ministerialrat

Wilhelm Schlötterer aus dem bayerischen Finanzministerium sein Recht, der 1977 mit brisanten Eingaben an den Landtag die parlamentarische Amigo-Grundlagenforschung in Gang gesetzt hat und seitdem von Amts wegen geschurigelt wird, obwohl man dem rechtschaffenen CSU-Mitglied bisher nicht eine einzige winzige Dienstverfehlung anhängen konnte.

So jammerten CSU-Politiker immer öfter, sie könnten noch so interessante Versammlungen abhalten, sicher stehe nach einer Stunde irgendein Zuhörer auf und sage, das mit dem Zwick oder dem Gauweiler oder der Testamentsvollstreckung von Strauß und Streibl beim Großversandhaus Baur sei schon eine Sauerei, und dann sei der Abend gelaufen. Deshalb nahm es auch mit Gauweiler nach einem monatelangen Rückzugsgefecht ein böses Ende. Es kam schließlich noch heraus, daß er in München einem berüchtigten Ganoventreff zu längeren Öffnungszeiten verholfen hatte, was sich nur schwer mit dem aufopferungsvollen Kampf der CSU gegen das organisierte Verbrechen vereinbaren läßt. Außerdem war an der Spelunke namens «Wardar-Grill» einer von Gauweilers verpachteten Mandanten beteiligt.

Schließlich kam es am Aschermittwoch 1994 zum bizarren Rücktritt Gauweilers; Stoiber und Waigel hatten verabredet, den Sündenbock seinen Abgang selbst inszenieren zu lassen, damit das Parteiporzellan gerettet und er sich nicht mit der rechten Konkurrenz verbünden würde. Ihre komplizierte Taktik, den Rauswurf als ehrenvollen Rücktritt Gauweilers aus Parteiräson auszugeben, glich dem panischen Versuch von Lämmern, den Wolf auf dem Verhandlungsweg zum Verlassen des Pferchs zu überreden.

Krachend schlug Gauweiler die Tür zu Stoibers Staatskanzlei zu und kam schon im neuen Kostüm daher: als ultrarechte CSU-interne Einmannopposition. Die radikalen Republikaner siedelte er «a bisserl rechts von der Mitte» an. Außerdem ernannte er sich zum Testamentsvollstrecker des politischen Erbes von Strauß, um die CSU-Legende vor der Entehrung durch dessen schlappe Nachfahren Stoiber und Waigel zu beschützen. Daß dies dringend nötig ist, finden inzwischen auch die Strauß-Hinterbliebenen, die Stoiber wegen zu zaghafter Verteidigung des toten Vaters grollen. Sie wollen nicht wahrhaben, daß einige CSU-Probleme ihre Wurzel im bedenkenlosen Umgang von Strauß mit Staat, Macht und Spezis haben.

Gauweiler meinte, auch er müsse sich nur oft und lange genug schütteln und schon sei sein Pelz sauber. Gauweiler schleuderte bei seinem Rücktritt im Münchner Pschorr-Keller, wo etwas Ähnliches wie Sportpalast-Stimmung herrschte, gegen die Medien und die Landtagsopposition folgenden Satz: «Wir lassen uns nicht mehr alles gefallen in Bayern.» Das stimmt – auf mehrfache Weise.

V. Wer hat, dem wird gegeben
Wirtschafts- und Umweltskandale

Wer von seiner Bank einen Kleinkredit haben möchte, der wird mit Hilfe eines geradezu Orwellschen Datenverbundnetzes auf Herz und Nieren geprüft; wer aber schon mit etlichen Millionen in der Kreide steht, dem braucht nicht bange zu sein, daß er noch einige Millionen dazubekommt, und wenn er all diese Millionen in den Sand gesetzt hat, wird möglicherweise einer von der Deutschen Bank kommen und diese Verluste für «Peanuts» erklären.

Wer als wichtiger Gewerkschafts- oder Industrieboß schon ein paar lukrative Aufsichtsratsposten hat, der wird leicht noch weitere hinzubekommen, und wenn er mit diskreten Informationen aus diesem Milieu Geschäfte macht, so wird ihm auch nicht viel passieren.

Wer schon mit den Umweltsauereien der DDR seine Geschäfte gemacht hat, dem wird auch die Regierung eines «neuen Bundeslands» das Geldscheffeln nicht schwerer machen. Wer als notorischer Umweltsünder das Risiko eingeht, von Zeit zu Zeit beklagt zu werden, der hat auch das Geld, seine Gegner niederzuprozessieren. Wer der größte Arbeitgeber einer Region ist, der kann es sich leisten, diese Region von Zeit zu Zeit zu vergiften. Wer viel Müll produziert, der wird am Ende noch von der Beseitigung des Mülls profitieren.

Und wer Lobbyist für das Produkt einer Schlüsselindustrie und vieler Deutschen liebstes Kind, das Auto, ist, der kann sich ein Grundrecht auf ungehemmtes Autofahren bescheinigen lassen, auch wenn dieses mit anderswo proklamierten Rechten heftig kollidiert.

Daß in der kapitalistischen Wirtschaftsordnung das Recht des Stärkeren gilt, mag weitgehend unabänderlich sein. Solange hier aber auch das Recht des Dreisteren regiert, wird eine Marktwirtschaft, die zum Beispiel auch lebenswichtige ökologische Belange integriert, noch lange auf sich warten lassen.

■ Ausgerechnet als der deutschen Arbeiterschaft eine neue Enthaltsamkeit auferlegt wurde und diese in der Einsicht, daß das neue deutsche Haus nur in Solidarität mit den Schwächeren aufzubauen sei, auch zähneknirschend den Gürtel enger schnallte, griff ein prominenter Gewerkschaftsboß mit beiden Händen in die Kasse. Franz Steinkühler nutzte die Gunst der Stunde und den Vorzug einer Spitzenposition in Deutschlands Topunternehmen zu einem erfolgreichen Spekulationsgeschäft. Die Basis zeigte nicht nur wenig Respekt vor der glanzvollen Aktionärsleistung ihres Kollegen Franz, sondern war auch einigermaßen verblüfft über dessen finanziellen Spielraum. Angesichts sich ankündigender Nullrunden und drohender Entlassungen kein guter Stern für Franz Steinkühler. ■

Michael Backhaus

Alle Reichtümer der Gesellschaft

Das Börsenabenteuer des Franz Steinkühler

Die zweitägige Aufsichtsratssitzung der Daimler Benz AG neigte sich dem Ende zu, als der Vorsitzende Hilmar Kopper – im Hauptberuf Chef der Deutschen Bank – noch eine wichtige Mitteilung zu machen hatte. Die Mercedes Aktiengesellschaft Holding (MAH), deren Daseinszweck die Verwaltung einer Sperrminorität von 25,3 Prozent am Daimler-Mutterkonzern ist, werde aufgelöst und jeder Anteilsschein gegen eine Daimler-Aktie eingetauscht. Kopper wartete mit der Bekanntgabe des Coups bis 16.00 Uhr an jenem 2. April 1993. Er wollte sicher sein, daß die Börsen schon geschlossen hatten, um der ansonsten unvermeidlichen Spekulation mit den Wertpapieren von MAH und Daimler den Boden zu entziehen. Denn von naturgesetzlicher Gewißheit war, daß die Verschmelzung beider Gesellschaften die bislang stets deutlich niedriger bewerteten MAH-Aktien kräftig in die Höhe treiben und die Daimler-Anteilsscheine im Wert sinken lassen würde. Jeder, der von der Absicht der Stuttgarter zur Neuordnung der Gesellschafterstruktur des Konzerns frühzeitig Kenntnis erhielt, brauchte nur noch MAH-Aktien zu kaufen, um seinen Wohlstand zu mehren – Lotto mit Gewinngarantie sozusagen.

Manch einer hatte seine Schäfchen freilich längst im trockenen, als Daimler mit der kurstreibenden Nachricht herausrückte. Franz Steinkühler zum Beispiel. Der mächtige Vorsitzende der IG Metall hatte bereits am 18. März 1993 500 MAH-Wertpapiere und am 23. März weitere 500 Aktien seiner damaligen Lieblingsfirma erstanden. Am 24. März kamen noch einmal 100 Anteilsscheine hinzu. Und am 1. April plazierte er seine höchste Order: 1000 MAH-Aktien für 496 256,30 Mark, die er in das Depot seines minderjährigen Sohnes Dominik bei der Bank für Gemeinwirtschaft legte. In seiner Funktion als Mitglied des Aufsichtsrats von Daimler Benz vernahm Steinkühler 24 Stunden später die frohe Botschaft, die den Wert jedes seiner 2100 MAH-Papiere auf 575 Mark hochtrieb. Am 19. April wurde dann Kasse gemacht: Steinkühler verkaufte die vier Wochen zuvor erworbenen 1000 Aktien mit einem Nettogewinn von 106 049,25 Mark.

Seit diesem Tag ist Steinkühler neben dem, was er sonst noch alles ist, auch ein Spekulant. Denn wer Aktien nur für die Mitnahme eines erwarteten Kursgewinns erwirbt und sie nach kurzer Zeit erfolgreich wieder abstößt, wird mit einer Spekulationssteuer belegt. Als das Hamburger Magazin *Stern* am 17. Mai den Millionen-Deal des hauptberuflichen Klassenkämpfers öffentlich machte («Sein bester Abschluß»), gab der IG-Metall-Chef sich kaltblütig. Für ihn der «normalste Vorgang der Welt». Das aber war der «Selbstbedienungs-Coup» (*Süddeutsche Zeitung*) beim besten Willen nicht, er war vielmehr in mehrfacher Hinsicht anrüchig. Die zeitliche Nähe der Aktienkäufe zur Fusionsentscheidung bei Daimler nährte den Verdacht, hier liege ein sogenanntes Insidergeschäft vor. Dabei geht es darum, daß Mitglieder aus Vorstand oder Aufsichtsrat eines Unternehmens das aufgrund ihrer Funktion erworbene Wissen an der Börse zum persönlichen Vorteil umsetzen. In vielen Industriestaaten ist dies strafbar, in Deutschland bislang nur verpönt. Steinkühler bestritt vehement den Vorwurf, bei den Aktienkäufen als Insider gehandelt zu haben. Er habe nicht mehr gewußt als jeder Zeitungsleser.

Nicht sehr glaubhaft für einen Mann, der wie der Metaller-Boß über ein dichtes Beziehungsgeflecht in der Wirtschaft verfügte. Auffällig auch, daß er exakt einen Tag nach Erhalt der Einladung zur Aufsichtsratssitzung am 1. und 2. April das erste MAH-Paket erstand und die letzte Order eben am Tag der Sitzung erging. Wie ein Zocker setzte Steinkühler alles auf eine Karte, löste für das Börsen-Engagement langfristige und sichere Anlagen auf. Reichlich blauäugig wirkten die Erklärungen, die Steinkühler für sein Verhalten anbot. Mercedes sei «ein ganz solides Unternehmen», daher habe er MAH gekauft. Als Daimler-Aufsichtsrat hätte er freilich wissen können, daß MAH gar nicht das operative Geschäft der Nobelmarke mit dem Stern betreibt. Die Holding war 1975 gegründet worden, um den Zugriff des Schahs von Persien auf den Daimler-Konzern abzuwehren. Für die automobile Wertarbeit in Untertürkheim steht vielmehr die Daimler-Aktie. Überhaupt fällt auf, daß der innergewerkschaftlich für Präzision bis hin zur Pedanterie bekannte Steinkühler sich nicht sonderlich für das Unternehmen interessiert hat, auf dessen Wohlergehen er knapp eine Million Mark setzte. Bis zum Schluß wußte er nicht einmal, wie die Firma genau hieß. In einem Entschuldigungsbrief an alle IG-Metall-Funktionäre vom 24. Mai, in dem er erstmals seinen Rücktritt anbot, übersetzte der prominente Anteilseigner MAH mit «Mercedes-Automobil-Holding».

Tatsächlich ermutigt haben mag den Gewerkschafter eine ganz andere Erfahrung. Bereits am 8. März hatte er für 10000 Mark Aktien des niederländischen Flugzeugherstellers Fokker gekauft. Die Hoffnung auf steigende Kurse trog nicht: Steinkühler konnte 3000 Mark Gewinn einstreichen – nachdem Fokker am 16. März von der Daimler-Tochter Dasa übernommen worden war. Wie hatte er bei Amtsantritt als Vorsitzender der IG Metall 1986 noch das Fernziel seiner Arbeit definiert: «Teilnahme an allen Reichtümern der Gesellschaft.»

Mehr noch als die Börsen-Zockerei an sich machten Steinkühlers Rechtfertigungsversuche deutlich, daß einer den Überblick über sein Leben verloren hat. Es sei doch «normal, daß ein sparsamer Schwabe auch Ersparnisse hat», barmte der Ertappte um Verständnis. Er halte die Summe von einer Million Mark «für so ungewöhnlich nicht». Man merkt eben, daß der «Kollege Franz» nicht nur mit Millionen Metallern per Du war, sondern auch mit Edzard Reuter.

Ausgerechnet Steinkühler, der lange Zeit als eine Art Beckenbauer unter den Gewerkschaftsführern galt, bekräftigte so das Bild von der abgehobenen Funktionärskaste, die sich auf Kosten der Mitglieder bereichert und von deren Bedürfnissen nicht mehr viel weiß. Aufgefrischt wurde die Erinnerung an die allmählich in Vergessenheit geratenen Skandale um die Neue Heimat und den co op-Konzern, die ja im Kern davon handeln, daß Gewerkschafter dem großen Geld nicht widerstehen können, daß auch für sie Eigennutz vor Gemeinnutz geht, wie bei jedem normalen Kapitalisten eben.

Daimler-Betriebsräte warfen Steinkühler vor, er scheine noch nicht einmal zu begreifen, «daß Mitgliedern mit 4500 Mark Monatslohn nicht klarzumachen ist, daß der Vorstand ihrer Interessenvertretung eben mal so mit einer Million an der Börse spekuliert». Ob er dabei Insiderkenntnisse gehabt habe oder nicht, «ist für uns sekundär».

An dieser Stelle verläuft die eigentliche Konfliktlinie. Darf ein Gewerkschaftsführer Millionär sein, und wenn er das schon ist, darf er dann an der Börse spekulieren? Das ist keine Frage übertriebener Prüderie. Der Zusammenhang zwischen Rationalisierungen und Arbeitsplatzabbau auf der einen und steigenden Aktienkursen auf der anderen Seite ist vielfach bestätigt, nicht zuletzt bei Daimler. Da kann es schon passieren, daß einer als Börsianer von Unternehmensentscheidungen profitiert, die er als Gewerkschafter bekämpft.

Dieser Zielkonflikt verschärft sich, wenn derjenige, wie im Fall Steinkühler, auch noch dem Aufsichtsrat der betreffenden Firma angehört. Das ökonomisch so erfolgreiche Modell der Tarifpartnerschaft verwischt bisweilen die Identität der Beteiligten, vor allem auf der Gewerkschaftsseite. In den vom DGB-Bundesvorstand herausgegebenen *Gewerkschaftlichen Monatsheften* heißt es zum «Fall des Kollegen Franz» im Juni 1993: «Die Mitbestimmung, ohnehin im Generalverdacht, Arbeitnehmerinteressen an die Gegenseite zu ‹verkaufen›, wird durch ein Aufsichtsratsmitglied, das sich solchermaßen ‹einkauft›, in einer Weise pervertiert, wie sie sich nur ein besonders boshafter Karikaturist hätte ausdenken können.»

Nun hatte die Lebenswirklichkeit des Spitzenmanagers Franz Steinkühler mit der der Mitglieder seiner Gewerkschaft seit langem soviel gemein wie Franz Beckenbauer mit einem Schalke-Fan. Flotte Sportwagen, dicke Havannas, der Hang zur internationalen Spitzenküche («Ich esse viel lieber gut als schlecht.») hatten den «feinen Franz» bei orthodoxen Gewerkschaftern stets verdächtig gemacht.

Der Klassenkämpfer Steinkühler, der in seinen Zeiten als Stuttgarter Bezirksleiter «Millionen gegen Millionäre» mobilisierte, hat diese Glaubwürdigkeitslücke immer mit dem Hinweis zu verdecken gesucht, gerade die einfachen Gewerkschaftsmitglieder wollten, daß ihre Führung mit den Wirtschaftsbossen von gleich zu gleich verhandelt. Dafür spricht, daß die IG Metall ihren Ersten Vorsitzenden mit rund einer viertel Million pro Jahr entlohnt. Ein Armutsgelübde kann da nicht Bedingung für den Job sein.

Doch dem Aufsteiger Steinkühler, der es vom Polizistensohn aus einfachsten Verhältnissen zu einem der mächtigsten Männer in Deutschland brachte, vermittelten die Attribute der Reichen und Mächtigen auch ganz persönlich die Gewißheit, mit den Vertretern des Kapitals gleichgezogen zu haben. Als Wanderer zwischen den Welten – hier die Metaller im Blaumann, dort die Manager im Nadelstreifen – kann einer schon mal die Orientierung verlieren. Die an ihn geglaubt haben, wie die Metaller im Osten, die er im Frühjahr 1993 in den ersten Streik seit 60 Jahren führte, konnte das nicht besänftigen. Sie fühlten sich vom Kollegen Spekulant schlicht verraten. Zur selben Zeit, als die IG Metall mit der Spendenbüchse durch die Lande zog, um den Ost-Metallern das kärgliche Streikgeld von 250 auf 300 Mark pro Woche aufbessern zu können, sahnte Steinkühler sechsstellig ab.

Solche Gegensätze hält auch ein Eisenkerl wie Steinkühler nicht leicht aus. Acht Tage nach der *Stern*-Veröffentlichung am 25. Mai trat er zurück. Der am Vortag bekanntgewordene Fokker-Deal ließ ihm keinen anderen Ausweg. Auch wußte er da wohl schon, daß ihm am darauffolgenden Tag die Deutsche Bank mit ihrem Aktienpaket die Entlastung als Aufsichtsrat in der Hauptversammlung der Daimler Benz AG in Stuttgart verweigern würde. Begründung: Steinkühler habe vor dem Markt vorab vertrauliche Informationen über den Daimler-Benz-Konzern gehabt. Die Steuerfahndung hatte er da längst am Hals. Die Gewerkschaftsbewegung ging erleichtert zur Tagesordnung über, heilfroh, den Rollenkonflikt zwischen Klassenkampf und Kollaboration nicht aufarbeiten zu müssen. Aus dem «Schweigen für Franz» während der akuten Phase der Steinkühler-Krise wurde – wie die DGB-*Monatshefte* schon unmittelbar danach befürchteten – ein «Schweigen nach Franz» der kompletten deutschen Gewerkschaftselite.

■ Im Frühjahr 1992 begann der Prozeß gegen den ehemaligen Chef der co op AG, Bernd Otto, und seine engsten Mitarbeiter. Ihnen wurde zur Last gelegt, durch windige Finanzmanipulationen großen Stils die Gläubiger der von ihnen geführten Firmen um Hunderte von Millionen Mark geprellt und dabei eifrig in die eigenen Taschen gewirtschaftet zu haben. Im Laufe des Prozesses wurde erhärtet, was der *Spiegel* schon zuvor genüßlich verbreitet hatte, nämlich daß die dem Gewerkschaftsmilieu entstammenden Manager mit Duldung der Gewerkschaftsfunktionäre, die sie hätten kontrollieren müssen, Schwindelgeschäfte betrieben hatten, die denen der «Neuen Heimat» unter Albert Vietor in nichts nachstanden.

Der Gewerkschaftsskandal war aber ebensosehr auch ein Bankenskandal, denn die Banken hatten es bei der Kreditvergabe an die Hochstapler der co-op-Führung an Sorgfalt völlig fehlen lassen; die angeblichen Hauptgeschädigten waren also selbst schuld (die eigentlichen Opfer solcher Betrügereien, die Beschäftigten und die Lieferanten der endgültig konkursreif gemachten Firmen, fallen dagegen üblicherweise juristisch kaum ins Gewicht). In dieser Hinsicht nahm der co-op-Skandal die Affäre um die Pleite des Bad Homburger Immobilienspekulanten und Baulöwen Jürgen Schneider vorweg, die im April 1994 die Frage laut werden ließ, ob nicht die geprellten Banken wegen ihrer sorglosen Kreditvergabe selbst womöglich strafrechtlich zu belangen seien. Denn während der Sprecher des Deutsche-Bank-Vorstands erklärte, daß die Verluste seines Instituts unter dem Strich doch bloß «Peanuts» seien, mußten zahlreiche in Schneider-Unternehmungen beschäftigte Handwerksbetriebe um ihre Existenz bangen.

Zu guter Letzt erwies sich die co-op-Affäre auch als Justizskandal: Staatsanwaltschaft und Gericht streckten angesichts der Kompliziertheit der Materie weitgehend die Waffen und ließen die Täter mit in Anbetracht des Umfangs der ihnen zur Last gelegten Straftaten lächerlichen Strafen davonkommen. Unser Rechtssystem scheint strukturell darauf angelegt zu sein, nur die kleinen Verbrecher zu hängen, die großen aber laufenzulassen. Das ist vielleicht die bitterste Lehre aus dem co-op-Skandal und vergleichbaren Finanzaffären. ■

Tobias Bange

«Ich bin der Bernd»

Bernd Otto und der co-op-Skandal

Kursstürze an den Börsen erschütterten im Herbst 1987 die Finanzwelt. Börsenmakler waren schockiert. Anleger fürchteten um ihre Aktien. Nur ein Aktienpapier blieb von dem allgemeinen Abwärtsstrudel verschont: das Papier der co op AG, das damals an der Börse eingeführt wurde. In den nächsten 12 Monaten kletterte sein Wert auf das Dreifache. Fassungslos registrierte der Chef der DG-Bank, der kurz zuvor die Aktieneinführung abgelehnt hatte, den Kursanstieg. Hatte ihn sein Gespür für wirtschaftliche Entwicklungen verlassen? Erst ein Jahr später war sein angeknackstes Selbstbewußtsein wiederhergestellt. Nach einigen Veröffentlichungen des *Spiegel* wurde klar: Die Manager hatten kein wirtschaftstechnisches Wunder vollbracht, sondern einen kriminellen Coup gelandet, dessen Dimensionen alle bislang bekannten Muster sprengte.

Nach langwierigen Ermittlungen der Staatsanwaltschaft kam es endlich zur Anklage. Sieben Männer, die alle zum Dunstkreis der Gewerkschaften gehörten, kamen vor den Kadi: der Vorstandsvorsitzende der co op, Bernd Otto, und zwei weitere Vorstandsmitglieder, Dieter Hoffmann und Michael Erik Werner; der Aufsichtsratsvorsitzende des co-op-Konzerns, Alfons Lappas; die für Finanzen zuständigen Direktoren Klaus Peter Schröder-Reinke und Norbert Lösch sowie Hans Gitter aus dem Vorstandssekretariat. Eine ehrenwerte Gesellschaft gutbetuchter Topmanager.

Prospektbetrug, Bilanzfälschung und persönliche Bereicherung – so lauteten die Vorwürfe. Doch noch konnten die Angeklagten ungebrochenes Selbstbewußtsein zur Schau tragen. Konnte man ihnen tatsächlich kriminelle Handlungen vorwerfen? Gutachter und Gegengutachter versuchten das Geflecht an finanziellen Transaktionen aufzuklären. Es ging um mehr als zwei Milliarden Mark und um dubiose Finanztricks zu Lasten von Banken und Anlegern. Die Gewerkschaften, ohnehin unter Mitgliederschwund leidend und gerade zuvor durch den Neue-Heimat-Skandal arg gebeutelt, fürchteten weiteren Ansehensverlust, denn Otto war aus ihren Reihen, die co op AG aus ihrem gemeinwirtschaftlichen Firmenbesitz hervorgegangen. Aber reichten die Verdachtsmomente tatsächlich aus, der ehrenwerten Gesellschaft Otto & Co den Prozeß zu machen? Erst mußten «Tonnen von belastendem Material» – so ein Staatsanwalt – zusammengetragen werden, wobei dem Steuerzahler überdies Kosten in Höhe von mehreren Millionen DM für eine eigens hinzugezogene Wirtschaftsprüfungsgesellschaft entstanden. Sie sollte das Geflecht entwirren. Langsam kam Licht in das Dunkel der Affäre.

Eine kleine Gruppe krimineller Topmanager hatte fast ein Jahrzehnt unbemerkt Gelder in Millionenhöhe verschoben und einen Konzern etabliert, der unkontrolliert in den Händen eines Mannes lag: Bernd Otto. Angesichts aller Umstände fragte sich der Gerichtsreporter des *Spiegel*, ob es sich hier um das perfekte Verbrechen handele. Ein Verbrechen, bei dem alle Beweise und Indizien solch endlose Ketten bilden, daß jegliche Ermittlung von vornherein aussichtslos ist. Beim perfekten Verbrechen verschwinden Spuren, Beweise und Indizien – selbst noch die Geschädigten möchten glauben, eher habe ihnen das Schicksal denn menschliche Wesen übel mitgespielt. Aber war Bernd Otto tatsächlich der perfekte Verbrecher? Zweifel kamen auf, denn der weiß auch noch die Motive seiner Tat zu vertuschen. Dies allerdings ist Bernd Otto, der zentralen Figur im co-op-Verfahren, nicht gelungen. Er war zwar ein gerissener Spieler, doch stolperte er über seine Geltungssucht und Protzerei. Erst diese machten ihn zu einem potentiell Verdächtigen: Otto vergaß, was den wahren Spieler auszeichnet: den rechtzeitigen Ausstieg. Ihn benebelte offensichtlich die Möglichkeit, noch mehr Geld auf die Seite zu schaffen.

Der Krimi begann Anfang der achtziger Jahre, als Bernd Otto Vorstandsvorsitzender der co op wurde. Mit jugendlichem Charme und einer gehörigen Portion Chuzpe vermochte er schon bald Banken, Aufsichtsräte, aber auch seine Mitarbeiter zu überzeugen. Gern gab sich der Hüne mit dem burschenhaften Gesicht jovial. «Ich bin der Bernd», stellte er sich seinen Untergebenen vor. Kumpelhafte Attitüden sollten den rasanten Aufstieg aus dem Proletariermilieu zum bestbesoldeten Manager der Bundesrepublik verdecken. Ein Foto zeigt den «anderen» Otto. Auf einem Chefsessel sitzend, hält seine linke Hand einen vor ihm stehenden Globus umspannt. So sah sich Bernd

Otto am liebsten, so mochten ihn die Zeitungen, als er in den Schlagzeilen auftauchte: ein Kontrolleur von Kapital und Menschen.

Seinen Aufstieg verdankt Bernd Otto den Gewerkschaften. Nachdem der 1940 geborene Otto eine Färberlehre und danach ein Volkswirtschaftsstudium mit einem gewerkschaftlich finanzierten Stipendium beendet hat, arbeitet er beim DGB-Bundesvorstand in Düsseldorf. Danach wird Otto persönlicher Assistent des damaligen DGB-Chefs Heinz-Oskar Vetter. 1974 wird Otto Vorstandsmitglied der neugegründeten co op AG. Als er 1980 zum Vorstandsvorsitzenden aufsteigt, übernimmt er ein finanziell ruiniertes gemeinwirtschaftliches Unternehmen mit über hundert Konsumgenossenschaften. Schon zu dieser Zeit beginnt er, die marktwirtschaftliche Orientierung «seiner» Firma zu betonen. Otto will weg vom Mief der Gewerkschaften, denen er so viel verdankt. Der Weg vom Gemein- zum Eigennutz schien für Bernd Otto auf der Hand zu liegen.

Die Wurzeln gemeinwirtschaftlicher Einrichtungen wie der co op reichen in die Anfänge der Arbeiterbewegung zurück. Vor mehr als hundert Jahren entstanden, galten sie neben der Sozialdemokratie und den Gewerkschaften als das dritte Standbein der Arbeiterbewegung. Jenseits von Gewinninteressen sollte es Arbeitern ermöglicht werden, ihren Lohn sparsam auszugeben. Was im Klartext hieß, daß man billiger sein wollte als die kapitalistische Konkurrenz. Aber schon längst war diese hehre Idee von der Realität der Marktwirtschaft eingeholt worden. «Kapitalistische» Lebensmittelketten waren billiger als die meisten dieser gemeinwirtschaftlichen Konsumläden. Nur wenige der Konsum-Genossenschaften besaßen ein gesundes finanzielles Fundament, die Mehrzahl war finanziell ruiniert. Und nur diese faßte man 1974 in der co-op-Gruppe zusammen, während die wenigen profitablen Unternehmungen weiterhin selbständig blieben. Von diesem Geburtsfehler der co-op-Gründung sollte sich der Konzern nie erholen, obwohl Otto zunächst erfolgreich Nebelkerzen warf.

Der eigentliche Skandal datiert auf das Jahr 1984 zurück, in dem Otto und seine späteren Mitangeklagten Alfons Lappas und Dieter Hoffmann einen «Arbeitskreis zur Umgestaltung der Gesellschafterverhältnisse bei co op» gründeten. Für das ermittelnde Bundeskriminalamt stellte dieser Arbeitskreis später eine «kriminelle Vereinigung» dar.

Ziel dieses Klüngelclubs war es, Geld von Banken lockerzumachen, um es in den kränkelnden co-op-Konzern pumpen zu können. Bernd Otto stand vor der Aufgabe, einen hochverschuldeten Konzern aus der Schieflage zu manövrieren. Für die Staatsanwaltschaft war es später nahezu undurchschaubar, ab wann die Sanierungsbemühungen in eine kriminelle Aktivität zum Zwecke der Selbstbedienung umschlugen.

Heute scheint zumindest klar zu sein, daß die enormen Probleme des Konzerns erst die Voraussetzung dafür schufen, daß Bernd Otto und seine Gang ihren Machtdrang entfalten konnten. Sie standen vor leeren Kassen und träumten von vollen. Um sie zu füllen, entwickelte Bernd Otto beträchtliche kriminelle Energie und Phantasie. Die co op mußte, um kreditwürdig zu werden, zunächst Gewinne vorweisen und Dividenden ausschütten. Dies allerdings war nur durch eine Fälschung der Bilanzen möglich. Obwohl die co op sich niemals von ihren Schulden befreien konnte, wiesen die Bilanzen des Unternehmens diese nie in vollem Umfang aus. Während zum Beispiel in einem internen Bilanzbericht von 1985 die Verbindlichkeiten gegenüber den Gläubigerbanken mit über zwei Milliarden Mark beziffert wurden, liest sich der offizielle Geschäftsbericht ganz anders. Dort werden nur noch Gesamtverbindlichkeiten von etwas weniger als einer Milliarde DM ausgewiesen. Die Bereinigung dieser Bilanzen besorgten Ottos Kollegen. Wie sich später im Prozeß herausstellen sollte – und durch die Aussage des Leiters des Vorstandssekretariats erhärtet wurde –, waren die Gewerkschaften über die drückende Schuldenlast der co op zu allen Zeiten informiert. Vor Aufsichtsratssitzungen – so Hans Gitter – hätten sich Manager aus dem DGB regelmäßig mit co-op-Verantwortlichen abgesprochen. Der Presse habe man immer wieder klarzumachen versucht, daß die co op «trotz mancher Verluste» auf sicheren Beinen stehe, da sie ein «besonderes» Verhältnis zum DGB habe. Die Ironie der Geschichte ist, daß die Spätfolgen des Neue-Heimat-Skandals Bernd Ottos Aktivitäten eher förderten. Statt die Geschichte der Gemeinwirtschaft und damit die eigenen unternehmerischen Fehlschläge aufzuarbeiten, glaubten die Gewerkschaften, aus falsch verstandener Solidarität mit denselben Leuten und denselben Strukturen weitermachen zu können.

Die Chance, ans große Geld zu kommen, witterte Bernd Otto 1985.

In Alfons Lappas, tiefverstrickt in den Neue-Heimat-Skandal, fand Bernd Otto einen skrupellosen Mitstreiter. Lappas verkörperte als Aufsichtsratsvorsitzender der co op AG und Chef der BGAG, einer Gewerkschaftsholding, die Verbindung von co op und Gewerkschaften. Die BGAG befand sich nach dem Neue-Heimat-Desaster in finanziellen Nöten. Damals besaß sie einen Anteil von 39 Prozent an der co op. Die BGAG wollte durch den Verkauf dieses Anteils aus ihrer finanziellen Klemme kommen. Bernd Otto witterte seine Chance. Co op sollte an die Börse. Zwar firmierte die co op bereits seit 1974 als Aktiengesellschaft, doch wurde sie bisher nicht an der Börse gehandelt. Durch eine breite Aktienstreuung erhoffte sich Bernd Otto eine Kapitalspritze für den maroden Konzern.

Hauptanteilseigner der co op waren bis dato gewerkschaftsnahe Institutionen wie eben die BGAG sowie etwa zweihunderttausend Kleinaktionäre, ehemalige Mitglieder der Konsumgenossenschaften. Auf der Suche nach einem neuen Anteilseigner, der den Anteil der Gewerkschaftsholding BGAG von co op übernehmen sollte, wandte sich Otto auch an den Bund deutscher Konsumgenossenschaften (BdK), an dem die co op selber indirekt die meisten Anteile hielt. Mit den frisierten Bilanzen gelang es ihm, den BdK von der Seriosität der co op zu überzeugen. Der BdK und eine für die Anteilsübernahme des Aktienpaketes eigens gegründete Tochterfirma, die BdK-Beteiligungsverwaltungsgesellschaft, erhielten für die benötigte Kaufsumme von 175 Millionen DM einen Kredit der niederländischen Amro-Bank. Der Schweizerische Bankverein (SBV) erklärte sich Ende 1985 bereit, eine Deckung für den Kredit der Amro-Bank bereitzustellen. Am 1. Januar 1986 wurden für 190 Millionen DM die Anteile der BGAG an der co op verkauft. Damit besaß formell die BdK-Beteiligungsverwaltungsgesellschaft eine Mehrheit; da diese jedoch personell und finanziell aufs engste mit dem co-op-Konzern verflochten war, war es de facto die co op selbst, die ihre bis dahin von der BGAG gehaltenen Anteile gekauft hatte, und zwar auf Pump.

1987 brachte der SBV die Aktie im Wert von 160 DM/Stück an die Börse. Bis 1988 stieg ihr Wert auf über 500 DM. Daß der Wert so rasant stieg, hatte weniger mit der Substanz des Unternehmens als vielmehr mit der ihm von Otto verpaßten Struktur und seiner Art der Kurspflege zu tun. Die Staatsanwaltschaft sah in der Aktienübernahme durch andere Unternehmen, die selbst zum Einflußbereich der co op gehörten, eine wesentliche Bestimmung des Aktienrechtes verletzt, wonach ein Unternehmen nicht Anteile am eigenen Aktienpaket besitzen darf. Ohnehin gab es bei der co op AG keine – wie vollmundig versprochen – verbraucherorientierte Beteiligungsstruktur. Die Kleinaktionäre verfügten nur über 10 Prozent des Aktienkapitals. Den Hauptanteil besaßen obskure Firmen, die sogenannten «Altaktionäre», wie Otto sie nannte. Hinter so unverdächtig klingenden Namen wie «Gesellschaft für Stiftungsvermögen», «Gesellschaft für Handelsbeteiligungen (GfH)» etc. verbargen sich Ottos Kollegen aus der Gewerkschaftsbewegung. Um nur ein Beispiel zu nennen: Die GfH war im Besitz eines Fünftels der co-op-Aktien und firmierte als hundertprozentige Tochter der Genossenschaftlichen Zentralbank in Basel. Die beiden Geschäftsführer allerdings kamen wiederum von der co op. Die co op AG und ihre Anteilseigner waren letztlich identisch. Wobei der «Altaktionär» GfH sich nicht einmal davor scheute, im gleichen Hause zu residieren wie die co-op-Zentrale: in der Frankfurter Hahnstraße. Die «Altaktionäre» waren Leute, die fast alle dem Ottoschen Imperium nahestanden. Otto hatte das unglaubliche Kunststück vollbracht, neben dem eigentlichen Unternehmen co op einen Scheinkonzern zu errichten, den er über Mittelsmänner kontrollierte. Während co op rote Zahlen schrieb, warf der nun entstandene Schattenkonzern Gewinne ab. Und dieser Nebenkonzern von Ottos Gnaden expandierte kräftig.

Die «Altaktionäre» gründeten eine Kommanditgesellschaft auf Aktien (KGaA), die die Mehrheit von co op hielt. Mit diesen «Altaktionären» machte sich Otto daran, weltweit ein Konsortium zu errichten. Die Beziehungen dieser Unternehmen zur co-op-Zentrale wurden durch häufige Namensänderungen und Transaktionen verschleiert. Was blieb, waren lediglich immer dieselben aus dem Gewerkschaftsmilieu stammenden Personen, die Ottos Vertrauen genossen. Der Aufsichtsrat der co op versagte dabei kläglich, indem er auf die Kontrolle des eigenen Unternehmens verzichtete. Er kontrollierte nur noch eine Art Hülle mit einem vergleichsweise geringen Umsatzvolumen von 60 Millionen DM. Die eigentlichen Geschäftsaktivitäten spielten sich in Ottos Nebenkonzern ab. Doch der wurde auch für Insider bald unüberschaubar. Manager wechselten so häufig Direktorenposten, daß mancher Chef selbst nicht mehr so genau wußte, für welche Firma er denn nun eigentlich arbeitete. Sicher war nur, daß Otto der Boß war.

Wie konnte ein solcher «Schattenkonzern» überhaupt entstehen? Begonnen hatte es damit, daß die co op, die trotz ihrer desolaten Finanzlage einen bedeutenden Immobilienschatz besaß, diesen zunächst aus dem Konzern ausgliederte. Die Handels-Investitionsgesellschaft (HIG) übernahm die Immobilien: ein Konglomerat aus Lagerhallen, Fabrikgebäuden, Grundstücken und Bürohäusern von großem Wert. Undurchsichtig blieb nur, wer die HIG kontrollierte. Schon bei dieser Handelsinvestitionsgesellschaft probte man die später so erfolgreiche Methode. Nach außen hin hatte die HIG keinerlei Verbindung mehr zur co op. Doch Leute aus der co-op-Zentrale saßen an den entscheidenden Hebeln. So war ein Gesellschafter der HIG die Frankfurter Beteiligungsgesellschaft für Einzelhandel und Industrie. Otto, Casper und Hoffmann leiteten diese Firma zeitweilig als Geschäftsführer. Später wiederum wurde sie von einem Prokuristen der co op geführt. Der Aufsichtsrat der co op hatte keine Möglichkeit mehr, die mit dem ehemaligen co-op-Vermögen ausgestattete Firma zu beaufsichtigen. Otto konnte mit dem lukrativen Teil des ihm anvertrauten Vermögens hinfort machen, was er wollte.

Das sollte nur der Anfang sein. Nach der erfolgreichen Überführung von co-op-Kapital in Ottos Schattenimperium wollte man auch auf ausländischen Märkten Präsenz zeigen: Ottos Crew kaufte Firmen auf, die von Leuten geführt wurden, welche Ottos Vertrauen besaßen. Den Freibrief zur Gründung von Auslandsunternehmen holte sich Otto pikanterweise beim Chef der BGAG, Alfons Lappas. Dieser empfahl aufgrund seiner Erfahrungen mit der Neuen Heimat, die «Auslandsengagements der co op außerhalb des Konzerns anzusiedeln». Aus einem möglichen Scheitern im Ausland sollten sich keine negativen Rückwirkungen auf die co-op-Zentrale ergeben. Bernd Otto eröffnete sich die Möglichkeit, für sich und seine Manager eine Art multinationalen «Privatkonzern» zu gründen – einen Konzern, zu dem bald in ganz Europa, in Nord- und Südamerika Firmen gehörten, deren Gewinne die Taschen von Otto und seinen Kollegen füllten.

Das Bedürfnis nach Expansion entsprang auch einer objektiven Zwangslage: Da man allen Kreditgebern durch rechtzeitige Rückzahlung der Kredite den Eindruck von Liquidität vorgaukeln wollte, brauchte man neue Kredite. Diese aber wurden nicht den bereits verschuldeten Konzernteilen gewährt, sondern den neu hinzugekommenen, scheinbar unabhängigen Firmen. Die eigentliche Expansion setzte deshalb nach dem Gang zur Börse ein, als die co op sich auf Kreditbasis quasi selbst gekauft hatte. Ein wahrer Kaufrausch erfaßte die ehrenwerte Gesellschaft: Immer neue Firmen verleibte man sich ein. Heimwerkermärkte, Schlachthöfe und Feinkostgeschäfte, selbst eine Sherry-Fabrik waren darunter. Dieser Schattenkonzern des Bernd Otto warf die eigentlichen Gewinne ab. Eine Kontrolle brauchte man nicht zu fürchten. Mit dem erwirtschafteten Geld wurden wiederum Stiftungen gegründet – zum Teil für humanitäre Zwecke –, die Einnahmen verbuchten, welche tatsächlich auf die privaten Konten der Geschäftsführer und Manager flossen. Neben der Bilanzfälschung und dem Betrug bei der Einführung der Aktie war der Vorwurf der persönlichen Bereicherung später einer der Hauptanklagepunkte. Im Mittelpunkt des staatsanwaltschaftlichen Ermittlungsverfahrens stand eine Auslandsgründung: die Garvey Holding AG. Bernd Otto hatte sie nach dem Namen einer zu seinem Reich gehörenden Sherry-Fabrik getauft. Auch bei dieser Firma war eine kapitalmäßige Verflechtung mit der co op AG zunächst nicht ersichtlich. Offiziell besaßen Otto, Casper und Hoffman nur jeweils eine Aktie. Die restlichen 997 Anteilseigner blieben lange anonym. Otto verbarg, wem die überaus lukrative Auslandstochter mit Dutzenden von abhängigen Firmen gehörte. Hauptaktionär dieser Firmenholding Garvey war eine gut auf einer karibischen Insel getarnte Briefkastenfirma. Niemand anderes als die «Altaktionäre» verbargen sich dahinter. Also Bernd Otto und seine Crew.

Mit dem Geld aus den Kassen der co op wurden Firmen ohne Kenntnis des Aufsichtsrats aufgekauft. Ein Gemisch aus Filz, Inkompetenz und gewerkschaftlicher Solidarität machte es möglich. Der Aufsichtsrat unter Günter Döding (Gewerkschaft NGG) und Günter Volkmar (Gewerkschaft HBV) segnete seit 1987 diese Aktivitäten Ottos dadurch ab, daß nur noch Firmenkäufe, die ein Volumen von 50 Millionen DM überschritten, genehmigt werden mußten. Damit hatte sich der Aufsichtsrat, dem ohnehin meist überforderte Leute aus dem Gewerkschaftsmilieu angehörten, endgültig selbst entmachtet. Oder ließ er sich sein Wegschauen vergüten? Es war wohl kein Zufall, daß die Aufwandsentschädigungen für Aufsichtsratsmitglieder genau in dem Moment erhöht wurden, als man Bernd Otto diese Vollmacht erteilte. Bernd Otto, der ehemalige Färbergeselle, hatte es geschafft. Er erhielt neben dem damals unüblich hohen Jahressalär von 1,5 Millionen DM als Vorstandsvorsitzender der co op AG noch «Trinkgelder» (Otto) in Millionenhöhe für seine Tätigkeit als Präsident oder Geschäftsführer der anderen Unternehmenssegmente.

Doch der selbstauferlegte Zwang zur Expansion hatte Grenzen. Schneller, als es Otto und seine Getreuen merken konnten, war das Unternehmen zum Selbstläufer geworden; seine Finanzierung ähnelte den berüchtigten Kettenbriefen: Während die ersten noch Gewinne einstreichen, wird es für jeden neu ins Spiel Kommenden immer risikoreicher. Bei jeder Firma, die man mit von anderen Firmen geliehenem Geld dazukaufte, stieg die Gefahr. Geblendet von Erfolg und Macht, bestätigt von ahnungs- oder skrupellosen Gewerkschaftsfunktionären, steuerte das Unternehmen auf die totale Pleite zu, während sich Otto standesgemäß in Südafrika bei einer Großwildjagd erholte.

Otto sitzt auf einem dahinrasenden Zug. Beim Versuch, die Werhahn-Gruppe zu kaufen, übernimmt er sich. Eine halbe Milliarde DM braucht er von den Banken. Die fordern plötzlich eine übersichtliche Konzernstruktur, denn langsam dämmert es auch ihnen, daß die co op AG ein riesiges Windei ist. Im Herbst 1988 ist die co op zum erstenmal zahlungsunfähig. Bernd Otto setzt sich nach Südafrika ab, und die Gläubigerbanken übernehmen das Steuer.

Waren die wirtschaftlichen Aktivitäten Bernd Ottos eher das von Experten zu goutierende Schauspiel vom Auf- und Untergang eines Wirtschaftsimperiums, so boten die «menschlich» interessanten Aspekte erst den Stoff für das wochenlange Medienereignis. Bernd Otto besaß mehrere Villen im In- und Ausland, Apartments und eine Jacht. Mit Vorliebe fuhr er Jaguars, lachsfarben. Die Mitgliedschaft im Rotary Club durfte nicht fehlen. Bei Hotelaufenthalten ließ er sich die Fürstensuite reservieren, wie die Regenbogenpresse genüßlich berichtete. Wie sehr Bernd Otto dennoch Kleinbürger geblieben war, bewies der scheußliche Protz seiner Villen, der nur noch durch die Kaufsummen übertroffen wurde. Seine schwangere Frau ließ er nach Kanada fliegen, damit die Kinder die kanadische Staatsbürgerschaft erwerben konnten. Ein Akt der Voraussicht? Die fast zur Karikatur geronnenen Kleinbürgerträume, die sich Bernd Otto verwirklichte, sein Lebenswandel – das erhitzte die Gemüter.

Jenseits der gewerkschaftlichen Hintergründe machte der Fall einen Webfehler unseres Wirtschaftssystems deutlich. Banker und Wirtschaftsprüfer lassen sich mühelos täuschen, und Manager, die als «Verantwortungsträger» hohe Gehälter kassieren, können nahezu ungestraft kriminelle Aktivitäten entfalten. Noch immer wird der Mythos gepflegt, daß der Unternehmer bzw. Manager schließlich deshalb soviel verdient, weil er Verantwortung für das Gemeinwohl oder doch zumindest für seine Mitarbeiter trägt. Doch Bernd Ottos Machenschaften, die kein Einzelfall sind, gefährdeten 30000 Arbeitsplätze. Tausende von Kleinaktionären verloren ihr Erspartes. Otto brachte Millionen auf die Seite, ohne daß der angerichtete Schaden für ihn zu ernsthaften Konsequenzen führte. Nicht ein Mehr an Ideologie, sondern ein Mehr an Kontrolle scheint vonnöten, um den «Nieten in Nadelstreifen» beizukommen.

Ende 1988 stellte sich Otto freiwillig den deutschen Behörden. Im Frühjahr 1992 begann der Prozeß gegen ihn und seine sechs Genossen. Nach einem Gentlemen's Agreement zwischen der Staatsanwaltschaft und der Verteidigung wurde Bernd Otto im Juni 1993 zu viereinhalb Jahren Haft verurteilt. Der Schaden von 2,6 Milliarden DM, der den Banken zugefügt worden war, die Existenzbedrohung Tausender von Menschen standen nicht zur Debatte. Auch der Vorwurf der persönlichen Bereicherung wurde fallengelassen: Anklagepunkte, auf die bis zu 10 Jahren Haft stehen. Wieder einmal hatten die Gerichte keine Mindeststandards für die Kontrolle des Managements durch Aufsichtsräte erkennen oder setzen können.

Die Staatsanwälte begründeten ihren Handel mit der Verteidigung damit, daß eine lückenlose Aufklärung von Ottos Machenschaften zu langwierig und mühsam geworden sei. Verfahrensökonomie heißt dies in der Sprache der Juristen – Rechtsbeugung meinten manche Beobachter. Die Justiz zumindest streckte die Waffen – wie eigentlich immer in solchen Fällen, wo die Komplexität einer Wirtschaftsstraftat den Rahmen juristischer Aufarbeitung sprengt. Am Ende ging es um den verhältnismäßig bescheidenen Betrag von 20 Millionen DM, die vom co-op-Vermögen abgezweigt und auf persönliche Konten umgebucht worden seien. Kenner des Metiers vermuten, daß Otto aus seinem südafrikanischen Exil zurückkehrte, weil er mit dieser Entwicklung rechnen durfte. Er habe die relativ bequeme U-Haft in Kauf genommen, weil das zu erwartende Strafmaß kaum über sie hinausgehen würde. Auch für Alfons Lappas fiel die Strafe mit nur 1 ½ Jahren auf Bewährung sehr milde aus. Jeden Bankräuber hätte eine höhere Strafe erwartet. Selbst die antikapitalistische Moral glaubte Bernd Otto, der einst ein Vorwort für ein Liederbuch der Arbeiterklasse verfaßte, noch auf seiner Seite zu haben: «Die Banken haben sich unter Vorspiegelung falscher Tatsachen in den Besitz des Unternehmens gebracht.» Obwohl er tief gestürzt war, stimmte zumindest das gewerkschaftliche Weltbild wieder.

■ Nachdem westdeutsche Unternehmen jahrzehntelang schamlos ihren zum Teil hochgiftigen Müll über die deutsch-deutsche Grenze nach Schönberg gekarrt und alle Bedenken hinsichtlich einer Gefährdung der Umwelt auch westlich der DDR-Grenzen immer wieder vom Tisch gewischt hatten, drohte sie nach dem Fall der Mauer die eigene Gleichgültigkeit und durch Gewinn bestimmte Sorglosigkeit einzuholen. Die alten Seilschaften verstanden es jedoch, geschickt die Verantwortung für die Folgelasten des Müllbergs der Allgemeinheit aufzuerlegen, ohne auf ansehnliche Gewinne verzichten zu müssen. Überdies gelang es einer eingespielten Gemeinschaft aus Müllhändlern und Lokalpolitikern, die eingeführten Geschäftsbeziehungen über die Wende zu retten und weitsichtig fortzuschreiben. Auf Kosten vernünftiger und dringend gebotener ökologischer Maßnahmen. ■

Andreas Frost

Die Mächtigen, der Müll und die Moneten

Wie sich das Geschäft mit der Deponie Schönberg auch nach der Wende prächtig rechnet

Mecklenburg-Vorpommerns ehemaliger Umwelt-Staatssekretär Peter-Uwe Conrad sieht sich als Opfer einer Verleumdungskampagne. Doch sein «reines Gewissen» lasse ihn dies durchstehen. Schließlich habe er dem Land zu einem «Bombengeschäft» mit der Deponie Schönberg verholfen. Vollkommen unverständlich ist den Christdemokraten, daß die Kritiker des Deals mit Europas größter Sondermüllkippe behaupten, Conrad habe den privaten Betreibern der Halde eine Lizenz zum Gelddrucken erteilt.

Die Gewinne seien privatisiert, die Risiken sozialisiert worden, schrieb der Landesrechnungshof im April 1993 der Landesregierung ins Stammbuch. Kurz zuvor hatte Ministerpräsident Berndt Seite (CDU) Conrad entlassen – und damit den eigentlichen Kopf des Umweltministeriums und Chefverhandler der umstrittenen Verträge. Die junge und unbedarfte Ministerin Petra Uhlmann (CDU) war daraufhin aus Solidarität mit ihrem Staatssekretär gleich mit zurückgetreten.

Nun rätselten Politiker und Polizisten über Conrads Beweggründe. War es Selbstherrlichkeit oder Selbstüberschätzung? Wurde der Mann, der 1960 aus Rostock in die Bundesrepublik kam, unter Druck gesetzt? Oder hat er bewußt staatliche Gelder veruntreut oder zumindest Beihilfe zur Untreue geleistet? Wegen dieses Verdachts ermittelt die Zentrale Ermittlungsstelle für Regierungs- und Vereinigungskriminalität bei der Staatsanwaltschaft Berlin.

Spätestens seit der Skandal im Sommer 1992 ruchbar wurde, hat Conrad sich immer wieder in Widersprüche verwickelt. Am 1. Juli 1992 kaufte das Land Mecklenburg-Vorpommern den ehemaligen VEB Deponie Schönberg von der Treuhand für zehn Millionen Mark. Bereits am 6. Juli wurde der Betrieb der Müllkippe zu für das Land katastrophalen Bedingungen ausgerechnet an jenen Müllmakler verpachtet, der schon zu DDR-Zeiten das Monopol zur Anlieferung aus dem Westen besaß: Adolf Hilmer aus Bad Schwartau bei Lübeck. Anlieferer Hilmer ist damit Kunde des Deponie-Betreibers Hilmer. Er hat sein «Gewinn-Abschöpfungssystem» um die Kippe herum vervollständigt. An hohen Einnahmen der Deponie kann Hilmer kein Interesse haben. Je höher die Einnahmen, desto mehr Pacht muß er ans Land zahlen. Da schöpft er wohl lieber vorher und vollkommen legal die Gewinne in seinen zahlreichen zwischengeschalteten Makler-, Transport- und Versicherungsfirmen ab. Es spricht einiges dafür, daß diese Konstruktion kein Zufall und Conrad daran nicht unbeteiligt war.

Die Geschichte der Deponie Schönberg spielte bis zur Wende in der Grauzone deutsch-deutscher Politik. Danach wuchs hier nichts zusammen, was nicht längst zusammengehörte. Es wurde nur zielgerichtet zusammengehalten. Vor und nach der Wende spielen dieselben Protagonisten die Hauptrollen. Die Kippe gehörte zu Schalck-Golodkowskis KoKo-Imperium. Die DDR verdiente sich damit seit Juli 1979 begehrte Devisen in dreistelliger Millionenhöhe. Die Müllanlieferungen kamen zu über 95 Prozent aus den alten Bundesländern, die auf der Deponie kostengünstig ihren Dreck loswurden. Allein Hamburg liefert immer noch rund 500 000 Tonnen Hausmüll und Klärschlamm.

Inzwischen lagern in Schönberg 11,5 Millionen Tonnen Haus-, Industrie- und giftige Sonderabfälle. Bis zum Jahr 2005 sollen jährlich eine Million Tonnen hinzukommen. Wegen der zweifelhaften Sicherheit liefen Umweltschützer von Anfang an gegen die Müllkippe Sturm. Doch die DDR-Behörden und nun das Schweriner Umweltministerium mochten und mögen keine Gefahr für die Umwelt erkennen. Ein Gutachten des Geologieprofessors Asaf Pekdeger von der FU Berlin vom Februar 1994 bezeichnet den Sondermüllberg als Sicherheitsrisiko: «In Anbetracht des eingelagerten Schadstoffpotentials müssen die Deponie und der Deponiestandort als nicht sicher betrachtet werden. Weitere Untersuchungen sind zwingend erforderlich.»

Sicher ist nur dies: Die bis 1982 beschickten Teile der Müllkippe haben keine ausreichende Basisabdichtung, eine Drainage fehlt. Es wurden hochgiftige Sonderabfälle auch entgegen den offiziellen Annahmeregeln angenommen. Sickerwässer wurden jahrelang über dem Müll verrieselt, anstatt sie aufzufangen und zu reinigen. Interne Stasi-Berichte verzeichnen zahlreiche Havarien. Die angeblich das Grundwasser schützende undurchlässige Geschiebemergelschicht unter dem Müllberg ist bislang nicht eindeutig nachgewiesen. Kritiker sprechen von einer «chemischen Zeitbombe». Daß in Schönberg auch hochtoxische Dioxin-Rückstände der Chemiekatastrophe im italienischen Seveso im Jahr 1976 abgelagert sein sollen, macht die Sache rund. Die Kosten für die mögliche Altlastensanierung sind kaum zu beziffern, könnten aber durchaus eine Milliarde Mark betragen, so der Landesrechnungshof. Das Risiko habe das Land bei Kauf und Verpachtung nicht einkalkuliert, für eine solche Kippe zehn Millionen Mark an die Treuhand zu zahlen, sei zuviel. Nun zahlt notfalls der Steuerzahler.

Schon seit 1982 befaßte sich auch Peter-Uwe Conrad mit der DDR-Kippe sieben Kilometer hinter dem Stacheldraht bei Lübeck. Als Abteilungsleiter im Kieler Landwirtschaftsministerium sollte er im Namen aller Bundesländer ein Auge auf die Deponie-Sicherheit werfen. In der Öffentlichkeit redete er die Müllkippe ganz im Sinne von Ostbetreibern und Westanlieferern schön, während er intern offenbar spätestens 1987 an der Sicherheit der Kippe Zweifel hegte.

Aus Kieler Zeiten kennt Conrad auch den Müllunternehmer Adolf Hilmer. Mehrmals schickte dieser einen Wagen, um Conrad aus Kiel zum Besuch in seinem Privathaus abholen zu lassen. Auch im Ferienhaus Hilmers auf Amrum logierte der Kieler Ministerialbeamte. Gemeinsam besuchten sie die Leipziger Messe.

Nach dem Regierungswechsel in Kiel wurde Conrad 1988 im Ministerium zunächst kaltgestellt. Hilmer bot ihm angeblich einen lukrativen Job in seinem inzwischen rund 40 Firmen umfassenden Konzern an, doch Conrad will dieses Angebot zurückgewiesen haben: «Ich kenne Hilmer nur wie andere Müllkutscher auch», behauptete er später. Auch andere Politiker waren mit Hilmer eng verbunden, etwa der langjährige Vorsitzende des Hamburger Haushaltsausschusses, Gerd Weiland (SPD). Er war Berater Hilmers.

Oder Bodo Baars. Der Mann aus dem hessischen Umweltministerium wechselte 1989 als Geschäftsführer zu Hilmer und war ihm zu Diensten. Noch im Dezember 1988 unterzeichnete er als Beamter bereitwillig eine Stellungnahme der Länderarbeitsgemeinschaft Abfall (LAGA) zur Schönberger Kippe, wonach ein Sicherheitsrisiko für das Lübecker Trinkwasser auszuschließen sei. Die LAGA-Stellungnahme beruhte auf von der DDR übergebenen streng geheimen Unterlagen. Die LAGA-Beamten erklärten sie für seriös und plausibel. Doch die Unterlagen waren geschönt, wie der Schweriner Geologe Horst Löffler ebenfalls streng geheim bereits 1988 in einem zweiten DDR-internen Gutachten zugab: «Entsprechend der Orientierung zur Abfassung des offiziellen Standpunktes war eine insgesamt positive Beurteilung geboten.» So seien «relevante Erkundungslücken» und «negative Kriterien der Untersuchungsbefunde» der Bundesrepublik nicht übermittelt worden. Unter anderem mit diesem windigen LAGA-Gutachten wollte Conrad noch 1993 die Deponie-Sicherheit belegen.

Der damals 44 Jahre alte Adolf Hilmer hat mal ganz klein angefangen. Inzwischen ist Hilmer Multimillionär – reich geworden durch Müll. Alleiniger Chef seines bescheidenen Hanseatischen Baustoff Kontors (HBK) wurde er, nachdem die beiden anderen Gründungsmitglieder der Firma gestorben waren. 1981 sicherte sich das HBK das Exklusivrecht, die Kapazität der Deponie Schönberg im Westen zu vermakeln. Eine wahre Goldgrube. Vertragspartner war Eberhard Seidel, Direktor der DDR-Außenhandelsfirma Intrac. Seidel verfaßte unter dem Decknamen «Siegfried» nicht nur Berichte über seine Treffen mit Hilmer und Conrad für die Stasi. Er riet Hilmer schon 1982, in eine Partei einzutreten. Der Müllmakler entschied sich für die FDP und brachte es immerhin zum Berater von Wirtschaftsminister Helmut Haussmann.

Offenbar weitsichtiger als manche Politiker ahnte Hilmer die Konsequenzen der politischen Wende in der DDR und stellte entsprechend die Weichen mit Hilfe alter Freunde. Bereits am 5. Oktober 1989 wurde der Monopol-Anlieferungsvertrag zwischen HBK und Intrac bis zum Jahr 2005 verlängert. Im März 1990, als der DDR-Ministerrat die KoKo und die Intrac auflöste, vereinbarten Hilmer und Seidel sowie Vertreter des Düsseldorfer Energiemultis VEBA, die Hilmer sich inzwischen als Verbündete gesucht hatte, weitere Zusammenarbeit. Der Abfallbereich der Intrac und damit die Müllverträge waren kurz zuvor auf eine Unterfirma, die Abfallwirtschaft und Umweltservice (AWUS) übergegangen, die jetzt der Treuhand gehörte (Geschäftsführer: Eberhard Seidel).

Auch auf Rudolf Kenner war Verlaß. Seit 1982 Direktor der Deponie, die nun als Ihlenberger Abfallentsorgungs Gesellschaft (IAG) unter Treuhand-Verwaltung stand, ließ er keinen Zweifel an den neuen Verträgen aufkommen. Zaghafte Versuche der nördlichen Bezirksverwaltungsbehörden der DDR, von Mai 1990 bis zur deutschen Vereinigung die Nachfolger der Räte der Bezirke, einen Anspruch des zukünftigen Landes Mecklenburg-Vorpommerns auf die Deponie anzumelden, blockte Kenner geschickt ab. Bei einem weiteren Deal war der SED-Genosse ebenfalls hilfsbereit. Zusammen mit Hilmer und der AWUS gründete die IAG 1990 die Mecklenburgische Abfallwirtschaftsgesellschaft (MAG). Sie hält die Anlieferrechte aus den neuen Bundesländern. Die MAG stattet zudem die Deponie mit Technik aus. Damit beauftragt sie in der Regel Hilmer-Firmen. Außerdem kaufte Hilmer über die MAG einen Großteil der Grundstücke unter der Deponie auf, Hilmers Faustpfand für die Verhandlungen um den Betreibervertrag. Kenner hatte ohne Zustimmung der Treuhand im Januar 1991 einer Kapitalerhöhung bei der MAG zugestimmt. Gehörte die MAG bis dahin den Gesellschaftern zu je einem Drittel, war Hilmer nun mit 80 Prozent Herr über die MAG.

Die Treuhand bekam erst Monate später Wind von der Sache. Ein von ihr in Auftrag gegebenes Gutachten kam zu dem Schluß, wenn das Land Mecklenburg-Vorpommern die Müllkippe mit dem vorhandenen Vertragsgeflecht kaufe, begebe es sich in eine «vollständige wirtschaftliche Abhängigkeit» zu Hilmers Imperium, die «wirtschaftlichen Nachteile seien kaum bezifferbar». Die Treuhand bot dem Land an, auf eigene Kosten die Verträge anzufechten.

Doch sie hatte nicht mit Peter-Uwe Conrad gerechnet, der zwischenzeitlich CDU-Generalsekretär in Schleswig-Holstein geworden und 1990 zum Staatssekretär im Schweriner Umweltministerium aufgestiegen war. Durch den Rechtsberater des Landes in Sachen Schönberg, den Kieler FDP-Chef Wolfgang Kubicki, riet er der Treuhand von einer Klage ab. Man werde das Problem ökonomisch lösen, schrieb Kubicki lapidar. Die Treuhand verzichtete auf eine Klage gegen Kenner. Mit dem vernichtenden Gutachten waren Kubicki und Conrad zuvor nach Bad Schwartau gefahren – zu Adolf Hilmer. Auch an weiteren Gesprächen war Hilmer schon beteiligt, bevor das Land die Deponie überhaupt gekauft hatte. Bei Verhandlungen mit der Treuhandanstalt im Februar 1992 wurde deren Mitarbeiter Klemens Molinari mißtrauisch. Er fragte Kubicki direkt, ob er wirklich nur ein Mandat des Landes Mecklenburg-Vorpommern habe. Kubicki habe Details in den Verhandlungen erwähnt, die er eigentlich nur von dem späteren Pächter Adolf Hilmer wissen konnte, so Molinari im März 1993 vor dem Untersuchungsausschuß des Schweriner Landtags. Kubicki kassierte später ein Gesamthonorar von knapp 860 000 Mark. Als herauskam, daß er gleichzeitig stiller Gesellschafter einer Hilmer-Tochterfirma war, trat er im Juni 1993 von seinen Parteiämtern zurück. Das sei eine politische Dummheit gewesen, räumte der smarte Liberale ein, rechtlich aber nicht anfechtbar.

Auch sonst setzte Conrad offenbar alles in Bewegung, damit fast alles Wirklichkeit wurde, was in einem internen Hilmer-Papier, das der Staatsanwaltschaft vorliegen soll, schon 1990 skizziert worden war. Das Land solle die Deponie von der Treuhand kaufen, den Betrieb aber privat weiterverpachten. Das Land solle damit auch das gesamte Altlastenrisiko und die spätere Rekultivierung nach der Schließung der Kippe im Jahr 2005 übernehmen. In dem Papier soll auch die nach Menge und Umsatz gestaffelte Pacht grob beziffert sein, die der Betreiber zahlen soll, sowie ein Festbetrag pro Tonne für die spätere Rekultivierung. Im Austausch für diese Zahlungen soll Hilmer diese dann voraussichtlich bis ins Jahr 2045 dauernden Arbeiten auch noch erledigen dürfen – und dem Land «nach Aufwand» in Rechnung stellen. Was sich Hilmer 1990 offenbar gewünscht hat, wurde im Juli 1992 wahr. Das Land verpachtete den Deponie-Betrieb an die Deponie Management Gesellschaft (DMG). Gesellschafter sind über Zwischenfirmen je zur Hälfte der Hilmer-Konzern und der Energiekonzern VEBA. Auf der Kippe aber haben Hilmers Leute das Sagen.

Offiziell hatten Conrad und seine Umweltministerin Petra Uhlmann zuvor folgende Schönberg-Pläne verkündet: Weil das Land angeblich mögliche Sanierungskosten der Giftkippe sowieso zu übernehmen habe, müsse es die Deponie von der Treuhand kaufen. Es habe den Betrieb privat weiterverpachtet, denn Beamte könnten schließlich keine Deponie managen. Die Preise sollten kräftig erhöht werden. Über Pacht und Rekultivierungsrückstellungen, jährlich bis zu 60 Millionen Mark laut Conrad, sollte eine «funktionierende Abfallwirtschaft» in Mecklenburg-Vorpommern aufgebaut werden. Ein klassischer Schattenhaushalt ohne Kontrolle des Landtags, so der SPD-Umweltexperte Henning Klostermann. Doch auch er hat das Spiel Conrads nicht rechtzeitig durchblickt, geschweige denn hinterfragt.

In der Landesregierung hatte Conrad leichtes Spiel. Er genoß fast uneingeschränktes Vertrauen. Er galt einerseits als charmant, andererseits als politischer Profi und engagiertes Arbeitstier. Die wenigen Zweifler überging Conrad oder schüchterte sie ein. Schon 1991 warnte ein Berater des Schweriner Finanzministeriums davor, den Landtag zu umgehen. Auch warnte er vor der privaten Verpachtung. Doch Conrad verbat sich die Einmischung anderer Ressorts in «fachliche Angelegenheiten», schließlich verfüge er selbst über langjährige Erfahrungen in der Abfallwirtschaft. Ein anderes Mal drohte er einem Kabinettskollegen gar mit einem Rechtsanwalt.

Im Dezember 1991 gründete das Umweltministerium die landeseigene Gesellschaft für Abfallwirtschaft und Altlastensanierung (GAA) (Geschäftsführer: Conrad). Sie sollte die Deponie von der Treuhand kaufen. Ein seltsamer Umweg, aber Conrad beschwichtigte die Gemüter: Die Treuhand wolle nicht direkt ans Land, nur an eine private Firma verkaufen, was der Rostocker Treuhand-Chef Utz vor dem Schönberg-Ausschuß prompt dementierte. Vorbehalte der Finanzministerin Kleedehn (CDU) gegen den Entwurf des GAA-Gesellschaftervertrags ignorierte Conrad. Als GAA-Geschäftsführer ließ sich Conrad eine Generalvollmacht ausstellen, Geschäfte bis zu 15 Millionen

Mark ohne Zustimmung des Aufsichtsrates zu tätigen. Der wiederum wurde erst im November 1992 gebildet, die wichtigsten Verträge waren längst im Juli unterschrieben – ohne daß sie vorher etwa dem Finanzministerium oder gar dem Kabinett vorgelegt worden wären.

Ab September 1992 kam der Skandal nach und nach ans Licht. Conrad und Ministerin Uhlmann spielten auf Zeit, verwickelten sich aber immer mehr in Widersprüche. Anfangs verschwieg Conrad sogar den Geschäftspartner Adolf Hilmer. Eine «Tochterfirma der VEBA» habe den Betrieb der Deponie gepachtet, verkündete er. Landtag und Landesregierung seien im übrigen immer über alles informiert gewesen. Für das Altlastenrisiko sei gesorgt, so das Umweltministerium weiter. Durch die Rückstellungen von 30 Mark pro Tonne würden bis zum Ende der Deponie 420 Millionen Mark auflaufen, habe ein Gutachten ergeben. Falls dies wider Erwarten nicht reiche, müßten die privaten Betreiber nachzahlen. Auch dies ist falsch. Das von Conrad zitierte Gutachten hatte nur die Kosten für die Rekultivierung der ab 1992 verfüllten Flächen bezeichnet, Altlasten ausdrücklich ausgeschlossen. Auch Nachforderungen an die Betreiberfirma DMG, sprich also auch an Hilmer, schließt der Pachtvertrag aus. Das Land habe Einfluß auf die Anliefererpreise, setzte Petra Uhlmann nach. Je höher der Deponie-Umsatz, desto höher sei die ans Land zu zahlende Pacht. Auch davon kein Wort im Betreibervertrag. Das Land würde jährlich rund 30 Millionen Mark Pacht erhalten, so Conrad weiter. Der neue Umweltminister Frieder Jelen (CDU) kommt inzwischen zu anderen Zahlen. Wahrscheinlich bleiben nur drei Millionen für das Land übrig, weil der Pachtvertrag dem Land von Conrad verschwiegene Leistungen aufbürdet. Man habe an Hilmer verpachten müssen, weil er ja einen Teil der Grundstücke unter der Deponie besaß, so das nächste Argument Conrads. Er verschwieg, daß diese erst durch jene rechtlich äußerst bedenkliche Unterschrift von Deponie-Chef Rudolf Kenner in Hilmers Hände gelangt waren, Conrad aber eine Klage dagegen abgelehnt hatte. Als letztes Argument führte Uhlmann an, sie habe erst die Deponie in Landeseigentum haben wollen, um dann mit Hilmer und der Treuhand über weitere Firmen im Umfeld der Deponie zu verhandeln. Dies sei ihr verboten worden. In den Akten finden sich keine Hinweise, weder auf Verhandlungen noch auf das Verbot.

Dem Landtag verweigerte Conrad die Übergabe der umstrittenen

Verträge. Nur die Umwelt-Obleute der Fraktionen durften reinschauen, aber nichts kopieren. Dem Rechnungshof konnte Conrad die Unterlagen nicht verweigern. Im Februar 1993 lieferte dieser sein vernichtendes Urteil über das Vertragsgeflecht ab. Das Kabinett von Ministerpräsident Seite stellte sich mehrheitlich weiter hinter Conrad und Uhlmann, wollte den Skandal nicht wahrhaben. Erst als Ende März in der Presse neues belastendes Material veröffentlicht wurde, zog Seite die bereits fertige, von Conrad formulierte Stellungnahme zum Rechnungshof-Bericht zurück. Eine Woche später wurde Conrad entlassen, Uhlmann nahm ihren Hut, die Regierung räumte Fehler ein.

Persönliche Verantwortung will niemand übernehmen. Vor dem Untersuchungsausschuß des Landtags fanden Conrad und Uhlmann weiterhin in vorgefertigten Statements alles prima, verweigerten aber die weitere Aussage. Vor diesem «Tribunal» wolle er keine Fragen beantworten, so Conrad. Exministerpräsident Alfred Gomolka (CDU) beruft sich darauf, während seiner Amtszeit seien die Verträge noch nicht unterschrieben gewesen. Sein Nachfolger Seite argumentiert, er habe von der Unterzeichnung der Verträge zu spät erfahren. Finanzministerin Kleedehn beschuldigt Conrad und Uhlmann, ihr Ressort bewußt übergangen zu haben. Die Treuhand verweigert ihren Mitarbeitern die Aussagegenehmigung. So ist der Ausschuß auf Berge von Akten angewiesen, die inzwischen Stück für Stück Licht ins Dunkel bringen.

Der neue Umweltminister Jelen versucht, die Verträge nachzuverhandeln. Hilmer und VEBA stellen sich bislang stur. Für sie sind die geschlossenen Verträge wasserdicht. Nur wenige setzen noch Hoffnungen auf die Berliner Staatsanwaltschaft, die sich durch 1500 Aktenordner wühlt, die beim Hilmer-Konzern und in Conrads Privatwohnung beschlagnahmt wurden. Ermittlungen laufen gegen Conrad, Hilmer, Intrac-Mann Seidel und Deponie-Direktor Kenner. Wäre Conrad bewußte Untreue nachzuweisen, wären auch die Verträge anzufechten.

Die «ganze Wahrheit» über die Schönberg-Geschäfte will Peter-Uwe Conrad noch preisgeben. Bei seinem Abgang aus Schwerin verkündete er, ein Buch schreiben zu wollen. Als Staatssekretär im Ruhestand hat er dazu bei guten Bezügen genügend Zeit.

■ An der Reinheit seiner Milchprodukte war wenig auszusetzen, außerdem war er mit Boris Becker und Larry Hagman als Galionsfiguren für Milch und Joghurt ohnehin über vielen Verdacht erhaben. Seine unternehmerische Selbstherrlichkeit dagegen brachte Milch-Müller wenig Gegenliebe ein. So bestimmte er als größter Arbeitgeber am Ort die Richtlinien der Kommunalpolitik und ließ Kritiker verstummen. Aber je heftiger er sich zur Wehr setzte, desto mehr verstrickte er sich, überstand aber dank guter Verbindungen alle Anfechtungen. ■

Joseph von Westphalen

Der arme Herr Müller

Ein schwäbischer Milchbaron vor Gericht

Es war ein heller Frühlingstag 1993, und ich hatte gerade vom Umweltschutz-Magazin *natur* einen Anruf bekommen, ob ich Lust und Laune hätte, über Müller eine Geschichte zu schreiben. Müller... Müller, welcher Müller? Jetzt rächte sich meine Werbefernseh-Unbildung. Um den Molkereiproduktriesen aus Aretsried bei Augsburg ging es beziehungsweise um den heroischen Kampf des Grünen-Abgeordneten Raimund Kamm gegen den monströsen Unternehmer.

Der klassische Leckerbissen für einen Autor ist es, fragwürdigen Machenschaften selbst auf die Spur zu kommen, bei den Recherchen auf die schönsten faulen Stellen zu stoßen, um dann im richtigen Augenblick die unverschämte Wahrheit mit einem triumphalen Paukenschlag publikumswirksam hervorzuzaubern. Die Enthüllung! Nicht nur Denkmäler werden so der Öffentlichkeit übergeben, sondern auch denkwürdige Schweinereien. Von solchen Coups träumen Journalisten und Oppositionspolitiker. Wurde schon einmal Anstoß an einer Sache genommen, muß man sich ihr als Autor anders nähern. Wenn die journalistischen Mittel erschöpft sind, die Arbeit des Aufdeckens getan ist, die Fakten offen auf dem Tisch liegen und die dubiosen Machenschaften ihren Fortgang nehmen, bleiben nur noch literarische

Methoden übrig. Eine eigenwillige Beleuchtung und frische Worte müssen her, um an die bekannten skandalösen Inhalte zu erinnern und erneut auf sie hinzuweisen.

Hier bietet sich der Kommentar an, der meist in heller Empörung auf den Schmutz deutet – ein Stilmittel linksliberaler Chefredakteure, das nicht jedem liegt. Unterhaltsamer für Autor und Leser ist die mehr oder weniger flammende Polemik mit satirischen Elementen. Skandale haben ohnehin einen erheblichen Unterhaltungswert, sie sind ein ideales poetisches Sujet, denn bei der Darstellung skandalöser Vorfälle lassen sich Spaß und Information wunderbar verbinden. Horaz' Vorstellung von der Dichtkunst.

Das Pressematerial war zwei Finger dick. Der Journalist, der sich des Falles Müller mit Inbrunst angenommen hatte, hatte sogar ein ganzes Buch über die Müller-Milch-Machenschaften veröffentlicht. (Klaus Wittmann: Alles in Butter – oder was? Eine Geschichte um Milch und Macht. Ledermann Verlag). Müllers Umweltsünden waren zu meinem Schrecken derart durchgekaut, daß sie auch polemisch nicht mehr darstellbar sein würden.

In solchen Fällen hilft nur noch die Kunst des infamen Seitenhiebs. Indem ich über den Kampf des Müller-Milch-Gegners Raimund Kamm schrieb, konnte ich über Müller selbst distanziert und mit ausgesuchter Überheblichkeit berichten und zur Erheiterung und Belehrung der Leser beiläufig boshafte Urteile fallen lassen.

Zu dieser Aufklärungsstrategie gehörte, daß ich Müller nicht wutschnaubend als kriminellen Umweltsünder darstellte, sondern als Prozeßfetischisten lächerlich zu machen versuchte, der alle Menschen, die ihm mangelndes Umweltbewußtsein oder gar Umweltuntaten vorwerfen, sofort mit Klagen überhäuft und mit gigantischen Streitwerten in die Knie zwingen will – eine leider legitime juristische Methode, die ich mindestens ebenso skandalös finde wie das Einleiten von Sahne in das nette Flüßchen zu Füßen der Fabrik, was den Fischen nicht gut bekommt.

Zur Kunst des infamen Seitenhiebs gehört das heimtückische Bemitleiden und Inschutznehmen, das doppelzüngige Loben, das Anbringen von Argumenten, die ein Unternehmer kaum begreifen kann, etwa die kühne Behauptung, eine derartige Expansion, wie sie der bedauernswerten, im beinharten Konkurrenzstreß sich plagenden

Müller-Milch-Firma widerfuhr, ein so wucherndes Wachstum sei vielleicht ein unternehmerisches Glanzstück, schon gut, aber ästhetisch gesehen eine Obszönität. Da könne der arme Herr Müller gar nichts dafür, bei einer solchen marktwirtschaftlich durchaus vernünftigen Blähung könne der Durchfall, sprich Umweltdreck, nicht ausbleiben.

Müller-Milch ist in Aretsried ansässig, einem kleinen, wegen seiner vielen hoch in den Himmel ragenden Milchtanks unübersehbaren, als Dorf nicht mehr erkennbaren Kaff in der Nähe von Augsburg. Aretsried liegt an einem gleichfalls nur noch wenig idyllischen Flüßchen namens Schmutter, und dort war es immer wieder zu Fischsterben gekommen. Die Fische waren erstickt, und es sah so aus, als hätten sie keine Chemikalien abgekriegt, sondern Milch. Fische mögen keine Milch. Um die fette Milch oder gar Sahne im Wasser abzubauen, wird viel Sauerstoff verbraucht. Es sah so aus, als sei die Milch von der nahe gelegenen Großmolkerei Müller in den Fluß gelangt, es sah weiter so aus, als sei dies kein einzigartiges Versehen, sondern eine Art natürliche Folge der Hochproduktion.

Wenn man 1000 Arbeitsplätze bietet, wenn eine entsprechende Gewerbesteuer zu erwarten ist, kann man sich eine Menge Sauereien erlauben. Kleine Nachbarn, die es wagen, sich von den riesenhaften Tanktürmen vor ihrem Kleinbauernfenster drangsaliert zu fühlen, werden nach allen Regeln der Kunst schikaniert. Hundert Müller-Milch-Lastwagen, die im Jahr 20 Millionen Kilometer zurücklegen, um Hunderte von Millionen oder, Verzeihung, Herr Müller, vielleicht auch schon Milliarden von Müller-Milch-Molkereiprodukten in der Gegend herumzufahren, machen einigen Lärm und Gestank. Ein Plastikbecherwerk, das täglich Hunderttausende oder vielleicht auch schon Millionen von Bechern fertigt, riecht nicht nach leckerem Fruchtjoghurt, sondern wie eine Chemiefabrik. Bäuerlein, die hierüber jammern, kriegen es mit Herrn Müller zu tun beziehungsweise mit seinen Anwälten oder gleich gar mit der Polizei, die plötzlich eine Hausdurchsuchung vornehmen will, wegen irgendwelcher anonymer Drohanrufe bei Herrn Müller. Als kleiner Mann von einst weiß Theo Müller, was kleine Leute einschüchtert.

Der arme Herr Müller, von den Zwängen der brutalen Marktwirtschaft zum Tyrannen gemacht. Warum sieht er nicht wenigstens so gewalttätig aus wie Heinrich George in den zwanziger Jahren, schrieb ich, wenn er schon sein Unternehmen nach Art archaischer Konzernherren führt? «Milchbaron» tituliere ihn die Lokalpresse nicht ohne Ehrerbietung. Kraft meines gräflichen Adelsnamens würde ich ihm den Titel des Barons aberkennen, schrieb ich gemeinerweise, denn selbst der letzte Baron habe noch immer irgendwie etwas von einem feinen Herrn an sich, Theo Müller aber sei ein Emporkömmling, dem ich allenfalls den stabgereimten Titel «Müller-Milch-Mafioso» zubillige.

Der Grünen-Abgeordnete Raimund Kamm hatte unermüdlich auf Müllers Plastikjoghurtbecher-Überproduktion hingewiesen – und auf manche anderen erfolgreichen Expansionsmethoden: auf Müllers illegales Entnehmen von Grundwasser z. B. und auf seine Schwarzbauten. In einer Fernsehsendung über seinen Kampf gegen Müller stand Kamm vor der Müller-Milch-Kühlturmkulisse, wies hinter sich und erklärte wegen der Kürze der zur Verfügung stehenden Sendezeit, die im Hintergrund sichtbaren Gebilde seien «alles Schwarzbauten». Prompt wurde ihm anderntags diese Nachrede per einstweiliger Verfügung gerichtlich untersagt, weil nicht «alles» Schwarzbauten waren, sondern vielleicht nur 85 Prozent.

Raimund Kamm war es im bayerischen Landtag sogar gelungen, die CSU-Bonzen gegen Müller einzunehmen, die sich tatsächlich genötigt sahen, die Schwarzbauweise und den Grundwasserdiebstahl des Paradeunternehmers mit Bußgeldern zu belegen. Summen von ein paar Hunderttausend Mark wurden in Rechnung gestellt, ungefähr so viel, wie Müller vermutlich im Schnitt täglich für seine Fernsehwerbung ausgibt. Im Eifer des Gefechts hatte Raimund Kamm den Herrn Müller eine «Ökosau» genannt. Wegen dieser beleidigenden Bezeichnung wurde Kamm die Abgeordnetenimmunität aberkannt, und er mußte seinerseits Bußgeld zahlen: 3000 Mark für wohltätige Zwecke.

In meiner Polemik nörgelte ich an diesem Urteil herum. Unter «Ökosau» sei heutzutage ein gesund ernährtes Schwein zu verstehen, ein liebes Tierchen, das wir alle gerne mögen. Keine gelungene Bezeichnung für den unglückseligen und weniger liebenswerten Herrn Müller. Keinesfalls sei der Ausdruck eine Beleidigung, eher ein Kompliment.

Im Mai 93 erschien das *natur*-Heft. Die Geschichte trug den Titel «Jagdszenen aus Amigo-Land». Der Text war behutsam redigiert, manche forschen Urteile waren mit einem «scheint mir» oder ähnlichem Zierat als persönliche Meinungsäußerung sichergestellt. Was die Tatsachen betrifft, hatte ich nur Dinge über Müller berichtet, die bereits in publizierter Form vorlagen und denen offenbar nicht widersprochen worden war. Aber, oh unerfindlicher Ratschluß des Müllerschen Anwaltsstabs, der Milchmann erreichte mühelos eine ganze Latte von Richtigstellungen, die von der Zeitschrift auch ohne Gegenwehr abgedruckt wurden – à la: Falsch ist, daß ich je Angestellte auf meinem Firmengelände nach Feierabend einschloß, weil sie mit ihrer Arbeit noch nicht fertig waren; falsch ferner, daß ich einen Angestellten ergriff, hob und heftig bewegte, um, wie der Autor behauptet, alles Gewerkschaftliche aus ihm herauszuschütteln usw. (Dabei hatte ich solche Possen mehr als passende Metaphern kolportiert und nicht mit Wahrheitsanspruch.) Falsch war angeblich auch die von mir angegebene Menge von in den Fluß gelangter Sahne sowie die Anzahl der toten Fische, deren Ableben auch nicht zwingend mit dem versehentlichen Ausströmen des kostbaren Milchprodukts in Zusammenhang gebracht werden könne usw.

Ziemlich zeitgleich mit der Richtigstellung ließ Müller Strafanzeige bei der Staatsanwaltschaft gegen die Redakteure und gegen mich als den Autor erstatten, wegen Beleidigung, übler Nachrede und Verleumdung. Ich mußte mich zur Vernehmung ins Münchner Polizeipräsidium in die Ettstraße begeben, wo immer diese traurigen Gestalten mit den Handschellen in den Gängen herumlaufen. Um der Kriminalbeamtin (dieselbe, die mich wenige Wochen zuvor wegen Verunglimpfung der deutschen Flagge vernommen und mit der ich mich gut verstanden hatte) die Mühe einer Protokollanfertigung zu ersparen, hatte ich meine Einlassung gleich fix und fertig mitgebracht. Als Autor kann man solche Texte immer gut gebrauchen.

Die Staatsanwaltschaft hatte ein Einsehen oder war überarbeitet, jedenfalls sah sie kein öffentliches Interesse und verwies den Kläger in den schnuckeligen Bereich des Privaten.

Die Privatklage wenig später war etwas moderater formuliert, man erlaubte sich jetzt nicht mehr, mir das Wort «Finsterling» oder «Emporkömmling» als ehrabschneidend anzukreiden. Den «Milchmafioso» und die «Ökosau» allerdings wollte Müller nicht auf sich sitzen lassen.

Im November endlich war ein Gerichtstermin angesetzt, und Müllers Anwälte taten einiges für ihr Honorar, indem sie das Gericht mit Eingaben bombardierten: Erstens wollten sie keinen Sühnetermin, den der Richter angeordnet hatte, sondern gleich eine Gerichtsverhandlung, die doch der Richter sich und dem überlasteten Gericht ersparen wollte. Zweitens hatte der Richter dummerweise das persönliche Erscheinen des Klägers angeordnet – und das wollte dieser auf keinen Fall. Müller erscheint nämlich nie vor Gericht. Selbst sein Erzgegner Raimund Kamm hat ihn noch nie vor Gericht zu Gesicht bekommen. Der Kläger sei zu dem Zeitpunkt wegen wichtiger Geschäftsabschlüsse in England und den neuen Bundesländern unterwegs, jammerten die Anwälte. (Wunderbar, wie ungerührt die Gerichte solche honigsüßen Bittbriefe an die Gegenseite zu deren Kenntnisnahme und Ergötzen gratis weiterleiten.) Zudem, schrieben Müllers Anwälte, sei ihrem Mandanten eine Begegnung mit dem Beklagten nicht zuzumuten, denn erneute Beleidigungen seien zu erwarten. Sie, die Anwälte, könnten die seelischen Verletzungen ihres Mandanten vor Gericht ebensogut vortragen. Der unerbittliche Richter aber bestand auf Müllers persönlichem Erscheinen, und ich brachte in Erfahrung, daß er die ganze Angelegenheit sonst sofort wegen mangelnden Interesses des Klägers fallenlassen würde.

Die ganze Vorgeschichte gab ich an die Presse, die am Tag des Gerichtstermins genüßlich spekulierte, ob der Milch-Millionär am 26.11.93 um 13 Uhr im windigen Sitzungssaal Nr. A 212/II des Amtsgerichts erscheinen würde. Vielleicht war dieser amüsierte Artikel («Alles Öko-Sau, oder was?») in der *Münchner Abendzeitung* der Anlaß, daß Herr Müller wider Erwarten tatsächlich auf den Plan trat.

Wir waren beide etwas zu früh dran, Herr Müller und ich. Ich legte Wert auf einen gepflegten Small talk mit meinem Kläger und genoß, wie sich der meiner Höflichkeit nicht entziehen konnte. Erst als seine beiden Anwälte auftauchten und ihren Mandanten vor mir in Schutz nahmen, veränderte sich sein Verhalten, und er wurde wieder zum beleidigten Gegner.

Der Richter bat uns, zwanglos im Sitzungssaal Platz zu nehmen. Dies sei keine Verhandlung, sondern ein nichtöffentlicher Sühnetermin. Wir konnten aber nicht anders, als gegenüber Platz zu nehmen, wie es sich für feindliche Parteien gehört. Dann mußte Müller seinem zweiten Begleitjuristen erst einmal eine Vollmacht erteilen, sonst hätte dieser den Raum verlassen müssen. Die zu dritt, ich allein, das gefiel mir, das fing gut an. Einsam, wie ich war, und bisher ungehört in dieser Privatklage, wurde mir das Wort erteilt.

Ich brachte vor, daß ich mich weniger auf den Kunst- noch auf den Satirevorbehalt berufen, mich auch nicht auf die ewige Meinungsäußerungsfreiheit versteifen wolle, obwohl ich mich von diesen drei Pfeilern des bürgerlichen Rechts hinreichend geschützt fühlte. Als Autor sei mir die Frage des Kontexts wichtig. Wenn ich zu Herrn Müller öffentlich sagen würde: «Sie sind ein Milchmafioso, Herr Müller!», könnte ich verstehen, wenn er sich beleidigt fühlte. Der ironische Kontext allerdings nehme in meinen Augen dem Text alles Beleidigende. Die «Ökosau» sei sowieso nur erstens ein Zitat und zweitens nähme ich ja Herrn Müller gewissermaßen vor diesem Wort in Schutz. Meine kümmerliche Waffe als Autor sei die Ironie, die sei offenbar nicht begriffen worden, das ganze sei ein Mißverständnis. – Daß ich eigentlich froh sein mußte, weil die Ironie endlich einmal eine verletzende Wirkung gehabt hatte, sagte ich lieber nicht.

Dann sprach der Richter, der komischerweise auf meine plausiblen Spitzfindigkeiten nicht einging und mir schon einen Schrecken einjagte, als er sagte, er finde meinen Artikel über Herrn Müller auch nicht in Ordnung, der Ökosache hätte ich damit keinen Dienst erwiesen.

Wo war ich? Unverstanden und ohne hilfreichen Anwalt konnte ich nur noch vor mich hin murmeln, schließlich hätte schon so mancher Minister oder Ministerpräsident es hingenommen, von mir mit einem wahrhaft groben Wort wie etwa «Scheißefresser» für seine Untaten bestraft zu werden. Als aggressiver Unternehmer müsse Herr Müller auch aggressive Töne hinnehmen. «Milchmafioso» sei für meinen Geschmack eine völlig harmlose Bezeichnung. Jeder Romanautor werde von seinen Kritikern infamer beleidigt. Herrn Müllers Empfindlichkeit könne ich nicht verstehen.

Müllers Anwälte hatten durch die Mahnworte des Richters Oberwasser, wedelten malerisch mit ihren Kutten, zeigten sich über meine Uneinsichtigkeit hell empört. Der Wortführer sah gar Zeichen für den Kulturverfall des Abendlands. Es geht nicht nur um die Beleidigung von Herrn Müller, vielmehr müsse solchen Tönen ein für allemal Einhalt geboten werden. Ich müsse vor Gericht gebracht und bestraft werden, exemplarisch. So eindrucksvoll hatte der Anwalt deklamiert, so scheinbar aufrichtig empört über meine Unverschämtheit, daß ich mich schon fast im Gefängnis sah.

Der undurchschaubare Richter sagte, er könne die Erregung zwar gut verstehen, er rate aber von einem Prozeß dringend ab, den nämlich würde der Kläger niemals gewinnen. Nun beschimpfte der wortführende Müller-Anwalt den Richter und hielt ihm Doppelzüngigkeit vor: Wo denn da das Recht bleibe? Einerseits seien meine Beleidigungen für einen anständigen Demokraten nicht hinnehmbar, andererseits werde richterlich von dem Führen eines Prozesses abgeraten – was bitte solle dieser Widerspruch? Bis zu den höchsten Instanzen werde man gehen!

Der Richter lächelte jetzt sanft und sicher und kam mir ganz weise vor, als er sagte, er habe sich schlau gemacht und alle vergleichbaren Urteile gelesen. Es sei wirklich aussichtslos, sagte er, ob man das nun gut finde oder nicht. Er sagte es ein bißchen so, als sei ich ein resistentes Ungeziefer, dessen Stiche man verärgert ertragen muß. Die Meinungsäußerungsfreiheit mache mich unangreifbar. Er schlage gütliche Einigung vor. Dann bat er Herrn Müller, seine inneren Verletzungen zu beschreiben, was diesem nicht überzeugend gelang. Neulich habe eine Übernahmeverhandlung stattgefunden, sagte Herr Müller, die Verkäufer hätten alle das *natur*-Heft vor sich liegen gehabt und ihn ganz komisch angeschaut. Die Anwälte übergingen schleunigst die hölzernen Ausführungen des beleidigten Mandanten. Jetzt roch es nach Geschäftsschädigung (das kann teuer werden) – aber die wurde nicht geltend gemacht, weiß Gott warum, das mußte gute Gründe haben.

Der Richter riet erneut zur Einigung, obwohl es ihm egal sein könne, wie er sagte, das hier sei nämlich sein letzter Fall und sein letzter Tag im Münchner Amtsgericht, morgen gehe es ab in den Osten, nach Chemnitz, mit dem Fall Müller gegen Westphalen sei er so oder so nicht mehr befaßt. Vielleicht treffen wir uns dort in anderer Sache wieder, sagte Herr Müller plötzlich ganz keck. Er hat nämlich in den neuen Bundesländern einiges vor, und auch dort hat er Ärger mit den Schmierfinken von der Presse, die unbegreiflicherweise etwas gegen seine heilsbringenden und arbeitsplatzschaffenden Aktivitäten haben.

Da ist prozeßmäßig schon einiges angelaufen, sagte Herr Müller nicht ohne Stolz. Ich hoffe nicht, daß wir uns dort sehen, sagte der Richter.

Die Müller-Seite beharrte noch eine Weile darauf, daß ich bestraft werden müsse. Auch weil ich Arbeitsplatzvernichtung betrieben hatte. Und das in Zeiten wirtschaftlicher Rezession! Müllers Anwalt las mir positive Leserbriefe zu meinem Artikel vor, in denen es hieß, Müller-Milch-Produkte würde man künftig im Supermarktregal stehenlassen. Es fiel mir sehr schwer, bei dieser Botschaft nicht in Freudengeheul auszubrechen. «Ist Ihnen eigentlich klar, was Sie mit Ihrer Schmähkritik angerichtet haben, Herr Dr. Graf von Westphalen?» Ich kann meine albernen Titel nicht leiden, jetzt aber fand ich es köstlich, wie Müllers Staranwalt meinen Namen jedes Mal mit vollem Titelballast erwähnte, juristisch völlig korrekt, denn wenn er irgendeine Partikel wegläßt, könnte ich sofort einwenden: Wie? Von wem sprechen Sie? Das bin ich nicht! Deswegen war der Untäter ständig dieser Herr Dr. Graf von Westphalen. Und dessen Uneinsichtigkeit machte den Anwalt so fassungslos. Er griff sich an die Kutte, dort, wo das Herz ist. Er hätte ja verstehen können, wenn der Herr Dr. Graf von Westphalen gesagt hätte, beim Schreiben seien die Pferde mit ihm durchgegangen, da seien ihm eben leider ein paar Schimpfworte im Affekt unterlaufen, aber da dieser Mensch nach wie vor dazu stehe, könne es keine gütliche Einigung geben.

«Allerdings!» sagte ich, solche Worte seien mein Betriebskapital, wenn man sie mir entziehen wolle, könne ich meinen Beruf nicht mehr ausüben. Der Anwalt schnappte, der Richter rollte mit den Augen, Herr Müller sah auf die Uhr. Ich fühlte mich jetzt sicher und verkündete: Um so besser, ich würde nämlich immer der Sieger sein, selbst im völlig unwahrscheinlichen Fall einer Verurteilung wäre die Strafe erstens minimal, zweitens aber der Märtyrerruhm unbezahlbar. Im Fall des wahrscheinlichen Prozeßsieges wäre der Triumph der schönen Literatur über das häßliche Unternehmertum eine reine Wonne. Wenn man mir dazu verhelfen wolle, dann bitte, nur zu. Die Presse würde immer auf meiner Seite sein, egal, wie die Gerichte entschieden.

Der Richter verordnete uns ein Päuschen und schlug vor, ich solle mich entschuldigen. Dann solle Herr Müller seine Klage zurückziehen, und damit keine Partei das Gesicht verliere, sollten wir Stillschweigen vereinbaren.

Die Müller-Anwälte nahmen ihren Mandanten unter die schwarzen Kunstseidenfittiche (oder Baumwolle?), tuschelten zehn Minuten auf dem gedämpften Amtsgerichtsflur herum (Neubau, antiautoritärer Teppichboden!) und sahen mich böse an, als ich mich näherte. Schließlich mußte der Vorschlag des Richters besprochen werden.

Dann wurden sie plötzlich alle freundlich und kamen auf mich zu, und ich war kein Untäter mehr und vergaß ganz, daß eigentlich der Herr Müller der Untäter respektive ein Milchmafioso war. Plötzlich hatte es gar keinen Sinn, wegen so einem Blödsinn endlose Prozesse zu führen, nicht wahr, wir sind doch erwachsene Menschen, wir haben doch Besseres zu tun. – Ich habe mich natürlich noch ein bißchen geziert und denen gesagt, welche Publicity mir ein Prozeß einbrächte, welchen literarischen Ruhm. Da sprach der Müller-Anwalt allerdings sehr richtige Worte: Ich bitte Sie, sagte er, was wäre das für ein Ruhm! Tatsächlich, es wäre etwas lächerlich, wenn nach acht Jahren in der letzten Instanz das Urteil gesprochen würde, daß die Verwendung des Wortes «Milchmafioso» in diesem Zusammenhang nicht strafbar sei. Bis dahin hat Müller hundert weitere Journalisten mundtot geklagt, hat durch das Ausweiten seines Milchimperiums auf die britischen Inseln tausend schottische Bauern brotlos gemacht, hat nach Boris Becker den Exkanzler Kohl und vielleicht sogar den Expräsidenten Weizsäcker mit Zehnmillionenmarkverträgen für die Müller-Milch-Werbung verpflichtet.

Na schön. Irgendwie mußte ich ihm entgegenkommen, ohne einen Rückzieher zu machen. Wieder im Sitzungssaal, gab ich ungefähr folgendes zu Protokoll: Es sei mir unbegreiflich, wie sich Herr Müller durch meine Worte verletzt fühlen kann, sollte er sich aber tatsächlich verletzt fühlen, dann täte es mir leid. Genügt Ihnen das? fragte der Richter den Herrn Müller. Ich ziehe meine Klage zurück, sagte der feierlich mit seinem wirklich freundlichen Augsburger Akzent. Obwohl ich das peinliche Wort «Entschuldigung» sorgfältig vermieden hatte, war am nächsten Tag in der Zeitung die kleine Meldung über die Gerichtsbegegnung leider nicht ganz unrichtig mit den Worten «Entschuldigung, Herr Müller» überschrieben.

Stillschweigen vereinbarten wir nicht. Das war auch besser so. Sonst wäre ich nämlich jetzt schon wieder dran, mit dieser erbaulichen und wahrhaftigen Erzählung hier.

■ Spätestens seit der Katastrophe von Seveso (1976) hätte die chemische Industrie allen Grund gehabt, ihre Kritiker ernst zu nehmen und über die eigenen Sicherheitsstandards nachzudenken. Doch die wertvollen Jahre verstrichen ungenutzt. Immer neue Schreckensmeldungen (der rote Rhein von Ciba Geigy) führte statt zur Besinnung zu stets gleichlautenden Verharmlosungsritualen der Vorstandsetagen («zu keinem Zeitpunkt bestand eine Gefahr für die Bevölkerung»). Die chemische Industrie zog sich zunehmend in eine Wagenburg zurück, um aus sicherer Deckung die Verbraucher in regelmäßigen Abständen mit bunten Broschüren zu behelligen, in denen die besondere Umweltverantwortung (auf Recyclingpapier natürlich) der Konzerne herausgestrichen wurde («Chemie im Dialog»). Gleichzeitig unterließen die Unternehmen jede kompetente und ungeschminkte Aufklärung selbst kleinerer Pannen, von den großen nicht zu reden. So brauchten die Manager der Hoechst AG Tage, bis sie sich bei der betroffenen Bevölkerung entschuldigten, die am Rosenmontag 1993 in einer gelben Umgebung erwachte. ■

Herbert Stelz

Die schwarze Serie in Hoechst

Pannen und Peinlichkeiten eines Chemiegiganten

Ein gelber Regen ging über dem Wohngebiet, direkt an den Chemiegiganten angrenzend, nieder, gut 90 Autos wurden gelb gesprenkelt, rund zwei Tonnen Chemikalien waren aufgrund einer technischen Panne durch ein Überdruckventil ins Freie geblasen worden. Die städtische Feuerwehr wurde erst gar nicht informiert. Die Hoechst AG sprach von «einer kleinen Störung». Erst später wurde zugegeben, daß der gelbe Regen aus dem hochgiftigen Chlornitrobenzol bestand, das auch im Verdacht steht, Krebs zu erzeugen. Das war im Januar 1986.

1993, sieben Jahre später. Derselbe Betrieb in Frankfurt-Griesheim, der nahezu gleiche Unfallhergang: Wieder geht, am frühen Morgen des 22. Februar 1993, gelber Regen über Wohnhäusern, Kleingärten und Kinderspielplätzen nieder. Diesmal sind gleich 10 Tonnen ausgetreten, doch die Werkssprecher beruhigen mit «mindergiftig». Und so war es den halben Rosenmontag noch aus den Fasching feiernden Rundfunkhäusern zu hören: «Mindergiftig, keine Gefahr für die Bevölkerung.» Ein Störfall bei Hoechst war schließlich nichts Ungewöhnliches, rund 40 hatte bis dahin allein die Bürgerinitiative «Höchster Schnüffler un' Maagucker» seit ihrer Gründung 1979 aufgelistet. Immer wieder mal war die Polizei mit Lautsprecherwagen durch die angrenzenden Frankfurter Stadtteile gefahren und hatte die Anwohner aufgefordert, Türen und Fenster «vorsorglich» geschlossen zu halten, bis die in die Luft entsorgte Chemie sich verflüchtigt haben würde. Stereotyp hatten in der Vergangenheit die Hoechst-Sprecher anschließend betont, daß für die Bevölkerung keine Gefahr bestanden habe.

Auch am Rosenmontag 1993 verharmloste der Griesheimer Betriebsleiter Dr. Gerd Rümmler bis in den späten Vormittag hinein den Störfall so: Ausgetreten sei der gelbe Stoff durch einen «Siedeverzug, sozusagen, wie wenn Milch überkocht». Durch den Druckanstieg habe ein «Sicherheitsventil angesprochen». Die «Sicherheit» bestand darin, zur Vermeidung einer Explosion die Chemiebrühe durch eben dieses Ventil schlicht über das Dach ins Freie zu blasen. Die Entgiftung hatte der Wind zu besorgen, der diesmal die gelbe Brühe nach Süden über den Main zu den Frankfurter Stadtteilen Schwanheim und Goldstein trieb. Dort sei, so Rümmler, die Konzentration des mindergiftigen Produkts «natürlich sehr, sehr viel geringer, weil die Luftströmung dafür gesorgt hat, daß dort keine Gefahr mehr besteht, absolut keine». Gleichwohl solle man «sich nicht etwa die Hände nicht waschen», dafür genügten jedoch «Wasser und Seife».

In der hochgegangenen Anlage wurden Zwischenprodukte für Farbstoffe, Pflanzenschutzmittel und Pharmazeutik hergestellt. Der Störfall hatte sich nachts gegen 4 Uhr ereignet. Erst als die Sonne aufging, war die Dimension des Schadens richtig zu erkennen. Straßen, Autos, Schiffe, Dächer, Balkone, Gartenlauben und Spielplätze waren über Nacht dunkelgelb gesprenkelt worden. Doch die Hoechst AG dachte zunächst gar nicht daran, die Behörden zu informieren. Erst als

Frühaufsteher sich bei der Polizei über eine verschmierte Straße beschwerten, wurden über diesen Umweg die zuständigen Behörden alarmiert. Doch auch auf Nachfragen von Polizei und Feuerwehr beim Konzern wurde das wahre Ausmaß des Störfalls «noch nicht einmal andeutungsweise» bekanntgegeben, wie das Hessische Umweltministerium später protokollierte. Was hätte die Öffentlichkeit erfahren, wäre der Stoff nicht so auffällig gelb, sondern farblos gewesen?

In den folgenden Tagen gab es unvergeßliche Fernsehbilder: Luftdicht in weiße Schutzanzüge vermummte Männer mit Gasmasken räumten einen Stadtteil ab, fällten nahezu alle Bäume, rodeten Gärten, wechselten Dächer aus, verluden obere Bodenschichten auf LKW, tauschten den Sand auf Spielplätzen aus, frästen mit Spezialmaschinen Bürgersteige und Fahrbahnen ab. Zu Recht entstand der Eindruck, daß von den auf das Wohngebiet herabgeregneten Giften erhebliche Gesundheitsgefahren ausgingen.

Doch am Morgen nach dem Unfall wurden diese Gefahren in bekannter Hoechst-Manier erst einmal heruntergespielt. Es galt die Verharmlosungsvokabel vom «mindergiftigen» Stoff. Vertrauensselig spielten Kinder am Morgen noch in verseuchten Sandkästen, machten sich Hunderte von Anwohnern und Feuerwehrleuten daran, die klebrige gelbe Schmiere wegzuwischen oder -waschen, getreu der Konzernempfehlung, daß Wasser und Seife genüge. Im Werk wurden zusätzlich Arbeitskräfte von Fremdfirmen eingesetzt. Zunächst dachte kaum jemand an besondere Schutzmaßnahmen. Erst im Lauf des Tages bekamen die pausenlos filmenden Kameraleute mehr und mehr Arbeiter mit Atemschutzmasken vor die Linse. Die Bürger dagegen hatten längst ihre Autos, Fensterbänke, Balkone gereinigt, ohne Atemschutz selbstverständlich. Tage später wurde es im Stadtteil üblich, die Häuser nur noch mit Überschuhen zu betreten. Bis dahin jedoch trugen die Anwohner arglos die Chemie an ihren Schuhen in die Wohnungen hinein.

Zu allem Überfluß hatte der Konzern Ethanol an die Bürger ausgegeben, mit dem sich der gelbe Film besser lösen ließ. Erst Kritiker mußten darauf aufmerksam machen, daß die so gelöste Substanz über die Haut ins Blut gelangen könne. Drei Tage nach dem Unfall untersagte der Frankfurter Feuerwehrchef dem Konzern die Ethanol-Ausgabe. Die damalige hessische Arbeitsministerin Heide Pfarr bezeichnete es eine Woche nach dem Unfall als «unfaßbar», daß die Weltfirma immer noch nicht in der Lage war, wesentliche Daten zur Gesundheitsbelastung vorzulegen. Erst nach Intervention des Ministeriums war das Tragen von Atemschutzmasken und Schutzanzügen sowie die nachträgliche Untersuchung der Reinigungskräfte angeordnet worden. Diese ergab drei Monate später, daß bei mehr als 200 Arbeitern bis zu 1730 Mikrogramm o-Nitrophenol pro Liter Urin gefunden wurden, ein Umwandlungsprodukt des o-Nitroanisols, das von Umweltbundesamt und Toxikologen als giftig, gesundheitsschädlich und krebserregend bezeichnet wird. Erfahrungswerte über die Wirkungsweise beim Menschen lagen den Experten jedoch nicht vor.

Die Ereignisse der folgenden Tage straften die Hoechstsche Informationspolitik gründlich Lügen. Hieß es zuerst, 2,5 Tonnen Chemie seien über die Wohngebiete niedergeregnet, so wurden bald 10 Tonnen daraus. Erst zwei Tage nach dem Unfall sickerte durch, daß das als «mindergiftig» verharmloste o-Nitroanisol lediglich ein Viertel der ausgetretenen Giftmixtur ausmachte. Hatte es zunächst geheißen, drei Stoffe seien ausgetreten, erhöhte sich deren Anzahl bald auf elf. Dabei mußte Hoechst noch vier Tage nach dem Unfall einräumen, daß der Weltkonzern auch bis dahin noch nicht fähig war, eine der 10 Tonnen der auf die Bevölkerung niedergeregneten Chemie zu identifizieren. Etwa 1,4 Tonnen der bis dahin festgestellten Stoffe bestanden aus zwei chlorierten aromatischen Azoverbindungen (2,2-Dichlor-Azoxibenzol und 2,2-Dichlor-Azobenzol), über die in 17 abgerufenen Gefahrstoffbanken auch von den Behörden keine Informationen zu finden waren. Sie gehören zu den ca. 100000 «Altstoffen» im Sinne des alten Chemikaliengesetzes von 1983, für die es keine Anmeldepflicht und damit auch keine Pflicht zur Prüfung ihrer Eigenschaften gibt. Die Aufarbeitung dieses ungeheuren Gefahrenpotentials hat die Bundesregierung weitgehend der Industrie überlassen. Gemeinsam mit dieser setzte sie das «Beratungsgremium für umweltrelevante Altstoffe» (BUA) ein. In 10 Jahren schaffte es dieses Gremium gerade mal, Berichte zu rund 140 Stoffen zu erstellen.

Dennoch: Genau dieses Gremium sorgte für den nächsten Informationsskandal. Am Donnerstag und Freitag nämlich, vor dem Störfall, war das «mindergiftige» o-Nitroanisol Thema einer Plenarsitzung des BUA in Frankfurt gewesen. Der Grund: Im Rahmen des «National

Toxicology Programs» (NPT) der US-Gesundheitsbehörde «National Institutes of Health» (NIH) war bereits im November 1991 in Versuchen an Ratten und Mäusen festgestellt worden, daß o-Nitroanisol bei Langzeitfütterungsversuchen Krebs erzeugt und das Erbgut verändert. Diese Informationen waren Hoechst bereits im November 1992 bekannt. Drei Monate später informieren die Fachleute des Konzerns in einem Ergänzungsbericht das BUA über die US-Ergebnisse. Die Hoechst-Experten kommen sogar zu dem Schluß, daß sich weitere Untersuchungen auf «reproduktionstoxikologische Eigenschaften» erübrigen, da «wegen der karzinogenen und mutagenen Eigenschaften ohnehin» niemand diesem Stoff ausgesetzt werden dürfe. 14 Tage später sorgt das Hoechst-«Sicherheits»-Ventil dafür, daß Tausende von Anwohnern über Nacht einem Regen von zweieinhalb Tonnen des vermutlichen Krebsgifts ausgesetzt werden.

Von dem geheimen Herrschaftswissen der Alchimisten vom Main erfuhren die zuständigen hessischen Behörden nichts, erst recht nicht die betroffene Bevölkerung. Einen «unglaublichen Vorgang» nannte das der hessische Umweltminister Joschka Fischer. Seine Behörde hatte sich die Information über die alarmierenden Erkenntnisse der Amerikaner erst über das Bonner Umweltministerium besorgen müssen. Die Bonner wiederum mußten ihrerseits den originalen US-Report erst jenseits des Atlantiks abfragen. Am Tag nach dem Störfall informierte Minister Fischer die Öffentlichkeit, daß die gelbe Suppe Krebs erzeugen und Erbschäden verursachen kann. Dann erst zog Hoechst nach und bestätigte die Ergebnisse. Dabei funktionierte die eingeschliffene Konzern-Propagandamaschine wie gehabt: Die Mäuse und Ratten hätten «extrem hohe Konzentrationen» von o-Nitroanisol verabreicht bekommen, spielten die Meinungskneter der Abteilung Öffentlichkeitsarbeit das klare Krebsrisiko herunter. Im Gegensatz zu den internen Äußerungen der eigenen Fachleute wurden Nebelkerzen geworfen: Die amerikanische Studie sei «noch nicht endgültig bewertbar», eine «offizielle wissenschaftliche Stellungnahme» liege «noch nicht vor». Selbst der Leiter der ärztlichen Abteilung des Konzerns bezeichnete die Verheimlichung dieser Erkenntnisse später öffentlich als «interne Sauerei».

Diese aus einer Bunkermentalität geborene Desinformationspolitik war typisch für den Konzern vom Main. Ob es sich um Störfälle,

Pharmaskandale, Müllentsorgung oder Wasserverschmutzung handelte, bis zuletzt wurde heruntergespielt, verharmlost, wurden Informationen zurückgehalten. Das ist Kritikern und Journalisten nur allzu bekannt. Unvergessen bleibt, wie 1988 ein mäßig kritisches Fernsehportrait des Hessischen Rundfunks zum 125jährigen Jubiläum den Zorn des damaligen Öffentlichkeitschefs Dominik von Winterfeldt erregte. Schriftlich forderte er die «Führungskräfte auf, «private Briefe an den Intendanten» des HR zu richten. Das Schreiben geriet in die Öffentlichkeit und ging nach hinten los.

Unvergessen auch bleibt die Verbissenheit, mit der Hoechst den WDR und medizinische Kritiker gerichtlich wegen einer Fernsehdokumentation über die Psycho-Pille «Alival» bis zum Bundesgerichtshof verfolgte. Der Konzern verlor in allen wesentlichen Punkten. Vor dem BGH ging es zuletzt noch um den Satz: «Wenn es um's Geschäft geht, dann geht der Hoechst-Vorstand über Leichen.» In letzter Minute zog Hoechst die Klage vor den obersten Richtern zurück.

Gemeinsam mit Greenpeace veröffentlichte der Grafiker, Kunstprofessor und Rechtsanwalt Klaus Staeck 1990 ein Plakat mit dem Text: «Alle reden vom Klima, wir ruinieren es.» Darunter die Konterfeis der Bosse der in Deutschland führenden FCKW-Hersteller, Hoechst-Chef Wolfgang Hilger und Cyril van Lierde, Chef der Kali-Chemie. Beide erhoben Klage, das Plakat wurde zunächst verboten. Gezielt war die Provokation auf die wichtigsten Produzenten des Ozon- und Klimakillers FCKW. Mittlerweile hat die Entwicklung dem Künstler und den Ökologen auch sonst recht gegeben. Alle wichtigen Kühlschrankhersteller bieten heute FCKW-freie Geräte an, nicht zuletzt unter dem erfolgreichen Marktdruck des von Greenpeace geförderten Foron-Kühlschranks aus der von der Treuhand bereits zur Liquidation ausgerufenen Ex-DDR-Firma DKK Scharfenstein.

Am 12. Oktober 1993 hob der Bundesgerichtshof in Karlsruhe das Verbotsurteil des Frankfurter Oberlandesgerichts vom Dezember 1992 ersatzlos auf. Beim Prozeß war es Hoechst-Chef Hilger vor allem darum gegangen, daß die steckbriefliche Aufmachung des Plakats seine Person diffamiere. Damit muß Hilger leben. Das Urteil der Bundesrichter hat eine wichtige Folge: Seitdem ist es erlaubt, für Umweltzerstörung Verantwortliche konkret beim Namen zu nennen.

Lange zeigte sich der Konzern äußerst dickfellig gegenüber den

Warnungen der Umweltschützer vor den zerstörenden Wirkungen des Hoechst-Produktes FCKW auf die Ozonschicht und vor seinem Beitrag zum Treibhauseffekt. Es ist wohl auch den Greenpeace-Aktionen und öffentlichem Druck zu verdanken, daß Hoechst sich mittlerweile aus dieser Produktion zurückzieht. Pech allerdings, daß das Ersatzprodukt R 134a längst auch unter gut begründeter Kritik von Umweltschützern steht. Noch größeres Pech, daß die 40 Millionen teure Produktionsanlage bereits drei Wochen nach Inbetriebnahme wieder stillgelegt werden mußte. Noch größeres Pech, daß sie dann auch noch im Ruhestand explodierte. Das Unglück am 18. März 1994 forderte zwei Verletzte, der Schaden geht in zweistellige Millionenhöhe.

Der Störfall war der einunddreißigste in 12 Monaten. Seit dem 22. Februar 1993 gingen die Störfälle bei Hoechst in Serie:

- Am 24. Februar 1993, zwei Tage nach dem gelben Regen über Schwanheim, traten im Hoechster Stammwerk 0,7 kg Chlordioxid ebenfalls durch Überdruck in einem Produktionsbehälter aus.
- Vier Tage später, am 28. Februar, wurden ein bis zwei kg Oleum, auch «rauchende», weil hochkonzentrierte Schwefelsäure, genannt, freigesetzt.
- Am darauffolgenden Wochenende produzierte der Chemieriese gleich dreimal Schlagzeilen: Am Freitag, 5. März, wurden 450 000 Liter ölhaltige Hoechst-Abwässer im Main entdeckt. Am Samstag brannte ein Produktionsgebäude der Hoechst-Tochter Cassella in Frankfurt-Fechenheim, durch eine Ablagerung «unbekannter Ursache», so ein offizieller Bericht. Am frühen Sonntagmorgen ging dann zur Abwechslung blauer Regen über den vor dem Osttor geparkten Autos nieder. Als der hessische Umweltminister Fischer sich im Privatwagen vor Ort begab, passierte das gleiche Unglück noch einmal. Ein blau gesprenkelter Joschka Fischer beruhigte die herbeigeeilten Journalisten: Laut Konzernangaben sei der Farbstoff Remazol-Türkisblau wasserlöslich und ungiftig.
- Am darauffolgenden Montag, dem 8. März, traten bei der Tochter Ticona im nahen Kelsterbach «maximal 150 Liter» eines gesundheitsgefährdenden Gemischs aus Methanol, Formaldehyd und Trioxan aus. Am späten Abend entwichen im Hauptwerk Ammoniakdämpfe, und im Werk Knapsack wurde PVC-Pulver an die Umwelt abgegeben.

- Drei Tage später enthüllte das Fernsehen des Hessischen Rundfunks, daß der Konzern beabsichtige, vier Teilbetriebe im Rhein-Main-Gebiet zu schließen. Begründung: «erhebliche Kostensteigerungen», ausgehend «vor allem vom Umweltschutz». 142 Arbeitsplätze fallen weg. Hoechst mußte bestätigen, daß sich in dem von diesen Plänen betroffenen Isocyanat-Betrieb zwei Jahre zuvor ein schwerer Giftgasunfall ereignet hatte, der bis dahin verheimlicht worden war. Hochgiftige Phosgen-Salzsäuredämpfe waren ausgetreten, die Männer der Schicht versuchten vergeblich, an das nötige schwere Atemschutzgerät heranzukommen. Die Giftnebel versperrten ihnen den Weg. Um Schlimmeres zu verhüten, begnügten sie sich mit ihren leichten Masken, die Filter schlugen sofort durch, es waren zudem die falschen. Drei Arbeiter waren längere Zeit krank, einer mußte stationär behandelt werden. Hoechst hatte zu diesem Unfall im Juli 1991 wahrheitswidrig gemeldet, es seien «weiße Nebel von ungiftigem Ammonchlorid» ausgetreten. Sogar die Personenschäden wurden zunächst den Behörden vorenthalten.
- Bereits am Tag nach dieser Enthüllung, am 12. März, entwichen im Tochterunternehmen Kalle in Wiesbaden etwa 1000 kg einer entzündbaren und gesundheitsschädlichen Lösung aus Kunstharz und Xylol; etwa 100 Liter davon flossen in den Rhein, Rheinalarm. Eine Stunde nach der Freisetzung brannte gleich nebenan ein Reaktor.
- Wieder drei Tage später krachte es zum dreizehnten Mal, diesmal mit tödlichen Folgen. Bei einer schweren Methanol-Explosion bei Reparaturen im «Mowiol-Betrieb» starb am frühen Morgen des 15. März ein Arbeiter, ein zweiter wurde schwer verletzt. Der Großbrand erzeugte eine fünf Kilometer lange schwarze Wolke aus Methanol und Ruß, die in Richtung Taunus abzog. Wegen der Löscharbeiten sank der Wasserdruck so ab, daß zwei weitere Reaktoren in der Nachbarschaft hochgingen. Eine weitere Tonne eines Gemischs aus Methanol und dem krebserzeugenden Venylazetat ging «über Dach» in die Frankfurter Luft.
- Vier Tage später folgte wiederum ein Oleum-Austritt.
- Zwei Wochen später gab eine geplatzte Leitung gleich mehrere Tonnen der hochgiftigen «rauchenden Schwefelsäure» frei. Zehn Mitarbeiter meldeten sich mit Verätzungen beim Werksarzt. Umweltminister Fischer trat noch am Abend mit von dem Ätzgift

durchlöchertem Jackett vor die Presse. Parallel dazu hatte der Pannenkonzern am selben Tag noch 4000 Liter Salzsäure in den Main laufen lassen.

- Geradezu befreiend wirkte die Nachricht, daß der Farbstoff «Permanent-Gelb», der gut zwei Wochen später über den Anliegern niederging, einmal nicht giftig war. Am gleichen Sonntag jedoch entwich im nahen Werk Offenbach eine größere Menge Schwefeldioxid aus einem Kesselwagen.
- Im selben Betrieb richtete am darauffolgenden Donnerstag ein Feuer in der Meßwarte Millionenschaden an. Die verbrannten PVC-Kabel setzten Dioxin frei.
- Fünf Wochen später verwüstete ein Millionen-Feuer bei der Wiesbadener Tochter Kalle-Albert ein ganzes Gebäude voller Tapetenkleister.
- Sechs Wochen später stieg über dem Hoechster Werk eine weithin sichtbare Wolke auf. Wegen eines Stromausfalls mußte Ethylen abgefackelt werden, damit die Anlage überhaupt abgeschaltet werden konnte.
- Zwei Monate später, am 19. September, entwich nach einem Störfall bei der Tochter Ticona erneut eine Wolke des krebsverursachenden Formaldehyds über die nahe Autobahn. Die Behörden waren so spät informiert worden, daß die Autofahrer nicht gewarnt werden konnten.
- Drei Wochen später gab eine Leitung 100 Liter hochgiftiges Chlorgas frei, weil sie schlicht durchgerostet war.
- Drei Wochen später entließ ein undichtes Ventil 200 Liter ätzende Essigsäure in die Umwelt.
- Weitere drei Wochen später roch es wieder nach Chlor. 200 Kubikmeter Gas traten aus, in dem Gemisch unter anderem der hochgiftige Tetrachlorkohlenstoff.
- Einen Monat später, am 14. Dezember, schlug die Serie gleich zweimal zu: Stark ätzende Chlorsulfonsäure gelangte ins Freie, an anderer Stelle waren es anderthalb Stunden später drei Kilo Salzsäure.
- Bereits am 16. Dezember stieg den Anwohnern eine Mischung aus Essigsäure, Methanol und Methylacetat in die Nase.
- Am 20. Januar 1994 brannte es zur Abwechslung mal wieder. Die Kunststoffverkleidung eines Kühlturms regnete in kleinen ver-

brannten PVC-Teilen über die Anwohner nieder. Die Konzentration der freigesetzten Dioxine und Furane sei «nicht bedenklich», wurde die Bevölkerung beruhigt.

Zumindest der gelbe Regen vom 22. März 1993 hätte vermieden werden können. So hatten sich die Konzernmanager gut zwei Jahre zuvor geweigert, bei einem von der ungeliebten rotgrünen Landesregierung geforderten Sicherheitscheck der Chemieanlagen im Land mitzuwirken. Ziel dieser «Risikopotentialstudie» war es, «Schwachstellen in den Betriebsabläufen zu erkennen». Abteilungsleiter Gerd Albracht vom Hessischen Ministerium für Frauen, Arbeit und Sozialordnung äußerte öffentlich, daß die Weigerung «politische Gründe» hatte, mit fatalen Folgen. «Mit größter Wahrscheinlichkeit» hätte man «den Schwachpunkt in diesem Prozeß» erkennen müssen, der Unfall wäre vermieden worden. Hoechst-Sicherheitsmanager Christian Jochum versuchte, die Weigerung zu erklären. Damals habe man auf Veranlassung der Landesregierung eigene Sicherheitsanalysen erstellen müssen, da habe man das «für nicht sinnvoll gehalten». Daß die eigenen Analysen das Sicherheitsdefizit nicht aufdecken konnten, mußte Jochum allerdings auch einräumen. Es liege hier «ein Bedienungsfehler» vor, «den wir in dieser Form noch nicht gesehen haben, nicht vorher geahnt haben». Als ob nicht sieben Jahre zuvor nahezu der gleiche Fehler schon einmal den Anwohnern gelben Regen über ihr Wohngebiet gebracht hätte. «Mit einer einfachen Sicherheitseinrichtung, wie man sie für die Chemie von der Stange kaufen kann», so der oberste hessische Arbeitsschützer Albracht, «hätte man auf jeden Fall diesen Unfall und die Auswirkung vermeiden können.» Hoechst-Direktor Jochum bestätigte, «ohne weiteres» hätte man sich «technisch gegen diesen Fehler schützen können».

Mittlerweile hat Hoechst seine Mitarbeiter im Umgang mit öffentlicher Kritik trainiert. Sicherheitschef Christian Jochum räumt ein, der Konzern könne «nicht garantieren, daß so was nicht noch einmal passiert». Es gab vielfältige Versuche, vor allem aus dem Haus des grünen Umweltministers Fischer, von staatlicher Seite Einfluß zu nehmen. Auch die Zuverlässigkeit des Hoechst-Vorstands wurde in Frage gestellt. Was die von Fischer beauftragten Gutachter jedoch im Oktober feststellten, brachte den Verharmlosungsprofis vom Main wieder Oberwasser. «Am wichtigsten für Hoechst», so eine die Ereignisse zusammenfassende Broschüre des Konzerns aus dem Februar 1994, sei die Tatsache gewesen, daß es sich bei den Störfällen des Jahres 1993 «um ein Geschehen im Bereich des Restrisikos» gehandelt habe. Eine Änderung der Organisation des Konzerns sei nicht notwendig, die Verantwortlichen seien «öffentlich rehabilitiert». Business as usual.

In einem aufwendig gestalteten PR-Film der Hoechst AG heißt es: «Man weiß oft nicht, warum und woher sie kommen, aber ein Leben ohne Probleme, das gibt es nicht. Worauf es ankommt, ist, wie man mit ihnen fertig wird.» Laut Angaben des Konzerns summierten sich die Folgekosten des gelben Regens bis Ende 1993 auf mehr als 33 Millionen Mark. Die Serie hat die Prämien für die Haftpflichtversicherung deutlich nach oben getrieben. Herbert Schilling von der Kölner Gerling AG, dem Hausversicherer des Konzerns, bestätigte nach dem Griesheimer Unfall die Vermutung über entsprechende Auseinandersetzungen mit ihrem Großkunden: «Das geht durchaus nicht friedlich zu.» Die Diskussionen über Sicherheitsfragen seien «keine Frühstücksgespräche». Ein Jahr später offenbart der Assekuranz-Chef, auch im Gerling-Konzern habe «überrascht, welche wesentliche Rolle menschliches Versagen als Ursache für Störfälle» noch spiele. Gerling gewährt seitdem nur noch den Chemieunternehmen Versicherungsschutz, deren «ausführliche Darstellung des gesamten Sicherheitsstandards im technischen, organisatorischen und subjektiven Bereich» den erheblich verschärften Assekuranz-Vorstellungen genügen. Da werden Risikodaten per Checkliste abgefragt, Besichtigungen und Analysegespräche mit den Technikern vorgeschaltet und «in besonderen Fällen die Gerling Consulting Gruppe eingeschaltet». Im Zweifel fertigt diese eigene Sicherheitsgutachten an. Indirekt bestätigt Gerling-Vorstand Schilling auch die Vermutung, daß früher ähnlich viel passiert ist, die Unfälle jedoch erfolgreicher geheimgehalten werden konnten. Gerling habe feststellen müssen, daß «technisch gleiche Umweltschäden heute erheblich höhere Aufwendungen und Ersatzansprüche» nach sich zögen.

Was heißt das anderes, als daß früher viel weniger Menschen eine Ahnung davon hatten, daß sie ihre Schäden möglicherweise dem Chemiegiganten von nebenan verdanken. So gesehen erscheint die Diskussion um den «Produktionsstandort Deutschland» in einem anderen Licht, Folge der höheren Aufwendungen und Ersatzansprüche, bekräftigt der Gerling-Boß, sei «eine generelle Prämienanhebung für alle Arten von Chemierisiken». Bei den Großen der Branche liegen die Prämien für das Umwelthaftpflichtrisiko «in der Größenordnung von jeweils mehreren Millionen DM». Die Versicherungswirtschaft habe «generell Konsequenzen» aus den Umweltschäden gezogen.

So ungewöhnlich war die Störfallserie nicht. Immer wieder kracht es in irgendeinem Betrieb des Konzerns, doch nicht nur bei Hoechst. Dort werden Unfälle nur aufmerksamer registriert. Sowohl bei den Anwohnern wie auch im Konzern ist man sensibler geworden, nun werden riskantere Produktionsbereiche zunehmend ins weniger kritische Ausland verlegt. So erfuhr die staunende Öffentlichkeit anläßlich der Explosion der nagelneuen Hoechst-Anlage zur Herstellung des FCKW-Ersatzstoffes R 134 a, daß ein gleicher Hoechst-Betrieb in Brasilien ebenfalls gestoppt werden mußte.

Der Image- und Vertrauensverlust durch die zum Teil vermeidbaren Unfälle und die verheerende Informationspolitik ist für Hoechst und die gesamte Chemieindustrie unermeßlich. Standen früher Umweltschützer und andere Kritiker in den vom Konzern beherrschten Stadtteilen meist auf verlorenem Posten, so hat sich der Wind mit dem gelben Regen und der folgenden Serie gründlich gedreht. Als Hoechst-Vorstand Justus Mische auf einer der vielen Bürgerversammlungen im März 1993 die dichtgedrängte Menge in der Schwanheimer Martinskirche mit «liebe Nachbarn» anredete, schallte ihm unisono nur noch wütendes Gelächter entgegen.

■ Bundesumweltminister Töpfer machte Ernst und erfand den «Grünen Punkt», eine Offensive gegen die Müll-Lawine für die einen, für die anderen «der größte Schwindel seit der Farbe Grün» (Klaus Staeck). Der verzweifelte Versuch, eines Müllnotstands Herr zu werden, ohne ihn an der Wurzel zu packen. ■

Gerd Scobel

Der Grüne Punkt

Wie die Müllberge trotzdem weiterwachsen

Fest steht, daß kein Mensch und auch kein Staat an der Produktion von Mist und Müll vorbeikommt. Der Mensch ist und bleibt ein Wesen, das wie alle anderen Lebewesen auch Mist macht. Was ihn jedoch vom Tier unterscheidet, ist seine Fähigkeit, sich über seine tägliche Hinterlassenschaft zu erheben und aus Mist Müll zu machen, also ein Naturprodukt in ein Kulturgut umzuwandeln. Müll ist deshalb das typischste und untrüglichste Anzeichen von Kultur. Ausgerechnet Müllhalden zeugen vom (langsamen) Fortschritt des Menschengeschlechts und schließen die Lücke zwischen affenartiger Biologie und hochtechnisierter Kultur.

Warum kalifornischer Wein auch einen Grünen Punkt hat, aber tote Katzen alles erschweren

Man gönnt sich ja sonst nichts. Warum also nicht mal Wein aus Kalifornien ungetrübt genießen? In welchem Wertstoffeimer die Flasche landen wird, ist längst geklärt. Wohin aber mit der Korksicherung – und wohin mit dem Kork? Restmüll oder Wertstoff? Vielleicht noch einen gelben Eimer in die kleine Küche stellen – zur Sicherheit? Trübung der Freude schon hier! Selbst der weithergereiste kalifornische Wein hat den Grünen Punkt. Mitten auf dem englischen Etikett, auf dem nur Englisches zu lesen ist – dort klebt er. Aber ist der Kleber auch abbaubar? Immerhin ist das ökologische Bewußtsein beruhigt, denn immer noch gilt das Gesetz: Grün = gut = Paradies, und Punkt = Ende = alles gut. Grüne Punkte sind eben doppelt gut: weil sie grün sind und weil sie nur Punkte sind. Aber wer hat ihn auf die fremde Flasche aufgeklebt? Waren es die Kalifornier? Woher wissen die von unserem Grünen Punkt? Also doch Deutsche? Ist der Wein am Ende also hier abgefüllt – eine Fälschung? Oder war es der Händler – womit zumindest die «Original»-Etiketten Verpackungsschwindel wären? Fragen über Fragen, die mitten hineinführen in den sogenannten «Expertenstreit» um den Grünen Punkt.

Der Grüne Punkt und damit die Duale System Deutschland Gmbh (DSD) wurde natürlich in Bonn erfunden. Am 24. August 1990 trafen sich im Deutschen Industrie- und Handelstag sogenannte Spitzenverbände der deutschen Industrie. Bonn drohte mit einer Verpackungsordnung (und gelegentlich immer mal wieder). Diese hätte die Industrie dazu verpflichtet, ihren zum Müll gewordenen Mist in den Verkaufsstellen zurückzunehmen! Ausgerechnet da, wo es gut riechen und hübsch aussehen soll. Hier zeigt sich, daß Wirtschaftsprobleme nicht nur wirtschaftliche, sondern vor allem eine ästhetische Komponente haben. Denn der Müll, so fürchtet man, verhöhnt die Illusion von der Machbarkeit der schönen neuen Welt. Welch ein Geld hat man doch in die Werbung gesteckt, um auch den letzten Mist noch mit Illusion zu krönen!

Erstaunlich ist, wie oft vergessen wird, daß Müll kein rein biologisches oder ästhetisches, sondern vor allem ein politisches Problem ist. Denn Politik beginnt da, wo Menschen es nicht dabei belassen, Mist zu machen und bereit und willens sind, ihren Mist als Müll anzuerkennen und endlich aufzuhören, ihnen Müll unauffällig weiter über die ganze Erde zu verteilen. Politik nimmt ihren Ausgang also in dem aus Selbsterkenntnis erwachsenen Willen, all jene Dinge zu beseitigen, die zum Himmel stinken und das Gemeinwohl untergraben. Immer wieder versuchen Politiker sich allerdings darin, diesen Sachverhalt zu vertuschen. Sie tun dann so, als wäre Müll der demokratischste und erstrebenswerteste aller Endzustände. Physikalisch mag da etwas dran sein. Politisch ist es jedoch falsch. Zwar verursachen alle Müll – und insofern trifft das Müllproblem auch alle wieder wie einen Bumerang. Doch es ist eine glatte Lüge zu behaupten, alle machten gleich viel Müll. Sie machen nur gleich viel Mist.

Man traf sich also im Deutschen Industrie- und Handelstag in der Bonner Adenauerallee, um der Demokratisierung des Mülls zuvorzukommen, und man gab vor, vor allem im Interesse des Gemeinwohls zu handeln. Das Ergebnis war die Gründung des Dualen Systems Deutschland. In Wahrheit hätte man wohl zugeben müssen, daß einem das öffentliche Grundwasser bereits bis zum Hals steht und es höchste Zeit wird, sich von einem wahnsinnigen System sinnloser Verpackungsorgien zu lösen. Etwas technischer ausgedrückt: Die Privatfirma DSD und ihre Subfirma «Gesellschaft für Abfallvermeidung und Sekundärrohstoffgewinnung mbH» wurde gegründet, um das Müllproblem im Bereich der Verkaufs- (nicht aber im mindestens so wichtigen Bereich der Transport-)Verpackung zu lösen – mit Hilfe des sogenannten «Kreislaufwirtschaftsprinzips». Und weil Kreislauf mit Gesundheit und überhaupt mit Yin und Yang assoziiert wird, liebten alle die Idee jenes kleinen grünen Punktes, dessen Logo seitdem das Tao des Recycelns verheißt. Tatsache ist, daß eine Initiative zur Beseitigung des Müllbergs unumgänglich war. Indem jedoch Industrie und Handel diese Aufgabe in Angriff nehmen sollten – im Grunde, um schlimmen Sanktionen zu entgehen –, machte man aus einer guten Idee ein Monopolunternehmen und den Bock zum Gärtner.

Seither kassiert das DSD gigantische Lizenzgebühren von den Unternehmern, die dafür einen grünen Punkt auf ihre Verpackungen drucken durften (und bis heute nichts unversucht lassen, die zunehmend steigenden Kosten dieses kleinen Signals guter Gesinnung kaltlächelnd wieder durch erhöhte Preise auf den Endverbraucher abzuladen). Viele dieser Unternehmer haben die Initiative allerdings clever unterlaufen und zahlten erst gar nicht – was wieder nur beweist, daß es mit privater Initiative der Wirtschaft allein nicht getan ist. Ohne schwerste Sanktionen, die nur politisch durchgesetzt werden können, ist nichts zu erreichen. Der Grüne Punkt ist bestens dazu geeignet, kriminelle Energie freizusetzen. Wenn ein Hersteller betrügt und nur 2 Prozent seiner Gebühren an das Duale System unterschlägt, kann dieser Trick den durchschnittlichen Gewinn des Unternehmens verdoppeln. Umweltbundesminister Klaus Töpfer räumte ein, daß lediglich 50 Prozent der Gebühren für das Ökosignet auch gezahlt werden. So wunderte es nicht, daß der Grüne Punkt im August 1993 wieder kurz vor dem Konkurs stand. 700 Millionen Mark fehlten in den Kassen der DSD. Die privaten Müllunternehmer drohten im September, den Müll der gelben Säcke einfach liegenzulassen, falls die offenen Gebühren für September 1993 nicht beglichen würden – Außenstände in der Höhe von insgesamt 860 Millionen! Merke: Die Kosten des Grünen Punktes können weder vom Verbraucher noch von der Umwelt im vollen Maß recycelt werden! Denn der lukrative Abfall (die Wirtschaft sagt dazu Gewinn) bleibt in den Taschen der beteiligten Unternehmen hängen.

Das DSD verweist indes auf seine unermüdlich-erfolgreiche Arbeit. Vom Geld des Grünen Punktes wird Tag und Nacht Müll sortiert (so viel, daß das Unternehmen 1993 wegen allzu großen Sammelerfolges beinahe geschlossen worden wäre). Leider hält jedoch nicht jeder Kunstblumen und Papier (Geschenkpapier hat grundsätzlich keinen grünen Punkt) oder Weihnachtsdekoration und Lichterketten auseinander (in den Sondermüll?). «Im März hat es in der Halle erbärmlich gestunken», bekennt der technische Leiter eines der 150 Sortierbetriebe der Republik, die sich um das kümmert, was früher Abfall hieß und heute in Sekundärrohstoff umbenannt und damit verbal entsorgt ist. «Schuld war eine Tüte mit verfaulten Muscheln. Aber wir haben auch schon einen Hammelkopf und tote Katzen gefunden» – im Altpapiercontainer, wohlgemerkt.

Und Sie? Halten Sie sich für einen besseren Menschen? Weil Sie keine Wegwerftüten, aber Mehrwegmilchflaschen benutzen und ihre Joghurtbecher immer schon sauber in den richtigen Behälter werfen? Selbst diese Reinheit des Gewissens ist keineswegs porentief. Der *Spiegel* schätzte 1993, daß die vom DSD empfohlene «Ausspülung der Verpackung» den täglichen Wasserverbrauch pro Haushalt um etwa 5 Liter erhöht. Das macht bundesweit pro Jahr einen Verbrauch von geschätzten 60 Millionen Kubikmeter Trinkwasser. Der Grüne Punkt erweist sich damit als ein Müllbeseitigungssystem, das zwar dem Sauberkeitsdrang der Deutschen entspricht (nur keinen Mist machen, und wenn, dann darf es keiner sehen, denn auch unser Mist muß sauber sein) – aber nur auf Kosten anderer Umweltsysteme, die der Punkt ruiniert.

Und die Milchflasche? Schützt sie allein noch vor dem Sekundärhorror des Systems? Auch das unter Alternativen und Ökos als Umwelt-Mindestdienst gelobte Milchflaschenverhalten ist keineswegs so gut, wie es auf den ersten Blick erscheinen mag. Glas macht lediglich 15 Prozent der Gesamtverpackungsmaterialien aus. Es führen die Kunststoffe (30 Prozent), dicht gefolgt von Papier, Karton und Pappe (28 Prozent) sowie Metallen (27 Prozent). Ausgerechnet die recycelunfähigsten Materialien, die Kunststoffe, haben also den größten Anteil am Markt. Immerhin könnte man sagen: Kleinvieh macht auch Mist. Nicht bedacht bei dieser Milchflaschenrechnung ist jedoch das Problem der Transportwege. Nur ein Mehrwegsystem der Transportverpackungen wäre – bei gleichzeitigen kurzen Transportwegen – ökologisch sinnvoll.

Warum der Grüne Punkt nicht ins Paradies führt

Biologie, Leben, Politik und Müll (und leider auch Geld) sind also aufs engste verbunden. Erschwert wird die Übersicht und vor allem die Entwicklungen von Lösungen der gigantischen Probleme und Skandale, weil die Umwandlung von Naturgütern in Müll ein so komplizierter Produktionsprozeß ist, der alle Bereiche modernen Lebens in einer Industriegesellschaft berührt. Doch wo ansetzen?

Ein gängiger Weg aus dem skandalösen Abfallproblem ist konsequentes «Outsourcing» – die Verlagerung der «Wertstoffe» ins Ausland. So landen Gift-, Sondermüll- oder Kunststoffexporte, alle als Wertstoff oder «Sekundärrohstoffe» getarnt, nicht nur in Bulgarien. Doch nicht nur da liegt die Krux des Dualen Systems. Auch die Mitarbeit der Bürger muß erlahmen, wenn sie einerseits doppelt zahlen – für den Punkt und die normale Müllabfuhr –, hinterher jedoch feststellen müssen, daß ihr Geld und ihre Mühe des getrennten Müllsammelns nur mit Verschiebungen ins Ausland, mit zweifelhafter Verwertung oder simpler Verbrennung des Mülls belohnt wird – von der andere Riesenprofite machen. 400 000 Tonnen Kunststoffverpackung wurden 1993 daheim gesammelt. Gerade 160 000 werden verarbeitet – was noch gut ist, denn diese Zahl liegt bereits 60 000 Tonnen über dem Plansoll für 1993. Doch das DSD weiß nicht, wohin mit dem ordentlich gesammelten Plastikmüll. Zwischenlager wurden eingerichtet – und immer mehr Recycling ins Ausland verlegt. Gerade deshalb bleibt die Doppelzahlung der Bürgerinnen und Bürger für den normalen und den gelb/grünen Müll ein Ärgernis. Laut Berechnungen der

SPD gibt eine vierköpfige Familie bereits heute um die 200 Mark monatlich für Müllsammelgebühren an das DSD ab. Die Tendenz ist steigend, vor allem, wenn noch drastische Gebührenerhöhungen erfolgen, teilweise bis zu 300 % beim städtischen Müll.

Kleine und mittlere Firmen, die sinnvolle Alternativen zur derzeitigen Abfallverwertung vorlegen, werden durch das Duale System vom Markt verdrängt – zumindest wird ihnen das Leben erschwert. Sogar das Bundeskartellamt sah sich genötigt, gegen den Plan des DSD einzuschreiten, auch noch die Transportverpackungen zu entsorgen, also jenen Müll, der im großgewerblichen und industriellen Bereich anfällt. Ihre frisch gedruckten Werbebroschüren für das neue Großentsorgungskonzept mußte das DSD einstampfen (Kategorie Altpapier). Grund: eine erhebliche Gefährdung der «bereits bestehenden Entsorgungsmöglichkeiten für Transportverpackungen» und der «Marktchancen anderer Konzepte». Es scheint, als habe der Handel bei der Beseitigung seines eigenen Drecks jenes Grundprinzip verletzt, auf das er sich sonst so gern beruft: den freien Markt. Ein Monopol des Grünen Punktes schaltet den Wettbewerb um die beste Verpackungslösung aus. Und die beste ist eben nur die, die am wenigsten Müll macht.

Selbst Kritiker müssen inzwischen zugeben, daß mancher Anfangsfehler des DSD inzwischen abgeschafft wurde, etwa das Prinzip, gleich hohe Gebühren für gleich große Verpackungen zu fordern, obwohl die Kosten für Erfassung, Sortieren und Aufbereitung der verschiedenen Materialien trotz gleicher Größe höchst unterschiedlich sind. Aber der eigentliche Geburtsfehler des Grünen Punktes ist immer noch nicht beseitigt: Statt Verpackungen generell drastisch zu reduzieren oder Formen zu entwickeln, die gar nicht oder nur in minimaler Form zu Abfall werden, produziert man weiterhin Müll und verschafft sich das gute Gewissen durch ein stets zu spät kommendes Lamentieren über die Frage, wie man beseitigen oder wiederverwerten könne, was man in diesem Ausmaß erst gar nicht hätte produzieren sollen! Statt den Kreislauf des Warendenkens um der Ökologie willen zu unterbrechen, läßt kritisches Denken, das das Leben der Natur wahrt, auf sich warten. (Klaus Staeck: «Der Grüne Punkt: der größte Schwindel seit der Farbe Grün»)

Umweltminister Töpfer setzt all dem nur den Deckel auf, wenn er beteuert, daß es ein «mühsamer Weg» war, die Wirtschaft «zur Übernahme von Verantwortungen für gebrauchte Verpackungen zu veranlassen. Damit haben wir in Deutschland einen vielbeachteten Kurswechsel hin zu einer ökologischen Marktwirtschaft – zunächst für Verpackungen – vollzogen.» Töpfers Lob indes besagt nicht mehr, als daß niemand gern mit seinem eigenen Mist konfrontiert werden möchte, aber gezwungen weden muß, wegzuräumen, was zum Himmel stinkt.

Doch selbst diesen Kurs behindert jetzt die EU. Gegen die Stimmen Deutschlands, Dänemarks und der Niederlande einigten sich die Umweltminister der Europäischen Union darauf, eine Obergrenze für die Wiederverwertung von Verpackungen zu erlassen. Sie liegt bei 45 Prozent (und wird zumindest in Teilbereichen von der BRD bereits überschritten). Der Rest, so die EU, soll verbrannt oder deponiert werden. Diese Anweisung, die das Europäische Parlament noch prüfen und billigen muß, läuft auf die Aufforderung hinaus, gefälligst mehr Verpackungen wegzuwerfen. Bei aller Kritik an der Brüsseler Linie ist allerdings der Vorwurf gegen die Deutschen nicht völlig unbegründet. Sie installieren strenge Verwertungsvorschriften, die einzuhalten sie selbst nicht in der Lage sind und folglich auf ihre Umgebung verteilen. Inzwischen hat sich auch Töpfer für einen erhöhten (natürlich legalen) Export in andere Länder ausgesprochen, zumal mehrere Anfragen von Umweltministern osteuropäischer Staaten auf dem Tisch lägen.

Man fragt sich zwangsläufig, ob überhaupt von einer Tugend der Industrie und Politik in Sachen Müll gesprochen werden kann. Daran ändert auch die sogenannte Novelle zur Verpackungsverordnung für 1994 nichts, die Abfüller und Importeure bei der Rücknahme von Verkaufsverpackungen im Laden zum Nachweis zwingt, daß mindestens 30 und ab 1996 sogar 80 Prozent der von ihnen in Verkehr gebrachten Verpackungen zurückgenommen worden sind. Brüssel wird das nicht gerne sehen. Und der Handel wehrt sich bereits gegen Töpfers (verzweifelten) Versuch, die Lobby der Wirtschaft über den Hebel des Handels zum Aufbau des Dualen Systems zwangszuverpflichten. Indirekt trägt Töpfer damit zur Erhöhung der Preise und zur Kartellbildung eines allmächtigen privaten Müllentsorgers bei. Doch was soll er anderes tun? Der Grüne Punkt macht nur Sinn, wenn der Handel konsequent alle unbezahlten Grünpunkter outet und die ungepunkteten

Produkte aus dem Sortiment nimmt. Diese Hoffnung wird in ihrer Vergeblichkeit nur noch übertroffen von Wolfram Brück, gescheiterter Frankfurter Exbürgermeister, der jetzt Geschäftsführer des Dualen Wertstoffsammelsystems ist. Brück ahnt, daß der Widerwille der Industrie, recycelte Stoffe auch zu verwenden, nur schwer zu brechen ist. Sein entlarvender Vorschlag: «Wenn Frauen bei gleicher Qualifikation bevorzugt eingestellt werden, warum heißt es dann nicht in öffentlichen Ausschreibungen, Recyclat-Produkte werden bevorzugt bestellt?» Die schöne Theorie der Gleichberechtigung oder Müllbeseitigung garantiert eben noch keine entsprechende Praxis und trägt sogar zu ihrer Verschlechterung bei.

All das läßt wohl nur einen Schluß zu: Die Logik einer Umweltsteuer funktioniert nur, wenn die Hersteller des Mülls die Recyclingkosten selbst tragen, statt sie auf die Verbraucher abzuwälzen. Wirklich gespart werden können Gebühren für alle Beteiligten nur, wenn aufwendige Verpackungen überhaupt vermieden werden. Dazu muß beispielsweise auf jeder Ware ersichtlich sein, welchen Anteil des Preises Verbraucher allein für die Verpackung einschließlich Recycling ausgeben müssen.

Nach wie vor stinkt das Geschäft mit dem Müllhaufen also zum Himmel. An dieser Tatsache ändert sich nichts, wenn Müll mit einem grünen Punkt geadelt und fortan «Wertstoff» genannt wird. Das Recyceln von einmal gemachtem Müll ist nur eine versteckte Form der Produktion neuen Mülls. Es steigert die unausweichliche Entropie und kommt einer Vernichtung von Leben gleich. Müll bleibt eben Müll. Deshalb sollte man sich bemühen, weniger Mist zu machen.

■ Während die Debatte um den § 218 die Nation in der Frage des Schutzes ungeborenen Lebens zu spalten drohte, durfte das Auto das geborene Leben opfern. Um dem Auto seinen freien Lauf zu lassen, verzichtet die Bundesrepublik nach wie vor auf ein Tempolimit und nimmt jährlich Tausende von Verkehrstoten in Kauf und eine halbe Million Verletzte. Der Schaden an der Umwelt ist nicht beziffert. Dem vermeintlichen Recht auf Mobilität steht das Verfassungsrecht auf körperliche Unversehrtheit gegenüber. Doch starke Interessenverbände (ADAC) und die Automobilindustrie bestimmten längst die Verkehrspolitik der Regierung und die der Opposition («kein Tempolimit»). ■

Uwe Wesel

Jedes Jahr stirbt eine Kleinstadt

Die Verfassungswidrigkeit unseres Autos

Skandale können sehr banal sein, alltäglich und normal. Man braucht dafür nicht unbedingt Politiker oder prominente Unternehmer. Oft sind wir es selbst, zum Beispiel mit unseren Autos.

Die *Frankfurter Allgemeine Zeitung* amüsierte sich. Es kommt ja selten genug vor, daß Aufsätze in juristischen Zeitschriften allgemeine Beachtung finden. Ein Berliner Rechtsprofessor hatte eine neue Theorie, die *FAZ* machte dazu in ihrem Feuilleton einige spöttische Bemerkungen, und das Erstaunliche daran war außerdem, daß jener Jurist höhere Ziele verfolgte, denen sich auch diese Zeitung in Frankfurt verpflichtet fühlt.

Professor Michael Ronellenfitsch, so heißt er, hatte ein neues Grundrecht entdeckt und darüber in der Zeitschrift *Deutsches Autorecht* (61. Jg., H. 9, S. 321 ff.), die vom ADAC herausgegeben wird, berichtet. Ein Grundrecht auf Mobilität. «Leben ohne Beweglichkeit ist undenkbar», schrieb er, «in allen Lebensbereichen kommt es auf besondere Ausprägungen der Beweglichkeit an.» Er weiß, wovon er spricht, ist anerkannter Fachmann für Atomrecht und hat sich mit gewichtigen Beiträgen große Verdienste um die deutschen Kernkraftwerke erworben. Nun stand er der Automobilindustrie zur Seite, denn gemeint ist mit dem Grundrecht auf Mobilität der Straßenverkehr.

«Auch Missionare und Glaubenswerber jeglicher Couleur», schreibt Ronellenfitsch, «sind auf Mobilität angewiesen.» Also, sie müssen im Lande herumreisen, um die Leute zu überzeugen und zu betreuen. Gut, das ist in der Tat etwas skurril, und es findet sich auf diesen fünf Seiten noch manches andere von dieser Qualität, aber komisch ist es eigentlich nicht. Denn der Verfasser gehört zu der kleinen Zahl einflußreicher Notabeln der deutschen Staatsrechtswissenschaft, andere werden in das gleiche Horn stoßen, und so etwas hat regelmäßig Folgen für das, was man unter Juristen «herrschende Meinung» nennt, und nicht ohne Wirkung ist auf die Rechtsprechung unserer höchsten Gerichte. Es war auch der Erscheinungstermin kein Zufall.

Zum Beispiel hatte Hans Wrobel einiges in der *Süddeutschen Zeitung* über das Automobil als Verfassungsfeind geschrieben. Er ist Leiter der Verfassungsabteilung beim Bremer Justizsenator. Oder kurz darauf Klaus Michael Meyer-Abich, einer der führenden Köpfe der ökologischen Bewegung. Er kam in der *tageszeitung* zu dem Ergebnis, der motorisierte Individualverkehr sei die größte und bestorganisierte Verletzung unserer Verfassung, die es je gegeben habe. Die deutsche Verfassungswissenschaft war also gefordert. Michael Ronellenfitsch setzte sich an ihre Spitze und erfand sein Grundrecht auf Mobilität. Der Angriff war abgewehrt. Schnell und beweglich.

Tatsächlich stirbt auf deutschen Straßen jedes Jahr eine mittlere Kleinstadt. Rechnet man die letzten Jahre zusammen, ergibt das eine mittlere Großstadt von hunderttausend Einwohnern. Wir nehmen ihren Tod in Kauf, weil wir den Autos freien Lauf lassen. Eine halbe Million Verletzte kommen jährlich dazu. Das war in den letzten Jahren die Gesamtzahl aller Bürger von Berlin, Hamburg und München. Fünf Millionen Menschen verletzt, leicht oder schwer. Der Preis der Freiheit. Von den ökologischen Schäden ganz zu schweigen, die dadurch entstehen, daß deutsche Autos Tag für Tag eine Strecke fahren, mit der sie fünfundzwanzigstausendmal die Erde umrunden könnten. Täglich eine Milliarde Kilometer.

Über die Ursachen von Unfällen erfährt man einiges im Bericht der

Bundesregierung für 1990 und 1991. Die Reihenfolge: erstens «nicht angepaßte Geschwindigkeit», zweitens «Vorfahrtfehler», drittens «falsche Straßenbenutzung» und viertens «Alkoholeinfluß». Überhöhte Geschwindigkeit ist also die häufigste Unfallursache. Allein dadurch werden jährlich Tausende von Menschen getötet. Sie werden geopfert, weil unsere Straßenverkehrsordnung zu hohe Geschwindigkeiten erlaubt. § 3: 50 Stundenkilometer in geschlossenen Ortschaften, 100 auf der Landstraße und völlig freie Fahrt auf der Autobahn. Genaue Zahlen gibt es nicht. Ergebnisse von Untersuchungen sind abhängig vom verkehrspolitischen Blickwinkel desjenigen, der sie macht. Aber unbestritten ist, daß die Zahl der Unfälle, der Verletzten und der Toten sinkt, wenn man die Höchstgeschwindigkeit begrenzt. In den Vereinigten Staaten darf man seit 1973 nicht schneller fahren als 55 Meilen pro Stunde, und seitdem werden jährlich zwei- bis viertausend Menschenleben gerettet.

Die Zahlen für die Bundesrepublik sind im Vergleich mit anderen Ländern ziemlich günstig. Und die Zahl der Toten, die in den fünfziger und sechziger Jahren immer höher wurde, ist bei uns seit 1970 kontinuierlich gesunken. Es war die sozialliberale Koalition. Sie hat nicht nur den Umweltschutz zum Programm gemacht, sondern auch die Verkehrssicherheit. Der Verkehrssicherheitsrat wurde gegründet, die Bundesanstalt für Straßenwesen in Bergisch Gladbach erhielt eine Unfallforschungsstelle, ein Verkehrssicherheitsprogramm wurde aufgestellt, der Straßenbau und die technische Sicherheit der Autos planmäßig verbessert und der Sicherheitsgurt eingeführt. 1970 waren es fast zwanzigtausend Tote jährlich. Heute sind es knapp zehntausend, bei sehr viel größerem Verkehrsaufkommen. Das war das Ergebnis dieser neuen Politik. Aber die Zahl der Verletzten ist nicht gesunken. Sie blieb Jahr für Jahr konstant bei etwa einer halben Million. Jede Stunde wird ein Mensch getötet, jede Minute einer verletzt.

Die meisten Menschen sterben auf den Landstraßen, die wenigsten auf der Autobahn. Auf den Autobahnen sind es jährlich eintausend. Und daß die Geschwindigkeit auch dort die entscheidende Ursache ist, wird durch neueste Untersuchungen bestätigt. Je schneller ein Auto ist, desto häufiger wird es in tödliche Unfälle verwickelt. Bei Wagen, die schneller fahren können als 200 Stundenkilometer, ist die Todesgefahr fünfmal höher als bei solchen, die nur 140 Stundenkilometer schaffen. Das zeigen Unfallzahlen aus Niedersachsen. Ähnliche Berechnungen gibt es für andere Bundesländer und in einer Studie des englischen Verkehrsministeriums.

Ergebnis? Die Geschwindigkeiten sind zu hoch. Also erstens: Die Automobilindustrie muß gesetzlich gezwungen werden, nur Wagen zu bauen, die nicht schneller als 100 Stundenkilometer sind. Und zweitens: Die Straßenverkehrsordnung ist so zu ändern, daß jeweils nur die halbe Geschwindigkeit erlaubt ist und auf den Autobahnen nur Tempo 100. Jährlich würden mindestens fünf- bis sechstausend Menschenleben gerettet, und Hunderttausende blieben unverletzt.

Es wäre ganz einfach. Die Bundesregierung müßte entsprechende Gesetzentwürfe vorlegen. Und wenn man sich etwas beeilt, würde es bis zur Verkündung der Gesetzesänderungen durch den Bundespräsidenten höchstens ein Jahr dauern, mit den drei Lesungen im Bundestag und dem Verfahren im Bundesrat. Tausendfaches Leid wäre vermieden und die Belastung der Umwelt mit Abgasen auf einen Bruchteil reduziert. Warum machen sie das nicht?

Jeder weiß, es würde einen Aufstand geben. Industrielle und Gewerkschaften, Arbeiter und Angestellte, Autofahrer und Händler, ADAC und *FAZ*. Professor Ronellenfitsch würde alles für verfassungswidrig erklären, weil diese Gesetze das Grundrecht der Autofahrer auf Mobilität verletzen. Nicht wenige Staatsrechtslehrer würden ihm folgen, und was das Bundesverfassungsgericht am Ende dazu zu sagen hätte, das weiß man nicht genau. Arbeitsplätze wären in Gefahr und unser aller Wohlstand. Zum Auto drängt, am Auto hängt doch alles. Freiheit, Arbeitsplätze, Wohlstand. Sind das nicht ausreichende Gründe?

Eigentlich müßte das Bundesverfassungsgericht diese neuen Gesetze passieren lassen. Denn der Schutz des Lebens ist ein hohes Gut. Und der Staat muß alles tun, was in seinen Kräften steht, um dieses Leben zu retten. Das wissen wir seit 1975, und wir haben es letztes Jahr noch einmal gehört. Verstehen wir uns? Ich meine die Rechtsprechung des Gerichts zum Schwangerschaftsabbruch, der von seinen Gegnern Abtreibung genannt wird.

Als die sozialliberale Koalition 1974 daranging, wenigstens wieder zur Fristenregelung des christlichen Mittelalters zurückzukehren, ist die CDU vor das Verfassungsgericht gegangen und hat den Prozeß

1975 gewonnen. Die Karlsruher erklärten das Gesetz für verfassungswidrig. Deshalb erließ der Bundestag im nächsten Jahr die Indikationslösung. Erst 1992 versuchte man es wieder mit einer Fristenlösung. Inzwischen waren siebzehn Jahre vergangen, und die Frauen der alten Bundesrepublik nahmen die Gelegenheit wahr, sich und denen der neuen gegen das rote Licht von gegenüber einen kleinen grünen Pfeil zum Abbiegen zu genehmigen, quer durch die Fraktionen des Parlaments. Aber die Mehrheit der Fraktion von CDU und CSU war schnell wieder beim Karlsruher Gericht, das eine einstweilige Anordnung erließ, und es hat nicht lange gedauert, bis es seine Entscheidung von 1975 wiederholte. Auch diese Fristenlösung ist verworfen worden. Sehen wir uns also diese Urteile etwas genauer an. Es ist gar nicht so selbstverständlich und hat auch sehr viel zu tun mit den zehntausend Menschenopfern, die wir jedes Jahr vor dem Altar des Autos zelebrieren.

Das Gericht stützt seine Entscheidungen auf Artikel 2 des Grundgesetzes. In seinem zweiten Absatz heißt es: «Jeder hat das Recht auf Leben und körperliche Unversehrtheit.» Erstes juristisches Problem: Ist ein drei Wochen alter Embryo ein Jedermann? Im Mittelalter sagte man nein. Erst wenn die Frucht beseelt ist. Und eine Seele hat sie erst nach zwei bis drei Monaten. Das Bundesverfassungsgericht ist zu Recht anderer Meinung. Artikel 2 schützt ganz allgemein das sich im Mutterleib entwickelnde Leben als selbständiges Rechtsgut.

Nun kommt aber das zweite Problem. Artikel 2 ist ein sogenanntes Grundrecht. Wie die Gleichheit in Artikel 3. Hat also das ungeborene Kind schon ein Grundrecht? Das ist umstritten, und auch das Verfassungsgericht hat diese Frage nicht entschieden. Es hat gesagt, darauf komme es nicht an. Man könne sie offenlassen. Denn die Grundrechte seien nicht nur Rechte eines einzelnen, sondern auch Grundentscheidungen für alle Bereiche des Staates, aus denen sich für ihn bestimmte Verpflichtungen ergeben. The turning point. Hier liegt der Hase im Pfeffer.

Grundrechte – oder wie man sie außerhalb der Bundesrepublik nennt: Menschenrechte – sind seit ihrer Entstehung im 17. und 18. Jahrhundert, in der amerikanischen Unabhängigkeitserklärung und in der Erklärung der Menschenrechte durch die Franzosen immer nur Rechte des einzelnen gewesen. Rechte des einzelnen gegen den

Staat. Sogenannte Abwehrrechte. Das allgemeine Freiheitsrecht des Artikels 2 sagt, daß der Staat die Freiheit und das Leben seiner Bürger nicht verletzen darf. Das allgemeine Gleichheitsrecht bedeutet, daß der Staat diese Bürger nicht ungleich behandeln darf. Immer geht es darum, daß der Staat etwas nicht tun darf. Menschenrechte sind Verbotsschilder für Staat und Verwaltung. Wenn der Staat diese Verbote verletzt, kann man gegen ihn klagen. Vor dem Verwaltungsgericht, manchmal vor dem Verfassungsgericht. Das ist Ursprung und Sinn von Menschenrechten. Sie garantieren dem Bürger einen Freiraum gegen den Staat. Life, liberty, property, sagte John Locke, der sie zum erstenmal formuliert hat. Leben, Freiheit und Eigentum. Das muß der Staat respektieren.

Beim Schwangerschaftsabbruch geht es aber nicht darum, daß der Staat etwas nicht tun darf, sondern daß dem Bürger etwas verboten wird, besser gesagt der Bürgerin. Was hat das mit Menschenrechten zu tun? Eigentlich gar nichts. Doch, sagt das Bundesverfassungsgericht. Menschenrechte sind nicht nur Abwehrrechte. Sie sind Rechtsgüter, die der Staat nicht nur passiv respektieren, sondern die er aktiv schützen muß. «Gewicht und Ernst der verfassungsrechtlichen Fragestellung werden deutlich», heißt es im Urteil von 1975, «wenn bedacht wird, daß es hier um den Schutz menschlichen Lebens geht, eines zentralen Wertes jeder rechtlichen Ordnung.» Und: «Die Schutzpflicht des Staates ist umfassend. Sie verbietet nicht nur unmittelbare staatliche Eingriffe in das sich entwickelnde Leben, sondern gebietet dem Staat auch, sich schützend und fördernd vor dieses Leben zu stellen, das heißt vor allem, es auch vor rechtswidrigen Eingriffen von seiten anderer zu bewahren.» Und zwar auch gegenüber der Mutter. Und auch durch das Strafrecht. Der Staat hat die Pflicht, einen ungerechtfertigten Eingriff in dieses Leben, auch durch die Mutter, unter Strafe zu stellen.

Das ist eine fast sensationelle Umkehrung von Menschenrechten, denn die richteten sich ursprünglich gerade auch und in erster Linie gegen ungerechtfertigtes Strafen durch den Staat, gegen die Kabinettsjustiz des absolutistischen Staates. Jetzt, seit 1975, verpflichten sie den Staat umgekehrt zum strafrechtlichen Einschreiten gegen Bürgerinnen, die sich beim Schwangerschaftsabbruch ihrerseits auf ein Grundrecht berufen können, nämlich das des Artikels 2 Absatz 1: «Jeder hat das Recht auf freie Entfaltung seiner Persönlichkeit.» Nein, sagt das Bundesverfassungsgericht. Das Leben steht höher als die Freiheit. Das ungeborene Leben ist ein höheres Gut als die Freiheit der Mutter.

Wie problematisch diese Argumentation gegenüber werdenden Müttern auch immer sein mag, beim Auto trifft sie das Problem. Denn auch hier steht Leben gegen Freiheit. Die Freiheit des Autofahrers und das Leben der anderen, das dabei vernichtet wird. Was für das ungeborene Leben gilt, muß auch und erst recht für das geborene gelten. Und beim Autofahren geht es nocht nicht einmal darum, daß der Staat zusätzliche Strafvorschriften erlassen soll, um das Leben seiner Bürger zu schützen. Er braucht, wie gesagt, nur die Straßenverkehrsordnung zu ändern und die Kraftfahrzeugzulassungsordnung. Er soll gar nicht das Schwert des Strafrechts schärfen, nur die technischen Vorschriften des Straßenverkehrs verbessern. Denn, um noch einmal das Gericht von 1975 zu zitieren: «Gewicht und Ernst der verfassungsrechtlichen Fragestellung werden deutlich, wenn bedacht wird, daß es hier um den Schutz menschlichen Lebens geht, eines zentralen Wertes jeder rechtlichen Ordnung.» Und: «Die Schutzpflicht des Staates ist umfassend. Sie verbietet nicht nur unmittelbare staatliche Eingriffe in das... Leben, sondern gebietet dem Staat auch, sich schützend und fördernd vor dieses Leben zu stellen, das heißt vor allem, es auch vor rechtswidrigen Eingriffen von seiten anderer zu bewahren.» Wenn er dort aus diesem Grund sogar das Strafrecht verschärfen muß, hat er hier erst recht die Pflicht, die technischen Vorschriften zu verbessern.

Die technischen Vorschriften sind aber nicht so. Über § 16 der Straßenverkehrszulassungsordnung dürfen immer noch Autos auf die Straßen, mit denen man sehr viel schneller als 100 Stundenkilometer fahren kann. Und nach § 3 der Straßenverkehrsordnung darf man das auch. Was ergibt sich daraus? Nun, die Lösung ist juristisch ganz einfach. Wenn die Fristenlösung im Strafgesetzbuch von 1974 verfassungswidrig war, weil sie gegen Artikel 2 Absatz 2 des Grundgesetzes verstößt, dann sind es die entsprechenden Vorschriften der Straßenverkehrsordnung und der Straßenverkehrszulassungsordnung ebenfalls. Juristisch gesprochen erst recht. Denn das geborene Leben hat mindestens denselben Verfassungsrang wie das ungeborene. Und die Beschränkung von Freiheiten der Bürger im technischen Bereich ist nicht so einschneidend wie die Drohung mit dem Strafgesetzbuch.

Wenn der Staat schon allein auf diese Weise Leben retten kann, dann muß er das auch tun. In anderen Bereichen tut er das ja auch, und sogar mit gutem Erfolg, zum Beispiel mit Sicherheitsvorschriften für Haushaltsgeräte oder Arbeitsmaterial, gegen Seuchen oder den Einsturz von Häusern. Um es auf eine Kurzformel zu bringen: Unsere Autos sind verfassungswidrig, weil sie zu schnell fahren können und dürfen.

Bleibt nur noch die Frage des von Professor Ronellenfitsch entdeckten Grundrechts auf Mobilität. Fordert es nicht gerade die Geltung der hier als verfassungswidrig bezeichneten Vorschriften? Fordert es vielleicht noch mehr? Erhöhung der zulässigen Höchstgeschwindigkeiten? Und würden Gesetze, die ihre Herabsetzung anordnen, vielleicht sogar gegen dieses Grundrecht verstoßen und dann ihrerseits verfassungswidrig sein?

Wenn man das Grundrecht so akzeptiert, wie es in der Zeitschrift *Autorecht* komponiert ist, dann würde es tatsächlich ein wenig schwerer werden. Denn im Urteil zum Schwangerschaftsabbruch ging es um die Abwägung des Rechts auf Leben gegen das allgemeine Recht jedes Menschen – jeder Frau – auf Handlungsfreiheit. Diese allgemeine Handlungsfreiheit des Artikels 2 Absatz 1 ist verfassungsrechtlich nicht so stark abgesichert wie andere Grundrechte. Deshalb mußte sie ohne weiteres hinter das Recht auf Leben zurücktreten. Das Grundrecht auf Mobilität ist von Michael Ronellenfitsch listigerweise etwas stärker konzipiert. Deshalb nämlich die Ergänzung mit dem Grundrecht des Artikels 4, deshalb der Hinweis auf die Gewährleistung einer ungestörten Religionsausübung, über den sich die *Frankfurter Allgemeine Zeitung* mokierte. Aber auch das nützt hier nichts. Denn selbst wenn es nicht so komisch wäre – auch aus religiösen Gründen darf man das Leben anderer nicht gefährden. Da nützt es auch nicht sehr viel, wenn Ronellenfitsch noch einmal nachsetzt in einem langen Aufsatz in der Zeitschrift des ADAC im Januar 1994, sechs Seiten, neunundachtzig wissenschaftliche Fußnoten.

Es bleibt dabei: Die Autos von heute sind verfassungswidrig.

Vor dem Bundesverfassungsgericht gibt es ein Verfahren, das nennt man abstrakte Normenkontrolle. Nach Artikel 93 Absatz 1 Ziffer 2 entscheidet das Gericht über die Vereinbarkeit von Bundesrecht oder Landesrecht mit dem Grundgesetz. Und zwar auf Antrag der Bundesregierung, einer Landesregierung oder eines Drittels der Mitglieder des Bundestages. Mag das Gesetz noch so alt sein, ein solcher Antrag ist jederzeit möglich. Man braucht also nur eine Landesregierung zu finden, die den Mut hat. Oder SPD und Grüne im Bundestag. Denn die CDU wird eher auf Professor Ronellenfitsch hören und es nicht wagen, die Mobilität der Missionare und Glaubenswerber jeglicher Couleur zu beschränken. Vielleicht wagt es Oskar Lafontaine. Er würde nicht nur Tausende von Menschenleben retten. Auch sein Umweltminister könnte reiche Ernte einfahren.

Und noch einer wäre am Rande beteiligt. So komisch das klingt. Erich Honecker. Als er in Moabit vor Gericht stand, wegen der dreihundert Toten an Mauer und Stacheldraht, hat er Anfang Dezember noch eine lange Rede gehalten im Saal 700 des Kriminalgerichts. Dann schwieg er wieder, wartete ab und fuhr schließlich ins Exil nach Chile. Vorher also diese Rede, seine Prozeßerklärung, am Donnerstag, dem 3. Dezember 1992, morgens von Viertel vor zehn bis zwanzig vor elf. Da saß er, blauer Anzug, weißes Hemd, rote Krawatte, klein und schmal und blaß, und verteidigte sich gegen den Vorwurf, er habe sich mit dem Bau der Mauer, mit Todesschüssen, Minenfeldern und Selbstschußanlagen strafbar gemacht. Am nächsten Tag konnte man in den Zeitungen lesen, er sei uneinsichtig gewesen. War er auch. Aber nicht nur. Es war, was man in den Zeitungen nicht lesen konnte, wohl die beste Rede seines Lebens, in jener bekannten Mischung aus saarländischem und sächsischem Dialekt, also mit «Kaptalismus», «Beärdäh» und «Deudsche Demokrahdsche Replik», eine Rede, in der auch manches Richtige gesagt wurde, mit einer gewissen Souveränität. Er sprach über die Strafbarkeit politischer Entscheidungen, über die Toten des Vietnamkrieges, auf den Falklandinseln, bei der Entführung Noriegas aus Panama und kam dann auf die Bundesrepublik zu sprechen, auf Arbeitslosigkeit, Drogenmißbrauch, Beschaffungskriminalität und so weiter. In der DDR war natürlich alles besser. Und schließlich sprach er über die «Toten der Marktwirtschaft». Damit sind wir bei unserem Thema, und ich zitiere ihn:

«Selbst anscheinend so politisch neutrale Entscheidungen wie die Geschwindigkeitsbegrenzung auf Autobahnen sind Folgen einer Staatsverfassung, in der nicht die frei gewählten Politiker, sondern die nichtgewählten Wirtschaftsbosse das Sagen haben. Wenn die Abteilung Regierungskriminalität des Generalstaatsanwalts beim Kammergericht ihre Aufmerksamkeit einmal hierauf richten würde, hätte ich bald die Möglichkeit, den Repräsentanten der Bundesrepublik wieder wie früher die Hand zu schütteln – diesmal allerdings in Moabit.» Michael Ronellenfitch gibt übrigens auch nicht auf. Im ersten Heft der Zeitschrift *Deutsches Autorecht* des ADAC von 1994 hat er seine Meinung dazu ebenso bekräftigt wie Erich Honecker den Sozialisums in seiner letzten Rede vor dem Kriminalgericht Moabit am 3. Dezember 1992.

VI. Sexualität und Leben
Moderne Sittenskandale

Der herkömmliche Sittenskandal besteht darin, daß ein prominentes Mitglied der Gesellschaft gegen den herrschenden Moralkodex, den es in besonderer Weise zu vertreten hat, verstößt und dadurch in der Öffentlichkeit Anstoß erregt. Wenn dieser Skandaltyp in Deutschland – anders als in England oder den USA – eine untergeordnete Rolle spielt, so spricht dies zumindest ebensosehr für eine gewisse liberale Toleranz wie für die mangelnde Tradition in der öffentlichen Kontrolle hervorgehobener einzelner. Es muß schon ein sogenannter Volksschauspieler, ein repräsentativer Darsteller des Kleinbürgergemüts, unter dramatischen Umständen als Homosexueller «geoutet» werden, bevor sich die Öffentlichkeit hierzulande intensiv für das Intimleben eines Mitbürgers interessiert.
Die wirklichen Sittenskandale unserer Zeit spielen sich auf einer ganz anderen Ebene ab. In ihnen spiegelt sich der Kampf um eine neue Moral des Verhältnisses zwischen den Geschlechtern wider, der durch die juristische Gleichberechtigung nur an der äußersten Oberfläche bereits entschieden ist; in ihnen geht es auch um Existentialien wie Zeugung, Geburt und Tod, deren Bedeutung durch neue Techniken der Lebenserzeugung und künstlichen Lebensverlängerung in Frage gestellt ist, um den Begriff von menschlichem Leben; in ihnen zeigt sich schließlich das Verhältnis der Gesellschaft zu ihren Mitmenschen wie Homosexuellen, Behinderten und Kranken.

- Aller sexuellen Freizügigkeit und scheinbaren Aufklärung zum Trotz gibt es immer wieder Situationen, in denen getuschelt wird. Ob in der Affäre Wörner gegen Kießling (1983/84) oder in den Fällen, in denen Prominente geoutet, das heißt unfreiwillig als vermeintlich sexuell abnormal vorgeführt werden, immer wieder zeigt sich, wie wenig sich die Deutschen sexuell befreit haben. Kommt dann durch unglückliche Umstände auch noch ein Volksschauspieler ins Gerede, der Garant für das Normale schlechthin, gerät das scheinbar sichere Gefüge von Normal und Unnormal erst recht aus den Fugen. ▪

Anne Rose Katz

Darf ein Volksschauspieler schwul sein?

Die Medienaffäre Walter Sedlmayr

München brachte Walter S. hervor, das einzige Kind eines Metzgers und seiner frommen Frau. Der hatte nicht groß etwas gelernt. Zufällig geriet er in die Statisterie der Münchner Kammerspiele, kam über kleinere Rollen zum Fernsehen und wurde dort ein «Star», was immer das ist. Er wurde zum Modell-Münchner, ein «Jedermann» von der Isar und weiß der Teufel, der holte ihn dann sogar wie bei Hofmannsthal.

Das dachte in den Tagen seines Aufstiegs keiner, als die Münchner Schickeria den Mann mit dem Trachtenanzug und mit der feschen Mundart zur Brust nahm, der den bayerischen Kleinbürger so perfekt-distanziert spielte, daß man annehmen konnte (sollte?), er sei doch keiner. Bei den landesüblichen Bierolympiaden derbleckte er die Politiker nach fremden Texten, aber dann doch nicht so arg. Er wohnte in einem Vorstadthäuschen mit seiner Mama und strebte, nach seinen eigenen Worten, schon früh die Karriere eines Rentiers an. Der erste und letzte Schritt dorthin war ein Speiselokal am traditionsreichen Viktualienmarkt, das seinen Namen trug. Gut essen tat er gern, am Finger trug er einen goldenen Ring, und seine Liebe galt den Antiquitäten, vor allem den religiösen Kunst-Stücken, wovon schon 1971 von der Polizei 100 in seinem Besitz gezählt wurden.

Von der Polizei? Ja. Die steckte ihn in Untersuchungshaft, aus der er gegen eine Kaution von 30000 Mark wieder entlassen wurde. Ein Opfer, der Arme. «Flüchtige Oktoberfestbekannte» hatten ihm ein verschnürtes Paket zur Verwahrung gegeben. Darin befand sich ausgerechnet die berühmte gotische Blutenburg-Madonna, die kurz zuvor gestohlen worden war. Über drei Jahre ging der Prozeß mit Vorspielen und Nachspielen; die Diebe bezeichneten ihn als den Auftraggeber und Drahtzieher. Sein Anwalt Norbert Kückelmann vermochte seiner Aussage soviel Glaubwürdigkeit zu verleihen, daß er freigesprochen wurde. Er sei zu der Jungfrau wie die Jungfrau zum Kind gekommen...

Wie die Jungfrau zum Kind gekommen ist, weiß ja fast jeder, vor allem, wenn er wie jeder anständige Altbayer ein Christkathole ist. Aber das spielte in dem Prozeß dann doch keine Rolle, obwohl man nicht bei allen Prozessen, die in München geführt werden, vom starken Glauben absehen kann. Der unaufhaltsame Aufstieg des Walter Sedlmayr hielt an, obwohl die Menschen in der Branche anfingen, die Augen ein wenig zuzukneifen, wenn sie von ihm sprachen. Klar waren viele neidisch, als er dann auch noch von seinem Heimatsender mit Sendereihen und Regieaufgaben überhäuft wurde. Wie kommt so ein sorgfältig inszenierter Ehrenmann in zwielichtige Gesellschaft? Wo stieß sein Vorstadtgarten in Feldmoching ans kriminelle Terrain? War er vielleicht – erpreßbar?

Im Theater und im Funkhaus hätte ein Schwuler keinen gestört, gibt's doch ein bißchen Durchmischung, auch in der Horizontale. Aber was dem Sedlmayr Walter total abging, das war eine Lockerheit, ein na und?, das er sich gesellschaftlich längst hätte leisten können. Da war diese psychische Bremse, die er immer angezogen hatte. Höchstens daß er manchmal ein wenig hinterfotziges Bosheitsöl draufschmierte, damit sie nicht quietschte. Auch daß er zwischenzeitlich noch mal ganz unschuldig von zwei jungen Männern in seiner Wohnung ausgeraubt und auch ein bißchen zusammengehaut worden war, nahm man ihm in München nicht extra übel. So was passiert.

Außerdem, du liebe Güte, wird der Mensch im Alter sentimental. Die Mama war auch gestorben, und so dachte der Herr Wirt und baldige Rentier (der als notorisch geizig verschrieen war) daran, andere jetzt oder nach seinem Tod an seinem Wohlstand teilhaben zu lassen. Es entstanden wechselnde Testamente. Merkwürdigerweise waren alle diese Menschen, denen er etwas zuwenden oder hinterlassen wollte, männlichen Geschlechts. Das hätte natürlich auch wieder nur das gewöhnliche Patriarchatsgehabe gewesen sein können.

Spätestens am 15. Juli 1990 aber wußte München, die Hauptstadt mit Herz, wußte die Bundesrepublik, Europa, daß es das nicht war. Das heißt, wenn man's genau nimmt, dann könnte man die Homosexualität doch auch als eine besondere Spielart des Patriarchats einschätzen. In der gemeinen Männerbündelei kommt es für die Frauen eigentlich nicht darauf an herauszufinden, *warum* das Geschlecht der Männer zusammenhält, im Bett, in der Politik, im Geschäft. Das Nachsehen haben sie sowieso. Die liebe Mutti freilich ausgenommen. Der Volksschauspieler und Prominentenwirt W. S. lag also eines schönen Schwabinger Sommersonntagnachmittags tot in seinem Bett: erschlagen, halbnackt, blutend, beraubt. «Der Mörder kam von hinten» – schrieb *Bild*.

Das Umfeld untersuchte die Polizei minutiös. Alles, was der Biedermann aus Feldmoching lebenslang mühevoll unter der Decke gehalten hatte, kam heraus. Er war ein Schwuler, aber kein potentieller Paar-Homo mit Familienimitation, sondern aus jener Ecke, wo die Promisken im Dunkeln wesen, wo die Strichjungen sprießen und die Totschläger wachsen, wo Eifersucht und Gewalt ein Regulativ sind und wo Geld als Gleitmittel dient. Die Fernsehnation erlitt einen Kulturschock! Und das anno 1990, ohne Bedrohung durch Strafgesetze und sonstige Sanktionen. Ein kleinbürgerlicher Fernsehprominenter glaubt, er könne nur mit der Lüge als Gefährtin vor seine Fangemeinde treten. Na gut, Everybody's Darling, der selige Tschaikowsky, nun schon hundert Jahre tot, wird auch noch von seinen Biographen geschützt, mit der schmeichelnden Decke vom Sammet der Melancholie zugedeckt, obwohl eine neue Theorie ganz plausibel ist: Verschworene Aristokraten hätten ihm unter Androhung öffentlichen Skandals nicht den Schierlingsbecher, aber ein Quantum Arsen geschickt, weil er sich an einem ihrer Söhne vergangen habe. Rettender Selbstmord oder verdammter Mord?

Kaum zu glauben, daß kurz vor Beginn des dritten Jahrtausends immer noch diese makabre Fledermaus durch die öffentliche Meinung flattern soll. «Entweder-Oder». Entweder du bist hetero (oder besser noch keusch) und wir lieben dich – oder du bist schwul, dann droht dir der Quotentod. Vielleicht existiert dieses Verdikt vor allem in den Köpfen der Betroffenen. Nun gab's kein Halten mehr. Sämtliche Medien verfolgten heiße Spuren, eifriger fast als die Polizei, die auch nicht faul war. Kneipen-, Strich- und Neureichenmilieu, und das in der Welt des Showbusineß, welch explosive Mischung. Lügen und Meineide, Gefälligkeitsalibis und mehrfach geänderte Testamente, und dies an Tatorten wie Schwabing und in einer Nobelkneipe am Viktualienmarkt, die das Krimipublikum ohnehin kennt – kein Drehbuchautor könnte das besser erfinden. Bloß daß die Leiche, die zu Beginn jedes Tatorts in ihrem Blut liegt, sehr schnell keinen Hund mehr interessiert. Rauskriegen will man, wie alles kam. Die Hauptperson, der dickliche Mann mit der Halbglatze, dessen Bild in jeder deutschsprachigen Zeitung abgedruckt wurde, war in Null komma null zur absoluten Nebenfigur geworden. Mitgefühl? Ja woher denn.

Im Mai 1993, nach 53 Verhandlungstagen, erging in München das Urteil, nachdem das Publikumsinteresse durch immerwährende Schmuddel- und Rührgeschichten wachgehalten worden war. Unter dem Druck des Prominentenprozesses waren alle Indizienbrösel zusammengeklaubt worden, alle verschlungenen Wege des Lasters bis nach Kroatien verfolgt worden. Zwei Schuldige wurden endlich verurteilt.

Gegenfrage: Was wäre, wenn? Was wäre, wenn sich die Außenseiter aller Länder outen würden? Nicht nur um ihrer selbst willen, sondern auch um zu zeigen, daß die Minderheiten so klein gar nicht sind. Wacht auf, Verdammte dieser Erde, oder so. Viel Wind wäre den Pharisäern aus den Segeln genommen. Die Fahrt im Wildwasser des Lebens wäre weniger gefahrvoll. Verdrängung hingegen erzeugt Sturm, weil das Verdrängte aufgeblasen wird. Es sind Ängste, die bei vielen Menschen, Homos, Heteros, Lesben die Emanzipation verhindern. Und nur Offenheit allein kann Ängste nehmen, wenn auch die Risiken bleiben. Bei Nebenwirkungen fragen Sie am besten sich selbst. So mußte der arme Sedlmayr sterben, und sein heißgeliebtes Geld haben alles die falschen Leut'.

- Das «Erlanger Baby», das in Wirklichkeit kein Baby war, sondern der Fötus im nur mit technischen Hilfsmitteln funktionsfähig gehaltenen Leib einer amtlich toten Frau, entzweite Ende 1992 die Republik: Sollte das ganze Potential der modernsten Medizintechnik angewandt werden, um das «Recht» des Fötus auf Leben durchzusetzen und eine «Untote» postum zur Mutter werden zu lassen – oder sollte der Schwangeren ihr Recht auf einen humanen Tod eingeräumt und dem Embryo ein Leben als Retortenbaby erspart werden?
In der öffentlichen Diskussion stellten sich ungewohnte Koalitionen heraus: Konservative «Lebensschützer» verbündeten sich mit technikgläubigen Medizinern, Feministinnen mit nicht weniger konservativen Technologiekritikern.
Es war die Natur selbst, die den Streit in diesem Fall entschied und die Geburt eines mit einem fragwürdigen «Recht auf Leben» ausgestatteten Homunculus verhinderte. ■

Birgit Sauer

Der Mutterleib als Maschine

Das Erlanger «Baby»

Sterbend wurde sie ins Spital gebracht,
wo sie einem toten Kind das Leben gab
(Karl Kraus)

Im Januar 1993 wäre er per Kaiserschnitt geboren worden, nichts Außergewöhnliches. Seinen Vater hätte er nie kennengelernt, ebenfalls nichts Außergewöhnliches heutzutage. Seine Großeltern, beide Mitte Dreißig, hätten sich um ihn gekümmert. Seine Mutter wäre ihm auch unbekannt geblieben – ungewöhnlich daran wäre allerdings ihr Sterbedatum gewesen: Der Totenschein datierte nämlich bereits vom 8. Oktober 1992. Das «Kind einer Toten», «Schneewittchens Kind», wie die Presse den Fötus bezeichnete, wurde allerdings nicht geboren. Nach einer «spontanen Fehlgeburt» am 16. November 1992 fand ein medizinisches Experiment in der Erlanger Universitätsklinik ein Ende, das die fränkische Stadt in die Schlagzeilen der internationalen Medien gebracht hatte: Fünf Wochen lang war ein Fötus im apparatebeatmeten, künstlich hormongesteuerten Körper einer hirntoten Frau auf der Intensivstation am Leben erhalten worden.

Die Bundesbürger waren offenbar fasziniert von diesem Vexierbild zwischen Leben und Tod, auch wenn sich in Meinungsumfragen 82 Prozent gegen das Experiment aussprachen. In ihrer zwieschlächtigen Art skandalisierte die Presse das Vorgehen der Erlanger Ärzte. Gewürzt mit makabren Details aus dem Leben der «Untoten» – über die täglichen Verrichtungen des Pflegepersonals, das ihren Bauch streichelte, um dem Fötus Körperkontakt zu vermitteln, sie mit Barockmusik beschallte, über die Eltern, die sich mit der nicht reagierenden Tochter unterhielten –, brachte die Presse die ethischen, rechtlichen und politischen Probleme moderner Medizintechnik an die Öffentlichkeit. Die Grenze zwischen Leben und Tod sollte wieder einmal neu gezogen, die Spezifik weiblicher Prokreativität in Frage gestellt werden. Die zeitgleich geführte Debatte um die Neuregelung des Schwangerschaftsabbruchs erschien in anderem Licht, denn hier versuchte sich das Männlich-Machbare, die Vorstellung des Mannes von sich selbst als Ursprung und Schöpfer von «Leben», als medizinische Philanthropie zu inszenieren.

Am Nachmittag des 5. Oktober 1992 prallte der Wagen der Zahnarzthelferin Marion P. gegen eine Baum. Marion P. war in der 14. Woche schwanger. In der Erlanger Universitätsklinik erlangte sie nicht wieder das Bewußtsein, und drei Tage nach ihrem Unfall, am 8. Oktober, wurde ihr Hirntod festgestellt. Nun boten sich für den behandelnden Chirurgen Johannes Scheele zwei Möglichkeiten: entweder die Apparate zur Aufrechterhaltung der Herz-Kreislauf-Funktion und der Beatmung abzuschalten oder, was seinen Interessen mehr entsprach, Organe zur Transplantation zu entnehmen. Das Nein der Eltern von Marion P. schloß diese Option allerdings aus. Da nun der 14 Wochen alte Fötus anscheinend unversehrt geblieben war, bot sich die einzigartige Möglichkeit, den Körper Marion P.s gewissermaßen als «Gesamtorganspende» für den heranreifenden Fötus zu verwenden. Dieser Fall war rechtlich nicht geregelt.

Die Universitätsklinik berief deshalb eine Herrenrunde ein, der der behandelnde Chirurg Scheele, der Klinikchef, ein Gynäkologe, ein Kinderarzt, ein Neurochirurg, ein Anästhesist und ein Rechtsmediziner angehörten. Dieses sogenannte Konsilium beriet die Frage, ob der Fötus am Leben erhalten werden sollte – seine Überlebenschancen wurden auf 50 Prozent taxiert – und wie dies rechtlich und medizinethisch begründbar sein würde. Der Rechtsmediziner Hans-Bernhard Wuermeling hielt es für unbedenklich, die Apparate abzuschalten, mit der Konsequenz, daß der 14 Wochen alte Fötus mit Marion P. zusammen sterben müßte. Für rechtlich ebenso unbedenklich allerdings hielt er die Option, die Herz-Kreislauf-Funktionen der Hirntoten aufrechtzuerhalten. Einig waren sich die Herren darin, daß die Situation keine ethischen Probleme aufwerfe, da es nicht um ein wissenschaftliches Experiment, sondern um eine, wie der Rechtsmediziner flugs definierte, «Neulandbehandlung» gehe. In einem solchen Fall ist nach medizinischem Standesrecht keine Ethikkommission notwendig. Ohne den Rat von Psychologen oder Psychologinnen einzuholen und ohne die Anhörung einer Wissenschaftlerin entschied die Kommission sich für die maschinengestützte Schwangerschaft.

Vergleichbare Fälle hirntoter Schwangerer wurden gesucht, sechs waren weltweit dokumentiert. Bei keinem der bekannten Kinder aber, die im «natürlichen Brutkasten» ihrer hirntoten Mutter von Ärzten zur Reife gebracht worden waren, war die Zeitspanne zwischen dem Hirntod der Schwangeren und dem frühestmöglichen Geburtsdatum des Kindes so lang wie in Erlangen. Dort sollte der Fötus über 17 Wochen hinweg am Leben erhalten werden, um frühestens in der 32. Schwangerschaftswoche per Kaiserschnitt das Licht der Welt zu erblicken.

Die Erlanger Idee war eingebettet in virulent-virile medizinische Zukunftsvisionen: Bereits 1988 hatte der australische Bioethiker Paul Gerber vorgeschlagen, daß hirntote Frauen die «großartige» Aufgabe übernehmen sollten, fremde Kinder auszutragen; an der Universität Tokio reifte 1992 eine Ziege in einer Gummigebärmutter heran; auch in Bologna erforschte ein Wissenschaftlerteam seit Jahren die Ektogenese, die Aufzucht außerhalb des Mutterleibes. Schließlich schwärmte der US-amerikanische Pathologe Jeffrey A. Fisher davon, bis zum Jahr 2020 Sexualität und Fortpflanzung endgültig voneinander zu trennen; bis dahin würde die Reagenzglasschwangerschaft den weiblichen Körper als größten Gefahrenherd während der Schwangerschaft überflüssig machen. Was, wenn die wissenschaftliche Realisierung dieser monströsen Utopie einer Mutter-Maschine in einer Universitätsklinik der deutschen Provinz gelänge?

Neben den medizinischen Fragen war das rechtliche Prozedere zu klären: Deutsche Gesetze schwiegen zu dem Fall oder paßten nicht darauf. Kann man Hirntoten postmortale Persönlichkeitsrechte wie das Recht auf den eigenen Körper absprechen? Dürfen Mediziner, ohne die Einwilligung von Marion P. jemals bekommen zu können, ihren Körper benutzen? Wer konnte und durfte über die «Lebensrettung» des Fötus oder die Abschaltung der Apparate entscheiden? Eigentlich hätten diese Entscheidung die Eltern von Marion P. fällen müssen, denn diese wären später für das Kind zuständig gewesen. Anders als in den übrigen dokumentierten Fällen hirntoter Schwangerer fehlte es aber an dieser Initiative der prospektiven Großeltern. Die Mediziner nutzten den «rechtsfreien Raum»: Ohne Marion P.s Eltern vollen Einblick in die Behandlung, in die physischen und psychischen Risiken für den Fötus, das ihr Enkelkind werden sollte, zu gewähren, ohne sie in dem Konflikt, in den sie sich begeben würden, zu beraten, signalisierten die Mediziner, daß sie das Experiment auch ohne Einwilligung durchführen würden.

Sollten die Eltern die Herausgabe des Leichnams von Marion P. fordern, so wollten sich die Ärzte auf einen «übergesetzlichen Notstand» berufen. Immerhin, so behaupteten sie, habe Marion P. das Kind gewollt – sie hatte sich auf das Kind vorbereitet, Babysachen und Kinderspielzeug gekauft –, folglich sei die Behandlung in ihrem Sinn. Unter dem Druck der interessierten Ärzteschaft stimmten die Eltern von Marion P. aus Angst, das Sorgerecht für das Kind zu verlieren, dem Experiment zu.

Das Vormundschaftsgericht Hersbruck legitimierte ex post die postume Schwangerschaft und regelte die rechtlich wunden Punkte. Die gesetzliche Betreuungsvorschrift wurde, da das BGB eigentlich für Lebende gemacht ist, «sinngemäß» auf die hirntote Marion P. angewandt. Volljährige, die des Denkens nicht mächtig, deshalb nicht in der Lage sind, ihren Willen auszudrücken, können nach § 1896 BGB einen Betreuer bekommen – für Marion P. übernahm dies eine Tante. Da man zwischen «totem» Mutterleib und «lebendigem» Fötus trennte, wurde für den Ungeborenen eine Pflegschaft nach § 1912 BGB bestellt, die die zukünftigen Großeltern übernahmen. Weitere Fragen blieben unbeantwortet, ja wurden erst gar nicht gestellt: Kann eine Frau zum Austragen einer Schwangerschaft auch nach dem Tode gezwungen werden? Müssen sich Frauen zukünftig durch Vermerke im Ausweis vor der Benutzung ihres hirntoten Körpers schützen?

Das Erlanger Experiment ist also nicht nur eine fränkische Provinzposse faustischer Ärzte, die noch vor der Premiere abgesetzt wurde. Der Fall ist dazu geeignet, den medizinischen, rechtlichen und politischen Diskurs um Leben und Tod, Frauen und Gebären nachhaltig zu Lasten von Frauen zu beeinflussen. Die Abschaffung der Natur durch ihre Auflösung in ein technisches Projekt hat sehr wohl etwas mit Herrschaft zu tun: Mediziner und Juristen zerlegen den menschlichen Körper in verschiedene funktionale Teile. Leben und Tod bezeichnen gewissermaßen nur noch Aggregatzustände einzelner Organe, die Vorstellung von der Einheit des menschlichen Körpers geht darüber verloren. Und nach dem Prinzip des «Teile und herrsche» wächst die Macht der definitionsberechtigten Experten, die im Extremfall die funktionstüchtige Niere oder eben die noch «arbeitende» Gebärmutter gegen den Menschen, zu dem diese Organe gehören, ausspielen können.

Die Mediziner definierten Marion P. als tot, die Juristen erfanden ihr postmortales Interesse am Kind. Hätte man eine andere Todesdefinition als die des Hirntodes gewählt, so hätte man Marion P. als lebendig bezeichnen müssen, und der medizinische Eingriff hätte ihrer Einwilligung bedurft. Der Hirntod dissoziiert den Tod in einen Tod des Hirns und in ein Sterben des Körpers und konstruiert einen Leib-Hirn-Dualismus, der die Personalität des Menschen allein im Gehirn lokalisiert und den hirntoten Körper zu einem Stück fühllosen Fleisches degradiert. Seit ihrer Festlegung im Jahr 1968 ist diese Todesdefinition deshalb umstritten. War man zuvor vom Herz-Kreislauf-Tod ausgegangen, wird nun der Hirntod, dessen Zeitpunkt sich exakt festlegen läßt, als der irreversible Zusammenbruch der integrativen Groß- und Stammhirnfunktionen bei noch aufrechterhaltener Kreislauffunktion im übrigen Körper zum alleinigen Todeskriterium gemacht. Beim Hirntod handelt es sich also um eine medizinische Abstraktion, eine willkürliche und funktionalistische Festlegung, die den Bedürfnissen von Sterbenden nicht gerecht wird. Sterben ist eigentlich ein Prozeß, der durch die zwangsweise Aufrechterhaltung der Herz-Kreislauf-Funktionen unterbrochen wird. Der «maschinenlesbare Tod», der Hirntod, dient lediglich dem Organspendewesen, weil die Organentnahme nur im – in Hinblick auf Herz und Kreislauf – lebendigen Zustand des Körpers möglich ist.

Im Falle des Erlanger «Babys» meinten die beteiligten Mediziner und Juristen alle ethischen Einwände mit dem Argument des Lebensschutzes schlüssig ausräumen zu können. Zur Rechtfertigung des neuartigen Forschungsfeldes griffen sie auf eine Argumentationsfigur zurück, die seit den neunziger Jahren in der Abtreibungsdebatte emotional aufgeladen und unter dem Stichwort «Lebensrecht des Ungeborenen» zur instrumentalisierbaren Metapher geworden war. Die Ärzte verschanzten sich hinter ihrem hippokratischen Eid und verstanden sich fürderhin als Lebensretter des 14 Wochen alten Fötus. Ein Abstellen der Geräte wurde zur «Tötung» erklärt. Das selbständige Leben des Embryos im Leib der Marion P. stand für die Erlanger Mediziner außer Frage, zumal auch Medizinethiker, die nicht zu den Lebensschützern gehören, von eigenen Empfindungen des Fötus mit Beginn der 13. Schwangerschaftswoche ausgehen. Auf dieser Grundlage konnten die Erlanger Ärzte das Lebensrecht des Fötus gegen das Recht der Patientin Marion P. auf einen würdigen Tod abwägen und das Problem zuungunsten der letzteren «lösen»: Der verstorbenen Mutter, so der Chirurg Scheele, sei die Benutzung ihres Körpers zugunsten des Kindes zumutbar.

Das, was Juristen und Kirchenmänner postuliert hatten, sollte in Erlangen empirisch vor Augen geführt werden: daß die schwangere Frau und der Fötus trennbar seien und deshalb dem Fötus ein unabhängiges Lebensrecht zukomme. Denn, so der Chirurg Scheele, der Fötus sei vom ersten Augenblick an «ein völlig separates Lebewesen», und die Vorstellung, daß das Kind mit der Mutter zugrunde gehen müsse, sei ebenso «archaisch» wie die Witwenverbrennung in Indien, die die Einheit der Ehegatten zur Grundlage habe.

Das Erlanger «Baby» wurde vermenschlicht, zum Kleinkind und bedauernswerten Waisenkind stilisiert, das – medial visualisiert – menschliche Reaktionen zeigte, etwa am Daumen nuckelte, ohne daß Marion P. dabei eine Rolle spielte. Der Fötus rückte ins Zentrum –

dies degradierte die Schwangere zunehmend zum lebendig-fleischlichen Brutkasten, zum «fötalen Umfeld». Analogien wurden gefunden und offenbarten den tiefsitzenden Biologismus dieses medizinischen Menschenbildes: Gegen die Aufzucht von «Frühchen» im mechanischen Brutkasten habe auch niemand etwas einzuwenden, und der leiblich-weibliche Brutkasten funktioniere nicht anders. Marion P. sei eine Ansammlung von Organen, die dem Fötus Sauerstoff und Glukose zuführe. Die Schwangere wurde in biologische Funktionseinheiten zerlegt und dadurch sukzessive ersetzbar durch Apparate, Medikamente und Pflegepersonal. Das Vormundschaftsgericht Hersbruck erklärte die hirntote Frau zur «lebenserhaltenden Schutzhülle», deren postmortaler Persönlichkeitsschutz dem «selbständigen Lebensrecht des ungeborenen Kindes» nachgeordnet sei. Als biologischem Inkubator wurden der hirntoten Frau Rechte, das Recht auf einen würdigen Tod beispielsweise, nicht zugesprochen.

Auch was die Pränatalogen werdenden Müttern seit Jahren predigen, nämlich eine innige psychische Beziehung zu ihrem Kind aufzunehmen, wurde nun plötzlich als irrelevant über Bord geworfen. Geräusche, Bewegungen und Empfindungen einer Schwangeren galten als substituierbar; mit einem Mal erschien es als völlig unerheblich, daß das psychische und physische Befinden des Fötus zum großen Teil von der Schwangeren abhängt. Die Frage, wie ein solcher Mensch, der im Mutterleib nur die Geräusche von Beatmungsmaschinen gehört und den mechanischen Zugriff der Wendevorrichtung gespürt hat, Beziehungen zu anderen Menschen und die Welt erleben kann, blieb unbeantwortet.

Das Lebensargument, mit dem die Erlanger Experimenteure so schnell bei der Hand waren, erweist sich bei genauerem Hinsehen als fadenscheinig. Das reale Handlungsdilemma ergab sich aus einem Kosten-Nutzen-Kalkül; Leben konnte nicht um jeden Preis geschützt werden, sondern erst, nachdem eine private Organisation sich bereit erklärte, die zusätzlichen, viel zu streng kalkulierten Kosten von 100000 DM aufzubringen. Und selbst dann hatte der Lebensschutz in der Erlanger Klinik seine Grenzen. Komme es, so der Rechtsmediziner Wuermeling in einer Fernsehsendung, bei der Behandlung zu schweren biologischen Schädigungen des Fötus, sei das Abstellen der Apparate nicht als Tötung, sondern als Beendigung einer Behandlung zu bewerten. Das Lebensrecht des Kindes sollte also nur gelten, wenn es den Qualitätsanforderungen der Experimenteure entsprach. Das Lebensschutz-Argument entpuppt sich als Camouflage – es vertuscht die Instrumentalisierung des weiblichen Körpers für eine medizinische Forschung, in der vor allem Männer festlegen, auf welche Weise der Frauenkörper der Fortpflanzung zu dienen hat.

Gerade in Hinblick auf die Abtreibungsdebatte – der Einigungsvertrag hatte eine Neuregelung des § 218 StGB nötig gemacht – bekam das Erlanger Experiment eine besondere Bedeutung. Denn erst durch die moderne Medizintechnik, die das «Leben» im Körper einer Frau sichtbar machen konnte, wurde dieses «Leben» zur Ikone, gleichsam idolisiert (Barbara Duden). Das Erlanger Experiment mußte gar nicht notwendigerweise gelingen; bereits die medial verbreiteten Vorstellungswelten lieferten den extremen Lebensschützern Argumente, zu denen sich das Bundesverfassungsgericht in dem Abtreibungsurteil von 1975 noch nicht hatte «durchringen» können: Ein Fötus, das «Leben» eben, kann auch ohne die Frau existieren, er ist deshalb als ein Träger von Grundrechten und ein schützenswertes Rechtssubjekt zu behandeln. «Der Fötus als Patient» war die griffige Formel eines Medizinerkongresses, der zum 200. Jahrestag der Französischen Revolution 1989 «Rechte des Fötus» proklamierte. Dieser müsse vor seiner Mutter, so sie beispielsweise einfach stirbt, und gegen seine Mutter, so sie Abtreibungsgedanken hegt, in Schutz genommen werden.

Der Erlanger Fall ist auch ein Präzedenzfall dafür, wie moderne Medizintechnik unter dem Signum der Lebensrettung, Lebensverlängerung und Gesundheitsvorsorge völlig unkontrolliert in den Alltag der Bürger und Bürgerinnen eingreift und sukzessive, unspürbar und unkontrolliert in ein technizistisches Menschenbild ausdehnt. Politische Gestaltung ist weitgehend ausgeschlossen, Politik wird mit Mitteln der Medizin gemacht (Monika Frommel). Öffentliche Kontrolle oder gar demokratische Mitsprache- und Mitbestimmungsrechte der Betroffenen sind im Dienste des wissenschaftlichen Fortschritts nicht vorgesehen, denn Öffentlichkeit würde einen Machtverlust für die Experten bedeuten, die Leben, Natur und Kultur definieren und dadurch kontrollieren. Es geht um die Macht über den Tod, vor allem aber um die Macht über das Leben und den weiblichen Körper. Die Macht von Männern in weißen Kitteln oder wahlweise schwarzen und roten Roben reicht aus, dies scheint das Erlanger Experiment zu signalisieren, um Menschen zur Welt zu bringen und die Frau als Gebärende überflüssig zu machen. Homo faber demonstriert die Allmacht medizinischer Technik und seine männlich-göttliche Kreativität.

Nach dem Abort des Fötus verweigerten die Eltern eine Obduktion von Marion P. – der letzte Versuch, dem benutzten Körper zu seinem Recht zu verhelfen. Die tieferen Ursachen des «medizinischen Fehlschlags» konnten deshalb nicht geklärt werden. Der Fortschritt wurde noch einmal gebremst.

■ Im Mai 1993 bekräftige das Bundesverfassungsgericht seine Auffassung, daß der Schutz menschlichen Lebens – und darunter verstand es auch das eines Fötus vom Augenblick seiner Zeugung an – einen Vorrang vor dem Selbstbestimmungsrecht der einzelnen habe, also auch vor dem Selbstbestimmungsrecht schwangerer Frauen. Damit setzte es ein Gesetz außer Kraft, das der Bundestag beschlossen hatte, um die in der alten DDR weithin akzeptierte Fristenregelung beim Schwangerschaftsabbruch mit dem in der alten Bundesrepublik geltenden Indikationsmodell unter einen Hut zu bringen, im Sinne einer Fristenregelung unter – im Verhältnis zum ehemaligen DDR-Recht – erschwerten Bedingungen.
Was dieses Urteil bedenklich macht, ist nicht nur die Tatsache, daß es sich gegen das moralische Bewußtsein der Bevölkerungsmehrheit – zumal der Frauen – stellt, sondern gerade auch der Begriff von menschlichem Leben, auf dem es basiert: Der Fötus, der hier zum Rechtssubjekt erklärt wird, ist ein nur mit technischen Geräten, nicht aber mit menschlichen Sinnen wahrnehmbares Wesen, ein naturwissenschaftliches Konstrukt. Der scheinbar beruhigende Konservatismus des Verfassungsgerichts erweist sich auf den zweiten Blick als Vorgriff auf eine wenig behagliche «schöne neue Welt». ■

Petra Willim

Mutterleib und Männergesellschaft

Die mißglückte Reform des § 218

Am 28. Mai 1993 erging gegen die gebärfähigen Frauen in der Bundesrepublik Deutschland folgendes höchstinstanzliches Urteil: Sie haben grundsätzlich die staatliche Verpflichtung, jedes Kind auszutragen – und sei es auch unerwünscht.

Mit einer Mehrheit von sechs zu zwei Stimmen lehnte der Zweite Senat des Bundesverfassungsgerichts das Gesetz zur Novellierung des § 218 StGB und seiner Folgeparagraphen ab. Lediglich der Vorsitzende Richter Gottfried Mahrenholz und sein Kollege Berthold Sommer hielten es für verfassungskonform. Die einzige Dame in diesem männlich dominierten Gruppenbild, Karin Graßhof, stimmte mit der Mehrheit. Und diese Mehrheit vertrat die Auffassung, daß Abtreibung auch in den ersten drei Monaten weiterhin als rechtswidrig und somit als ein Strafrechtsdelikt bewertet werden müsse.

Allerdings: Da die Karlsruher Richter aus der Geschichte der Abtreibung anscheinend gelernt haben, daß Strafandrohung Schwangerschaftsabbrüche keineswegs verhindert, sondern lediglich dem Abtreibungstourismus und schlimmstenfalls der Kurpfuscherei Auftrieb gibt, plädierten sie gegen eine Strafverfolgung dieses als rechtswidrig deklarierten Delikts. Rechtswidrig, aber straffrei – was sich sprachlich wie rechtstheoretisch reichlich widersinnig ausnimmt, hat fatale Folgen für die Frauen: Zwar sitzt ihnen, sofern sie ordnungsgemäß drei Tage vor der Abtreibung eine Beratungsstelle aufgesucht haben, kein Staatsanwalt im Nacken. Dafür sollen sie – und dies war wohl die hinter dieser Rechtskonstruktion versteckte Absicht der Verfassungshüter – beim rechtswidrigen Eingriff nicht nur real, sondern auch finanziell bluten: Für rechtswidrige Maßnahmen kommen die gesetzlichen Krankenkassen nämlich nicht auf.

Also doch wieder Abtreibungstourismus, wenn Krankenhäuser und Ärzte Rechtswidrigkeiten nicht mit ihrer Weltanschauung in Einklang bringen können? Und doch wieder Kurpfuscherei, falls der Geldbeutel für Reisen oder teure Klinikaufenthalte zu schmal ist? Die ganz Armen dürfen wegen der Abtreibungskosten immerhin bei der Sozialfürsorge betteln gehen, so der barmherzige, wenn auch nicht logische Lösungsvorschlag aus Karlsruhe.

Eine zweite, nicht minder paradoxe Leitlinie des Urteils betrifft Form und Durchführung der vor jedem Schwangerschaftsabbruch vorgeschriebenen Beratung: Sie habe «zielorientiert», zugleich aber «ergebnisoffen» zu sein. Die Beratungsstelle muß laut richterlicher Vorgabe das Ziel verfolgen, der von Staats wegen zur Ratsuche gezwungenen Frau die Abtreibung auszureden. Das Ergebnis solcher Gespräche soll gleichwohl offenbleiben – anscheinend ein kleines Zugeständnis an die allen Vorhaltungen und Einschüchterungsversuchen gegenüber möglicherweise doch renitente Schwangere. Allerdings hat mit dem rechtlich verbürgten offenen Ausgang der Beratung das

Spießrutenlaufen noch kein Ende. Selbst die letzte Gelegenheit, die Frauen Mores zu lehren, soll nicht ungenutzt verstreichen: Der Arzt, der wenige Minuten später den Eingriff vornehmen wird, hat nach Auffassung des BVG seiner Patientin ein weiteres Mal ihre staatlich oktroyierte Mutterpflicht in Erinnerung zu rufen.

Das Karlsruher Urteil ist janusköpfig. Zwar lassen die Richter erstmals in der Rechtsgeschichte der BRD eine Fristenlösung passieren und gestehen damit der Frau für einen begrenzten Zeitraum die letzte Entscheidung über den Schwangerschaftsabbruch zu. Doch bleibt es bei dem Verdikt, daß es sich um eine Unrechtstat handelt. Von strafrechtlichen Maßnahmen wird zwar abgesehen, doch treten an deren Stelle die durch die Zielvorgabe und die mögliche Kriminalisierung des Umfelds verschärfte Zwangsberatung sowie die der Frau nun drohenden Kosten des Eingriffs (bei einer ambulanten Abtreibung ca. 500 DM, bei einem Klinikaufenthalt um 1200 DM. Zwar wird der Frau die Letztentscheidung zugebilligt, doch stehen diesem Hauch von Liberalität die dem Urteil vorangestellten 17 Leitsätze gegenüber, deren Diktion mittelalterlichen Geist atmet. In ihnen wird die Frau nicht nur grundsätzlich zum Austragen einer Schwangerschaft verpflichtet, sie erheben darüber hinaus – und dies ebenfalls erstmalig in der Rechtsgeschichte der Bundesrepublik – das befruchtete Ei zum vollgültigen, die Persönlichkeitsrechte der potentiellen Mutter geradezu zur Nebensächlichkeit degradierenden Rechtssubjekt. Von dem Gedanken, daß Frauen prinzipiell über das, was in ihrem Bauch zu menschlichem Leben erst heranwächst, selbstbewußt und verantwortungsvoll zu entscheiden in der Lage sind, und von der Einsicht in die gesellschaftliche Realität, derzufolge bis heute die Fürsorge für die heranwachsenden Kinder in erster Linie immer noch den Frauen zufällt, ist das Urteil meilenweit entfernt.

Das Problem der Abtreibung ist so alt wie die menschliche Zivilisation. In den antiken Hochkulturen war Abtreibung nicht grundsätzlich verpönt, sie wurde sogar von Aristoteles und Platon als Mittel demographischer Regulierung empfohlen. Zur absoluten Unrechtstat stempelte erst das Christentum den Schwangerschaftsabbruch. Doch verhinderte selbst die Verhängung der Todesstrafe – wie sie erstmals die peinliche Gerichtsordnung Karls V. von 1532 für dieses Delikt vorsah – keineswegs, daß verzweifelte junge Frauen entweder zu abtreibungswirksamen Mitteln griffen oder – wenn denn alles nichts half – sogar das Neugeborene töteten.

Der Fall der Susanna Margarethe Brandt, genannt Gretchen, erfuhr – dank Goethes *Faust* – fünfzig Jahre nach ihrer Verurteilung eine Art Revision vor der literarischen Weltöffentlichkeit. Im Gegensatz zur realen Delinquentin, die zur Abschreckung aller mutmaßlichen Nachahmerinnen, sicher aber auch zur Befriedigung selbstgerechter Moral öffentlich hingerichtet worden war, durfte das literarische Gretchen, das sich in Liebe hingegeben hatte, wenigstens auf die Anteilnahme und das Mitleid seines Autors und des Publikums rechnen.

Die Verteufelung weiblichen Begehrens und die Verdrängung des männlichen Anteils bei der Zeugung leben bis heute munter fort. Bereichert wurde die Verurteilung ungewollt schwanger gewordener Frauen seither lediglich durch die Behauptung, angesichts moderner Verhütungsmittel müsse keiner Frau mehr ein solcher Unfall zustoßen. Abgesehen davon, daß sich die wenigsten Männer um Fragen der Verhütung überhaupt kümmern, gehört diese Ansicht schlicht zu den Alltagsmythen in einer von Männern dominierten Welt.

Selbst bei einer Sterilisation der Frau, der mit Abstand sichersten, zumeist aber irreversiblen Verhütungsmethode, kann es immerhin noch in bis zu drei von tausend Fällen zu einer Schwangerschaft kommen. Auch die Verwendung der Pille bietet nur dann eine 99prozentige Sicherheit, wenn sie regelmäßig eingenommen wird und keine Magen-Darm-Krankheiten oder kontraindizierten Medikamente ihre Wirkung außer Kraft setzen. Das Schwangerschaftsrisiko bei Spirale und Diaphragma liegt um ein weniges höher, bei anderen Verfahren nehmen die Chancen einer ungewollten Schwangerschaft deutlich zu. Und von allen diesen Unwägbarkeiten abgesehen, gehört es zur menschlichen Sexualität, daß sie mit Emotionalität einhergeht. Die gleiche unüberlegte Handlung, die die meisten Männer vor sich als Kavaliersdelikt abtun, kann für die Frau zur einschneidenden Lebensveränderung werden, die beim besten Willen nicht immer wonniges Mutterglück bedeutet. Zu dem Gebundensein an ein zunächst äußerst bedürftiges Wesen gesellen sich häufig (immer noch) die gesellschaftliche Ächtung (gegenüber der alleinstehenden Mutter oder gegenüber der nach Ansicht des familiären Umfeldes vorzeitig Entjungferten), der Verlust des Arbeitsplatzes, der Mangel an finanzierbaren Wohnungen, an Kindergartenplätzen. Wenn nun eine Frau in dem Bewußtsein, daß kein Mann und keine staatliche Institution ihr die Hauptarbeit mit dem Kind abnehmen wird, diese Konsequenzen nicht tragen will – wer hat das Recht, sie dafür zu verachten oder gar zur Mörderin zu stempeln? Die noch lange nicht beseitigte gesellschaftliche Benachteiligung der Frau wird durch eine Schwangerschaft allzuoft zusätzlich vergrößert.

Überlegungen im Sinne der Frauen standen durchaus an der Wiege des Gesetzes, das unter dem Namen «Schwangeren- und Familienhilfegesetz» den alten § 218 StGB novellieren sollte. Es sollte – unter dem Motto «Hilfe statt Strafe» – den Schwangerschaftsabbruch in den ersten zwölf Wochen (d.h. bis zum Abschluß der Einnistung des befruchteten Eis in die Gebärmutter) freigeben, sofern sich die Schwangere zuvor hatte beraten lassen, und gleichzeitig die staatliche Unterstützung werdender Mütter deutlich verbessern – beispielsweise durch die projektierte Schaffung von 600000 neuen Kindergartenplätzen (ein Plan, der allerdings angesichts leerer öffentlicher Kassen bereits bei der Gesetzesformulierung wenig realistisch wirkte).

In der alten Bundesrepublik hätte die liberal-konservative Regierung wohl kaum freiwillig am seit 1976 gültigen Abtreibungsrecht gerüttelt; nach dem Zusammenbruch der DDR aber schien eine Änderung geboten. Zwar war man bei der rechtlichen und ökonomischen Anpassung des sogenannten Beitrittsgebietes im Prinzip wenig zimperlich verfahren, der § 218 aber muß selbst den Wahlstrategen der Regierung Kohl als einer der neuralgischen Punkte erschienen sein. Aus Furcht vor der möglichen Rache empörter Ostwählerinnen berücksichtigte man das Problemfeld Schwangerschaftsabbruch gesondert im Einigungsvertrag. Dieser garantierte, daß die weit liberaleren Abtreibungsgesetze der DDR in den neuen Bundesländern so lange ihre Gültigkeit behielten, bis eine für das ganze Bundesgebiet geltende, einheitliche Gesetzgebung geschaffen sei. Mit Ablauf des Jahres 1992 sollte eine solche Gesetzesnovelle ausgearbeitet sein.

Vorerst also galt für die ehemaligen DDR-Bürgerinnen das seit 1972 verbriefte Recht auf Abtreibung, das innerhalb der ersten drei Schwangerschaftsmonate den Abbruch in einer Klinik ermöglichte. Sie konnten sich zuvor beraten lassen, einer erzwungenen Gewissensprüfung mußten sie sich nicht unterziehen.

Anders im Westen. Hier war es den Frauen Anfang der siebziger Jahre zwar gelungen, die Parlamentarier zu einer Reformierung des alten Strafrechtsparagraphen, der noch mit einer Gefängnisstrafe von bis zu fünf Jahren drohte, zu bewegen. In einer damals aufsehenerregenden Selbstbezichtigungskampagne bekannte sich eine große Anzahl von Frauen in der Öffentlichkeit dazu, abgetrieben, mithin sich strafbar gemacht zu haben. Das 1974 dann tatsächlich auf den parlamentarischen Weg gebrachte Fristenlösungsmodell aber scheiterte ein Jahr später am Bundesverfassungsgericht, das das Gesetz für verfassungswidrig erklärte. Seither galt ein Indikationsmodell: Vom generellen, bei Zuwiderhandlung mit Strafe belegten Abtreibungsverbot wurden einige Fälle ausgenommen. War beispielsweise die Schwangerschaft Folge einer Vergewaltigung (kriminologische Indikation) oder bedrohte ein gesundheitlicher Schaden die werdende Mutter (medizinische Indikation) oder den Embryo (embryopathische Indikation – der Ausdruck «eugenische Indikation» wird in letzter Zeit gerne wegen der daran geknüpften Reminiszenzen an nationalsozialistische Rassengesetze vermieden) oder befand sich die Schwangere in einer psychischen oder sozialen Notlage (Notlagenindikation), konnte eine Abtreibung prinzipiell vorgenommen werden.

Allerdings hatte die abtreibungswillige Frau zuvor einige Hürden zu überwinden. Im Anschluß an ein obligatorisches Beratungsgespräch mußte sie einen Arzt davon überzeugen, daß eine dieser Indikationen auf sie zutraf. Erst nach Vorlage des Beratungsnachweises sowie der fachärztlichen Bescheinigung durfte ein zweiter, unabhängiger Arzt den Eingriff vornehmen. Bei Verstößen gegen diese Vorschriften konnten sowohl die Frau als auch der abtreibende Arzt strafrechtlich belangt werden – so geschehen zum Beispiel im bayerischen Memmingen.

Als nun 1992 die Regierung Kohl die vom Einheitsvertrag vorgeschriebene Novellierung des § 218 in Angriff nahm, stand ihr eine Zerreißprobe bevor. Der rechte Flügel der Unionsparteien wollte die letzten Reste sozialistischen Teufelswerks so schnell wie möglich verbannt sehen und bei der Gelegenheit gleich auch jeglicher liberalen Auslegung der Notlagenindikation christliche Riegel vorschieben. Schon lange war es eifrigen Katholiken und sogenannten Lebensschützern ein Dorn im Auge, daß Ärzte das Gros der Abtreibungen in Westdeutschland (annähernd 90 Prozent) mit der sozialen oder psychischen Notlage der Schwangeren rechtfertigten.

Doch durfte ein restriktiver Gesetzentwurf nirgends auf Mehrheiten hoffen, weder in der Bevölkerung noch im Parlament, noch im Bundesrat. Sämtliche Meinungsumfragen ergaben ein deutliches Mehrheitsvotum für die Fristenlösung. Auch mußte der kleine Koalitionspartner FDP um sein liberales Prestige fürchten, falls er sich allzu auffällig von der christlichen Regierungsmehrheit in die Knie zwingen ließe.

Zudem hatte die Abtreibungsreform nur dann Aussicht, den mehrheitlich von SPD-regierten Ländern besetzten Bundesrat zu passieren, wenn sie ebenfalls die Zustimmung der Sozialdemokraten fände. Der Gruppenantrag, auf den sich nach zähen Verhandlungen Mitglieder der Regierungsparteien und der SPD einigten, trug dann auch alle Züge eines Kompromisses: Die Rechten schluckten die Kröte Fristenlösung, die Linken die der Zwangsberatung.

Als dieser vor allem von Uta Würfel (FDP) und Inge Wettig-Danielmeier (SPD) ausgehandelte Gesetzestext schließlich mit 355 von 662 Stimmen die Parlamentsmehrheit erhielt – wobei vom Fraktionszwang befreite Mandatsträger und -trägerinnen aus allen im Bundestag vertretenen Parteien, von CDU/CSU bis zu BÜNDNIS 90/DIE GRÜNEN und der PDS/LINKE LISTE, für den Gruppenantrag votierten –, erschien die Fraktionsgrenzen überschreitende Arbeit an einem neuen § 218 als einer der seltenen Lichtblicke unserer parlamentarischen Demokratie.

Das hinterließ bei den überstimmten Rechten jedoch keinen bleibenden Eindruck. Mit dem dazu notwendigen Drittel aller Bundestagsmandate strengten Mitglieder der CDU/CSU-Bundestagsfraktion beim Bundesverfassungsgericht eine Normenkontrollklage an und verhinderten so das Inkrafttreten des vom Bundesrat bereits bestätigten und vom Bundespräsidenten schon ausgefertigten Gesetzes.

Es begann die Zeit des Rätselratens. Würde das Gericht, wie schon Mitte der siebziger Jahre, die zwölfwöchige Freigabe des Schwangerschaftsabbruchs erneut verurteilen? Vom damals als verfassungswidrig klassifizierten Gesetz unterschied sich das jetzige durch die Pflicht zur Beratung und durch die projektierten sozialen Begleitmaßnahmen. Zudem beschritt man mit der Fristenlösung nicht mehr wie damals juristisches und gesellschaftliches Neuland. Ein Teil der Bevölkerung hatte seit zwanzig Jahren mit dieser Regelung gelebt, und sie gehörte nicht nur zum Rechtsbestand der ehemals sozialistischen Länder, sondern hatte inzwischen auch in den meisten westeuropäischen Staaten Gesetzeskraft erlangt. (Außer in den streng katholischen Ländern Spanien, Irland und – erst seit 1993 wieder – Polen, in denen ein generelles Abtreibungsverbot herrscht, findet sich das Indikationsmodell europaweit lediglich noch in der BRD, der Schweiz, Portugal und Ungarn.) Widerlegt werden konnte dank dieser europäischen Erfahrungen die von konservativer Seite immer wieder gehegte Befürchtung, die Rate der Schwangerschaftsabbrüche würde rasant zunehmen, überließe man die Entscheidung darüber allein dem weiblichen Gewissen.

Doch schienen allzu optimistische Erwartungen gegenüber dem Bundesverfassungsgericht kaum angebracht. Alle Erfahrungen mit der von Männern dominierten Rechtsprechung ließen nichts Gutes erwarten – daran würde, so stand zu befürchten, auch die eine von der SPD nominierte Richterin nichts ändern. (Und daß nicht jede Frau per se eine Lichtgestalt weiblicher Emanzipation abgibt, sollte sich im Falle Graßhof denn auch bewahrheiten.) Mit welchen extrem konservativen Positionen in diesem höchsten juristischen Gremium zu rechnen sei, brachten Presseberichte im Oktober 1992 ans Licht. Recherchen hatten ergeben, daß der von der SPD nominierte Richter Böckenförde Mitglied einer den sogenannten Lebensschutz propagierenden juristischen Vereinigung gewesen war. Mittlerweile hatte Herr Böckenförde diese Gruppierung zwar wieder verlassen, doch schien sich der Anlaß für seinen Austritt keinem plötzlichen Gesinnungswandel zu verdanken, sondern eher der voraussehbaren Tatsache, daß sich das BVG mit dem heiklen Thema Schwangerschaftsabbruch würde befassen müssen. Freiwillig ließ sich Böckenförde auf den Presserummel hin von den Richterkollegen seine vermeintliche Unbefangenheit attestieren. Und da die SPD, vielleicht um den von ihr selbst ins Amt gehievten Herrn nicht anzugreifen, keinen Befangenheitsantrag stellte, durfte der Lebensschützer Böckenförde seinen verfassungsrichterlichen Aufgaben auch im Falle des § 218 nachkommen. (Ehrenhalber muß ergänzt werden, daß Böckenförde in einem Sondervotum für die gesetzlich abgesicherte Krankenkassenfinanzierung von Schwangerschaftsabbrüchen plädierte.)

Im Mai 1993 wurde das Urteil verkündet. Schon die Tatsache, daß ein oberstes Verfassungsgremium die befruchtete Eizelle zum Rechtssubjekt erklärt und damit vorgibt, den Beginn des Menschseins zu kennen, deutet nicht gerade auf intellektuelle Selbstbescheidung. Freilich: Mit derlei Setzungen wurde in der Rechtsgeschichte häufig operiert. Allerdings legten strafende Instanzen früherer Zeiten, da ihnen der Bauch der Frau als eine Art Black Box die biologischen Geheimnisse noch weitgehend verbarg, andere Kriterien an die Menschwerdung an. Die preußische Gesetzgebung beispielsweise sprach erst ab dem fünften Monat von der Tötung der Leibesfrucht, denn erst in jenem Stadium regt sich der Embryo – für Dritte fühlbar – im Bauch der Schwangeren. Und die Kirche hatte eine Fristenlösung eigener Art: Als Tötungsdelikt galt ihr der Schwangerschaftsabbruch erst dann, wenn die Leibesfrucht beseelt war. Die Beseelung des männlichen Embryos fand gemäß dem bis 1917/18 gültigen Corpus Juris Canonici am 40. Tage, die des weiblichen mit deutlicher Verspätung erst am 80. Tag statt. Davor galt – von den bemerkenswerten Geschwindigkeitsunterschieden bei diesem Vorgang einmal abgesehen – das sich im Mutterbauch entwickelnde Wesen selbst den obersten Moralhütern noch nicht als Mensch.

Die seit den achtziger Jahren von Lebensschützern vertretene und im Urteil des BVG zu unverdienten Ehren gekommene Aufwertung des Fötus zum Rechtssubjekt hingegen dürfte in engem Zusammenhang mit modernsten Technologien stehen. Mit Hilfe von Elektronenrastermikroskopen oder per Ultraschallaufnahme läßt sich heute das geheimnisvolle Geschehen im Innern der Gebärmutter visualisieren. Was so als Bild sichtbar ist, hat den trügerischen Anschein von Objektivität. Auf Fotografien von Embryonen erscheint die – zum quasi «öffentlichen Ort» (Barbara Duden) transformierte – Bauchhöhle der Schwangeren lediglich als dunkler, unbestimmter Hintergrund. In ähnlicher Weise, wie sich für diesen technologisch gelenkten Blick die zukünftige Mutter auf ein uterines Versorgungssystem reduziert, abstrahiert auch das Karlsruher Urteil von den realen Frauen und degradiert den weiblichen Körper zum entpersonalisierten Gebärwerkzeug, für das sich bis heute eben noch kein künstlicher Ersatz finden ließ.

Sprachlich schlägt sich die Verleugnung dieser bislang wenigstens einzigartigen Verbindung von Mutterleib und entstehendem menschlichem Leben in Redewendungen nieder, die nicht der ungewollten Komik entbehren. So wird das prinzipielle Unrecht eines Schwangerschaftsabbruchs folgendermaßen erläutert: «Das Lebensrecht des Ungeborenen darf nicht, wenn auch nur für begrenzte Zeit, der freien, rechtlich nicht gebundenen Entscheidung eines Dritten, und sei es selbst der Mutter, überantwortet werden.»

Bei der *werdenden* Mutter handelt es sich angesichts des ungeborenen Kindes – dies zumindest legt die sprachliche Gleichsetzung der Schwangeren mit irgendeinem(!) x-beliebigen *Dritten* nahe – anscheinend um eine Quantité négligeable. Allemal haben sich die weiblichen Belange den Rechten des ungeborenen Lebens unterzuordnen. Ab wann freilich das, was da auf dem Bildschirm des Ultraschallgeräts flackert, bereits als menschliches Leben bezeichnet werden kann und darum auch unabhängig vom Körper der Frau eine juristische Identität beanspruchen darf, dieses schwierige ethische Problem glaubt Karlsruhe offenbar gelöst zu haben. Im Unterschied übrigens zum Supreme Court der USA, der auf diese wissenschaftlich nicht entscheidbare Frage jegliche Antwort verweigerte.

Das Karlsruher Urteil wirft auch demokratietheoretische Probleme auf. Selten genug kommt ein Gesetz zustande, bei dessen Entwurf sich Parlamentarier und -innen über Fraktionsgrenzen hinweg verständigen. Zwar hat das Bundesverfassungsgericht die Aufgabe, die Rechtmäßigkeit eines Gesetzes zu überprüfen und es eventuell zur Nachbesserung an den Gesetzgeber zurückzugeben. Jedoch tritt es in den letzten Jahren bei ausgesprochen politischen Fragen (wie z. B. den Bundeswehreinsätzen außerhalb des NATO-Gebietes), die eigentlich ins Aufgabengebiet der Legislative gehören, immer häufiger als letztinstanzlicher Gesetzgeber auf.

Die alte Brechtsche Frage – «Die Staatsgewalt geht vom Volke aus. – Aber wo geht sie hin?» – drängt sich auch bei der Grundsatzentscheidung über den § 218 auf. Das Gebot der richterlichen Selbstbeschränkung blieb unbeachtet: Das BVG hat in Gesetzgebermanier höchst detaillierte Normen für den Beratungsparagraphen 219 entwickelt (die neben der Auflage zum Protokollieren und Dokumentieren der Beratungsgespräche u. a. eine staatliche Zulassung und Überwachung der Beratungsstellen vorsehen und mit dieser Art «Gesinnungs-TÜV» offensichtlich der frauenfeindlichen Organisation Pro

Familia zu Leibe rücken wollen). Und es hat, was keineswegs zwingend notwendig gewesen wäre, seinem eigenen Urteil vorläufige Gesetzeskraft verliehen. Nach Ablauf einer sehr kurz bemessenen Frist von kaum mehr als zwei Wochen waren die alten Regelungen außer Kraft gesetzt. Dies traf die Frauen der ehemaligen DDR besonders hart: Nicht nur, daß sie seit der Wende mit über 70 Prozent den größten Anteil der ostdeutschen Arbeitslosen ausmachen und die soziale Deklassierung als erste zu spüren bekamen – nun sollten sie vom 16. Juni 1993 ab neben stetig steigenden Mieten und Lebenshaltungskosten auch noch für Abtreibungen selbst aufkommen. Ein nicht eben billiges Unterfangen, zumal in der DDR nur der teurere stationäre, nicht der im Westen verbreitetere ambulante Eingriff möglich war und sich innerhalb von zwei Wochen auch nicht flächendeckend entsprechende Arztpraxen aus dem ehemaligen DDR-Boden stampfen ließen.

Schließlich wurden gegen das BVG-Urteil auch verfassungstheoretische Bedenken vorgebracht. Im Sinne einer liberalen Auslegung des Grundgesetzes müßten die Verfassungsrechtler zwischen kollidierenden Rechtsgütern abwägen. Ein solches Abwägen aber findet im Karlsruher Spruch nicht statt, das Lebensrecht des Embryos erhält deutlich Vorrang vor den Grundrechten der lebendigen Frau. Deshalb wurden Befürchtungen laut (etwa Wilhelm Hennis in der *Zeit* vom 17. 9. 1993), daß damit erstmalig eine Auslegungspraxis des Grundgesetzes, die sich seit 1959 bewährt hat, wieder in Frage gestellt und zugunsten eines hierarchischen Grundwertedenkens à la Carl Schmitt aufgegeben werde. Wer den liberalen Staat will, muß die moralische Integrität und das Verantwortungsbewußtsein der *Bürger* grundsätzlich voraussetzen. In dem Wissen, daß die ethische Willensbildung des einzelnen nicht Sache des Rechts, sondern nur der gesellschaftlichen Auseinandersetzung sein kann, nimmt der liberale Staat Ausnahmen in Kauf. Auf die *Bürgerinnen*, mithin auf die Mehrheit der Bevölkerung, wurden solche liberalen Grundsätze vom höchsten Gericht bislang äußerst selten angewendet. Daß ein von Männern dominiertes Gremium bei solchen genuin weiblichen Problemen überhaupt entscheidungsbefugt ist – die Beseitigung dieses Skandalons ist Zukunftsmusik.

Und die Realität nach dem höchstrichterlichen Schiedsspruch? Einstweilen bemühten sich einzelne Länder um Schadensbegrenzung.

So hat das Land Hessen, um Frauen vom Gang zur Sozialfürsorge zu entlasten, mit den gesetzlichen Krankenkassen einen Vertrag abgeschlossen: Diese legen wie bisher das Geld für die Abtreibungen vor, bekommen es nachträglich jedoch aus dem Sozialfürsorgetopf des Landes zurückerstattet. Das Saarland hat die Krankenkassen schlicht angewiesen, vorerst weiter zu zahlen. Und der Berliner Frauenbund gründete in enger Zusammenarbeit mit der Berliner Ärztekammer eine «Frauenkasse», die für in Not geratene Schwangere die Abtreibungskosten übernimmt.

Wie lange das Urteil Gesetzeskraft haben wird, ist ungewiß. Eine Neufassung des § 218, die nicht einmal den Spielraum des BVG-Urteils nutzt, wurde im Mai 1994 von einer knappen Mehrheit aus Abgeordneten der Koalitionsparteien im Bundestag beschlossen, hat aber kaum Aussicht, den Bundesrat zu passieren. Ob eine nach dem Oktober 94 neugewählte Bundesregierung wieder die Notlagenindikation in den § 218 aufnimmt, um so die Krankenkassenfinanzierung zu retten; ob die bayerische Landesregierung dann erneut gegen jene Abtreibungen auf Krankenschein, die nicht aus gesundheitlichen oder kriminologischen Gründen vorgenommen werden, beim BVG klagt; ob die neue Legislative den Chemiekonzern Hoechst dazu auffordern wird, die gegenüber den operativen Eingriffen sehr viel schonendere und in Frankreich bereits erhältliche Abtreibungspille RU 486 auf den Markt zu bringen – all dies wird sich erst zeigen.

■ Die öffentliche Erregung war groß, als Ende 1993 herauskam, daß, wer in den Jahren zuvor nach einem Unfall oder einer Operation Blut oder Blutplasma aus Konserven verabreicht bekommen hatte, möglicherweise mit Aids infiziert war. Denn Pharmaklitschen hatten Blut aus allen möglichen mehr oder minder obskuren Quellen zusammengepanscht, und das für die Kontrolle der Blutkonserven zuständige Bundesgesundheitsamt hatte sich nicht darum gekümmert. Gesundheitsminister Seehofer sammelte Punkte, als er die schlampige Bundesbehörde auf dem Höhepunkt der Affäre kurzerhand auflöste.
Jetzt erst, da deutlich wurde, daß jeder Aids bekommen konnte, war die Immunschwächekrankheit, die bislang scheinbar nur Homosexuelle und unvorsichtige Puffbesucher treffen konnte, zur allgemeinen Gefahr geworden. Doch die Minderheiten, die nach wie vor mit Abstand am meisten gefährdet waren, hatten wenig davon: Die Mittel für die Aids-Aufklärung wurden weiter zusammengestrichen; gegen die Verbreitung der Krankheit durch sexuelle Kontakte wurde also weniger unternommen als zuvor. Und die Bluterkranken, deren besondere Gefährdung durch Aids-kontaminierte Blutpräparate schon seit längerem bekannt war, haben künftig zwar bessere Überlebenschancen, müssen aber damit leben, daß ihr Schicksal erst in dem Augenblick interessant war, als ihr Infektionsrisiko ein Stück weit von der Bevölkerungsmehrheit geteilt wurde. ■

Sabine Meyer-Bachem

Aids in Blutkonserven

Was Ende 1993 als «Blut-Aids-Skandal» wochenlang die Medien beherrschte und weite Teile der Bevölkerung in Angst und Schrecken versetzte, war genaugenommen ein kompliziertes Geflecht verschiedener Skandale, die man nicht miteinander vermengen darf, die aber ebensowenig isoliert voneinander betrachtet werden können. Da gibt es den «Alt-Skandal» der achtziger Jahre, als sich wahrscheinlich mehr als 2000 Menschen, unter ihnen hauptsächlich Bluter, durch kontaminierte Medikamente mit dem Aids-Virus infizierten. Es gibt – als zweiten Bestandteil – den sogenannten «Informationsskandal», der zur Auflösung des Berliner Bundesgesundheitsamtes führte. Im Zentrum des dritten und spektakulärsten Skandals stehen eine Reihe ins Gerede gekommener Pharmaunternehmen, die, allen voran die Koblenzer Firma UB Plasma, offenbar wissentlich infizierte oder nur unzureichend getestete Blut- und Plasmaprodukte in Umlauf gebracht haben.

Der Alt-Skandal: Kontaminierte Bluterpräparate

Daß fast jede Woche ein Bluter an Aids stirbt, hat bis Ende 1993 in Deutschland fast niemanden interessiert. Im August 1993 waren von 5000 bis 6000 Hämophilen in der Bundesrepbulik circa 1500 infiziert, wobei die Dunkelziffer nicht gemeldeter Infektionen nicht berücksichtigt ist. 400 bis 500 waren bereits gestorben. Vor allem in der ersten Hälfte der achtziger Jahre gelangte das Virus über verunreinigte Medikamente, die Blutern ständig präventiv und in hoher Dosierung verabreicht werden, in die Körper der Patienten. Die meisten Ansteckungen erfolgten zwischen 1982 und 1985.

Bereits 1982 wurden aus den USA erste Fälle von Aids-Infektionen bei Blutern bekannt, die ansonsten keiner der sogenannten Risikogruppen zuzuordnen waren; im Februar 1983 meldete die Universitätsklinik Bonn den Tod eines aidskranken Bluters an das Bundesgesundheitsamt. Und obwohl es schon seit 1981 ein unbedenkliches, weil hitzesterilisiertes Bluterpräparat der Firma Behring gab, obwohl das Netz der Informationen über Aids und seine Übertragungswege immer dichter wurde, verharrte die Allianz aus Gesundheitsbehörden, Pharmaindustrie und Ärzten mehr oder weniger in Tatenlosigkeit. Schon in dieser Phase der Ereignisse wurde wertvolle Zeit vertan, ließ man Bluter, aber auch andere Patienten «sehenden Auges in den Tod laufen», wie es der stellvertretende gesundheitspolitische Sprecher der SPD-Fraktion, Horst Schmidbauer, formulierte.

Das Arbeitsprinzip des Bundesgesundheitsamtes, wonach nur in den Fällen eingeschritten wurde, in denen der wissenschaftliche Standard eindeutig nicht eingehalten wurde, begünstigte die Verbreitung des HI-Virus über Blut- und Plasmaprodukte. Solange das Aids-Infektionsrisiko kontrovers diskutiert wurde, so lange gab es behördlicherseits keine Vorgaben. Im Juni 1984 unternahmen die Berliner Gesundheitsbeamten einen halbherzigen Versuch, für Blutspenden einen Hepatitistest einzuführen. Zu diesem Zeitpunkt gab es zwar noch keinen HIV-Antikörpertest, aber es war bereits bekannt, daß rund 80 Prozent der HIV-Infizierten Hepatitis haben. Auf diesem einfachen Weg wäre eine große Risikogruppe von der Blutspende ausgeschlossen worden. Sturm gegen dieses Ansinnen liefen die Pharmaunternehmer und ein Landesverband des Deutschen Roten Kreuzes. Dem behaupteten Zusammenhang von Medikamenten und Aids wurde ebenso vehement wiedersprochen wie der Vermutung, daß hepatitisgetestete Blutpräparate noch ein Restrisiko beinhalten könnten. Auch der Auflage des Bundesgesundheitsamtes zur Warnung auf Beipackzetteln wurde entschiedener Widerstand entgegengebracht, obwohl diese mehr als zurückhaltend formuliert werden sollte. Die Packungsbeilagen sollten künftig den Hinweis enthalten, daß «in sehr seltenen Fällen... durch die Übertragung von Erregern seltener Natur... Aids ausgelöst werden» kann. Die aus diesen BGA-Anordnungen resultierenden juristischen Auseinandersetzungen dauerten so lange, daß das Verfahren gar nicht mehr benötigt wurde. Mittlerweile war der HIV-Antikörpertest verfügbar.

In der Zwischenzeit wurden die deutschen Bluter in den Hämophiliezentren der Kliniken weiter mit den ihnen fehlenden Gerinnungsfaktoren VIII beziehungsweise IX substituiert. Die Besonderheit dabei: In keinem anderen Land der Welt bekommen Bluter so viele Faktoreinheiten wie bei uns. Wo andernorts nur im Bedarfsfall therapiert wird, wird in der Bundesrepublik vorbeugend behandelt. Eine Mengenreduzierung der verabreichten Faktorpräparate hätte das Aids-Risiko für jeden einzelnen Empfänger verringert. Die Beibehaltung der gängigen Praxis wurde mit folgenden Gegenargumenten gestützt. Zum einen wurde auf gesundheitliche Folgen für die Bluter verwiesen, wie zum Beispiel Verkrüppelungen, die aus Gelenkblutungen resultieren und, das ist eine nicht zu leugnende Tatsache, bei Blutern in anderen eben anders therapierenden Ländern viel öfter vorkommen. Zum anderen waren und sind die häufigen und hochdosierten

Faktorgaben ein lukratives Geschäft für die Pharmaindustrie und die behandelnden Kliniken, die in aller Regel für ihre Medikationen Herstellerprovisionen in beachtlicher Höhe kassieren.

Im nachhinein berief man sich offiziellerseits auf Risikoabwägung. Ein Verbot aller Blutpräparate, die nicht virusinaktiviert waren, hätte die Versorgung der Hämophilen gefährdet, und das Risiko einer unbehandelten Hämophilieerkrankung sei zum damaligen Zeitpunkt immer noch viel höher einzuschätzen gewesen als eine HIV-Infektion. Diese Ansicht vertrat Bundesgesundheitsminister Horst Seehofer (CSU) in seinem Bericht an den Gesundheitsausschuß, den er Ende 1992 vorlegte, und er ergänzte die Einschätzung noch folgendermaßen: «Hinzu kommt (...), daß die Bluter seinerzeit – im Bewußtsein einer möglichen Gefährdung – absolut nicht auf die Therapie verzichten wollten, sondern meinten, dafür nähmen sie jedes Risiko auf sich. Es sei ihre persönliche Entscheidung, die man ihnen überlassen möge.» Fraglich ist dabei allerdings, ob den Patienten gegenüber das Risiko in vollem Umfang deklariert wurde.

Die HIV-positiven Bluter werden gleich doppelt bestraft. Ihr Pech, daß sie als Bluter auf die Welt gekommen sind. Die Konsequenzen aus dieser Erkrankung, die damit verbundenen Nachteile, sollten sie gefälligst selbst tragen. Ungerührt schauten Öffentlichkeit, Gerichte und Staat zu, wie Versicherungen und Pharmafirmen infizierte und aidskranke Bluter und ihre Angehörigen über den Tisch zogen. Unter Ausnutzung der Notsituation der Opfer, die ja nicht wußten, wie lange sie noch zu leben hatten, wurden lächerliche Entschädigungssummen vereinbart: DM 45000 für Frührentner, DM 35000 für Kinder, Beerdigungskosten inklusive. Bei Anrechnung auf eventuell bezogene Sozialhilfe blieb meist nur noch die Hälfte übrig. Zur Krankheit kamen Armut, Demütigung und soziale Isolation.

An dieser Misere mitschuldig ist die Deutsche Hämophilie-Gesellschaft. Diese hatte sich im Februar 1988 mit den Versicherungen der Pharmaindustrie auf einen Vergleich geeinigt, der vorsah, daß jeder HIV-infizierte Bluter eine individuelle Entschädigungssumme aushandeln solle. Fatale Zusatzklausel in diesem Vertrag war, daß er damit «auf alle weiteren Ansprüche verzichtet». Diese Tatsache wird auch dadurch nicht aus der Welt geschafft, daß die Deutsche Hämophilie-Gesellschaft, alarmiert durch die Forderungen nach staatlicher Entschädigung, bei Professor Gert Brüggemann, Direktor des Instituts für Europäische Rechtspolitik der Universität Bremen, ein Rechtsgutachten in Auftrag gab. Es sollte die Frage der Staatshaftung gegenüber Aids-infizierten Blutern klären. Der Gutachter kam zu dem Ergebnis, daß Bluter, die durch Gerinnungspräparate mit dem Aids-Virus infiziert wurden, Schadensersatz- und Schmerzensgeldansprüche an den Staat stellen können, da dieser seiner Schutzpflicht nicht nachgekommen sei. Anders als für die anderen Risikogruppen habe es für Bluter keine Selbstschutzmöglichkeit gegen das Aids-Infektionsrisiko gegeben. Sie seien deshalb auf die staatliche Institution angewiesen gewesen, der der Gesetzgeber – nach dem Contergan-Skandal – erweiterte Kompetenzen zur Verhinderung von Arzneimittelkatastrophen anvertraut hatte: das Bundesgesundheitsamt.

Der Informationsskandal um das Bundesgesundheitsamt

Ab der zweiten Hälfte der achtziger Jahre schien das Infektionsrisiko für Bluter abzunehmen. Vom 1. Oktober 1985 an war der nun zur Verfügung stehende HIV-Antikörpertest für gespendetes Blut vom Bundesgesundheitsamt verbindlich vorgeschrieben. Fast gleichzeitig stieg auch die pharmazeutische Industrie auf die in den achtziger Jahren entwickelten Methoden zur Virusinaktivierung von Blut- und Plasmapräparaten um. Was man dabei aber nicht vergessen darf, ist die Tatsache, daß keines der angewandten Verfahren vollständige Sicherheit bietet. Der HIV-Antikörpertest ist kompliziert in der Anwendung. Seine Aussagekraft wird zusätzlich durch die Existenz des sogenannten «diagnostischen Fensters» in Frage gestellt. «Diagnostisches Fenster» oder «diagnostische Lücke» bedeutet, daß der Virusträger kurz nach seiner Ansteckung zwar schon infektiös ist, die HIV-Antikörper aber in aller Regel erst vier bis sechs Wochen nach der erfolgten Infektion über den Test nachzuweisen sind. Wann genau sich das «diagnostische Fenster» schließt, ist nicht bekannt. Es kann bis zu drei Monaten geöffnet bleiben; die Fachliteratur verzeichnet sogar eine mehrjährige Frist.

Ein Blick in das Arzneibuch von 1987 zeigt zudem, daß die beschriebenen Maßnahmen nur bei den Faktor-VIII-Präparaten angewandt werden mußten. Damit waren zwar circa 85 Prozent der Bluter auf der scheinbar «sicheren Seite». Die restlichen 15 Prozent benötigen den Faktor IX. Die Virusinaktivierungspflicht für Faktor-IX-Präparate und für das Plasmaprodukt PPSB, das aus vier verschiedenen Gerinnungsfaktoren besteht und vor allem Unfallopfern, Transplantierten, Operierten und Menschen in Schockzuständen gegeben wird, wurde erst 1991 eingeführt. Und das, obwohl die erste Aids-Erkrankung, die auf die Behandlung mit einem anderen Gerinnungsmittel als Faktor VIII zurückzuführen war, bereits im Herbst 1986 an das Bundesgesundheitsamt gemeldet worden war.

Die Frage drängt sich auf: Was ist beziehungsweise was war das eigentlich für eine Behörde, die Ende 1993 durch ihre Informations- beziehungsweise Desinformationspolitik in die Schlagzeilen geriet? Die mittlerweile legendäre Liste der 373 an das Bundesgesundheitsamt gemeldeten Fälle von Verdacht auf Aids-Infektionen durch Blutpräparate, die ein Mitarbeiter der Behörde Bundesgesundheitsminister Seehofer in der Nacht zum 6. Oktober 1993 «wie aus heiterem Himmel» präsentierte, war wohl nur der Tropfen, der das Faß endgültig zum Überlaufen brachte. So heiter konnte der Himmel nicht gewesen sein. Wiederholt hatte Seehofer in der Vergangenheit erst der Tagespresse entnehmen können, was ihm auf dem Dienstweg vorenthalten wurde: Mal hatten die Berliner Beamten Bedenken gegen Dämmstoffe aus Mineralfasern geltend gemacht, dann wieder ging es im Interesse der Volksgesundheit um neue Erkenntnisse im Zusammenhang mit dem «Rinderwahnsinn». Auch als eine Koblenzer Firma Frischplasma wegen des Verdachts einer HIV-Infektion aus einigen Krankenhäusern zurückrief, behielt das Bundesgesundheitsamt diese Information fast einen Monat für sich.

Die offensichtlich gestörte Kommunikation zwischen Ministerium und Behörde war unter anderem Thema des Gesprächs, bei dem zum ersten Mal die «Aids-Liste» auftauchte. Diese seit 1982 geführte Liste legte zunächst den Verdacht nahe, daß auch nach dem 1. Oktober 1985, das heißt ab dem Datum, von dem an in der Bundesrepublik virusinaktivierende Behandlungsmethoden für Spenderblut vorgeschrieben waren, Patienten womöglich durch Erhalt kontaminierter Blutkonserven, Plasma- oder Faktorpräparate mit dem HI-Virus infiziert worden waren. Der Präsident des Bundesgesundheitsamtes, Dieter Großklaus, und der zuständige Abteilungsleiter im Bundesgesundheitsministerium, Manfred Steinbach, wurden in den einstweiligen Ruhestand versetzt. Sie hatten ebenfalls keine Kenntnis von der Existenz der Liste, die als Datei im BGA-Computer gespeichert war und damit routinemäßig unter anderem an das Internationale Zentrum der Weltgesundheitsorganisation in Uppsala weitergegeben wurde. Die Motivation, aus der heraus das Bundesgesundheitsamt die Meldung dieser Aids-Verdachtsfälle gegenüber dem Bundesgesundheitsministerium zurückhielt, ist unklar. Während Bundesgesundheitsminister Seehofer in der ersten Verärgerung eine «wie auch immer geartete Kungelei» zwischen der Berliner Behörde und der Pharmaindustrie nicht ausschließen mochte, erhärtete sich dieser Verdacht bislang nicht, und Seehofer nahm diese Beschuldigungen zurück. Ins Blickfeld des Interesses gerieten in diesem Zusammenhang die Nebentätigkeiten der Berliner Gesundheitsbeamten, die sich mit lukrativen Forschungs- und Gutachteraufträgen erkleckliche Nebenverdienste verschafften. Kritisiert wurde auch die zu große Nähe zwischen Behörde und pharmazeutischer Industrie, die Berlins Ärztekammerpräsident Ellis Huber als «eine Art emotionales Amigo-System» bezeichnete.

Der von Seehofer angeforderte Bericht des BGA zur «Aids-Liste» wurde dann von den unsensiblen Technokraten eines Amtes, in dem offenbar alles drunter und drüber ging, lapidar mit der Überschrift «Nebenwirkungen durch Blutpräparate» versehen, als gäbe es zwischen leichter Übelkeit und Aids-Tod keinen Unterschied. Diese Vorgänge wurden von der Berliner Behörde als reine Informationspanne heruntergespielt. Konsequent versuchte man, die gesundheitlichen und ethischen Dimensionen zu negieren und ließ in der Beurteilung allenfalls noch politische Maßstäbe gelten. Aber vergeblich, das Maß war voll. Die Gesundheitsbehörde, in der Vergangenheit bereits mehrfach, aber folgenlos attackiert, wurde von Bundesgesundheitsminister Seehofer handstreichartig aufgelöst.

Die Rolle des Ministers im Aids-Skandal war allerdings so unumstritten auch nicht. Die Vorwürfe reichten von der «HIV-Show», die er abziehe, bis zur «Massenhysterie», der er Vorschub leiste. Begriffe wie «Zwangstest» und «Meldepflicht» heizten die Debatte zusätzlich an. Es wurde ein Aids-Spektakel inszeniert, Seehofer agierte entschlossen und durchgreifend in vorderster Reihe. Sicher zugunsten der Betroffenen, doch auch mit der Intention, einen Wandel in der Aids-politik herbeizuführen: weg von einer Politik der Aufklärung, hin zu einer Politik administrativer Maßnahmen. Es darf nicht vergessen werden, daß die Kontrolle von Blutkonserven nur ein Teilausschnitt im Kampf gegen Aids ist. Und solange es keine Impfung und kein Heilmittel gegen diese Krankheit gibt, liegt der wichtigste Aspekt im Umgang mit Aids in der Vorbeugung. Prävention ohne Aufklärung und Information ist unmöglich. Doch gerade in diesem Bereich werden ständig die Mittel gekürzt, 1993 von fünfzig auf fünfunddreißig Millionen Mark, weitere Einsparungen sind geplant. Es ist daher fatal, den Blut-Aids-Skandal aus dem Gesamtzusammenhang Aids herauszulösen, Aids auf ihn zu reduzieren und als parforcereitender Gesundheitsminister so zu suggerieren, mit der Auflösung des BGA, ein paar Versetzungen in den einstweiligen Ruhestand und einem Untersuchungsausschuß ließe sich das Problem in den Griff bekommen.

Dubiose Geschäfte mit infizierten Blutkonserven

Bei näheren Hinsehen entpuppte sich die «Aids-Liste» als nicht so brisant und aussagekräftig wie anfangs befürchtet. Von den 373 Verdachtsfällen konnte einer als HIV-negativ gestrichen werden. 360 datierten vor dem 1. Oktober 1985. In sieben Fällen erfolgte die Infektion im Jahr 1985 – unklar blieb der genaue Zeitpunkt. Das heißt, es blieben fünf HIV-Infektionen, für die die Möglichkeit einer Ansteckung nach dem 1. Oktober 1985 nicht ausgeschlossen werden konnte. Fünf Infektionen im Vergleich zu nahezu 2000 Infektionen zu Beginn der achtziger Jahre, über die sich zunächst niemand aufregte, scheinen doch eigentlich nicht allzu dramatisch. Doch nun begann das dritte Skandalkapitel: Denn was da an Daten nach Berlin gemeldet wurde und was die Berliner fein für sich behielten – wodurch sie eine Rückverfolgung und Aufdeckung jeder einzelnen Infektion unmöglich machten –, war nur die sprichwörtliche Spitze des Eisberges.

Von den zunächst 373 gemeldeten Verdachtsfällen stammten 344 Meldungen von den Behring-Werken, wobei in 90 Prozent dieser 344 Fälle den infizierten Patienten auch Blutprodukte anderer Hersteller verabreicht worden waren. Was aber war mit deren Meldungen? Es scheint, als hätten sich die anderen drei großen deutschen blutverarbeitenden pharmazeutischen Unternehmen Travenol, Cutter (eine amerikanische Bayer-Tochter) und Immuno bei der Meldepflicht äußerste Zurückhaltung auferlegt. Und das ist noch ein Euphemismus, wenn man die Vorgänge betrachtet, die sich dann ab Mitte Oktober 1993 zu überschlagen schienen und in deren Zentrum rasch die Koblenzer Firma UB Plasma rückte. UB Plasma war schon Anfang Oktober ins Gerede gekommen, weil sie Blutplasmaprodukte, die an mehrere bayerische Krankenhäuser geliefert worden waren, wieder zurückgezogen hatte. Damals hatte sich der Verdacht einer HIV-kontaminierten Charge – nach Angaben eines Firmensprechers – als unbegründet erwiesen. Doch nun stand fest: Durch aidsverseuchtes Plasma waren im April und Mai 1993 drei Menschen infiziert worden.

Die Schreckensbotschaften rissen nicht ab, es herrschte Unklarheit über Spendedaten, über das Datum, zu dem UB Plasma die betroffenen Kliniken in Frankfurt und Fulda informiert hatte, Unklarheit darüber, welche Patienten möglicherweise mit UB-Plasma Produkten behandelt worden waren. Die Polizei durchsuchte Firmengebäude, die Staatsanwaltschaft begann zu ermitteln. Nach und nach wurden die Dimensionen deutlich: Es gebe den «begründeten Verdacht», daß die Firma noch in jüngster Zeit Plasma ohne Kontrolle auf Verseuchung verkauft hatte. Haftbefehle ergingen, bundesweit wurde nach HIV-positivem Blut gesucht, und die Nation schickte sich an, hysterisch zu werden. In den Kliniken und Aids-Beratungsstellen liefen die Telefone heiß, die Hersteller von HIV-Antikörpertests hatten Hochkonjunktur. Was war geschehen? Das Aids-Virus hatte die Grenzen all der «Schmuddelminderheiten», die es sonst bevorzugt heimzusuchen pflegte, überschritten und hatte damit begonnen, «Unschuldige» zu infizieren. Nicht einmal mit Sex mußte eine Infektion nun noch etwas zu tun haben. Theoretisch konnte jeder einmal Operierte oder Verunglückte sich mit dem HI-Virus infiziert haben. Und das durfte doch nun wirklich nicht sein.

Die Praxis der blutverarbeitenden pharmazeutischen Industrie, aber auch die des deutschen Blutspendewesens geriet ins Zwielicht. Sorgfalt schien nicht überall großgeschrieben worden zu sein. Dubiose Pharmaklitschen betrieben Zapfstationen in der Nähe von Großbahnhöfen und zogen damit unweigerlich die Risikogruppen an, die – laut BGA-Anordnung – vom Spenderkreis auszuschließen waren: Homosexuelle, Prostituierte und Fixer. Ein weiteres Risiko birgt der Blut-

und Plasmaimport. Zwar werden – nach Angaben des Bundesamtes für Sera und Impfstoffe – nach Deutschland keine Blutprodukte aus der Dritten Welt importiert, doch es bestehen Blut-Kontakte in Richtung der ehemaligen Ostblockländer. So gab es beispielsweise eine rumänische Dependance der Koblenzer UB Plasma in Bukarest.

In Deutschland werden jährlich rund vier Millionen Einheiten (eine Einheit = 500 Milliliter) Blut gespendet. 3,2 Millionen Einheiten zapft allein das Deutsche Rote Kreuz, das im Bereich der Verwertung des «roten Blutes» führend ist. Für Blutplättchen und Blutzellen gibt es nach wie vor kein Inaktivierungsverfahren, da diese Präparate sonst ihre Wirksamkeit verlieren. Da die Blutplättchen zudem schon innerhalb von fünf Tagen verfallen, ist auch Quarantänelagerung bis zu einem zweiten Spendertest ausgeschlossen. Bei Blutzellen, mit einer Haltbarkeit von fünf Wochen, sollte diese Möglichkeit aber ernsthaft in Betracht gezogen werden. Es bestünde zumindest theoretisch die Chance, das «diagnostische Fenster» zu schließen. Doch gerade die Praxis der mobilen Blutspendedienste, die im DRK-Auftrag über die Dörfer tingeln und zur Blutspende auffordern, macht diese Chance praktisch zunichte. Die meisten Spender spenden infolge dieses Sammelsystems nur einmal, der Aufbau einer Stammspenderschaft ist deshalb so gut wie unmöglich. 60 Prozent der Spender – so wird geschätzt – würden zu einem zweiten HIV-Test nicht wiederkommen, so daß deren Spenden auf jeden Fall vernichtet werden müßten, da das «diagnostische Fenster» nicht geschlossen werden kann. Einer Beschränkung auf die übrigen 40 Prozent stehen massive wirtschaftliche Interessen entgegen. Der Berliner Pharmakritiker Ulrich Möbius wirft dem DRK darum Unlauterkeit vor. Das stets auf seine Gemeinnützigkeit pochende Rote Kreuz verhalte sich in Tat und Wahrheit eher «gemeinschädlich»: «Das ehrenamtlich gespendete Blut wird zu einer ganz gewöhnlichen mit Mehrwertsteuer belasteten Handelsware.»

Auf dem Sektor der Verarbeitung des «weißen Blutes», des Freshfrozen-Plasmas, aus dem unter anderem die Gerinnungspräparate Faktor VIII und IX sowie PPSB hergestellt werden, tummeln sich die Pharmaunternehmer, die sich nicht einmal pro forma den Anschein von Gemeinnützigkeit geben müssen. Hier geht es nur um Profit. Transfusionsmediziner haben zwar schon länger dagegen protestiert, daß dies nicht die Hauptantriebsquelle bei der Herstellung dieses relativ gefährlichen Arzneimittels sein darf, doch wo will man ansetzen?

Die arzneimittelgesetzlichen Bestimmungen – beispielsweise zum Betreiben einer Blutbank – öffnen dem Mißbrauch Tür und Tor. Kleine Firmen wie UB Plasma können die Plasmaverarbeitung nicht zuverlässig betreiben, ohne konkurrenzunfähig zu werden. Acht Jahre nach Einführung des HIV-Antikörpertests für Blutspenden darf immer noch «gepoolt» werden, das heißt, Hersteller dürfen bis zu 70000 Einzelspenden zu einer Charge zusammenrühren. Wenn nur eine einzige HIV-positive Spende dabei ist, ist die ganze Charge kontaminiert. Und auch der Forderung nach der Quarantänelagerung des Fresh-frozen-Plasmas, die problemlos ist, da das Tiefkühlprodukt bis zu zwölf Monaten haltbar ist, wird – mit Hinweis auf Lager- und Investitionskosten für Kühlapparaturen – bisher nicht nachgekommen. Andere Länder sind rigoroser: In Österreich wird bereits seit dem 1.1.1994 jede Blutspende auf den körpereigenen Stoff Neopterin getestet. Ein erhöhter Neopterinwert zeigt bereits nach wenigen Tagen zuverlässig eine frische Infektion mit Krankheitserregern an, auch mit dem HI-Virus. In der Bundesrepublik dagegen setzt man, wegen der hohen Kosten und des damit verbundenen Aufwandes, weiter auf eine Kombination verschiedener Maßnahmen zur Verbesserung der Blutsicherheit, als da sind sorgfältigere Spenderauswahl, amtliche Kontrollen der plasmagewinnenden Firmen, sparsamerer Umgang mit Bluttransfusionen und Blutprodukten sowie mehr Eigenblutspenden bei voraussehbaren Operationen. Eine Quarantäne für lagerfähige Blutprodukte gibt es erst ab 1995.

Das bislang letzte Skandalkapitel trägt die Überschrift Entschädigung. Der Fonds «Humanitäre Soforthilfe» für HIV-infizierte Aids-Blut-Opfer, der im Januar 1994 mit der Ausschüttung begann, kam erst nach beschämenden Diskussionen um Ausstattung, Beteiligung und Auszahlungsmodalitäten zustande. Von ursprünglich zwei Millionen Mark, mit denen sich der Bund beteiligen wollte, wurde er immerhin auf zwanzig Millionen aufgestockt. Pharmaindustrie und Länder haben bislang drei beziehungsweise zwei Millionen Mark Beteiligung zugesagt. Die Versicherungen der Pharmafirmen und das Deutsche Rote

Kreuz stellen sich stur. Wer bereits erkrankt ist, erhält monatlich zweitausend Mark, Infizierte bekommen eintausend Mark. Keine Ansprüche haben Lebenspartner oder Kinder, die sich indirekt infiziert haben. Antragsformulare sind seit dem 1. Januar 1994 erhältlich.

Anhang

Chronik 1989–1994

1989

18. Oktober	Die Absetzung des Staats- und Parteichefs Erich Honecker führt die «Wende» in der DDR herbei: Der SED-Staat löst sich in atemberaubender Geschwindigkeit auf.
9. November	Die Berliner Mauer wird durchlässig, die Staatsgrenze der DDR besteht praktisch nicht mehr.

1990

1. März	Gründung der Treuhandanstalt durch die DDR-Regierung unter Hans Modrow. Der Run auf das Volkseigentum des untergehenden Oststaats beginnt.
18. März	Die ersten demokratischen Volkskammerwahlen in der DDR bringen den Vertretern der West-Parteien, die massiv mit Versprechungen in den Wahlkampf eingegriffen haben, eine überwältigende Mehrheit. Lothar de Maizière (CDU) bildet die letzte Regierung der DDR. Wenige Monate später hat er nicht nur – durch die Wiedervereinigung – das Amt des Ministerpräsidenten verloren, sondern auch das eines stellvertretenden CDU-Vorsitzenden, weil er seine Zusammenarbeit mit der Staatssicherheit der DDR nicht leugnen kann.
15. Juli	Der Mordfall Sedlmayr erschüttert München und die braven Gemüter Deutschlands.
31. August	Günther Krause (Ost) und Wolfgang Schäuble (West) unterzeichnen den Einigungsvertrag: Die Rechts- und Wirtschaftsordnung der alten Bundesrepublik wird auf das Gebiet der DDR ausgedehnt.

September	DDR-Innenminister Peter-Michael Diestel (CDU) übersteht nur knapp ein Mißtrauensvotum in der Volkskammer. Ihm wird angekreidet, daß er vor der offiziellen Wiedervereinigung noch die Akten der Stasi verschwinden lassen will.
3. Oktober	Die Wiedervereinigung wird besiegelt.
6. November	Der hessische Abhörskandal führt zum Rücktritt des Innenministers Gottfried Milde.
2. Dezember	Die erste gesamtdeutsche Bundestagswahl bestätigt die CDU/CSU-FDP-Regierung unter Kanzler Helmut Kohl.

1991

März	Affäre um die Nutzung des Dienstwagens von Bundestagspräsidentin Süssmuth durch deren Ehemann.
Juli	Bürgermeister Wedemeier erklärt im Bremer Wahlkampf, keine Flüchtlinge mehr in den Stadtstaat hineinlassen zu wollen.
Juli/August	Hamburger Diätenskandal.
12. September	CDU-Generalsekretär Volker Rühe bittet in einem Rundschreiben an die Parteigliederungen, «die Asylpolitik zum Thema zu machen».
17. September	Im sächsischen Hoyerswerda kommt es zum ersten Pogrom gegen Minderheiten im Nachkriegsdeutschland.
3. Oktober	Im westfälischen Hünxe beginnt eine Serie von mörderischen Brandanschlägen gegen Ausländer.

1992

24. Februar	Beginn des bisher größten Wirtschaftsprozesses der Republik gegen Bernd Otto und seine Freunde von der co op AG.

Ende Mai	Affäre um die durchaus nicht zweifelsfrei rechtmäßigen Bezüge des saarländischen Ministerpräsidenten Oskar Lafontaine.
22.–24. August	Drei Nächte hintereinander wird eine Ausländerunterkunft in Rostock-Lichtenhagen von einem rechtsradikalen Mob belagert, ohne daß die Staatsmacht ernsthaft eingreift.
3. Oktober	In Peenemünde will die deutsche Luftfahrtindustrie mit einem Bonner Staatssekretär des ersten Starts von Hitlers «Vergeltungswaffe» V2 gedenken.
1. November	Im brandenburgischen Dolgenbrodt wird unter merkwürdigen Umständen das Asylbewerberheim angesteckt.
16. November	In Erlangen «stirbt» ein nie geborenes «Baby», das wochenlang die Gemüter in der Republik entzweit hat.

1993

3. Januar	Bundeswirtschaftsminister Möllemann muß wegen einer Vetternwirtschaftsaffäre zurücktreten.
Februar	«Schwarze Serie» beim Frankfurter Chemiegiganten Hoechst.
März	Höhepunkt der Affäre um die Giftmülldeponie Schönberg in Mecklenburg: Rücktritt der Umweltministerin Petra Uhlmann und ihres Staatssekretärs Peter-Uwe Conrad; auch der schleswig-holsteinische FDP-Vorsitzende Kubicki geht beschädigt aus dem Skandal hervor.
Ende März	Die «Rote Armee Fraktion» sprengt ein großes Loch in die brandneue hessische Justizvollzugsanstalt Weiterstadt. Der Verfassungsschutz hat möglicherweise von dem Plan gewußt.
3. Mai	Der schleswig-holsteinische Ministerpräsident und SPD-Kanzlerkandidat Björn Engholm tritt von allen Ämtern zurück, als sich herausstellt, daß er zu

Unrecht behauptet hatte, er habe seinerzeit von den Machenschaften seines Gegners Barschel nichts gewußt.

6. Mai — Bundesverkehrsminister Krause muß wegen einer Kette von Bereicherungsaffären zurücktreten.

12. Mai — Der bayerische Ministerpräsident Max Streibl, der tief in seine «Amigo»-Affären verstrickt ist, kann endlich zum Rücktritt bewegt werden.

25. Mai — Der IG-Metall-Vorsitzende Franz Steinkühler muß zurücktreten, weil er mit seinen Insiderkenntnissen als Aufsichtsratsmitglied der Daimler-Benz-AG erfolgreich an der Börse spekuliert hat.

26. Mai — Der Asylparagraph 16 des Grundgesetzes wird von einer großen Koalition aus CDU/CSU, SPD und FDP so geändert, daß der Zugang nach Deutschland für Flüchtlinge weitgehend erschwert ist.

27. Mai — Während einer verunglückten Aktion zur Festnahme von RAF-Terroristen im mecklenburgischen Bad Kleinen stirbt ein GSG-9-Beamter und – unter dubiosen Umständen – RAF-Mitglied Wolfgang Grams.

Generalbundesanwalt von Stahl und Innenminister Seiters verlieren kurz darauf ihre Ämter.

28. Mai — Bei einem offensichtlich ausländerfeindlich motivierten Brandanschlag in Solingen kommen fünf Türkinnen ums Leben. Bundeskanzler Kohl prägt das Wort vom «Beileidstourismus», als er begründet, warum er nicht an den Trauerfeierlichkeiten in Solingen teilnehmen will.

Das Bundesverfassungsgericht setzt den reformierten § 218 außer Kraft; die Begründung erscheint in mancher Hinsicht als bedenklich.

18. Juni — Johannes Vöcking, Staatssekretär im Innenministerium, muß zurücktreten, weil er einer Springer-Zeitung angebliche Geheiminformationen über einen KGB-Spion in der Umgebung von SPD-Kanzlerkandidat Engholm zuspielen wollte.

	Trotzdem gelangen aus Regierungskreisen auch weiter Verdächtigungen gegen Oppositionspolitiker wegen angeblicher Ostspionage an die Öffentlichkeit.
Sommer	Der «Grüne Punkt», Umweltminister Töpfers Vorzeigeprojekt, steht vor der finanziellen und ideologischen Pleite.
August	Während des Münchner Oberbürgermeisterwahlkampfs stellt sich heraus, daß der CSU-Kandidat Peter Gauweiler Mandanten seiner Anwaltskanzlei quasi verpachtet hat – was im deutschen Recht nicht vorgesehen ist. Im Mai 1994 muß er von seinem Amt als bayerischer Umweltminister zurücktreten.
25. November	Nach 78 Tagen tritt Kohls Kandidat für das Amt des Bundespräsidenten, der sächsische Justizminister Steffen Heitmann, von seiner Bewerbung zurück, nachdem er sich mit zahlreichen Äußerungen unmöglich gemacht hat.
Dezember	Der «Blut-Aids-Skandal» verunsichert die Bevölkerung. Gesundheitsminister Seehofer löst das Bundesgesundheitsamt auf.

1994

17. März	Der ehemalige bayerische Finanzminister Gerold Tandler muß als stellvertretender CSU-Vorsitzender abtreten, weil er allzu eng mit dem flüchtigen Steuerschuldner Zwick verbändelt war und ist. Bei der Gelegenheit kommt auch die Freundschaft des CSU-Übervaters Strauß mit Zwick ins Gerede.
April	Die Pleite des Bad Homburger Immobilienmoguls Jürgen Schneider wirft ein schlechtes Licht auf die Kreditvergabeusancen der großen Banken.
12. Mai	In Magdeburg sieht die Polizei einen ganzen Tag lang zu, wie rechtsradikale Banden Jagd auf Ausländer machen.
1. Juli	Amtsantritt Roman Herzogs als Bundespräsident.

[illegible]

Sommer [illegible]

August [illegible]

[illegible]

1936

[illegible]

Zu den Autorinnen und Autoren

Michael Backhaus, geboren 1956 in Münster/Westfalen, Redakteur der Nachrichtenagentur Reuter in Bonn und Frankfurt, Leiter des Bonner *Stern*-Büros.

Tobias Bange, geboren 1960, freier Journalist für Radio und Fernsehen.

Klaus Bednarz, geboren 1942 in Falkensee/Berlin, ARD-Korrespondent in Warschau und Moskau, Leiter der Redaktion «Monitor» (WDR).

Cornelia Bolesch, geboren 1951 in München, Redakteurin der *Süddeutschen Zeitung*, seit 1992 Korrespondentin der SZ für Norddeutschland.

Andreas Frost, Jahrgang 1958, aufgewachsen in Hamburg, arbeitet seit Anfang 1991 in Schwerin, zur Zeit als freier Journalist u. a. für den *Berliner Tagesspiegel* und die Nachrichtenagentur Agence France Press (AFP).

Bernd Gäbler, Jahrgang 1953, Fernsehjournalist, lebt in Köln.

Wolfgang Gast, Jahrgang 1958, arbeitet seit 1987 für die Berliner Tageszeitung *taz* im Ressort Innenpolitik.

Georg M. Hafner, geboren 1947 in Heidelberg, Filmautor und Redakteur beim Hessischen Rundfunk, Mitherausgeber von: «Die Skandale der Republik» (Band 1).

Hanno Heidrich, geboren 1945, Redakteur beim Hessischen Rundfunk.

Edmund Jacoby, geboren 1948 in Düsseldorf, arbeitet als Verlagslektor in Frankfurt, Mitherausgeber von: «Die Skandale der Republik» (Band 1).

Anne Rose Katz stammt aus Franken und lebt in München, Mitarbeiterin bei Zeitungen (z. B. *Süddeutsche Zeitung*), Autorin («Der deutsche Mann»).

Norbert Kostede, geboren 1948, Professor für Politikwissenschaft an der Uni Hannover, Publizist.

Stefan Kuhn, Jahrgang 1961, Redakteur der *Frankfurter Rundschau.*

Sabine Meyer-Bachem, geboren 1959, arbeitet im Lektorat eines Verlagshauses in Frankfurt.

Bascha Mika, geboren 1954, arbeitet als Redakteurin der *taz* in Berlin.

Ralf Neubauer, Jahrgang 1952, Korrespondent der Wochenzeitung *Die Zeit* in Berlin, Koautor des Buches «Kolonie im eigenen Land – Die Treuhand, Bonn und die Wirtschaftskatastrophe der fünf neuen Länder».

Gerd Rosenkranz, geboren 1950, Redakteur der Berliner Tageszeitung *taz*, seit 1992 freier Journalist in Berlin.

Birgit Sauer, geboren 1957, Studium der Germanistik und Politikwissenschaft, z. Zt. Gastprofessur für feministische Politikwissenschaft an der Uni Klagenfurt.

Esther Schapira, geboren 1961 in Frankfurt am Main, freie Journalistin, Trägerin des Elisabeth-Selbert-Preises 1987.

Michaela Schießl, geboren 1961 in Bremen, Sportredakteurin der *taz*, seit 1993 Reporterin.

Eva Schweitzer, geboren 1958 in Stuttgart, seit 1992 in der Lokalredaktion des *Tagesspiegels*, zuständig für Bauberichterstattung.

Gert Scobel, geboren 1959 in Aachen, Theologe, freier Journalist und Filmautor für WDR und HR.

Herbert Stelz, Jahrgang 1947, Journalist und Filmemacher, Autor für «Monitor», «Report Baden-Baden», *Die Zeit*, *Stern*, *Die Woche.*

Wilhelm von Sternburg, geboren 1939 in Stolp, 30 Jahre Journalist bei Zeitungen, Hörfunk und Fernsehen, lebt heute als freier Schriftsteller in Wiesbaden. Veröffentlichungen u. a. «Konrad Adenauer. Eine deutsche Legende» (1987), «Arnold Zweig» (1991), «Fall und Aufstieg der deutschen Nation. Nachdenken über einen Massenrausch» (1993).

Michael Stiller, 49 Jahre alt, seit 1968 als Redakteur im Ressort Innenpolitik der *Süddeutschen Zeitung*, erhielt 1988 und 1993 den Wächter-Preis der Tagespresse, u. a. für seine und seiner Kollegen Berichterstattung in der «Amigo-Affäre».

Uwe Wesel, geboren 1933 in Hamburg, Professor für Rechtsgeschichte und Zivilrecht an der FU Berlin.

Joseph von Westphalen, Jahrgang 1945, freier Autor, erwarb sich von 1984 bis 1990 mit seinen sogenannten «Entrüstungen» («Warum ich Monarchist geworden bin», «Warum ich Terrorist geworden bin» u. a.) und einer Schmähschrift über die Wiedervereinigung («Von deutscher Bulimie») den Ruf als Schandmaul und Verhöhnungskünstler, den er mit seinen beiden Duckwitz-Romanen («Im diplomatischen Dienst» und «Das schöne Leben») zu relativieren und zu raffinieren versuchte.

Petra Willim, Jahrgang 1957, Lehrerin für Deutsch und Sozialkunde, arbeitet an einer Dissertation über Frauengestalten im Werke Goethes.

Stefan Wolle, geboren 1950, Historiker, 1990 Sachverständiger für Stasi-Akten am Runden Tisch, Mitglied des Bürgerkomitees für Stasi-Auflösung, bis 1991 Mitarbeiter der Gauck-Behörde, Assistent an der Humboldt-Universität in Berlin.

Namenregister

Skandalstichwörter

Soziale Konflikte

Daniela Dahn
Wir bleiben hier oder Wem gehört der Osten *Vom Kampf um Häuser und Wohnungen in den neuen Bundesländern*
(aktuell 13423)
Mehrere Millionen Menschen in den neuen Bundesländern sehen die Grundlage ihrer Existenz gefährdet. Sie wissen nicht, ob und wie lange sie noch in ihren Häusern und Wohnungen bleiben können. Der Band beschreibt die desaströsen Folgen der bis heute üblichen Rechtspraxis – «Rückgabe vor Entschädigung» – und entwickelt Perspektiven für eine politisch wie sozial vertretbare Eigentumsregelung.

Götz Eisenberg/Reimer Gronemeyer
Jugend und Gewalt *Der neue Generationenkonflikt oder Der Zerfall der zivilen Gesellschaft*
(aktuell 13352)

Walter Hanesch u.a.
Armut in Deutschland *Der Armutsbericht des DGB und des Paritätischen Wohlfahrtsverbandes*
(aktuell 13420)

Holger Rosenberg/Marianne Steiner
Paragraphenkinder *Erfahrungen mit Pflege- und Adoptivkindern*
(aktuell 12989)

Wolfgang Schmidbauer (Hg.)
Pflegenotstand – das Ende der Menschlichkeit *Vom Versagen der staatlichen Fürsorge*
(aktuell 13118)

rororo aktuell

Die Autoren/innen dieses Bandes liefern mit ihren Beiträgen nicht nur eine dramatische Bilanz des Pflegenotstands, sondern unterbreiten Vorschläge für die Lösung des Problems, die über die Flickarbeit an Tarifen und Schichtdienstzeiten hinausreichen.

Burkhard Schröder
Heroin *Sucht ohne Ausweg? – Ein Aufklärungsbuch*
(aktuell 13276)
Heroin gilt als Symbol für den Drogenmißbrauch überhaupt. Diese zweifelhafte Prominenz basiert vor allem auf einem Mix von Mythen, Halbwahrheiten und gezielter Desinformation. Dieser Band soll Betroffene und Interessierte über die Wirkung und die Gefahren des Heroinkonsums, über Behandlungsweisen und –möglichkeiten sowie über Sinn und Praxis von Substitution aufklären. Darüber hinaus enthält das Buch praktische Hinweise für den Umgang mit Süchtigen.